U0536662

吴小如文集·诗词编

诗词札丛
莎斋诗剩

吴小如 著

中国书籍出版社
China Book Press

图书在版编目（CIP）数据

吴小如文集．诗词编 / 吴小如著．— 北京：中国书籍出版社，2022.3

ISBN 978-7-5068-8907-0

Ⅰ．①吴… Ⅱ．①吴… Ⅲ．①吴小如—文集②诗词—作品集—中国—当代 Ⅳ．① C53 ② I227

中国版本图书馆 CIP 数据核字（2022）第 022741 号

吴小如文集·诗词编

吴小如　著

图书策划　武　斌　崔付建
责任编辑　杨铠瑞　成晓春
特约编辑　罗路晗
责任印制　孙马飞　马　芝
装帧设计　鸿儒文轩·书心瞬意
出版发行　中国书籍出版社
地　　址　北京市丰台区三路居路 97 号（邮编：100073）
电　　话　（010）52257143（总编室）（010）52257140（发行部）
电子邮箱　eo@chinabp.com.cn
经　　销　全国新华书店
印　　刷　三河市华东印刷有限公司
开　　本　710 毫米 ×1000 毫米　1/16
字　　数　469 千字
印　　张　24.25
版　　次　2022 年 3 月第 1 版
印　　次　2022 年 3 月第 1 次印刷
书　　号　ISBN 978-7-5068-8907-0
定　　价　88.00 元

出版说明

吴小如先生在中国文学史、古文献学、俗文学、戏曲学、书法艺术等方面都有很高的成就和造诣，被认为是“多面统一的大家”。吴小如先生以各种方式著述并出版的著作有几十种，多为单册或少量结集，本着尽可能全方位、多角度呈现吴小如先生毕生学养的出版目的，此次编纂、出版《吴小如文集》主要兼顾体量和质量的统一性，共选择吴小如先生代表性著述二十余种，分别是：《吴小如讲〈孟子〉》《吴小如讲杜诗》《古文精读举隅》《古典诗文述略》《古典小说漫稿》《小说论稿合集》《中国文史工具资料书举要》《今昔文存》《旧时月色——吴小如早年书评集》《莎斋笔记》《莎斋闲览——吴小如八十后随笔》《吴小如学术丛札》《心影萍踪》《书廊信步》《常谈一束》《霞绮随笔》《红楼梦影——吴小如师友回忆录》《诗词札丛》《莎斋诗剩》《台下人语》《鸟瞰富连成》《京剧老生流派综说》《吴小如戏曲随笔》等，基本涵盖了吴小如先生广博而精深的学术成就与多元造诣。

文集在编辑体例上以文体和内容分卷，分为讲稿编（3卷）、笔记编（3卷）、诗词编（1卷）、散文编（1卷）、戏曲编（2卷），共十卷。每卷中所收著作，有的保持原貌，有的进行了一定调整，大体情况如下：

讲稿编一收入《吴小如讲〈孟子〉》《吴小如讲杜诗》《古典诗文述略》。

讲稿编二收入《古文精读举隅》《古典小说漫稿》《小说论稿合集》。

讲稿编三收入《中国文史工具资料书举要》。

以上三卷所收著作，有的文章是吴小如先生多年来从事教学工作的讲稿，如《吴小如讲杜诗》；有的文章是在讲稿基础上整理成文的，如《古典诗文述略》等；有的是以讲稿的形式写成的，如《吴小如讲〈孟子〉》，故编为讲稿编。

笔记编一收入《吴小如读书笔记》《莎斋笔记》。

笔记编二收入《莎斋闲览——吴小如八十后随笔》。

笔记编三收入《吴小如学术丛札》。

笔记编收入的是吴小如先生读书、治学的札记、笔记。其中，《吴小如读书笔记》选自《今昔文存》《心影萍踪》《书廊信步》《旧时月色——吴小如早年书评集》中的相关篇目。《吴小如学术丛札》初版时名为《读书丛札》，书名由吴玉如先生题写。此次出版在笔记编三卷前影印了吴玉如先生的题签。

诗词编收入《诗词札丛》《莎斋诗剩》。其中，《诗词札丛》为吴小如先生学诗、读诗的心得，《莎斋诗剩》为吴先生的诗词作品。

散文编所收篇目选自《心影萍踪》《莎斋笔记》《红楼梦影——吴小如师友回忆录》中怀人、记事的篇章，以《红楼梦影——吴小如师友回忆录》为主，故以《师友回忆录》为书名。

戏曲编一收入《台下人语》《鸟瞰富连成》。

戏曲编二收入《京剧老生流派综说》《吴小如戏曲随笔》。

吴小如先生与人合著的著作，有的保留原署名，如《中国文史工具资料书举要》；有的整理时只收入吴小如先生所著篇目，如《小说论稿合集》。

部分文章曾被收入不同的集子中，为避免重复，整理时择一保留。

原著的序言（或者前言等），一律保留。

除了篇目调整外，此次编辑，更多的是按出版规范要求进行技术处理，尤其是涉及诸多方面的全书规范的统一；当然，也改正了原书存在的极个别的误植或失误。

此次文集的整理、出版，得到了吴小如先生哲嗣吴煜先生的大力支持和帮助，他在著作选择和稿件编排上均提出了宝贵意见，在此表示衷心的感谢!

鉴于水平所限，编辑中难免有偏颇或挂漏之处，审校也会存在疏忽不审，敬请专家和读者批评指正。

中国书籍出版社

2022 年 1 月

目　录

诗词札丛

我是怎样讲析古典诗词的——代序

（20世纪）五十年代末，北大中文系决定把中国文学史课程中讲析作品的部分划出来，另辟《历代诗歌选》和《历代散文选》两门新课，最初由我承乏，分别讲授。到1961年，中央人民电台辟了“阅读和欣赏”的新节目，也是由我唱的开锣戏。从那时起，我开始写一些赏析古典诗词的文章。近十年来，赏析作品之风大盛，不仅有专门刊物，还出版了不少鉴赏古今名作的书籍。我也经常应邀写些这方面的文字。现在就谈一点切身体会。

首先我以为，不是任何作品都可以写成赏析文字的，它必须有赏析的价值和可赏析的特点。人们每说某篇赏析文章写得好，我说这是由于原作精彩。如果一篇作品本经不起分析推敲，却硬要拿来作文章，那就是为赏析而赏析。有时原作中并没有这层意思，而赏析者却从中引申出许多内容来（如说李白《忆秦娥》中的男女主人公因官府差役的缘故而被拆散之类），这就未免失之于无中生有的主观臆测。其次，对某一篇作品进行赏析，或多或少总要有点自己的心得体会，而不宜人云亦云，敷衍成章。这样的赏析文章才能有特色，质量也才能有保证。另外，写赏析文章本身就是一种再创作，也应该注意到思想性和艺术性，不能质木无文，读了令人乏味。譬如当年朱自清和俞平伯两位先生都撰写过分析《古诗十九首》的文章，他们不仅讲出了原作的精彩处和本人各自的体会，而且文章本身就像一首抒情诗，给人以美的享受。这才是讲析古典诗词最理想的成就。

至于我本人，无论是在课堂上分析作品或写赏析文章，一直给自己立下几条规矩。一曰通训诂，二曰明典故，三曰察背景，四曰考身世。最后归结到揆情度理这一总的原则，由它来统摄以上四点。尽管如此，有时写出文章来仍不免出硬伤。譬如我讲李煜的〔长相思〕，认为“云一緺”是指发髻，这本说得通。但我说发髻是梳在头部后面的，这就是外行话。盖古代女子发髻大都盘于头顶，并不像今天的女子把髻绾在后脑海上。所谓“城中好高髻”“玉簪螺髻”云云，都可证明我是讲错了。又如我讲辛弃疾［清平乐］：“茅檐低小，溪上青青草。”我认为辛用谢灵运诗“池塘生春草”，便说此词写春天景色。可是这首词的下文提到“卧剥莲蓬”，莲蓬要夏末秋初才有，说它写春景就很不妥当。凡此种种，错了就改，决不为自己护短，文过饰非。这是我一贯的态度。

所谓“通训诂”，指对一首诗的每一字句都必须正确理解。如果连字句都没有弄懂，那么分析得天花乱坠也不会得出正确结论，还谈什么欣赏？这方面的事例是很多的。而怎样才算正确理解，则应当用揆情度理的原则去衡量。姑举家喻户晓的《木兰诗》为例。诗中有这样几句：

问女何所思，问女何所忆？女亦无所思，女亦无所忆。

这几句诗多为人所忽略。木兰从头一天夜里已见军帖，“军书十二卷，卷卷有爷名”，其心事重重，不言而喻。她所以停梭止织，正是她有所虑、有所忧的表现，怎么能“无所思”“无所忆”呢？这“思”和“忆”的训诂问题便引起我的注意。于是我就细检《诗经》的十五国风，凡可确认为民歌者就计算在内，而像《载驰》那样可能被认为是贵族阶级的作品就另案处理，两者共得用“思”字的诗句在内的有二十二篇；其中，不涉及男女情爱相思之义的仅七八篇（这七八篇基本上不是民歌），在这七八篇中尚有是否指相思之意而不能肯定的，姑且也不予计算。这样，国风中十分之六七的“思”字都是指男女相思慕而言，就是现代汉语中所谓“害相思病”的“思”字的含义。而汉乐府和《古诗十九首》之言“所思”（如“有所思”“所思在远道”）“长相思”“思君令人老”云云，都是指男女或夫妇之思。至于《饮马长城窟行》之“下言长相忆”、《西洲曲》之“忆梅下西洲”，则“所忆”亦指男女夫妇之间的思念。由此可见，“思”与“忆”应有广狭二义。广义的“思”和“忆”无所不包，而狭义的“思”和“忆”则专指男女间的互相思忆。然则《木兰诗》中的语句应该怎样理解就一清二楚了。“所思”“所忆”乃男女情爱之事，而所思所忆之人，也是指意中的情侣恋人，非泛指一切其他的人和事。这从北朝《折杨柳枝歌》也可得到旁证："问女何所思，问女何所忆？阿婆许嫁女，今年无消息。"此数语为《木兰诗》之所从出，不正说明"思"和"忆"的内在含义么？木兰回答"无所思""无所忆"者，意在说明自己并非少女怀春，而是想到父亲年老，出征作战大有困难。这样讲，既解决了"无所思"两句仿佛辞费的疑窦，又从一问一答中体现出木兰这一少女形象的高尚纯洁，不同于一般只想着找婆家生孩子的女性。可见字词的训诂是与诗中主人公形象的塑造有密切关联的。

至于"明典故"，对于诗词欣赏的关系就更大，朱自清先生在《古诗十九首释》中讲析"行行重行行"一首，先注明典故的出处，如"与君生别离"出于《九歌》的"悲莫悲兮生别离"，"道路阻且长"出于《诗·蒹葭》的"遡洄从之，道阻且长"，"思君令人老"出于《诗·小弁》的"维忧用老"。然后朱先生解释道：

> 诗中引用《诗经》《楚辞》，可见作者是文人。"生别离"和"阻且长"是用成辞；前者暗示"悲莫悲兮"的意思，后者暗示"从之"不得的意思。借着引用的成辞的上下文，补充未申明的含意；读者若能知道所引用的全句以至全篇，便可从联想领会得这种含意。这样，诗句就增厚了力量，这所谓词短意长；以技巧而论，是很经济的。典故的效用便在此。"思君令人老"脱胎于"维忧用老"而稍加变化；知道《诗经》的句子的读者，就知道本诗这一句是暗示着相思的烦忧了。

这足以说明我国传统诗词中典故的妙用。如果不明典故，往往就会把作者写诗的原意误解。辛弃疾词中用典最多，而被人误解或曲解处也就自然在所难免。我举他的《水龙吟》下片为例：

> 休说鲈鱼堪脍，尽西风，季鹰归未？求田问舍，怕应羞见，刘郎才气。

前三句典出《世说新语·识鉴》和《晋书·张翰传》，指西晋时张翰在洛阳，“见秋风起，因思吴中菰菜莼羹鲈鱼脍”，认为人生贵在适意，岂能“羁宦数千里以要名爵”，于是命驾南归。而“求田问舍”三句典出《三国志·陈登传》，指刘备指摘许汜只知“求田问舍”，忘掉了“忧国忘家”的“救世之意”。我从前曾在一篇札记中对此加以解释：

> 按，张翰由洛归吴，故辛此词以之喻沦陷于中原、思归未得之人。意谓莫道吴中鲈鱼味美，今河洛尚有思南归而未得之人也。盖“归未”云者，正是期待远人来归语气。近人或解为辛不欲效张翰之忘情世事、弃官还乡云云，疑非是。
>
> 又按，“求田问舍”云云，盖指南渡诸臣，但知求田问舍如许汜而已。“张翰”未归，“许汜”求田，“刘郎”忧国，三者各有所喻。而“刘郎”又辛自喻也。

总之，我不同意把张翰说成作者自喻，因为那样讲，不仅语气不连贯，而且与典故的内容也不切合。可见“明典故”在讲析诗词作品中是占有多么重要的位置了。

“察背景”对于理解一首诗的思想内容至为关键。典型的例证就是对《诗·伐檀》中“彼君子兮，不素餐兮”两句的理解。往时我写《诗三百篇臆札》（载中华书局出版的《文史》第九辑），对此曾有详细说明。今节录如下：

> 《孟子·尽心上》：“公孙丑曰：‘诗曰，不素餐兮。君子之不耕而食，何也？’孟子曰：‘君子居是国也，其君用之，则安富尊荣；其子弟从之，则孝弟忠信。不素餐兮，孰大于是！’”此以“君子”为诗人理想中之正面人物，意谓惟彼君子乃为不素餐之人也。先秦人读此诗，率皆作如是解。然自五四运动以来，胡适始创为异说，其言曰：“……你看那《伐檀》的诗人对于那时的‘君子’，何等冷嘲热骂！……”……而《古史辨》派学者如顾颉刚、刘大白、魏建功诸家，皆主其说。（下略。顾释“君子”为“大人先生”；刘释“君子”

为“官僚绅士”；魏释“君子”为“阔人”。原文不具引。）今按：诸说皆未洽。其理由有三：一、《诗三百篇》中所言“君子”，无一处为意含讽刺，不得独于此诗别生异解，二、诗人所指斥之对象用指代词“尔”，而于其心目中之理想人物（“君子”）则用指代词“彼”，“尔”之不同于“彼”，固甚明白（此说前人亦已言之。方苞《朱子诗义补正》卷三云：“治人者食于人，以贫薄之地竭力以奉尔，望相恤也，而尔不我恤。独不闻君子之不素餐乎？言彼者，讽此人之不然也。”近人缪金源亦由此二指代词之不同以释“君子”非指上文之“尔”）；三、尤为重要者，说此诗必不能忽忘成诗之时代。此诗乃二千余年前之奴隶制社会或由奴隶制向封建制逐步转化之社会中为劳动人民立言而作。夫存在决定意识，其人作诗必不能超越时代之局限。当时之被剥削、被压迫者，固未能如五四时代之资产阶级学者，已能辨识所谓“君子”（即奴隶主或封建主）之反动阶级本质也。至一九五五年，余冠英先生编注《诗经选》，仍力主以“君子”为讽刺对象之说而非议旧解，且示轩轾之意。是径以二十世纪社会主义国家中人民之水平取代两千余年前诗人之思想矣，岂符于历史唯物主义耶？故予以为如诸家之说，是“拔高”此诗，而非本诸实事求是之精神，与之以科学评价也。

此外，我还可以补充一点。即《伐檀》与《硕鼠》为姊妹篇。《硕鼠》的作者向往着一片“乐土”，希望到了那里便不再受罪，“爰得我所”了。其实只要有剥削制度，就不会有真正的“乐土”，这不过是诗人不切实际的幻想，也可以说是《硕鼠》的局限性。既然《硕鼠》的作者心目中可以有“乐土”，为什么《伐檀》的作者不可以把“君子”作为他理想中的统治者呢？

关于“考身世”，对于一首诗的作者及其写作年代有着密切关系。我只想举一简单例子。今本孟浩然的诗集里有一首《除夜书怀》，头一句就说“迢递三巴路”。但孟浩然一生没到过四川，这首诗的作者显然是另外一个人。《全唐诗》把此诗列在晚唐诗人崔涂的名下，看来是正确的。

只有把上述四点认真做到，并且以揆情度理的原则去衡量，至少自己感到这样理解是通情达理、合情入理的，那么所讲析的思想内容和所欣赏的艺术手法才可能有说服力，才算有的放矢。这些体会原算不上什么“治学之道”，只是自己写赏析文章和读古典诗词时所恪守的几条准则而已。愿与爱好古典文学的广大读者共勉!

第一辑　诗歌札丛

《弹歌》浅释

断竹，续竹；
飞土，逐肉。

这首《弹歌》最早见于东汉人赵晔写的《吴越春秋》卷五。它描写了上古人民制作弹弓、弹射禽兽的整个过程，反映了原始社会的射猎活动，是我国最古老的民歌之一。歌辞虽短，却有些费解，必须先弄清古代弹弓是怎样制作的，才能理解诗意。据《太平御览》卷七五五引《谈薮》说："弹状如弓，以竹为弦。"原来弹弓和弓差不多，不过最初是用竹子作弦的。这在东汉人李尤写的《弹铭》里说得更清楚：

昔之造弹，起意弦木。以丸为矢，合竹为朴。漆饰以需，不用筋角。

所谓"弦木"，可能是指有弹性的、能够弯过来的木条。弹弓的弧，正是把直木用火烤得能弯过来，然后制成的。"朴"，本指细小的木条，这里疑即指弦。"合木为朴"，即指把细竹条连接在木弧上当弦用。"漆饰"二句，则言这种原始的弹弓，只用漆涂饰在上面，不像后世的弓是用兽角作弧、兽筋作弦的。这就使我们懂得，《弹歌》里的“竹”是指弦，“土”是指弹丸——这种弹丸是用泥土搓成的，到后世改用金属，就可以致人死命了。但是“断竹，续竹”这两句应该怎样讲呢？《太平御览》卷七五五里也引用了这首《弹歌》，而个别字句不同，“续竹”二字是作“属木”的。这个异文帮助我们解决了问题。“属”是“连缀”的意思，“属木”是指把竹弦连缀在木弧上。比照“属木”句类推，则“续竹”的“续”也应该是连缀的意思。“续竹”等于说“缀弦”。这样，我们不妨把《弹歌》语译一下：

把竹子砍下来，
然后把它连缀在弹弓的木弧上（当弦用）；
弹丸从弹弓上飞射出去，
直奔禽兽的肉体。

这首歌形象性很突出。头两句说弹弓制作很简单，装上竹弦就能把弹丸射出去。第三句形容弹丸离弦后像飞一样，第四句的“逐”，本是“追”的意思[①]，这里是说禽兽见人要伤害它，就赶快逃走，而弹丸一下子就把它追上，命中它的肉体。这不仅写出弹丸的飞速，也描写了发射时的准确性。文辞虽简，概括力却是很强的。

附：俞平伯先生来信

说弹弓“以竹为弦”，说“续竹等于缀弦”，皆是。但引《御览》以“续竹”为“属木”，恐未是（类书引文每不甚可靠）。“断竹”“续竹”最能写出弹弓之情状。它以竹为弦并非整的，如果是整根的竹子，怎么能拉？应是把竹子分为一般长的两小段，而中间用牛筋之类连起来，最中间有一小圆槽，以安放弹丸。始断竹而后续竹，工序十分明白，非此不可。至于把这根竹弦与弧连属，

① 据近人杨树达先生考订，“逐”专指追赶野兽，“追”专指追人，见其所著《积微居甲文说》卷上。此处正是追赶禽兽的意思。

这是当然的，似用不着写在歌里。只有八个字，把弹弓的要点完全写出了。这最古的歌谣，确是很概括。

今按：关于弹弓的制法，俞先生来信所说确较鄙见精详可信，故附于后以纠拙文之失。

《击壤歌》探源

陈山先生在1961年第五期《诗刊》上发表了《〈击壤歌〉是一首什么性质的歌》一文，认为这是一首“无意于歌颂‘帝力’而恰恰歌颂了它”的颂歌。而且认为：沈德潜的《古诗源》选了它并把它列为第一篇，就因为它是“旧时代歌颂王权统治的一首好歌”。徐应佩先生不同意这个意见，在光明日报《东风》版发表了一篇《〈击壤歌〉是首颂歌吗》（见1961年11月21日），认为这首歌“不但不是对于‘圣君’的歌颂，而且是对‘帝力’的否定”。接着陈山先生在1962年1月18日《东风》版又发表了《再谈〈击壤歌〉》，仍主前说，并涉及沈德潜《古诗源》的编选观点。现在我也想谈一下这首歌，希望得到读者和陈、徐两位先生指教。

《击壤歌》最初见于东汉王充的《论衡》，又见于《论语比考谶》。后来晋人皇甫谧撰《帝王世纪》和《高士传》，都把这首歌收入。《帝王世纪》原书已佚，但我们从《艺文类聚》卷十一、《群书治要》卷十一和《太平御览》卷八十里面，都能找到此书有关这首歌的记载，唯文字互有出入。《古诗源》是根据《群书治要》选录的，现照录《治要》如下：

> 天下太和，百姓无事，有五十老人击壤于道。观者叹曰：“大哉，尧之德也！”老人曰：“日出而作，日入而息，凿井而饮，耕田而食。帝力何有于我哉！”

这首歌当然不是唐尧时代的作品，古人早已谈及，但其产生的年代自不得迟于东汉初年。照我看，它显然是阶级社会形成以后（亦即“帝力”已成为社会的统治力量以后）的产物。最初也许是民歌，但成为现在的样子，必然是经过士大夫屡次加工的结果。

古人对这首歌早有两种不同的看法。一种认为基本上是颂歌，尽管歌辞末句带有否定“帝力”的口气[①]。如《论衡·艺增篇》云：

> 《论语》曰：“大哉尧之为君也，荡荡乎民无能名焉。”《传》曰：“有年五十击壤于路者。观者曰：‘大哉，尧之德乎！’击壤者曰：‘吾日出而作，日入而息，凿井而饮，耕田而食。尧何等力！’”此言荡荡无能名之效也。

又《须颂篇》云：

> ……（与前引略同）孔子及言“大哉尧之德也”者，乃知尧者也。涉圣世不知圣主，是则盲者不能别青黄也；知圣主不能颂，是则喑者不能言是非也。然则今之盲喑之儒，与唐击壤之民，同一才矣。夫孔子及唐人言“大哉”者，知尧德，盖尧盛也。击壤之民云：“尧何等力！”是不知尧德也。……故夫广大纵横难数，极深揭厉难测。

这同陈山先生所说，老人所处的原为“身在‘福’中还不晓得‘福’从哪里来的……那种‘至治’的境界”（《诗刊》1961年第五期71页），实际上是一个意思。当然，这并不完全代表王充本人的看法。但至少可以证明，东汉时代，持这种看法的人是很普遍的。

另一种意见则认为这首歌是否定帝尧的。如《论语比考谶》云：

---

① 日本学者物茂卿在他所著的《论语征》中，讲到孔子说的“何有于我哉”（语见《术而篇》和《子罕篇》）这一句时曾引述《击壤歌》并加以诠释，他把末句“帝力何有于我哉”这一句分作两句，写为“帝之力，何有于我哉”，“力”字且与上文“作”“息”“食”等字协韵。这样，这首歌就成为一首纯粹的颂歌了。惟不悉“之”字的增入有无依据耳。一九八六年四月重订旧作时补注。

> 叔孙武叔毁孔子，譬若尧民曰，我耕田而食，穿井而饮，尧何力焉（引文据黄奭《逸书考》，《太平御览》卷八二二引此文末句略有出入。）

此外，《高士传》卷上有《壤父传》，文字与《帝王世纪》出入不大，无烦赘引，但同卷《善卷传》中有一段话，却颇有助于我们理解《击壤歌》，即节引如下：

> 善卷者，古之贤人也。尧闻得道，乃北面师之。及舜受终之后，又以天下让卷。卷曰："……予立于宇宙之中，冬衣皮毛，夏衣絺葛；春耕种形足以劳动，秋收敛身足以休食。日出而作，日入而息，逍遥于天地之间，而心意自得。吾何以天下为哉！……"遂不受，去入深山，莫知其处。

在《论语比考谶》里，竟把击壤而歌的老人同谤毁"孔圣人"的叔孙武叔相提并论，显然认为这首歌是反面作品，是否定"帝力"的。而善卷的话，也正是以"不仕王侯"的傲兀态度来对待帝王的"高士"声口。用来同《击壤歌》参看，自然看得出所谓"壤父"（即击壤的老大爷）的态度也正与善卷相类似。这当然也不能完全代表皇甫谧的看法，但至少是魏晋以来一般文人如嵇康、阮籍等对当时封建统治者所持的态度。从今天看来，这后一种观点更容易被我们接受。

我的意思是：即使从前一种观点来看《击壤歌》，也就是说，如果确认这一首歌是颂歌，那也不宜对它一笔抹杀。因为中国古代封建社会的人民，一直就认为尧、舜时代是理想的"治世"。对尧、舜之世表示向往，甚至把那个时代描写或解释成为一般人"身在'福'中还不晓得'福'从哪里来的"社会，应该是封建社会中广大人民对当时残酷暴虐的统治者的一种抗议，对美好幸福生活的一种憧憬。这在当时还是有一定进步意义的。在阶级社会里，当人民想做奴隶而不可得的时候，对不知"帝力"为何物的击壤老人自然会感到十分可歆羡，而这首歌和这个传说的产生，实际上也正是人民对秦汉以来社会上阶级压迫表示不满的具体反映。至于沈德潜，固然是一个具有浓厚封建意识和士大夫美学观点的馆阁词臣，他选的诗歌总集如《古诗源》《唐诗别裁》等，当然也贯穿了他那种并不高明的“格调”论的文学主张，可是，把《击壤歌》摆在《古诗源》的第一篇，照我看，却并无什么深曲用意。他只不过把要选的作品按照他所理解的时代先后逐一顺序排列罢了。

最后，还想谈谈“击壤”的意义。《太平御览》卷五八四引周处《风土记》云：

> 壤者，以木作。前广后锐，长尺三四寸，其形如履节（小如按：“履节”疑是鞋楦一类的东西），僮少以为戏也。（下引《击壤歌》，从略。）

又王应麟《困学纪闻》卷二十引《风土记》云：

> 先侧一壤于地，遥于三四十步，以手中壤击之，中者为上。

陈山先生把“击壤”讲成“在土地上打拍子唱歌”，显然是望文生义。其实这种游戏到今天还在民间流行，即如北京市小学生常玩的“打梭”游戏，我看或许就是从“击壤”衍化出来的。

原载 1962 年 3 月 27 日光明日报《东风》副刊

“击壤”探源

拙文《〈击壤歌〉探源》在《光明日报》发表后，据编辑部同志事后对我说，读者的反映还不差，因为我持论还算公允。但我在文章末尾对“击壤”的解释并不能成为定论，而在行文中却批评陈山先生“望文生义”，这不仅缺乏治学问应有的谦慎态度，而且显得盛气凌人，连起码的探讨商榷的文风也没有了，这是我必须向陈山先生致歉并应自我检讨的。盖拙文发表不久，北大中文系的王力、阴法鲁几位先生便向我指出，认为“击壤”还是以讲成“敲击土地”为宜。这同陈山先生说的“在土地上打拍子唱歌”的意思是一样的。但我当时以为，在《论衡》和《帝王世纪》诸书记录此歌时，并未说有老人“击壤而歌”，只说他“击壤于道”，等“观者”感叹之后，这个老人才唱歌的，因此我仍觉得原意可能是“击壤为戏”而非“拍地而歌”。过了半年，我买到中华书局上海编辑所排印的周亮工的十卷本《因树屋书影》，便从头重读了一遍。这书我在四十年代草草读过，早已没有印象；此次重读，竟在《书影》卷五中发现了一条论“击壤”的文字。不怪自己过去读书粗心，却怨别人写文章“望文生义”，这真是太违反“躬自厚而薄责于人”的精神了。现将周栎园的文章照录如下，说明主“敲击土地”之说者也是有根据的：

> 秣陵童谣，有“杨柳青，放风筝；杨柳黄，击棒壤（小如按：此读音当与‘穰’同，与‘黄’字协韵）”之语。《风土记》曰：“击壤，壤以木为之；前广后锐，可长尺三四寸。《博艺经》曰：“长尺四，阔三寸；将戏，先侧一壤于地，遥于三四十步，以手中壤击敲之（小如按：雍正刻本及排印本此句并作‘以手击中壤敲之’，疑误），中者为上。”《释名》曰：“野老之戏具也。”元晏曰：“十七时与从姑子果卿等击壤于路。”吴盛彦赋曰：“以手中之壤，击地下之壤。”所言皆似是而非。壤字属土，何因是木！不若童谣中只杂一棒字，便显然易辨。《博艺经》所云长尺四者，盖手中所持木；阔三寸者，盖壤上所置木。二物合而为一，遂令后人不知为何物矣。阔三寸者，两头微锐；先置之地，以棒击之，壤上之木方跃起，复迎击之，中其节，木乃远去。击不中者负，中不远者负，后击者较前击尤远，则前击者亦负。其将击也，必先击地以取势。故谓之击壤云。此是少年有力者所为，必非老人所宜。观元晏记为十七时事自明。《释名》因后世有击壤之戏，尧民有“击壤”之歌，遂附会为野老之戏具耳。有见韩滉《击壤图》，但作含哺鼓腹状，别无戏具，则知当时但以杖击地而歌耳。后世遂以童子之戏当之，误矣。

又王灼《碧鸡漫志》卷一云："昔尧民亦击壤歌，先儒为搏拊之说，亦曰所以节乐。乐之有拍，非唐虞创始，实自然之度数也。"则以击壤为搏拊（小如按，即打拍子）之意，由来已久。陈山先生的说法当是与王灼之论暗合，否则他必然早已写文章来"回敬"我了。思之不胜惭愧。六五年因校前文，乃成此篇。

我国第一部诗歌总集——《诗经》

《诗经》是我国最早的一部诗歌总集。它原来只叫作《诗》，包括从公元前11世纪到公元前7世纪，也就是从西周初年到春秋中叶，共约五百年间的作品。公元前544年，吴国的公子季札出使到鲁国，鲁国的乐工曾把保存在鲁国的各国乐章依次演奏给他听。根据《左传》的记载，当时所奏乐章的先后次序同现在流传的《诗经》篇次几乎是一致的，可见这部诗歌总集在公元前6世纪已经编纂成书了。先秦时代，它是以孔、孟为代表的儒家学派的一部必读书，而到了汉代，封建统治者为了尊孔，便把儒家学派所规定的几部必读书列为经典，于是这部《诗》就一变而为《诗经》，而且同《尚书》《礼记》《周易》《春秋》这四部书并列为"五经"。

《诗经》共有三百零五篇，统称"三百篇"，所以《诗经》又称为《诗三百篇》。后世选唐诗、宋词，往往也选三百首，就是从《诗经》的篇数沿袭下来的。这三百篇诗歌又分成风、雅、颂三大类。风、雅、颂都是音乐上的名词，因此"三百篇"本来都是能入乐歌唱的歌辞。"风"是地方乐调，共分十五个地区，所以称为"十五国风"，一共有一百六十篇，基本上是当时各诸侯国的民歌。但从现存的诗篇来看，国风中也不是没有当时统治者的作品。雅又分小雅、大雅，共有一百零五篇。"雅"是乌鸦的"鸦"的古体字，和"乌"本是一个字，是用来形容声音的。古人说秦声呜呜，把乌鸦的"乌"字加上个"口"字旁，其实它跟"雅"还是一个字。西周原在陕西建都，后来被犬戎侵占，周平王便迁都到河南洛阳，成为东周。春秋时代，秦国据有西周故都一带的领土，所谓“秦声”，实际就是周乐，也就是雅乐。“雅”又有“正”的意思，用今天的话说，“正”就是标准。周天子是当时的最高统治者，因此便把王都所在地的语言定为标准语，即所谓“雅言”；把当地的地方乐曲定为标准乐曲，即所谓“雅乐”。《诗经》中的“雅”，也就是指周代朝廷和贵族在宴享交际时歌唱演奏的诗歌和乐调。“雅”有大、小，大约也是根据乐调划分的，现在已很难具体说明它们的区别。不过从内容看，《大雅》的创作时代更早些，风格上更加贵族化，歌功颂德的作品更多，只有很少几首是统治阶级内部的人写来讽刺、揭露其本阶级的统治者的。《小雅》则除了那些描写宴享和歌功颂德的诗以外，还有一部分是模仿民歌的，讽刺诗的数量比《大雅》多，语言也更浅显通俗一些。《雅》里的讽刺诗，前人称为“变雅”，“变”是“正”的对立面，意思是不够标准，大都是当时统治阶级内部某些阶层较低、身份较贱、比较不得意的人为了揭露内部矛盾而作的。“颂”是“容”的古体字，“容”是“样子”或“姿态”的意思，现代汉语里还有“仪容”“姿容”这样的说法。在《诗经》里，就指的是舞姿、舞容。因此颂就是舞乐。颂诗是祭祀宗庙时所歌的乐章，演奏时载歌载舞，内容纯属庙堂文学。《颂》分周颂、鲁颂、商颂三部分。《周颂》是西周时代的作品，在《诗经》里最为古老，它们大部分连韵脚都不易考察。《鲁颂》是鲁国的作品，《商颂》是殷商的后代宋国的作品，它们比《周颂》和《大雅》《小雅》的写作时代都要晚一些。后世有人认为《商颂》是商代的作品，显然是错了。

从十五国风的地区范围看，最南的是周南、召南，达到今天湖北的江汉流域；最北的是邶、鄘、卫，达到今天的河北省南部；最东的是齐，达到今天的山东省；最西的是豳，达到今天的甘肃省东部。其他的王（即东周）、郑、魏、唐、秦、陈、桧（即郐）、曹诸国，则分布于今河南、山西、陕西等属于黄河流域的地区。我们不禁要问：一、古代交通阻塞，是靠什么条件和力量把这么广大的区域里的民歌搜集起来的？二、搜集民歌的主持者是谁？收集起来干什么？

这就涉及周代采诗的问题。据两汉古书记载，周代是有采诗的制度的。最高统治者为了“观民风”“知得失”，想要考察当时各个阶层的人对统治者的政治措施有什么反应，便派人到各地去搜集民间歌谣，以便了解社会上的思想动向。比较聪明的统治者自然懂得，人心的向背同他们统治地位牢固与否是密切相关的。鲁迅在《门外文谈》里有一段论及《诗经》的话是十分精辟的："就是《诗经》的《国风》里的东西，许多也是不识字的无名氏作品，因为比较的优秀，大家口口相传的。王官们检出它可作行政上参考的记录了下来，此外消灭的正不知有多少。"所谓"王官们检出它可作行政上参考的记录了下来"，正是指当时的统治阶级对民歌的搜采和整理。我们认为，只有靠最高统治者（天子和诸侯）的权力机构进行大力搜采，才有可能把广大地区的民间风谣收集到一起，而采诗的目的则是为了巩固统治政权，保护剥削者的利益，绝对不是为了广大人民。当时的统治者为了维护其统治的纲纪，显示自己的尊严，并进一步来束缚被统治者的思想，于是才从事于制礼作乐的工作。而《诗经》一书，正是为了适应统治者制礼作乐的需要才被保存下来的。

附带谈一下删诗的问题。据《史记・孔子世家》说，古诗原有三千多篇，现在的三百篇是经过孔子删订的。这话不可信。上面说到的吴季札观乐的事就是一个有力的反证，因为公元前544年孔子才八岁。何况孔子自己屡次说"诗三百"，后来墨子、庄子、荀子也都说"诗三百"，可见"三百篇"，在当时早已定型，不是孔子一个人或儒家一个学派所能垄断或改变得了的。如果承认孔子删诗确有其事，实际上反而夸大了孔子对当时学术文化所起的作用。根据前面所引的鲁迅的话，足以说明远在《诗经》结集以前，原来流传在民间的诗篇，经过统治阶级权力机构的有意删汰和由于他们的漠视，消灭和亡佚的数量"正不知有多少"。这样看来，被删弃的又何止数以千计呢！

在我国文学史上，对于《诗经》的评价，是有很大的差异的。封建士大夫在儒家正统思想的影响下，或者把"三百篇"看成"修身、齐家、治国、平天下"的教条，用"后妃之德"之类的曲解来解释那些"里巷歌谣之作"，或者片面宣扬"温柔敦厚""哀而不伤""怨而不怒"的封建文艺观，抹杀了诗歌揭露社会黑暗面的作用。中华人民共和国成立以后，一些研究者又过于强调《诗经》是古典文学中现实主义传统的源头，而忽视了其中还有相当数量的糟粕，甚至有人把糟粕也当成精华。因此，重温一下列宁有关"两种文化"的理论还是非常必要的。列宁认为，"每个民族的文化里面"，既有民主主义和社会主义的文化成分，又有地主、神父、资产阶级的文化，而后者是占统治地位的。在我国古代奴隶社会和封建社会中，占统治地位的是奴隶主阶级文化和封建地主阶级文化。但在每个历史阶段中，每个民族里面既然有被剥削、被统治的劳动群众（包括奴隶和农民），那么在他们的生活条件下必然会产生具有民主性的文化成分，有劳动人民自己的思想体系。尽管这种文化成分比重较小，也不发达，但肯定是有的。同时，这种属于人民的文化又必然受时代的制约和阶级觉悟的制约，因此即使是民主性的精华，也会有时代和阶级的局限性。在《诗经》里自然也毫无例外地包含着这两个方面，它代表着当时社会上互相矛盾着的“两种文化”。也就是说，《诗经》中有为统治者歌功颂德的作品，也有为劳动群众鸣不平的作品。这种情况，就连南宋时代儒家的忠实信徒朱熹也意识到了，而且在他的《诗集传》里也并不讳言这种现象的存在。

先说反面的作品。这主要是雅、颂中的大量诗篇和国风中的一小部分。它们是为剥削阶级唱赞歌的。这些作品，大都是贵族统治者在祭祀和宴享时用来敬神和娱宾的。其中如《大雅》中的《生民》《公刘》《绵》《皇矣》和《大明》这五首诗，有的研究者往往套用欧洲资产阶级学者衡量希腊、罗马作品的模式，强调它们是周民族的英雄史诗，认为可以鼓舞后世读者的爱国热情。其实这些诗都是周代奴隶主为他们的祖先树碑立传的作品，尽管其中保存了一些神话传说和历史事实，但主要的却是充满了美化、神化贵族统治者的描写，通过夸大死者的业绩来制造舆论，以达到树立现存的统治者的威望的目的。这同西方的史诗并不一样。还有一些祭神时诵奏的乐歌，更是枯燥乏味，没有诗意。这种作品即使在国风里也是有的，如《周南》中的《樛木》《螽斯》等，都属于这一类。

但是，在所谓“变风”（即《国风》中的大部分）和“变”雅（即大、小雅中的一部分）里，却有着不同的内容。这些属于“饥者歌其食，劳者歌其事”的诗篇，包括一部分统治阶级内部等级较低下的人们揭露统治者罪恶的作品（如《大雅》的《桑柔》和《小雅》的《正月》《十月之交》等），是闪烁着民主性的思想光辉的。其中，有的劳动者反对沉重的剥削（如《魏风·硕鼠》）；有的抗议剥削者的不劳而获（如《魏风·伐檀》）；有的控诉剥削阶级对被剥削者的尽情搜括，造成两者之间的贫富悬殊（如《小雅·大东》）；有的写下层小官吏受着王事的逼迫，苦于劳碌的行役（如《小雅·北山》），而这些小官吏的家庭却过着贫困的生活（如《邶风·北门》）。有的写女子想念远征的丈夫（如《卫风·伯兮》），有的写战士怀念久别的乡土和妻室（如《豳风·东山》），反映出在战乱频仍的社会中，下层人民所受的苦难。同样是征伐猃狁的题材，《小雅·采薇》写的是战士在征途中和戍守时的辛劳艰苦，而《六月》则歌颂了统治者的勋业。前者悲凉感人，后者却枯燥乏味。《诗经》中有不少反映下层妇女的诗篇，体现了作者们带有民主性倾向的妇女观。《周南·芣苢》和《魏风·十亩之间》描写了民间妇女健康优美的劳动生活，而《卫风》的《氓》和《邶风》的《谷风》，则控诉了男子的负心并倾吐了弃妇的辛酸不平。在《国风》里对爱情问题的爱憎倾向也是鲜明的:《召南·野有死麕》《邶风·静女》和《王风·大车》都是民间传唱的大胆泼辣、热情洋溢的恋歌，写得清新饱满，栩栩有生气；而对贵族者的荒淫无耻，则进行了辛辣的讽刺（如《齐风·南山》阳《邶风·新台》）。总之，《诗经》中这许多优秀作品奠定了我国古典诗歌的优良传统，成为文学史上一批可贵的遗产。

但是不容讳言，就在这些优秀的作品中有时也还存在着一定的局限性。《豳风·七月》细致地描绘了农奴们一年到头的辛勤劳动，是一首难得的佳作；可是在诗的结尾处却写到这些被剥削者高高兴兴地去为他们的“主人”（剥削者）举杯祝寿，这就掩盖并抹杀了“无衣无褐”的劳动者和披裘饮酒的剥削者之间尖锐的矛盾。此外，在大量反映劳动者的悲惨生活和小官吏们艰难处境的诗中，也是以泣诉怨慕的哀吟为主要基调，那种激昂慷慨、敢怒敢言的反抗呼声毕竟是不多的。这大约就是《诗经》所以能被当时的统治阶级以及以孔孟为代表的儒家学派接受的原因吧。

从《诗经》的艺术性来看，也完全可以说明上述两类作品有着明显的优劣高下的不同。最古老的《周颂》，歌词空洞，内容贫乏，结构不分章节，艺术上还很幼稚。其他如《鲁颂》《商颂》和《大雅》中大部分诗篇，则无论结构和修辞都显得呆板生硬，缺乏变化和新鲜感。而《国风》中的大部分和大、小雅中一部分优秀作品，虽然基本上是四言句式，但变化很大，结构上章节有重叠反复的特色，语言也显得清新活泼、明快爽朗。像《郑风》《魏风》中有不少篇章，这种特色尤其明显。可见内容决定形式，这话是颠扑不破的。

这里顺便谈谈从《诗经》开始的诗歌艺术的表现手法。这就是赋、比、兴。“赋”是直陈其事，我们一般称为平铺直叙。朱熹说：“赋者，敷陈其事而直言之者也。”“比”是比喻，朱熹说：“比者，以彼物比此物也。”“兴”是由此及彼，借可以引起联想的事物来暗示或引导读者去联想或领会诗中所要表现的是什么。朱熹说：“兴者，先言他物以引起所咏之辞也。”如《硕鼠》的开头：“硕鼠硕鼠，无食我黍。”用硕鼠比喻贪婪的剥削者，这就是“比”。而像《芣苡》一诗，只是素朴地描述一群妇女在田野间采摘芣苡的具体动作：

采采芣苡，薄言采之；采采芣苡，薄言有之。
采采芣苡，薄言掇之；采采芣苡，薄言捋之。
采采芣苡，薄言袺之；采采芣苡，薄言襭之。

这就是直陈其事的“赋”的手法。而《关雎》的第一章：

关关雎鸠，在河之洲；窈窕淑女，君子好逑。

用河洲的一对雎鸠引起下文的“窈窕淑女，君子好逑”，这就是“兴”。“兴”介于“比”和“赋”之间，既属写实，又有“比”的成分，所以后世往往以“比兴”连称，成了传统诗歌艺术手法的一个专门词语。在《诗经》中，《国风》中的“比兴”手法用得比较多。这种因物起兴、触景生情的形象化表现手法，利用人民日常生活中所习见的事物和景象来引起感情的抒发，可以使读者产生亲切而具体的感受，正是我国诗歌艺术的传统特色，特别在民歌里用得更加广泛，这种手法直到今天还很流行。至于《雅》《颂》中的大部分作用，则多用赋的手法，直陈其事，而这种手法原是比较呆板单调，枯燥乏味的。过去的人把这种凝滞板重的风格说成“雍容典雅”，其实这种官气十足的堆砌辞藻的庙堂文学正是我们应当加以批判的东西。十五国风发展到后世，成为新鲜活泼、丰富多彩的乐府民歌；而《大雅》和三《颂》基本上成为后世贵族统治阶级歌功颂德、粉饰太平的宫廷文学的始祖，它的嫡系就是汉代的封建正统文学——汉赋。

说《诗·关雎》

近年赏析之风颇为流行，但我认为这类文章并不好作。尤其是讲《诗三百篇》中的作品，首先须通训诂，其次还要明诗旨。因为风、雅、颂距今已远，其可赏析处往往即在字、词的训诂之中。加以旧时奉三百篇为经典，古人说诗每多附会，不明诗旨便如皓天白日为云霾笼罩，必须拨云见日，始能领会诗情。这里姑以《关雎》为例而申说之，唯不免贻人以老生常谈之讥耳。

时至今日，大约没有人再相信《毛诗序》所谓“《关雎》，后妃之德也”一类的话了。说《关雎》大约是经过加工的一首民间恋歌，恐怕不会去事实太远。但《齐》《鲁》《韩》三家（包括司马迁、刘向）说此诗，都以为它意存讽刺。这又该作何解释？另外，古人很强调“四始”说（即《关雎》为“风”之始，《鹿鸣》为“小雅”之始，《文王》为“大雅”之始，《清庙》为“颂”之始），认为把《关雎》列为十五国风的第一篇，是有意义的，并非编排上偶然形成的结果。这些都需要我们做出说明。

我以为，无论今文学派的《齐》《鲁》《韩》三家诗也好，古文学派的《毛诗》也好，他们解诗，都存在两个问题：一是不理解绝大多数“国风”是民歌，把每一首诗都拉到帝王、后妃或列国诸侯的君、夫人身上；二是把作诗的本意和后来的引申意混同起来。三家诗看到《关雎》中有“求之不得，寤寐思服；悠哉悠哉，展转反侧”的话，便扯到周康王身上，说诗意是讽刺他“失德晏起”，正如司马迁在《十二诸侯年表序》中所说：“周道缺，诗人本之衽席，《关雎》作。”而后来的《毛诗》为了同三家诗唱对台戏，于是一反今文家法，大讲“后妃之德”云云，目的在于说它不是刺诗而是赞美之辞。如果我们认识到十五国风中确有不少民歌，并排除了断章取义的方式方法，则三家诗也好，《毛诗》也好，他们人为地加给此诗的迷雾都可一扫而空，诗的真面目也就自然显露出来了。

至于把《关雎》列为“国风”之始，我以为这倒是人情之常。古人原有这样的说法，认为《三百篇》所以被保存下来，乃由于它们是能歌唱的乐章而于诗义无涉，故有些讽刺诗或大胆泼辣的爱情诗也没有被统治阶级删除淘汰。我则以为，从《三百篇》的内容看，总还是先把各地的诗歌搜集起来然后为它们配乐，所配之乐，必不能丝毫不关涉诗的内容，而任意用不相干的乐谱去牵合。《关雎》之所以为“风”之始，恐怕同内容仍有关联。由于诗中有“琴瑟友之”“钟鼓乐之”的词句，很适合结婚时歌唱，于是就把它配上始而缠绵悱恻、终则喜气洋洋的乐调，而沿用为结婚时的奏鸣曲。盖因恋爱而“寤寐思服”“展转反侧”乃人之常情，故虽哀而不伤（“哀”有动听感人的意思）；夫妇结婚原属正理，君子淑女相配并不违反封建伦常，故虽乐而不淫。这样，自然就把它列为“国风”之首了。直到今日，我们遇到喜庆节日，也还是要唱一些欢快热闹的歌，奏一些鼓舞人心的曲子，取其顺心如意。这并不是什么迷信，而是同喜庆节日的气氛相适应。如果办喜事时奏哀乐唱悼亡诗，撇开吉利与否的迷信观点不谈，至少产生败兴和煞风景的反效果，总是招人憎厌的。《三百篇》的乐章既为统治阶级所制定，当然要图个吉利，把体现喜庆气氛的作品列于篇首。这不仅符合他们本阶级的利益，即从人情之常来讲，也是理当如此。

从古以来，《关雎》就有两种分章的方式。一种是每四句为一章，全诗共五章。另一种是分为三章，第一章四句，第二、第三章各八句。从文义看，我倾向于第二种分法。第一章是总述，态度比较客观；第二、第三章则从男主人公方面落笔，先说他在未得淑女时思念之苦，连觉也睡不着，然后再说他求得淑女与之成婚以后，他将千方百计同她鱼水和谐，使她心情欢乐舒畅。如果说第二章近于现实主义的描写，那么第三章便带有浪漫主义情调，抒情主人公乃为爱情获得成功的美好前景而陶醉了。

讲到这首诗的表现形式，历来也有两种意见。即在赋、比、兴几种表现手法中，有人认为“关关雎鸠”两句和“参差荇菜，左右流之”等描写是比兴，由河洲的禽鸟和水中的荇莱“兴”起君子求淑女的愿望，这就是诗的主题。另一种意见则认为此诗干脆自始至终都是“赋”。而说它的手法是“赋”的，又有两种解释。一是古人旧说，认为采荇菜的活动本是贵族妇女（包括后妃以及嫔妾）应做的“本职工作”，所以是“赋”；二是今人新说，认为这是一首写实的情歌，小伙子看上了河上采荇菜的劳动少女，于是表示了爱慕之情，无论“雎鸠”的鸣声也好，采荇菜的场面也好，都是“君子”身临其境耳闻目见的，当然属于“直陈其事”的“赋”了。这些说法都能言之成理，读者不妨互参。

不过如让我讲这首诗，我倒比较倾向于“比兴”说。所谓比兴手法，特别是“兴”，并不是诗人在实际生活之外凭空找来点什么填塞入诗，而是以即目所见、倾耳所闻的当前实际景物作为抒发思想感情的媒介，顺带着产生了联想。我们可以承认“关关雎鸠，在河之洲”是诗人眼前实景，但这一对在河洲上互相依偎着一唱一和的水鸟，自然会引起未婚青年男子迫切寻找淑女以为配偶的强烈意愿。诗人在选择诗料时单单看中了“关关雎鸠”，这本身就体现了“比兴”的作用。否则诗人为什么不写别的呢？换言之，也只有写互相鸣和的一对水禽才与这首诗的主题合拍，才算得上典型化。如果硬把它限制在“赋”的框框里，反倒近于自然主义的解释了。

我把“参差荇菜，左右流之”以及“采之”“芼之”也讲成比兴手法，是以字、词的训诂为依据的。古人大都把“流”“采”“芼”讲成同义词，即都有“寻求”“采摘”和“择取”的意思。“流”之训“求”，从西汉的刘向（他是治《鲁诗》的），东汉的高诱（说详《吕氏春秋注》），到清代的马瑞辰（著有《毛诗传笺通释》），都有考证，而且比较可信。比如《说苑》中《越人歌》的汉译就有一句“搴流中洲”（这一句是经过校订的），这里的“搴流”即为同义复合词，“搴”和“流”都作采摘讲。可是朱熹的《诗集传》则兼用“流”字本义，认为这句是指顺着流水去择取荇菜。此说虽遭清人（如姚际恒）非议，我倒觉得朱熹的讲法是从实际生活出发的。至于“芼”，旧注亦训“择”，朱熹却据董逌《广川诗故》解“芼”为“熟而荐之”。我觉得此解亦近理。在现代汉语中，特别是北京方言，我们经常还听到用沸滚水把菜蔬“芼”（mào）一下的说法。即等水烧开后把生的菜放进去，“芼”之使熟，随即捞出。由此可见，荇菜的从“流”到“采”，从“采”到“芼”，是循序渐进的过程。“左右”本指人的左右手，引申为左右两边。人们劳动，大抵双手兼用，尤其是采摘或捧掬菜蔬的时候，总是左右手同时并举。这也属生活常识，无劳辞费。

训诂既明，然后讲诗。荇菜之被采摘，犹淑女之被君子所选中。开始采时，在水中左一把右一把，顺水捞来捞去，方向无定；一似男之求女，一上来还没有找到明确目标，只能慢慢物色，宛如在水中寻求中意的荇菜。及至“采”

时，则目标已明，看准后便采到手了。既采之后，就要“芼”它一下，使之成为可食之物，亦即是说只等婚期一到，共同生活便将开始了。我所以把它讲成比兴，正是从字、词的训诂上体会出来的。

下面简单谈谈这首诗的艺术特点。此诗言切而意婉，尤其是第三章，男主人公对所思女子真是设想得体贴入微，关怀备至。第一章“窈窕淑女”二句，直往直来，连个小弯儿也不拐。但从第二章起，细节描写增多了，小伙子由于“寤寐思服”，彻夜翻来覆去，睡不踏实，这确是真情流露。越睡不安稳，越是心潮起伏；而人在恋爱时总是好往乐观处想，于是他想到将来结婚时场面多么热闹，婚后感情多么融洽和谐，生活多么美满幸福。这一切遐想，都是从“悠哉悠哉，展转反侧”的失眠中幻化出来的。虽说是主观的一厢情愿，却并非可望而不可即。后来的剧作家代剧中人立言，说“愿天下有情人终成眷属”，反嫌说得太露。而《关雎》的作者却以丰富而圆满的想象来填充眼前无可排遣的相思，这真是“乐而不淫，哀而不伤”了。难得的是这乃属于典型的东方式的、我国传统的正常恋爱观，即他所盼望的是同淑女成为夫妇（用“好逑”字样可证），而不仅仅是作为情侣（这同《郑风》里的作品就不同了！），这固然有封建统治阶级的烙印，却也体现了汉民族的传统特色。

1950年我曾在大学里教过一年《毛诗》专题课，承废名师（冯文炳先生）把他的讲义手稿惠借给我，其中讲《关雎》的一段居然幸存至今，谨转录于下即作为这篇小文的结束：

> “兴”是现实主义的技巧，是不错的。这首诗即河洲之物而起兴，显见为民间产物；采荇尤见出古代劳动人民的生活（可能是女性）。我们对于采荇不免陌生，但采莲蓬、采藕、采菱的生活我们能体会。先是顺流而取，再则采到手，再则煮熟了端上来。表示虽然一件小小事情也不容易做（正是劳动的真精神），这就象征了君子求淑女的心情与周折。等到生米煮成熟饭，正是“钟鼓乐之”的时候了，意味该多么深长！同时这种工作是眼前事实，并非虚拟幻想，一面写实一面又象征，此所以为比兴之正格，这才是中国诗的长处。后妃固然主德，但后妃哪里梦见“采荇”的乐趣，也未必看得见“雎鸠”的比翼

双飞。不过采诗入乐，“太师”的眼光总算够好的。可惜古人不懂得“向人民学习”罢了。（小如按：此段文字乃转摘自我的一份劫后残存的讲稿中，当时是把先生的意思作为自己的话写下来的，因此可能与原文略有出入，读者鉴之。）

《诗·关雎》补说

近两年发表评论《关雎》一诗的文章有好几篇，且都是新说，好像从前的人根本没有读懂这篇家喻户晓的诗作，直到今天才被人窥破天机。这里不想对这些文章一一评论，只想就其中的两种意见谈谈个人粗浅看法。

一种新意见是错简说。持这一说法的同志主张把“参差荇菜，左右流之”至“悠哉悠哉，展转反侧”这八句移到最后作为结尾，理由有两条。一是“求之不得”以下四句的句型与“参差荇菜”二句不同，二是根据《论语》里孔子的话：“师挚之始，《关雎》之乱，洋洋乎盈耳哉！”来断定此诗有“乱辞”，即卒章，而卒章句型当然跟中间的句型不一样。我以为，这一说法只从形式去考虑问题，而置内容于不顾，而后者才是主要的。我在拙作《说〈诗·关雎〉》中曾这样理解，第二章是现实主义的写法，第三章则近于浪漫主义的想象。而且正由于诗人（或取此诗以入乐的人）认为美好的愿望最后是能够成为现实的，才把它用作结婚时的乐章。孔子所以说它的《乱》“洋洋乎盈耳”，正是因为结尾的“钟鼓乐之”有强烈的喜庆气氛。如果最后的结果乃是一场希望落了空，成为“单相思”的爱情悲剧，就从诗句的含义看，统治阶级既不会用它来作为举行婚礼时所奏的乐章，即使奏了出来恐怕也“洋洋”不了。至于诗味的索然就更不在话下了。我看到的论文中不止一位都把此诗讲成爱情悲剧（尽管他们未提及有无错简），似乎都在翻几千年前的案，而且有不管历史背景、为翻案而翻案的倾向。所以我也就不再一一驳难了。

古人写诗，不仅写实，也写理想、抱负，甚至幻想，有人抒情时还发发牢骚。但从《诗经》的某些作者开始，直到杜甫、韩愈，都懂得一个道理，即在诗中写心理活动时是要注意主人公所处的环境的。杜甫写《茅屋为秋风所破歌》，他那种悲天悯人“安得广厦”“大庇天下寒士”的思想是在他睡不着觉的时候展开的，而当他出门去追寻“屋上三重茅”时，他是来不及想这些心思的。韩愈的《山石》在结尾处发了几句牢骚，那也是他第二天离开庙宇踏上归途时一路上的感慨，而在此诗一开始的地方，诗人只愁山路难行，只想着赶快到寺投宿，也无暇考虑个人的忧患得失。这也正同《关雎》的作者一样，只有他在“展转反侧”之际才想到有朝一日爱情获得成功，婚礼能够举行，他一定要“琴瑟友之”“钟鼓乐之”，这才符合写诗的逻辑层次。如果颠倒过来，恐怕就很难从意义上自圆其说了。

至于说句型不一致，这在《诗三百篇》里是可以找到很多例证的，即《国风》亦不例外。就拿紧接着《关雎》以后的几篇诗来说吧，《葛覃》《卷耳》《击鼓》等等，几乎都不完全回环往复，使句型一致，而是多少有些参差。《诗三百篇》是经过周王朝以及各诸侯国的统治阶级加过工才配上音乐的，虽以句型整齐为基准，但偶有出入也不值得大惊小怪。

还有一种新解释，认为“左右流之”的“流”即流水之流，并说把“流”讲成“求”“采”的同义词是错的，是缺乏根据的。我以为，这是对三家诗没有仔细研究的缘故。我曾写过一篇小文，考订以“流”训“求”“采”为刘向所宗的鲁诗说，并用《吕氏春秋》高诱注（有好几处）证成其义，可惜它在十年浩劫中丢失，只有以后重新搜集资料，写成文字，再与持不同讲法的同志争鸣了。

《采薇》和《何草不黄》

——浅析《诗·小雅》中两首反映征夫的诗

古今学者大都认为《诗经》中的《小雅》部分是士大夫的作品。但其中有若干首诗的风格却近似《国风》。如《小雅·谷风》一首，即明显为模拟《邶风·谷风》之作。这里要分析的《采薇》和《何草不黄》也是拟民歌体。

《采薇》是一首反映士卒戍守边陲、备尝军旅艰苦生活的诗。前三章以

"采薇"起兴，句子形式大体相同。这正是当时的民歌体。但四、五两章文字整饬古雅，不像一般民歌那么流畅自然，足以说明此诗毕竟是士大夫的作品。诗的写作年代历来众说纷纭。毛、郑旧说以为它是周文王时所作，这当然不可信。汉儒有的说是周懿王时的作品，有的说是作于周宣王之世，前后相差约百年。据史书记载并用《小雅》其他诗篇来印证，西周一代少数民族猃狁长期为北方边患，直到宣王时一直断断续续没有停止过。这首诗既属拟民歌体，恐怕写作年代不会太早。我们姑且说它是宣王时的作品，大抵不会错。至于具体年月就无从深究了。

《毛诗序》说："采薇，遣戍役也。"把这句话译成口语，就是说这首诗是描写被派遣到边境去戍守的士兵们的生活的。这样笼统地说本不算错。因为从全诗看，第一章写启行出征，第二章写军队在途中，第三章写战士到达边境，第四章写与敌作战，第五章写严加戒备，最后一章写在归途中对这次远戍作了一次总的回顾。层次井然，并不费解。但从东汉郑玄的《毛诗笺》开始，有些人硬把这首诗讲成人们在出发时便已预见到将来的战斗和归途的辛苦，这就未免太牵强了。所以明朝人何楷在《诗经世本古义》一书里对这种说法大加驳斥。我们认为何楷的理解是对的。古代士兵戍守边防，不仅作战时有生命危险，就在往返的途中也十分辛苦。最末一章，诗人写战士们在归途痛定思痛，用意是很深刻的。如果依照旧说，在刚出发时就预言归来时的情景，不但缺乏现实生活基础，而且近于无中生有，把感人至深的描写弄得虚假化了。清末的王先谦在《诗三家义集疏》中说："《采薇》乃君子忧时之作。"还是比较中肯的。

解释这首诗，首先要弄清楚，前三章以"采薇"起兴，究竟何所指？我以为其中并无深文奥义，只是表现时间上的变化。"薇"是野菜，俗称野豌豆，豆苗可以吃，所以人们去采它。"作"是从地里生长出来，"柔"指豆苗柔嫩可食，"刚"指既老且硬，到了秋天，苗已成萁，又老又硬，不能吃了。第六章说兵士们出发时"杨柳依依"，乃初春景象，那不也正是豆苗刚刚出生的时候吗？等到它又老又硬，已经从春到秋，乃至撤防归来，早又进入冬天，遇上"雨雪霏霏"的季节了。这是前三章的每章开头两句的解释。

其次，前三章还三次提到"曰归曰归"。这就是说，士卒们无时无刻不在算计着什么时候可以回家。第一章"岁亦莫止"的"莫"是"暮"的古写字。

“岁暮”，通常指秋冬之交，不指年底。第三章的“岁亦阳止”，“阳”指农历十月，比“岁暮”更晚一点，已进入冬天。这就同第六章的“雨雪霏霏”前后呼应，说明士兵在外戍守已经过了整整一个年头。附带说明，诗中好几个“止”字，还有“思”字、“曰”字，都是虚词，不是语尾助词就是语首助词，并无实际含义。这是读《诗经》必须注意的。

第一章的后四句，点明这些士兵为什么不顾妻儿老小，而且不能安居乐业。诗人反复说这是为了“玁狁之故”。这样强调，一是表示局势紧张，敌人逼近，边陲告急；二是表示这些士兵还有一定的爱国心。为了不让玁狁入侵，不能不抛撇家室，出征远戍。当然，他们的远行是被动的，不是完全出于自愿的。西汉名将霍去病说：“匈奴未灭，何以家为！”确是豪言壮语。但我觉得，他是反用《采薇》诗意，把被动语气换成了正面的慷慨陈词。“靡室靡家”，等于说顾不上个人的家室；“不遑启居”，等于说再没有闲空安稳地坐在家里了。我国古人席地而坐，同今天日本人的习俗一样，不论坐和跪都是两膝着地。所谓“坐”，就是把臀部贴在脚跟上，这就叫“居”。所谓“跪”，就是把腰部挺直，使臀部和脚跟离开，这就叫“启”。无论“居”或“启”，都是指平时居家过日子；而外出作战，根本没有歇息的时间，所以说“不遑启居”。

第二章，开头说薇菜已长出嫩苗，表明时光正在流逝。心里只想着回家，当然十分忧愁。“忧心烈烈”，指心里火烧火燎的，等于说五内如焚。可是征人也确实辛苦，一路上又饿又渴，无法休息。最后两句，点出仍在途中行军，驻防地点究竟在哪儿还没有固定下来，因此也不能让人给家里捎回任何信息。“归”同“馈”，送的意思。“聘”是“问”，这里作名词用，等于说音信、消息。

第三章，写士兵已抵达边界。“王事靡盬”，《诗经》中屡见，意思说为天子办事简直永无休止。“孔”是大、非常的意思。“忧心孔疚”，是说内心忧伤使自己极端痛苦。“我行不来”，旧说都讲成我这次出征有去无回。但清人马瑞辰在《毛诗传笺通释》里解释《小雅·大东篇》，把“来”字讲成慰抚的意思。我以为这里也不妨用马瑞辰说，那么“我行不来”就是说我这次远戍出征，并没有人来慰问我，接受慰问，这原是一个战士心里所希望的，然而连这点希望也终于落空了。

第四、第五两章应该连读，改用常棣之花来起兴。第四章头两句说，那开得十分茂盛的是什么？回答是常棣之花。“尔”，也可以写成“薾”，是花开得十分繁密茂盛的意思。常，就是常棣，李时珍《本草纲目》认为就是棠棣，是一种果树。“华”和“花”本是一字。这两句借常棣之花盛开以引起下文，比喻“君子之车”装潢得非常漂亮。“路”是假借字，本字应写作“辂”，是大车的意思。“君子”指军中统帅。春秋以前，打仗都是车战，主帅坐在四匹马拉的战车上指挥，发布命令。“戎车”就是战车，兵车。“四牡”是四匹公马，“业业”是高大肥壮的样子。这几句全力形容主帅的战车，显得军容威严，声势很大。尽管如此，战士们却不可能安定下来，要时时准备作战。“捷”也是假借字，本字是“接”。一个月要同敌人接触三次，说明前线战斗生活是多么紧张激烈。然后紧接下去写到第五章。这一章的前四句省略了主语“戎车”，意思说战车前面驾有四匹马（“骙骙”是强壮的样子，下文“翼翼”是整齐的样子），而这样的战车是主帅所凭借的，也是士兵们用来隐蔽身体的。这里的“小人”和“君子”相对应，指士兵。“腓”是“庇”的通假字，这里当隐蔽讲。下面写到主帅用的兵器——弓和箭。但诗人没有直接写弓箭，而是用局部代替整体。“象弭”，是指弓的两端连接弓弦的地方装饰着象骨；“鱼服”，指鱼皮做成的盛箭的容器，“服”字正写作“箙”。这样的描写，既刻画出主帅的威风气派，兵器十分考究，同时也说明整个队伍从上到下都戒备森严，气氛异常紧张。所以七、八两句说：“怎么能不每天戒备呢，猃狁是厉害的啊！”“棘”同“急”是一个意思。

从这两章的内容看，诗的作者显然是上层士大夫，否则他不会对当主帅的战车和兵器感兴趣，也不会着重写主帅的气派威风。但这两章并未游离于全诗之外，它同前后几章还是紧密相连的。第四章写交战，第五章写戒备，都是战场生活的具体反映。主帅尚且紧张，士兵们的辛苦也就可想而知了。

古今诗人、学者都认为《采薇》的第六章写得最好。其所以好，首先是通过对自然景物的描写显示出季节上的变化，点明时间的流逝和征途的遥远。其次是景物本身就形成强烈的对比。但在对比之中又有着一以贯之的惆怅忧伤。出征远戍，心情沉重，“杨柳”虽好，却带有依依惜别之情，等到征战归来，照理讲应该心情舒畅了，事实却并非如此。正如前面所说，“雨雪霏霏”的景象更增加了痛定思痛的凄惶烦恼。去的时候“载饥载渴”，回来时仍旧“载渴载饥”。虽说侥幸生还，可同样十分辛苦。因而一路行来也是迟缓的。这不仅指战士们长途跋涉，步履艰难，而且反映出征人的心情也是沉重的。最后用“我心伤悲，莫知我哀”这样直截了当、毫无掩饰的沉痛语言作为结束，真是把战士们的心里话都说出来了。尽管作者是上层人物，却能了解这些远戍的士兵们的心，给予他们以极大的同情。这就是我们常说的作品的人民性。

如果说《采薇》一诗，多少还带有抵抗侵略者的色彩，诗人在同情战士们的征戍生活的同时，还对带兵的主帅做了一些正面描绘，那么《何草不黄》就纯粹是一首为苦于劳役的征夫们倾诉哀怨的佳篇了。

由于从事劳役的征夫们一年四季在外奔跑，最容易见到的就是一望无边的草原，因此诗人以“何草不黄”起兴。草的枯黄正如同人的憔悴，这比喻是很形象的。第一章共四句，中间两句是并列句式，而最后一句才点明这样辛苦劳碌无非是替最高统治者去“经营四方”。所以这四句诗不是一般的两句一组、上下对应的。“何日不行”，是说一年之中没有一天不在外奔走，而“何人不将”则指万民无不从事劳役，几乎无一人可以幸免。前一句指一年中的每一个日子，后一句指一国中的每一个人。“将”与“行”是同义词，都是指四处奔走。我们不妨用《小雅》中的《北山》一诗来对照一下。《北山》里是这样写的：

溥（普）天之下，莫非王土；率土之滨，莫非王臣。大夫不均，我从事独贤。

这里的“贤”是多劳的意思。《北山》的作者抱怨自己受到不公平的待遇，同那些高高在上的“大夫”们相比，只有他一个人辛辛苦苦，奔波劳碌。他感到心里委屈，还只限于个人的遭遇。而这首《何草不黄》，却是替普天之下因服劳役而奔走四方的人在进行控诉，这就不是微弱的呻吟而接近于大声疾呼的呐喊了。所以在第二章的末尾，诗人竟然愤慨地说：“哀我征夫，独为匪民？”译成口语，就是：“可怜我们这些征夫，难道唯独我们就不是人了吗？”

第二章还有几个词儿比较费解，首先是“何草不玄”的“玄”字。旧注都把它讲成黑色，认为草枯之后逐渐由黄变黑。这本不算错。但清人陈奂在《诗毛氏传疏》中却把“玄”字讲成了“蔫”。我们常说花草快要枯萎时就打蔫儿。“玄”就是打蔫儿的意思。第一章的“黄”形容草枯时的颜色，这里的“玄”则是指草枯时的形态。我觉得这个讲法很形象，比讲成黑颜色更生动细腻。其次是“何人不矜”的“矜”字，这个字在这里可以读“鳏”，指丧妻的男子。可摆在这儿就不大好讲。马瑞辰认为这个“矜”是“瘝”的通假字，“瘝”与“鳏”同音，当生病讲。连上第一句，意思说，没有不打蔫儿的草，没有不累得生了病的征夫。所以下面接着说，“哀我征夫，独为匪民”。

第三章，诗人的口吻就更加激烈了。“兕”和“虎”都是野兽。只有这种猛兽才整天在旷野里行走。诗人说，我们又不是野兽，竟然整天地在荒山野地里奔走。可怜我们这些征夫，想要休息一下，却连一朝一夕的闲空都没有。难道人真的连野兽都不如么?

最后一章，又用毛尾蓬松的狐狸来起兴。意思说，只有野生的狐狸才在深草丛中钻来钻去，而在我们的大路上，只有远行的征夫们乘坐着高高的棚车来来往往。

全诗四章，先用到处都有而听其自生自灭的野草起兴，然后又用一年到头在旷野荒草中生活的各种兽类打比方，说明这些终年奔走于四方的服劳役的人，就跟草木禽兽一样，既不能享受人类应有的待遇，更谈不上过安居乐业的生活。作者把一腔哀怨愤激之情，用极为精练的语言写得淋漓尽致。这在《小雅》的诗篇里，称得起是千锤百炼之作。我们不禁为两千多年前的诗人大声喝彩了。

附:《采薇》

采薇采薇，薇亦作止。曰归曰归，岁亦莫止。靡室靡家，猃狁之故。不遑启居，猃狁之故。

采薇采薇，薇亦柔止。曰归曰归，心亦忧止。忧心烈烈，载饥载渴。我戍未定，靡使归聘。

采薇采薇，薇亦刚止。曰归曰归，岁亦阳止。王事靡盬，不遑启处。忧心孔疚，我行不来。

彼尔维何?维常之华。彼路斯何?君子之车。戎车既驾，四牡业业;岂敢定居，一月三捷!

驾彼四牡，四牡骙骙。君子所依，小人所腓。四牡翼翼，象弭鱼服。岂不日戒，猃狁孔棘!

昔我往矣，杨柳依依；今我来思，雨雪霏霏。行道迟迟，载渴载饥。我心伤悲，莫知我哀。

附:《何草不黄》

何草不黄！何日不行！何人不将！经营四方。
何草不玄！何人不矜！哀我征夫，独为匪民！
匪兕匪虎，率彼旷野。哀我征夫，朝夕不暇！
有芃者狐，率彼幽草。有栈之车，行彼周道。

说汉诗

说到汉诗，很容易使人想到那必是五言诗。这倒并非我同意如某些人所说，四言诗在汉代已经死去，而在魏晋之世又死灰复燃。实际上四言诗在两汉并未绝迹。不过要钩稽这方面的问题，将会扯到别处去，这里不想多说。至于七言诗，更麻烦了，《柏梁台》诗的真伪问题到现在还不曾落案，总之也是一言难尽的。所以只想随便说说汉代的五言诗。

五言诗也并不简单。为了叙述方便，我们不妨给它分一下类。第一类自然是乐府诗，我的意思是指能唱的诗歌，如《江南可采莲》《相逢狭路间》《陇西行》《艳歌行》《陌上桑》之类（当然有些并非单纯的五言如西汉《铙歌》及《东门行》《孤儿行》等）。第二类是“古诗”。为了避免有语病，有人已改称“徒诗”，即基本上不能被诸管弦的诗。第三类是一些题了作者姓名，风格体裁都近于乐府或古诗，有的显然能唱，而另一部分却又不一定能唱的作品。网罗第一类诗的尺度可以稍宽一点，时代也不妨延长，甚至于把建安、黄初的魏诗也可以包括进去，像《孔雀东南飞》，也不妨拉进来。下面就按照这种大体上的类别分头说一下。

先说乐府诗。这些近于风谣的肫挚之作，无疑来自民间。或问：它们比“徒诗”的时间早或晚呢，我看总要早一点。因为最早的乐府诗并不完全是五言，三四六七言都有，大抵只求其能唱，形式的划一当是较后的事。乐府诗怎么个好法，今人也仍在聚讼纷纭。诗这个东西太难办。一个写新诗的朋友说："诗是呓语，亦非呓语。"如说不是呓语，它实在太不科学了；是呓语吧，又有它自己的逻辑。何况，既名为诗，总得使人能懂，能欣赏体会，于是深了不是。然而诗又确有它的特点和价值，首先是文字修辞的精练，这是起码的特点和价值。从《诗经》起，诗就不纯粹是人们口里的白话。它得有所谓文字上的经济与含蓄。同时，它和音乐也不能分家。虽说诗到后来终于脱离音乐而独立，但它毕竟受了音乐的孕育和制约，缺少不得音乐的因素如节拍和声律这一些东西。有人说，今天的新诗，是可以毫不倚傍音乐的诗。我说不见得。如果完全不讲我们中国固有的音乐节拍和文字声律，想把它建设在我们国家具有几千年传统的特殊文字（单音缀的，一字读一音，一音表一义的）上，就很难生根着脚。而音乐本身的特质乃是诉诸听觉和感受的，它与语言文字诉诸理解和思维的不同，相对来说，就或多或少带有朦胧晦涩的特点（却不一定是神秘不可知的或毫无内在逻辑联系的发展规律的），因此诗之为诗（我说的是中国古典诗歌）也就或多或少具有那么一点晦涩和朦胧。再有，中国的伦理观念发达得太早，一切艺术都建筑在有宗教性——或说伦理性，却绝对不是宗教——的道德轮廓中，那么，像"温柔敦厚诗教也"一类的话无论如何也不能忽略。试想，文字上的经济与含蓄，音乐上的晦涩与朦胧，再加上富有伦理观念的思想，于是乎浅了也不是。古人说："丝不如竹，竹不如肉，以其渐近自然也。"这样说，"天籁"应当是最好的作品了。然而文字是智慧的符号，诗歌是灵魂的表征，它不能太质实、太单纯、太朴素，甚至嫌它太俚俗了也还是有理由的。然则人工也该占几成重要性。因此我认为，乐府诗的长处大约也就在这儿了。它就是不深也不浅，不即也不离，亦庄亦谐，亦文（人工的美）亦质（天然的美）的那么一种诗。要想证明文字是语言的精英，艺术是情感的升华，表现得最好的（我的意思是前所未有的），窃以为莫过于汉代的乐府诗。它够结实、泼辣、沉着，然而又够轻松、自然、灵活。姑以家喻户晓的《陌上桑》为例吧，其主题思想不可谓不严肃，但我们读了它，更多的感受却是认为它"好玩"（附注：八十年代的术语叫"趣味性"或"郑重冷静的幽默"）。这个特色我认为主要得在乐府诗里才能找到。这一传统一直发展到南北朝时代的《西洲曲》和《木兰诗》。晋朝诗人可以说足够车载斗量，从三张二陆两潘一左直到王右军，都没有这副本领。陶渊明的诗颇有“好玩”的，但多数作品都太老于世故，已是由绚烂之极复归乎平淡以后的天真了。南朝诗十九是在雕虫篆刻，颜色浓艳得近于妖冶，更谈不到“好玩”。只有在唐诗里才又真正出现了这个特色，然而那还得说是乐府诗的功劳。第二个印象是从它那格局中见出作者的巧思，虽然作者是无名的。第三步才体会到有许多描写入神，渲染入微，勾勒得眉目清朗，安排得妥帖匀称的地方。至于“诗眼”“炼句”“作法”（当然乐府诗也有它的作法）等等，那已是唐宋以后声色大开的事，这里干脆不必辞费了。

另外，我还要给乐府诗再加上几句好听的评语。据说，中国诗里最缺乏一种伟大诗体，那就是“史诗”。像《大雅》里所谓的“史诗”是不能同《伊里亚特》之类相提并论的。于是就有人说中国诗不及格，外国人常这么说，连中国人也跟着大声疾呼起来了。我想，说这话的人，至少对中国诗并没有认真进行深入的探讨。因为我们虽无“史诗”，却有乐府诗，这是汉代一种带有“历史性”的叙事诗，其叙事的本领应该是惊人的。固然，乐府诗不及荷马作品那么长，然而却比荷马的作品更具有“人情味”。（附注，这个词儿可能有点犯忌讳，不妨改为“合情入理”吧。）何况诗之好坏以及有无特点原不在诗篇的长短。这儿我愿再把刚才说过的话搬过来，干脆说，中国的诗本就是日用伦常的，平淡无奇的，基本上属于儒家思想范畴的（沿用鲁迅先生的修辞法，即“儒家底的”）。要知道先秦时期（包括孔子）头脑并不冬烘，诗可以“兴观群怨”的话是孔子说的，而且相传孔门弟子已经把《诗三百篇》当必修课本了（后世乃美其名曰“经典”）。这种尊“诗”，绝对不是什么囫囵吞枣似的卫道，而是最近乎人情的。他们就是用“人”的立场和态度而不是以“神”的或宗教的立场和态度来对待“诗”的。中华民族的祖先并不是写不出史诗，而是他们的文明太早熟了，根本就不大理会神话。而希腊史诗，却十九是神话。可见中西的诗源从远古以来就不是同一途辙。它们是各有千秋的。是以中国“史诗”之有无，简直可以不必争辩了——而那最宜于叙事体裁的乐府诗，尤其是汉代乐府诗，却是更可信的“史料诗”。它包括了民俗、传说、民间故事、戏曲素材、小说原料以及哲学、经济、教育……一大堆，其可信的程度，恐怕要远远胜过天上的上帝和地狱的魔鬼。撇开这些，单就欣赏来讲，现在我们读西洋史诗，就是西洋人也得承认那是相当吃力的古典作品；而我们读乐府诗，只要对我国古典文学还没有陌生到数典忘祖的程度，那么一上口就会感到永远有一种魅力，“千载如新”“呼之欲出”。《陌上桑》《孔雀东南飞》以及《木兰诗》等等，难度就是比读荷马史诗或希腊悲剧小得多。这一点，姑且算作它的第二点长处吧。

其次说古诗——“徒诗”。代表作还是举《古诗十九首》吧。这类诗恐怕比乐府诗要多一点人工的苦心了。诗中的想象不复是儿戏似的逸趣横生，而是澄澈的人生的观照。里面的描写不复是“渐近自然”的天真活泼，而是坦率的心灵的控诉。换言之，它不再富有那么多的趣味性和幽默感，却把“载道”的成分加强了。“载道”的意义，一般人都以为即“讲道理”，而以抒情成分浓厚的为“言志”，我说不然。“志”即是“道”（其实这也是老生常谈了）。“情”与“理”应该是广义的道（而不是儒家的“道”）的两面，载道与言志的分别主要关键乃在于有意无意。也就是说，“载道”乃有意地“载”，“言志”则是无意的“言”。乐府固亦不乏讽喻之辞，但它基本上不是有意的，充其量也无非是“想到就说”“不平则鸣”。《十九首》之类则不然。它们的作者确乎是显著地为了一个什么缘故才写作的。这个新动向开了后人以说理入诗的法门。建安七子和三曹，黄初以后的嵇、阮，西晋的左思、刘琨，抒的是“情”，实际上说的是“理”。到东晋以后竟产生了流弊，出现了“平典似道德论”的东西，后人于是把富于哲理趣味的诗篇正面称之为“理趣”，而把枯燥说教的作品贬之为“理障”。不过到了陶渊明手中，他居然写出了《归园田居》《饮酒》《读山海经》这一类以理入情的好诗，也得算是一个进步。另外，“深”“厚”“周密”“完整”，种种人为的工力在汉代“徒诗”中也比乐府诗加多了，虽然看上去有些作品比乐府诗还显得素朴。再有，它的应用范围也较乐府诗更为宽广，不仅是唱的岔曲，讲的评书，好玩动听的故事，而是读书人（从寒士清流到官僚贵族，总之是知识阶级）用来抒情、泄愤、发议论、讲道理的工具了，更其日用伦常化了。

第三类其实是多余划分的。它们有的性质极接近乐府，有的却又属于“古诗之流”。特点是：从作品看，是介乎第一二类之间的产物，只是被后人题上了作者姓名。如苏李诗，如班婕妤之于《怨歌行》，卓文君之于《白头吟》，蔡邕之于《饮马长城窟》，以及辛延年的《羽林郎》，宋子侯的《董娇娆》等。这些诗，为什么硬给它们题上名字？它们之所以异于前二类的地方究竟何在？请原谅，我只能做一点抽象的说明。我以为，它们比前二者毕竟多了一点东西——人为的颜色。这正如美人的脂粉，所以用红的脂白的粉，原是为了模仿皮肤和血液的本色。但皮肤的白皙，血液的红润，无论如何也不同于后来敷上涂上去的脂粉。后来人从这些诗里，往往敏感地发觉了有些诗篇人为的色彩多一点，或者色泽有某种不同，欲求把这种诗给立下一个范围，遂为它们起了一些不同作者的名字。我看，连《古诗十九首》中所谓的枚乘、傅毅之作，似乎也不妨用这个来解释。我相信，古人这种办法绝对不是盲目胡来或信手添上的。而我们所以被那些姓名弄得莫名其妙，一则我们距离那些诗比古人更远，二则古代文献亡佚残缺得太多，以至于使我们毫无依据。可是，对这种微细色泽的差别，到今天也并非毫无察觉能力，只要你肯下功夫，成为一个真正当行出色者。这也许就是我要另分一类的缘故了。

但前两类诗也并非没有颜色。不过它们的颜色是透明的，或纯白的，总之太单调、太纯一了，是“本质”“本色”。而第三类的诗，乃更有一点较多的颜色。比如苏李诗之于《十九首》，《怨歌行》之于《上山采蘼芜》，便宛如白色的质地上加了一点嫩黄或天蓝色，尽管依然纯净而淡雅，却毕竟多了一点什么。而建安诗，则又在天蓝或鹅黄上加了点别的颜色，使之更动人、更悦目一点。自两晋而六朝，除了陶渊明如秋菊的芳姿，其他作家的诗总是涂饰了些什么的，不过有的浓妆艳抹，有的薄施脂粉罢了。六朝而唐，五光十色，乃无美不备；宋代以后，作诗的人太讲求形式了，颜色的安排渐成图案画，就连新兴的长短句也不例外。自元而清，颜色逐渐俗气了，有的褪得暗淡了，有的又故意藻绘得奇形怪状，总之虽然不无美的颜色，却终于不免斑驳破碎……

我只能如此笼统地说明汉诗的大概，不，毋宁说最早的五言诗的大概。正如俞平伯先生所说的，它是“诗之祖”“诗之源”“诗之原料”。固然，在它上面还有《诗》与《骚》，但那好比是矿山，而五言诗则是已经开采出来的东西，虽然它还有待于雕琢。然而这毕竟是宇宙间一大秘密，到汉代才开始被人发现。“巧夺天工”固然很难，而“渐近自然”却尤为不易。于今日谈诗，所以不能忘情于汉诗者，正为此耳。

附记：这是我在 1948 年 1 月至 3 月间的一篇习作，经过三十六年沧桑，居然又找到了原稿。现略加改订与批注，拿来发表，请读者指正。从这里或者看出我在青年时期对文学史、对汉代五言诗的一些不成熟的看法。1984年6月作者附记。

汉乐府《长歌行》讲析

长歌行

青青园中葵，朝露待日晞。阳春布德泽，万物生光辉。常恐秋节至，焜黄华叶衰。百川东到海，何时复西归！少壮不努力，老大徒伤悲。

汉代《长歌行》古辞共三首，在宋人郭茂倩的《乐府诗集》中列入“相和歌辞”平调曲，并把后二首合成一篇（其实它们是完全不相干的两首诗，宋人严羽的《沧浪诗话》已指出后者应是两首）。这里要讲的是三首中的第一首，它最早见于梁萧统的《文选》。这首诗的主题思想很明确，就是篇末两句：“少壮不努力，老大徒伤悲。”由于唐吴兢《乐府古题要解》释此诗说：“言荣华不久，当努力为乐，无至老大乃伤悲也。”后世便把这样一首劝人珍惜青春，应当及时努力的具有积极意义的诗，说成了劝人及时行乐的作品。这显然是谬说曲解。因为诗中只说到应当及时“努力”，并没有像《古诗十九首》（之十五）中所说的“为乐当及时，何能待来兹”那样带有明显的消沉颓废的思想。我们完全应该恢复它积极健康的本来面目。

关于《长歌行》诗题命义，也是其说不一。我以为郭茂倩根据《文选》李善注所采用的说法还是比较确切平实的。他说：

崔豹《古今注》曰：“长歌、短歌、言人寿命长短，各有定分，不可妄求。”按，《古诗》云：“长歌正激烈。”魏武帝（小如按：当作“魏文帝”）《燕歌行》云：“短歌微吟不能长。”晋傅玄《艳歌行》云：

> “咄来长歌续短歌。”然则歌声有长短，非言寿命也。唐李贺有《长歌续短歌》，盖出于此。

看来所谓“长”或“短”都是指歌声和曲调，与内容是无关的。“寿命长短”云云，更属臆说不可信。

这首诗有两个词儿需要特别讲解一下，即首句的“青青”和第六句的“焜黄”。其他词句，大抵浅显易知，可请读者参阅黄节《汉魏乐府风笺》、余冠英《乐府诗选》和我本人为北大中文系编注的《两汉文学史参考资料》等书，无烦在此逐一诠释了。

首先，“青青”一词，当然指颜色。如《诗经·郑风·子衿》所谓的“青青子衿”，即指青色衣服。但从《诗经》《楚辞》直到汉代的乐府、民谣和古诗，“青青”这个词儿经常出现，在指颜色的同时，更主要的是形容植物少壮时茂盛的样子。这在东汉郑玄的《毛诗笺》、唐陆德明的《经典释文》、清人段玉裁的《诗经小学》和陈奂的《诗毛氏传疏》里都有具体的解释，而段、陈两家更进一步说明“青青”和《诗经》里的“菁菁”就是同一个词，都是形容植物枝叶茂盛，所谓“茂盛即美盛也”（见陈奂《诗毛氏传疏》）。现在我们常说的“青年”“青春”，就是从“青青”这个词最早的含义引申发展而来的。这就同篇末的“少壮”二字相呼应，而不仅是指“园中葵”的颜色了。

其次，对“焜黄”这个词应当怎样理解。《文选》李善注：“焜黄，色衰貌也。”五臣注：“焜黄，华（花）色坏。”后来余冠英先生注《乐府诗选》，更进一步认为“焜”是“熉”的假借字，释“焜黄”为“色衰枯黄貌”。二十余年前我注释《两汉文学史参考资料》，也是这样理解的。后来遍检汉晋古书，却发现除此诗外再没有见到用“焜黄”一词的。常见的则为“焜煌”一词（如汉人杂书《急就篇》，杨雄《甘泉赋》、曹操诗《气出唱》以及唐释慧琳《一切经音义》引《方言》郭璞注等），称得起屡见不鲜。按“焜”之本义为形容火光灿烂，与烨（即“辉”）原系一字孳乳而成，并无枯黄之意。只因此诗与“黄”字连用，才把它说成“熉”的假借字。但“黄”字在秦、汉古书中，却与“皇”字通用，最明显的是东汉应劭的《风俗通义·声音篇》中把“黄帝”就写成“皇帝”。而“皇”字的本义即指太阳煌煌发光。后来由于“皇”已变为对帝王的专称，才出现了从“火”的“煌”这个后起字。因此我认为，此诗的“焜黄”实即当时通用的词“焜煌”，不过把“煌”字写成“黄”字罢了。况且这句诗最末一字是“衰”字，已具枯萎凋谢之义，如把上面的“焜黄”讲成“色衰枯黄貌”，于诗意也不免重复。如果讲成植物的“华（花）叶”在春夏之时原是缤纷灿烂的，一到秋季便开始衰谢凋残，似更为顺理成章。这个讲法为前人所未及，能否成立，还请读者斟酌。

下面简单分析一下这首诗的艺术特色。我认为，这首诗有着一个严肃而健康的主题，却无冬烘的说教气和空洞的概念化的毛病。它的思想内容是对不知珍惜青春韶光的人进行一次严厉的当头棒喝，其发人深省的程度是惊心动魄的。但就全诗而论，读起来却给人以一种循循善诱、浑朴天成的感受，丝毫不觉得生硬牵强。这正由于原诗作者是以形象思维比喻来打动人，而不是用抽象概念当教条来教训人的缘故。全诗共十句，前八句完全让形象和比喻来说话，只有最后点明主题所在的两句，才是通过形象思维提高到逻辑思维自然而然得出的结论。这正是初期乐府民歌异于文人的以说教为主的作品之处。

首二句极写一年之计在于春，在植物群生的园圃里充满了生机。第一句用“青青”形容“园中葵”，显得色彩鲜明，活力旺盛。尤其在春天，植物的花叶上映带着黎明时鲜洁的露珠，该是一幅多么清新蓬勃的画面！这就是第二句所给予读者的具体形象。但这一句的着重点虽在“朝露待日”四字（注意这个“待”字，意味着清晨日未出时园中充满一派新鲜爽洁的朝气），但末尾却用了个“晞”字（“晞”是被太阳晒干的意思），这就说明只要日光高射，露水就会很快地被晒干，因而于精神饱满之中已隐喻着时光一去不返、人生寿命有限等向消极方面逐渐转化的因素。不过这种地方读者倘不细心，是容易忽略的。三、四两句专就首句形象加以发挥，写温煦的春曦传播着光和热，宛如施予万物以德惠恩泽，所谓“光辉”，不仅指阳光照耀在万物上所反射出的光芒，也同时反映出在春日照临下万物本身所具有的生命力。因为光辉本属阳春所有，现在却已施给万物，连万物也各自欣欣向荣，发出了光彩。五、六两句则就第二句进一步往相反一面发挥，写出大自然的另一面，即由盛而衰，由生长而消亡，由少壮而老大。秋天一到，植物的华叶生长得再茂盛秀美，也终于逃不脱衰谢凋残的命运。然而正如早于此诗的一首民间挽歌所说：“薤上露，何易晞！露晞明朝更复落，人死一去何时归！”植物虽由盛而衰，却仍周而复始，第二年春天一到，它们又会蓬勃地生长。人却不能这样，年光不能倒流，青春是一去不复返的。但诗人在这里并未直说，却插入七、八两句，用百川东流入海再不西归为喻，把要从正面讲的道理，委婉曲折地从侧面表达给读者了。这既把要讲的道理加深，也把要说服人的力量加强，从手法上讲是“蓄势”，从构思上讲是以“浅出”来体现“深入”。最后归结到九、十两句，有水到渠成之妙，不仅通过形象的感染力使道理憬然醒豁，而且诗人的态度更显得诚恳肫挚，给人以诲人不倦的谆谆之感。

清人吴淇于其所著的《选诗定论》中评此诗说：“全于时光短处写长。”其实这首诗的特点恰好相反，作者正是通过以自然现象为比喻，于久处见暂，于长处见短，于永恒处见事物变化之迫促和急剧。关键在于诗中所用的形象都是又大又长，带有永恒性的大自然，如写植物的春生秋谢，阳光之普照大地，光阴之长河，百川之归海等等，无一不是如此。比起《庄子·逍遥游》中所谓的“朝菌不知晦朔，蟪蛄不知春秋”来，立即感到两者比兴手法的异样。而人生积时为日，积日为月，积月为年，看似长久，其实一瞥即逝。如任其蹉跎，则日复一日，年复一年，自甘暴弃，终于要后悔无及的。如果把最末两句直截了当地和盘托出，则三言两语可毕，然而那却是标语口号，而非一首感人深挚的好诗了。

1980年5月

说古诗《行行重行行》

行行重行行，与君生别离。相去万余里，各在天一涯。
道路阻且长，会面安可知？胡马依北风，越鸟巢南枝。
相去日已远，衣带日已缓。浮云蔽白日，游子不顾返。
思君令人老，岁月忽已晚。弃捐勿复道，努力加餐饭。

《行行重行行》是《古诗十九首》中的第一首。《十九首》最初见于梁萧统的《文选》，原是汇集起来的一批汉代五言诗，并非一人一时一地之作，可是后世却把它们看成带有整体性的组诗了。尽管我们今天已不再把《十九首》看成一个整体，但作为汉代五言诗的代表作，它们毕竟还是有共性的。我曾在一篇题为《说汉诗》的旧文里，对《十九首》做了一点概括性的介绍，现在转录在下面：

> 像《古诗十九首》这类诗，恐怕比乐府诗要多一点人工的苦心了。诗中的想象不复是儿戏似的逸趣横生，而是澄澈的人生的观照。里面的描写不复是“渐近自然”的天真活泼，而是坦率的心灵的控诉。换言之，它不再富有那么多的趣味性和幽默感，却把“载道”的成分加强了。……另外，深、厚、周密、完整，种种人为的工力在汉代五言诗中也比乐府诗加多了，虽然看上去有些作品比乐府还显得素朴。再有，它的应用范围也较乐府诗更为宽广，不仅是唱的岔曲，讲的评书，好玩动听的故事，而是读书人（从寒士清流到官僚贵族，总之是知识阶级）用来抒情、泄愤、发议论、讲道理的工具了，更其日用伦常化了。
>
> ……我只能如此笼统地说明汉诗的大概，不，毋宁说最早的五言诗的大概。它是诗之祖，诗之源，诗之原料。固然，在它上面还有《诗》与《骚》，但那好比是矿山，而五言诗则是已经开采出来的东西，虽然它还有待于雕琢。然而这毕竟是宇宙间一大秘密，到汉代才开始被人发现。“巧夺天工”固然很难，而“渐近自然”却尤为不易。我们之所以不能忘情于汉代五言诗，正是由于这个缘故。

这些话，或者有助于读者对汉代五言诗的理解。下面我们就对《行行重行行》作一些具体分析。

这是一首思妇之词，诗中抒情主人公所思念的是一个天涯游子。我觉得这诗有个特定条件，就是那个游子对思妇说来并非毫无消息。这从诗的开头结尾可以得到证明。开头说“行行重行行”，又说“相去万余里”，可见对游子的具体情况虽不详细了解，可是知道他越走越远，而且久无归期。这比干脆没有消息更令人伤心。诗的最后一句说:“努力加餐饭。”这是慰勉对方的话。我们参考一下《古乐府·饮马长城窟行》的结尾:“长跪读素书，书中竟何如：上言加餐食，下言长相忆。”以彼例此，可见主人公对于所思念者的动静或多或少还是知道一点的，而并非一无所知。全诗的感情、设想以及措辞的语气等，都与这一特定条件有关。而这首诗之所以不同于其他相思离别之作，其细微的差异也正在这里。

古诗在一首之中允许换韵。而换韵处往往也正是划分段落的地方。这首诗共十六句，八句一韵，正好分成两大段。前一段细腻地刻画出两地离别之苦，后一段更在前一段的基调上执着地倾诉自己的思念之切。最后以撇开自己、慰勉离人作结，在温柔敦厚的语气中饱含着酸辛的悲怨之情。这不仅体现了汉代五言诗的特点，也从而看出我国古典诗歌的传统风貌。

“行行重行行”，表示两层意思，一是空间距离越来越远，二是时间距离越来越长。“与君生别离”是追叙分手时情景，“生别离”等于说活生生地离开了。《楚辞·九歌》有“悲莫悲兮生别离”的话，所以朱自清先生认为这句是用典，而且还暗示给读者以“悲莫悲兮”的意思。接下去从“相去万余里”到“会面安可知”，这四句全是从《诗经·蒹葭》一篇化出来的。“各在天一涯”就是《蒹葭》里的“所谓伊人，在水一方”，而“道路阻且长”更是直接用了《蒹葭》中“遡洄从之，道阻且长”的句子。朱自清先生说，它“暗示‘从之’不得的意思。”这就是中国传统诗歌用典的特定效果。朱先生说:“借着引用的成辞的上下文，补充未申明的含意；读者若能知道所引用的全句以至全篇，便可从联想领会得这种含意。这样，诗句就增厚了力量。这所谓词短意长，以技巧而论，是很经济的。典故的效用便在此。”这已说得再清楚不过了。

另外，这四句还显示了古典诗歌“回环复沓”的特点。因为“相去万余里”是从两人相隔的距离来说，是从中间说的;“各在天一涯”则是分开从两头说;“道路阻且长”又从中间加深一层说，意思是不但相隔遥远而且路上十分难走;“会面安可知”再从两头加深一层说，意思说双方见面的机会实在太渺茫了。其实这都是一个意思，只是说的角度不同，措辞不同而已。下文的“衣带日已缓”是说人渐渐瘦了，“思君令人老”是说人老得快，用意也是重复的。这种“回环复沓”的特点，从《诗经》《楚辞》以来就有了。但《诗经》的“回环复沓”，大都体现在句子形式上，比如《桃夭》一首，一连三章的开头都用的是“桃之夭夭”这一句话;《伐檀》一首，“坎坎伐檀”“坎坎伐辐”“坎坎伐轮”，句型也都一样。《离骚》的三大段，尽管表现手法各不相同，而中心思想却始终没有变化。从先秦发展到两汉，诗歌的艺术技巧更加成熟，这一首诗就是很好的例证。

接下去“胡马依北风”两句用的是比兴手法。禽兽尚且留恋乡土，何况有思想感情的人呢？言下之意是说，我所想念的人为什么总不回家呢？过去人们讲这两句，只强调北方的马和南方的鸟这一层意思。但我认为，这里还可以再挖掘一层更深的意思。那就是，由于胡马离开了北方，它才“依北风”；由于越鸟离开了南方，它才“巢南枝”。可见这两个比兴句是暗示出离乡背井的游子应该早点归来才是，而他竟然至今没有回来，恐怕就是由于“浮云蔽白日”的缘故了。诗人把这两句安放在两大段中间过渡的地方，我以为是匠心独运的。这就是朱自清先生说的:“这里似是断处，实是连处。”然而这层意思并没有立即点破，从第二段开头，诗人却把笔锋转到主人公对游子思念之殷切上面，这就是后来人讲唐宋词时所说的“婉约”。但“婉约”和“切直”是矛盾的两个对立面，没有“切直”，也显不出“婉约”的好处。第二段的八句，是把对方（即游子）和自己（即思妇）交叉着来写的。“相去日已远”指对方，“衣带日已缓”指自己，前一句切直，后一句婉约。我们可以把后一句同柳永词做一比较。柳词说:“衣带渐宽终不悔，为伊消得人憔悴。”虽说写得更为具体，却比这儿的一句显得切直多了。而这里“衣带日已缓”则写得十分含蓄委婉，这就是“婉约”。接下去“浮云蔽白日”两句，是就对方说，点出游子可能另有所欢，仿佛白日被浮云所掩蔽。“浮云”句用陆贾《新语》的典故，所谓“邪臣之蔽贤，犹浮云之障日月”。但古人也常以“日”“月”比喻男人或丈夫，所以这个比喻完全可以解释为游子另有所欢，因而受到迷惑，再不顾自己的家了。可是诗人用的是比兴手法，读起来还是比较婉约的，而底下一句“游子不顾返”才写得比较切直。接着又从自己方面说。“思君令人老”是从《诗经 · 小弁（音盘）》“惟忧用老”一句化出来的，人本不老，由于相思情切才显得老，这里面隐含着一个“忧”字。而下一句“岁月忽已晚”却语含双关。一年之尾是“岁晚”，一生之尾也是“岁晚”，以人生而论，一生又能有多少个年尾呢？所以这一句既指一年将过，也暗指自己的年华易逝。所以这两句诗是饱含着无限忧伤的。最后两句，先说自己，再说游子。“弃捐”有两种解释，一是指自己被抛弃，二是说相思无益，自己把这些都撇开不管。我们从后来曹植的诗中找到“弃置莫复陈”、从刘琨的诗中找到“弃置勿重（阳平）陈”一类的句子，都与“弃捐勿复道”的句意相同，所以还是后一种讲法更合情理。余冠英先生在《汉魏六朝诗选》中解释这两句说：“最后表示什么都撇开不谈，只希望在外的人自家保重。”讲得明顺确切。而从全诗来看，诗人自始至终都写得比较含蓄深沉，并没有剑拔弩张的决绝之辞，所以最后两句也应如此解释，才显得同整首诗和谐一致。

说古诗《西北有高楼》

西北有高楼，上与浮云齐。交疏结绮窗，阿阁三重阶。
上有弦歌声，音响一何悲！谁能为此曲，无乃杞梁妻。
清商随风发，中曲正徘徊；一弹再三叹，慷慨有余哀。
不惜歌者苦，但伤知音稀。愿为双鸿鹄，奋翅起高飞。

这首诗一韵到底，不换韵脚。但古诗押韵较宽，凡是相邻近的韵部，文字都可彼此通押。如此诗“齐”在齐韵，“阶”在皆韵，“悲”在支韵，“妻”在齐韵；“徊”“哀”在灰、咍韵，“稀”“飞”在微韵。它们本不同韵，却可以作为这一首诗的韵脚。尽管今天读起来已不大押韵顺口，但在古代却完全可以允许这样写。

这首诗很值得玩味。诗中只出现了一个人物，那就是自许为“知音”的听歌人。而另一个在楼上弹琴唱歌的人虽被作者所着力描写，却始终未出场。而全诗的口吻很像是第三者（即诗歌的作者）在客观叙述，既非“歌者”，也不是“听者”。而最后“愿为双鸿鹄”两句，又仿佛是歌者和听者两人的共同心愿。这是一种很别致的艺术手法，在《十九首》中是比较特殊的。

全诗分四段，每段四句。第一段写高楼，着重写外观，点明这是“歌者”所居之地。从建筑的宏伟壮丽来看，它绝不是“寻常百姓家”，住在楼里面的人肯定是贵族阶层。第一句说楼的方位，第二句说楼的高大，第三句从楼的上端写，楼窗上有交错镂刻着的美丽花纹图案。毫无疑问，那“慷慨有余哀”的“弦歌声”正是从这窗口里传出来的。第四句写楼基，却没有提出入的大门。这是由于“三重阶”等于说“侯门深如海”，从没有看见那位歌唱者走出来过。因此干脆不写楼门了。这四句仿佛是序曲，却并非闲笔。楼中人已呼之欲出了。

第二段从“弦歌声”写到弹琴唱歌的人，用笔在虚实之间，十分微妙。“弦歌”见于《论语》，也见于《庄子》《韩诗外传》和《史记》，都是指一面弹琴一面唱歌。“声”在这里是总括的说法，而“音”指歌声，“响”指琴声。“响”本指回声，这里指伴奏的琴的和声。“一何”这个词儿杜诗屡见，如“吏呼一何怒，妇啼一何苦”，这里的“一”应当是“唯独”的意思（见明人杨慎的《檀弓丛训》）。“一何悲”等于说“独何悲”，也就是特别地悲。然后作者发问：“谁能为此曲？”这不是一句泛泛的问话，而是加重了语气在问：“像这样悲哀动听的曲调究竟是谁才能弹唱得出来？”回答却是：“或许是杞梁妻吧？”相传春秋时齐国大夫杞梁战死，其妻在城下枕尸痛哭，路人挥泪，十日而城崩。其人见于《孟子》，其事见于《列女传》，实际就是传说中的孟姜女的前身。古琴曲有《杞梁妻叹》，可见这个曲调是十分悲哀的。这就很有意思了。杞梁之妻本是个普通女子，尽管她丈夫是做官的，她也不可能住在这“上与浮云齐”的高楼里。何况诗人本来就用了个模棱游移的词，“无乃”等于说“莫非”“或许”，可见楼中人的身份绝对不同于杞梁妻。但她的悲哀愁苦却与杞梁妻有共同之处。那么，她的命运之悲惨，处境之艰难，也可想而知了。这就给读者留下了大幅度的想象余地。曹植写《七哀》，陆机写《拟〈西北有高楼〉》，都是根据他们每个人本身的想象力赋予并发展了这首诗的内在含义。不过从后人的拟作中我们也不难看出，原诗的作者仍给我们规定了两点：一、歌者是女子；二、她有着十分沉痛的遭遇和不幸的身世。由于她深居简出，缺乏“奋翅高飞”的自由，只能用“一弹再三叹”的“弦歌”来抒发她那无可告语的忧伤和委屈了。

于是第三段乃全面描写“弦歌”之声。第一句的“清商”，点明曲调的名称，这一句是描写乐曲的开头。人们一听便知她弹唱的是什么曲调。第二句的

"徘徊"有两层意思。一是这只曲子弹唱到中段，旋律放慢了，如人在行走中间游移不定，徘徊不前，所谓"萦绕淹留"，就是这个意思。二是指乐曲到了咏叹的部分，把一个乐调回环复沓，反复地唱。朱自清先生说："歌曲的徘徊也正暗示歌者心头的徘徊，听者足下的徘徊。"可见诗人用这个词儿原是两者兼而有之。第三、第四句是活用《礼记·乐记》的说法，所谓"一唱而三叹，有遗音者矣"。不过《乐记》的"叹"指伴唱者的和声，而这里的"叹"却指歌声；因为上面的"一弹"已指琴声，而琴是无法"叹"的。"慷慨"指心中的不平的情绪，或抑郁不得志的情绪；"有余哀"即《乐记》的"有遗音"，不过在余音中流露出不尽的哀伤之情。这两句是指一曲的终结。通过作者对这悲歌一曲的描写，唱歌人内心深处的痛苦，读者已不言而喻了。

然而第四段一开头作者却从反面说："不惜歌者苦。"难道歌者还不够苦吗？还不值得人们同情吗？不，这样写，正是作者对她的无限同情。不过为了强调"知音稀"，才故意这样反说罢了。从歌者说，如果她真有一位知音，那么她和他同化为一双鸿鹄，飞向自由天地，那该有多好！而从听歌人说，他既已从歌声中听出楼上人的说不尽的苦衷，该是她的知音了，可是他怎样才使她跳出樊笼，却依然无能为力。于是他幻想：如果真能与她一同化为一双鸿鹄，自由自在地翱翔，那么她不但得救，而且还有个知音做她的伴侣了。其实，这都是一厢情愿，都是失意者一点虚无缥缈的空想。然而，请读者不要忽略，这点不着边际的空想也好，理想也好，却正是封建社会中冲决罗网、突破礼教藩篱的起点，尽管是渺茫的，单薄的，脆弱的，却是非常值得珍惜的。这里面并不排斥有那么一点神秘的、异性相吸的男女之情，而更多的却是追求解脱、渴望自由的正面的思想感情。其微妙处也正在此。我以为，这就是我们古代诗人笔下的古典的"意识流"。但诗句却写得那么惜墨如金，洗伐得十分凝练。前人每因这最后两句在汉代五言诗中有着不少相类似的诗句，因而认为不免落入俗套，我看这未免太低估其思想艺术价值了。

说古诗《冉冉孤生竹》和《回车驾言迈》

先看《冉冉孤生竹》：

冉冉孤生竹，结根泰山阿。与君为新婚，兔丝附女萝。兔丝生有时，夫妇会有宜。千里远结婚，悠悠隔山坡。思君令人老，轩车来何迟！伤彼蕙兰花，含英扬光辉；过时而不采，将随秋草萎。君亮执高节，贱妾亦何为？

这首诗迭用比兴，以孤竹结根于泰山、兔丝附于女萝和蕙兰花的过时萎谢三个比喻贯穿全篇，显然是一首模拟乐府体的文人作品。至于诗的主题，看似明白，但细经推敲，却又不易准确地把握。朱自清先生据清人吴淇《选诗定论》的说法，认为这是女子怨婚迟之作。而余冠英先生用明人闵齐华的说法，则认为此诗“写女子新婚久别的怨情”。主张婚迟说的，是就“轩车来何迟”“过时而不采”这样的诗句来立论的；主张新婚久别说的，则认为诗中已有“与君为新婚”“千里远结婚”这类的描写，不像是只订了婚而尚未出嫁的女子的语气。这两说虽有分歧，却有一个共同点，即都认为诗中的抒情主人公是女性，所写的内容主要是反映女子因婚姻关系而产生的怨情。当代学者大都持这种看法，我过去也一直是这样讲的。

最近重读这首诗，并仔细翻阅了隋树森先生的《古诗十九首集释》，看到他所采辑的清代学者的八种专著，以及书中引述的其他学者的评语，竟发现主张上述讲法的是少数，而一半以上的观点，都认为这首诗写的是贤士有才能而不得志于世，不见用于君，所以借夫妇为比喻，来抒发封建文人怀才不遇的思想感情。也许有人认为这种观点已经过时，今天已不适用。可是我却认为，汉代的诗人完全可以采用这种比兴手法来写诗，也完全可以持这种观点来看待社会上存在的这类问题。屈原写《离骚》，用的就是这种手法，当然不必说了。从

《诗经》到汉代乐府及五言诗，也是有轨迹可寻的。我们今天总认为夫妇或两性间的关系要比其他社会关系亲密得多，古人却不这么看。在《诗经》里就有“燕尔新婚，如兄如弟”的句子，说明只有新婚夫妇才比得上手足之情。曹植是建安时代的诗人，距《古诗十九首》的写作年代并不太远。他在送朋友如王粲、应玚等人的诗中，都把彼此间的友情比作夫妇间的爱情。而在《七哀诗》《浮萍篇》《种葛篇》中，更以弃妇自比，把自己跟曹丕、曹叡的君臣关系比作夫妇。由此看来，《冉冉孤生竹》虽说写的是女子的哀怨之情，但把它解释为贤者怀才不遇之作，绝对不算牵强附会。何况这样讲，我在前面所援引的两种说法，即怨婚迟或怨新婚久别这两者之间的矛盾，也可以顺理成章地得到解决。所以现在我讲这首诗，反倒倾向于反映贤士不遇这一带有政治色彩的主题了。

从全诗的结构看，前四句连用两个比喻，自成一段。从“兔丝生有时”到篇末，一气呵成，哀怨之情，洋溢在字里行间。而最后“君亮执高节，贱妾亦何为”两句，明明是反话，说明男女双方社会地位不同，作为女性，又有什么力量来主宰自己的命运呢？这同曹植《七哀诗》里说的“君若清路尘，妾若浊水泥，浮沉各异势，会合何时谐”，无论在表现方法上或在思想含义上，几乎没有什么两样。看似弃妇口吻，实是抱怨自己怀才不遇，沉沦于社会底层。这种不得志的牢骚，上自贵族，下至民间文人，不都是作为封建知识分子所共有的么？

开头四句的两个比喻，表面虽不相似而实质却基本相同。作者正是有意识要这样写的。“孤生竹”比喻弱女子，“泰山”即“太山”，古代“太”“大”是一个字，所以也就是“大山”。孤生竹把根扎在大山脚下。比喻女子以强大的男性势力作为靠山。这种关系不是平等或对应的，而是依附和从属的。但既是夫妇，照理应该像兔丝和女萝一样，互相纠结缠绕在一处，不分彼此。李白《古意》：“君为女萝草，妾作兔丝花。”说明女萝比男子，兔丝比女性。而兔丝之所以比女性，因为它是开花的。可是诗人在这里却用了个“附”字，意思说兔丝对于女萝依然是依附、从属关系，这就意味着女子一方始终处于被动地位。而在封建社会中，君与臣，官与民，用人者与被用者，也同样是这种依附、从属关系，一个有才能的贤士并不因其有才能就一定受人赏识，被人重用，正如一个青春少女并不见得一定能及时而嫁或得到异性的钟爱，即使是新婚夫妇，双方也并不居于平等地位。所以这个“附”字好像是用错了，其实正体现了作者的用心。

“兔丝生有时，夫妇会有宜”两句，紧承上文而话却从正面冠冕堂皇地说起。“生有时”，指开花有定时，比喻女子青春容颜美好。朱自清说：“花及时而开，夫妇该及时而会。”把这层意思引申开去，也就是贤才当及时而用。下面的“千里远结婚，悠悠隔山陂”两句，过去的讲法往往不易说得通。既说结为婚姻，却又说相去千里，远隔山陂（陂是湖或塘），到底是已经结合了还是一直没有见面？如果从贤才求为当世所用的角度来领会，则困难可以迎刃而解。意思说只要双方有诚意结为婚姻，即使隔着千山万水也可以聚首相会。这从道理上讲原是不成问题的。但残酷的现实却并不如此，而是“思君令人老，轩车来何迟！”虽有婚约，而“轩车”竟迟迟不来迎娶；正如封建统治者虽有求贤之名，而贤人却一直空空地在等待，并没有人前来聘请他。这两句写得太实了，作者于是又把笔势荡开，再次用比喻说话：“伤彼蕙兰花，含英扬光辉；过时而不采，将随秋草萎。”妙在“蕙兰花”的前面安上一个指代词“彼”字，仿佛诗人说的是同主题全不相干的另一件事。其实笔荡得越远越虚，题扣得越紧越实。“过时而不采”的“时”字，不仅同上文“生有时”的“时”相呼应，而且跟“老”“迟”“萎”这些反面词语也息息相关，有着内在联系。这一朵朵“含英扬光辉”的香花，如果真的随秋草而萎谢，这可不能推脱说新陈代谢的自然现象而是人为地在糟蹋美好事物，谁叫你“过时而不采”呢？所以这两句写得是相当沉痛的。写到这里，感情迸发，几乎无法再加以控制，于是笔锋一转，说了两句看上去是“代揣彼心，自安己分”（清张玉谷《古诗赏析》语）的话：“君亮执高节，贱妾亦何为！”其实却是怨情压抑得已达极点，故意把话反着说出来罢了。意思是：“你想必是固持着高尚节操的，我这做女人的又何必考虑得太多呢！”其实她所担心的正是唯恐对方不“执高节”而把她抛弃。如果引申到贤人有才而不为当世所用上面来，那么这“执高节”就成为无情的讽刺。在高位的封建统治者，一言一行看似节操高尚，原则性很强，其实他并不识人才，并没有把真正有才能的贤者看在眼里，正如负心男子把痴心少女视同“贱妾”一样，轻而易举地就把她抛弃了。作者这里有意用“高节”和“贱妾”两个带倾向性的词相对照，不难看出诗人的爱憎情感是十分鲜明的。

下面我们再看另一首古诗《回车驾言迈》：

> 回车驾言迈，悠悠涉长道。回顾何茫茫，东风摇百草。所遇无故物，焉得不速老？盛衰各有时，立身苦不早。人生非金石，岂能长寿考？奄忽随物化，荣名以为宝。

我在旧作《古诗述略》中曾说过，《古诗十九首》所反映的内容很复杂，但其共同特点则是表现了浓厚的感伤情绪。“总的说来，这种消极情绪正是东汉王朝统治阶级日趋没落的具体反映，而我们却可以从这些诗中多少能看到一些东汉末年大乱前夕的社会侧影”。这首《回车驾言迈》，我以为最能反映当时中下层社会的失意文人的消极的人生观了。

这是一首说理诗，但通首却通过形象思维来阐述道理，所以还是饶有诗味的。诗人在悠远渺茫的人生旅途上，看到事物盛衰有时，从而感叹人寿的短促和自己的一无所成，流露出一种无可奈何的消极情绪。当然，这首诗还有它积极的合理因素，如张玉谷说它是“自警”之作，清人张庚的《古诗十九首解》也说“此因士不得志而思留名于后也”。诗中的抒情主人公毕竟还以“立身苦不早”为遗憾，想在生前死后留下宝贵的“荣名”，这比起玩世不恭或及时行乐的颓废思想来，总还积极多了。所以我认为，诗中流露出来的感伤情绪乃是东汉末年那一动乱年月的时代感，虽应批判，却有一定的认识价值。所以清人陈祚明在他的《采菽堂古诗选》中说：“慨得志之无时，河清难俟，不得已而托之身后之名，……悲夫！”朱筠在《古诗十九首说》中也评论道：“‘立身苦不早’，从无可奈何处泛泛说来，‘人生’二句又进一层，言即能立身，身非金石，何由长寿？亦不过‘奄忽随物化’而已，直是烟消灯灭，无可收拾。乃从世情中转一语曰，‘求点子荣名也罢了’。”这些话都可供我们参考，对了解诗意是很有帮助的。

前人谈《古诗十九首》，从来没有把这一首同上面《冉冉孤生竹》一首联系起来讲的，只有清人李因笃在《汉书音注》里说，这一首“与《冉冉孤生竹》篇意略同。但彼结出正意，此则转为愤词耳。”这话值得我们深思。我们不仅从李因笃的话里体会到上面一首的主题思想并非专写男女婚姻问题，而且还懂得了这两首诗的共同之点。那就是诗人都在为怀才不遇的贤士抱不平。拿这首诗来说，要得到“荣名”，也要凭借客观因素。绝不是自己主观上想成名就办得到的。可是上一篇的结尾把这层意思委婉地说出来了：“君亮执高节，贱妾亦何为！”这就是李因笃所说的“结出正意”。至于这一首所谓的“愤词”，则从“焉得不速老”和“岂能长寿考”两个反问句体现出来。这既是自我慨叹，也是对社会的抗议。读者多读几遍，自然就体会得出，这里我就不多讲了。

这首诗一韵到底，但每两句构成一个层次，并且自然形成转折，后一个层次又紧紧同前一层相呼应，所以读起来给人以一种既有起伏顿挫又能一气呵成的感觉。这正是诗人运用辩证而统一的艺术技巧所产生的最佳成效。开头两句就语含双关。“回车”，本指车子掉转方向，这里却有茫然不知所往，驾着车兜圈子的意思。“言”是连接词，与“而”同义；“驾言迈”，等于说驾车而远行。第二句字面上是指驾着车长途跋涉，但“长道”实际是人生道路的象征，意思说在漫长的人生旅途上，驾着车转来转去，竟不知往何处去才好。“回顾”两句，写时光流逝，手法也很新。一般人慨叹人生短促，都爱从秋天景象着笔，以万物之凋伤憔悴来形容人生的迟暮之感。而这首诗偏着眼于春光的描绘，“东风摇百草”正是春回大地，万物复苏，一片更新气象。眼前全是新生事物，所以说“所遇无故物”。可是人却不能使年光倒流，只能自己不无遗憾地感叹“焉得不速老”了。这也正是李因笃所说的愤激之词。清代诗人黄景仁描写重阳佳节的景象曾写道：“有酒有花翻寂寞，不风不雨倍凄凉。”正是从“东风摇百草”这几句化出，用日新月异的客观世界来反衬自己主观世界的忧伤沉痛。这比直接用肃杀的秋景或凛冽的寒冬来刻画人生的阴郁冷漠更显得新鲜而深刻。

然而每个人的遭遇不同，“盛衰各有时”，机缘好的可以飞黄腾达，功成业就，享不尽的荣华富贵；而机缘不好的，就不免有生不逢时、坎坷终身之叹。于是诗人发出了“立身苦不早”的不平之鸣，对自己的命运表示了极大的遗憾。退一步说，即使在较迟的时候有了立身的机会，但人的生命终归是有限的，不能与金石同寿。何况越是处于逆境，就越容易抑郁忧闷地死去，说不定有那么一天就远离人间，只有得到“荣名”的人，才有希望流芳百世。实际上这正是作为一个生平不得志的封建文人，在自知一事无成、求“荣名”而不得的时候所发出的百无聊赖的感慨。但这是那个动乱的年代，那个暴风雨即将到来的前夕，由客观形势造成的，能怪诗人自己吗？所以我说，诗中所流露的思想感情虽嫌消极，却反映出东汉末年封建王朝即将垮台，农民大起义的风暴即将吹起，诸侯军阀割据的分崩离析的局面即将来到，诗人才用微弱的心声唱出了属于个人小天地的不平。通过像《十九首》这类诗篇，来感受一下东汉末年时代的脉搏，正是我们受到启迪的一个饶有兴味和颇具历史意义的关键环节。

说古诗《凛凛岁云暮》

凛凛岁云暮，蝼蛄夕鸣悲。凉风率已厉，游子寒无衣。锦衾遗洛浦，同袍与我违。独宿累长夜，梦想见容辉。良人惟古欢，枉驾惠前绥。愿得长巧笑，携手同车归。既来不须臾，又不处重闱；亮无晨风翼，焉能凌风飞？眄睐以适意，引领遥相睎。徙倚怀感伤，垂涕沾双扉。

此诗凡二十句，支（包括脂、之）微韵通押，一韵到底。诗分五节，每节四句，层次分明。惟诗中最大问题在于：一、“游子”与“良人”是一是二？二、诗中抒情主人公即“同袍与我违”的“我”，究竟是男是女？三、这是否一首怨诗？答曰：一、上文的“游子”即下文之“良人”，古今殆无异辞，自是一而非二。二、从全诗口吻看，抒情主人公显为闺中思妇，是女性无疑。但第三个问题却有待斟酌。盖从“游子寒无衣”句看，主人公对“游子”是同情的，然而下文对良人又似怨其久久不归之意，则难以解释。于是吴淇在《选诗定论》中说：“前四句俱叙时，‘凛凛’句直叙，‘蝼蛄’句物，‘凉风’句景，‘游子’句事，总以叙时。勿认‘游子’句作实赋也。”其意盖认定良人不归为负心，主人公之思极而梦是怨情，所以只能把“游子”句看成虚笔。其实这是说不通的。盖前四句实际上完全是写实，一无虚笔，即以下文对“良人”的态度而论，与其说是“怨”，毋宁说因“思”极而成“梦”，更多的是“感伤”之情。当然，怨与伤相去不过一间，伤极亦即成怨。但鄙意汉代文诗已接受“诗教”熏陶，此诗尤得温柔敦厚之旨，故以为诗意虽忧伤之至而终不及于怨。这在《十九首》中确是出类拔萃之作。

开篇第一层的四句确从时序写起。岁既云暮，百虫非死即藏，故蝼蛄夜鸣而悲。“厉”，猛也。凉风已厉，以己度人，则游子无御寒之衣，彼将如何度岁！夫凉风之厉，蝼蛄之鸣，皆眼前所闻见之景，而言“率”者，率，皆也，到处皆然也。这儿天冷了，远在他乡的游子也该感到要过冬了，这是由此及彼。然后第二节乃从游子联想到初婚之时，则由今及昔也。“锦衾”二句，前人多从男子负心方面去理解。说得最明白的还是那个吴淇。他说：“言洛浦二女与交甫，素昧平生者也，尚有锦衾之遗；何与我同袍者，反遗我而去也？”我则以为“锦衾”句只是活用洛水宓妃典故，指男女定情结婚；“同袍”出于《诗·秦风·无衣》，原指同僚（今言“战友”），旧说亦指夫妇。窃谓此二句不过说结婚定情后不久，良人便离家远去。这是“思”之起因。至于良人何以远别，诗中虽未明言，但从“游子寒无衣”一句已可略窥端倪。在东汉末叶，不是求仕便是经商，乃一般游子之所以离乡背井的主因。可见良人之弃家远游亦自有其苦衷。朱筠《古诗十九首说》云：“至于同袍违我，累夜独宿，谁之过欤？”意谓这并非良人本意，他也不愿离家远行，所言极惬心贵当。惟游子之远行并非诗人所要表白的内容，我们亦无须多伤脑筋去主观臆测。

自“独宿”以下乃入相思本题。张庚《古诗十九首解》云：“‘独宿’已难堪矣，况‘累长夜’乎？于是情念极而凭诸‘梦想’以‘见’其‘容辉’。‘梦’字下粘一‘想’字，极致其深情也，又含下恍惚无聊一段光景。”正唯自己“独宿”而累经长夜，以见相别之久而相爱之深也，（她一心惦记着他在外“寒无衣”，难道还不是爱之深切的表现么？）故寄希望于“梦想见容辉”矣。这一句只是写主人公的主观愿望，到下一节才正式写梦境。后来范仲淹写《苏幕遮》词有云：“夜夜除非好梦留人睡。”虽从游子一边着笔，实从此诗生发演绎而出。

第三节专写梦境。“惟”，思也；“古”，故也。故欢，旧日欢好。梦中的丈夫也还是殷殷眷恋着往日的欢爱，她在梦中见到他依稀仍是初来迎娶的样子。《礼记·婚义》：“降，出御妇车，而婿授绥，御轮三周。”又《郊特牲》：“婿亲御授绥，亲之也。”“绥”是挽以登车的索子，“惠前绥”，指男子迎娶时把车绥亲自递到女子手里。“愿得”两句有点倒装的意思，“长巧笑”者，女为悦己者容的另一说法，意谓被丈夫迎娶携手同车而归，但愿以后长远过着快乐的日子，而这种快乐的日子乃是以女方取悦于良人赢得的。这是梦中景，却有现实生活为基础，盖新婚的经历对青年男女来说，长存于记忆中者总是十分美好的。可惜时至今日，已成为使人流连的梦境了。

第四节语气接得突然，有急转直下味道，而所写却是主人公乍从梦境中醒来那种恍恍惚惚的感受，半嗔半诧，似寤还迷。意思说好梦不长，良人归来既没有停留多久（“不须臾”者，犹现代汉语之“不一会儿”“没有耽搁一会儿”），更未在深闺中同自己亲昵一番，一刹那便失其所在。这时才憬然惊察，原是一梦，于是以无可奈何的语气慨叹道：“只恨自己没有晨风一样的双翼，因此不能凌风飞去，追寻良人的踪迹。”“晨风”，鸟名、鹯属，飞得最为迅疾，最初见于《毛诗》，而《十九首》亦屡见。这是百无聊赖之辞，殆从《诗·邶风·柏舟》“静言思之，不能奋飞”语意化出，妙在近于说梦话，实为神来之笔，而不得以通常之比兴语视之也。

前人对最末一节的前两句略有争议。据胡克家《文选考异》云：“六臣本校云：‘善（指李善注本）无此二句。’此或尤本校添。但依文义，恐不当有。”我则以为这两句不唯应当有，而且有承上启下之妙用，正自缺少不得。“适意”亦有二解，一种是适己之意。如陈祚明《采菽堂古诗选》云：“眄睐以适意，犹言远望可以当归，无聊之极思也。”另一种是指适良人之意，如五臣吕延济及吴淇《选诗定论》之说大抵皆谓后者。我以为应解作适良人之意较好。此承上文“长巧笑”意，指梦中初见良人时的顾盼眼神，亦属总结上文之语。盖梦中既见良人，当然从眼波中流露出无限情思，希望使良人欢悦适意；不料稍留即逝，梦醒人杳，在自己神智渐渐恢复之后，只有“引领遥相睎”，大有“落月满屋梁，犹疑照颜色”（杜甫《梦李白》）的意思，写女子之由思极而梦，由暂梦而骤醒，不唯神情可掬，抑且层次分明。最终乃点出结局，只出“徙倚怀感伤，垂涕沾双扉”了，而全诗至此亦摇曳而止，情韵不匮。这后四句实际是从眼神作文章，始而“眄睐”，继而“遥睎”，终于“垂涕”，短短几句，主人公感情的变化便跃然纸上，却又写得那么质朴自然，毫无矫饰。《十九首》之神理全在此等处，真令读者掩卷后犹存遐思也。

从来写情之作总离不开做梦。《诗》《骚》无论矣，自汉魏晋唐以迄宋元明清，自诗词而小说戏曲，不知出现多少佳作。甚至连京剧《春闺梦》（程砚秋个人本戏）中关目与表演，窃以为都可能受此诗之影响与启发。江河万里，源可滥觞，信然！

1987 年 2 月写定于北京

释《四愁诗》之“翰”

张衡《四愁诗》之一云：“侧身东望涕沾翰。”李善《文选》注引韦昭曰：“翰，笔也。”然其下三章各作“沾襟”“沾裳”“沾巾”，皆指衣服而言，不宜首章独言以涕泪沾濡手中所握之笔。心窃疑者久之。近读《汉书·江充传》，有云：“充衣纱谷单衣，曲裾后垂交输。”如淳注：“交输，割正幅使一头狭若燕尾，垂之两旁见于后。是《礼·深衣》续衽钩边，贾逵谓之衣圭。”苏林曰：“交输，如今新妇袍，上挂全幅缯，角割，名曰交输裁也。”（小如按：今中华书局排印标点本《汉书》于此注无句读，或未敢妄施标点耳。）师古曰：“如、苏二说皆是也。”王先谦《汉书补注》引沈钦韩曰：“《晏子问》篇：‘衣不务于隅肯之削。’《淮南子·本经训》：‘衣无隅差之削。’《释名》：‘裾，倨倨然直。’则裾本直也。曲裾者，《深衣》注云：‘钩边，若今曲裾也。’《正义》云：‘是今朝服之曲裾。’盖古制本直裾，玄端服是也；曲裾则深衣之制。而汉明帝以为朱衣朝服。后垂者，《释名》言：‘妇人上服曰袿，其下垂者，上广下狭，如刀圭也。’交输者，《玉藻》‘衽当旁’注：‘衽谓裳服所交裂也。凡衽者，或杀而下，或杀而上，是以小要（腰）取名焉。’《正义》云：‘幅广二尺二寸。一幅破为二，四边各去一寸，余有一尺八寸。每幅交解之。阔头尺二寸，狭头广六寸；裳幅下广尺二寸，上阔六寸，狭头向上，交裂一幅而为之。’按，此则一幅狭剪若燕尾。《丧服》注所云‘燕尾二尺五寸’，即交输裁者也。”小如按：“交输”二字殊费解，然诸家皆无异说。独明人凌稚隆《五车韵瑞》去声十五翰〔史·交翰〕条引《江充传》：“充衣纱谷禅（单）衣，曲裾后垂交翰。”并引《注》云：“交翰，割正幅使一头狭若燕尾，垂之两傍见于后。”凡传文及注中“交输”字，皆作，

"交翰"。《佩文韵府》翰韵转引此条，虽未注出处而一字未改。夫以"输"作"翰"，且置"交翰"一词于去声翰韵，当非误收或误引可知。是明人所见《汉书》，犹有作"交翰"之本。因疑今通行本《汉书》"交输"字，"输"实"翰"之形误也。于是以鄙说质之周燕孙（祖谟）先生，先生曰："予之说是也。"燕孙师亦以"交输"一词为不可解云。

按《说文》："翰，天鸡赤羽也。"《广韵》："翰，鸟羽也。"夫兽毛为毳，禽羽为翰，两字本相通，且"翰"字兼读平、去两声，故称笔毫为翰，实其引申义。若夫江充所衣之曲裾，本类妇人之服，且上下有狭广之异，如燕之尾羽，故以"交翰"称之，自较"交输"为合理。然则《四愁诗》之所谓"涕沾翰"者，"翰"盖指衣裾而言，正与下文"襟""裳""巾"诸词同属衣服之一部分，其非笔翰之谓，可断言也。

门人白化文（乃桢）君闻鄙说，更示以 1972 年 7 月文物出版社印行之《长沙马王堆一号汉墓发掘简报》，其图版第二十四，为曲裾绣花丝棉袍，其前身自领至右衽侧，复自右衽而左行斜下，皆附以深色缯幅，其状恰如燕尾，且通于衣之后襟，是即"交翰"实物之证。谨书以存参。

1985 年 5 月写定

说曹丕《燕歌行》

一

曹丕是我国文学史上建安时期代表作家之一。在谈曹丕的诗歌以前，我们有必要介绍一下建安文学的特点。

历来文学史研究者都认为，建安文学，特别是诗歌，在我国古典文学发展中是一次新的飞跃。它上承先秦两汉，下启六朝和唐代，继《诗》《骚》和汉乐府之后，为诗歌开辟了更广阔的领域，甚至可以说，它是盛唐诗歌的基石。用古人现成的话来说，即所谓“建安风骨”或“建安风力”。

前人对“风骨”或“风力”的解释很多，这里不想列举。照我的理解，建安诗歌最大的特色，即它既反映了当时社会上的各种矛盾斗争，又倾吐了作家个人的抱负理想，是现实主义和浪漫主义两种创作方法结合得比较好的典范。从另一角度说，在文学史上有个比较普遍的规律，即有素养的文人在传统的民间文学深厚的基础上对某种形式的文学作品进行了加工再创造（通常称之为民间文艺与文人加工相结合），就能产生出焕发异彩的带有新鲜血液的作品来。如小说中的《三国演义》《水浒》《西游记》和戏曲中的《西厢记》等，都属此类。由此上溯，屈原的《离骚》，建安和盛唐时期的诗歌，以及晚唐五代的词，也都合于文学史上这一发展规律。建安时期的曹氏父子和王粲、刘桢等作家群，实际上是在继承两汉乐府民歌的基础上进行创造性的写作，从而形成了源远流长的一代诗风。所谓“风骨”或“风力”，概括地说，就是用比较壮美或精致的语言来表达有一定现实意义的思想内容，既形成了不同作家各自的独特风格，又体现出具有共性的时代精神风貌。所谓“骨”与“力”，就是指生活基础比较深厚的作家所写出的具有比较坚实而优美的思想内容的作品。这从曹操、曹植和王粲、刘桢等人的诗作中，都能证实这一点。

曹丕在建安时期的作家中是比较特殊的。他虽有一部分诗歌反映了社会现实并体现了个人理想，但这些作品并无明显的代表性。他的创作特色乃在于对当时流行于民间的诗歌新形式的多方模拟和大胆尝试，由于他本人文学素养的渊博扎实，乃使得这种新形式的诗歌在他手中日臻成熟。例如这里要谈的《燕歌行》，便是他用当时还属于新形式的七言体写成的拟乐府。他如六言诗和杂言诗，在当时也还是新事物，曹丕都曾试验着进行创作。今存的六言体《令诗》和长达三百六十四字的杂言体《大墙上蒿行》，都是曹丕在勇敢创新的历程中留下的少许足迹。

二

七言的句式在《诗经》中即已出现，但那只是极个别的偶然现象。《楚辞》诸篇的句式是多种多样的，其中某些句式实更接近于七言。有的六言句加上助词“兮”字（或加在句尾，或加在句子中央），有的八言句除去句尾的助词“些”或“只”字，实际都是七言的滥觞，有的则干脆是不折不扣的七言句（如《天问》中的某些句子）。可是真正通首用七言的诗体，要到东汉时才出现。相传汉武帝时有《柏梁台联句》，前人大都认为它是七言诗的始祖。这是一首每句都押韵的近似谜语性质的“韵文”，诗味极少。它最初见于已经亡佚的《东方朔别传》（这是东汉的作品，今所传《柏梁台诗》则据《艺文类聚》和《古文苑》转引），因此，即使是拟作也不应迟于东汉。何况在东汉赵晔的《吴越春秋》中也能找到同一类型的七言体韵文（参见近人逯钦立所辑《先秦汉魏晋南北朝诗》卷二），而且有三首之多（即《穷劫曲》《采葛妇歌》和《河梁歌》）。另外，东汉的崔骃和张衡，已创作出比较有诗味的七言诗（其中张衡的《四愁诗》确较成熟，且非一韵到底，但它最早见于《文选》，距张衡的时代已远。诗前有序文，古人已证明此序是伪托，那么诗的本文是否伪作也值得研究了）。由此可见，七言诗至迟在东汉时已经形成，并可肯定，最初的七言诗是每句押韵，而且是通首一韵到底的。曹丕的《燕歌行》今存两首（这里要谈的是第一首），都是每句押韵，通首一韵到底。可见他仍沿用东汉以来的习见形式。过去有人连曹丕这两首《燕歌行》也怀疑过，我以为是不必要的。

三

我对这首诗有两点看法不同于前人。第一点，我认为，此诗应以三句为一节（旧称“一解”）。这样划分，不但节奏整齐，而且结构严密。因此我不同意前人的分法。如黄节以每两句为一节，而最后一节却剩下三句，只好也算一节（见《魏武帝魏文帝诗注》），这实在有点勉强。又如余冠英先生的《三曹诗选》，他虽把“贱妾茕茕守空房”三句算一节（这是正确的），但前后仍以两句为一节，未免不尽惬人意。照我的理解则应该这样来划分：

秋风萧瑟天气凉，草木摇落露为霜，群燕辞归鹄（一本作“雁”）南翔。

念君客游思断肠（一本作“多思肠”），慊慊思归恋故乡，君何淹留寄他方？

贱妾茕茕守空房，忧来思君不敢忘，不觉泪下霑衣裳。

援琴鸣弦发清商，短歌微吟不能长，明月皎皎照我床。

星汉西流夜未央，牵牛织女遥相望，尔独何辜限河梁！

这就牵涉到第二点，即诗中“床”字的讲法。我认为，这个“床”字有广狭、古今二义。狭义或今义指眠床，即今天用来睡觉的床；广义或古义则指坐床，包括可容两人合坐的“床”和较小的“坐榻”以及只可容一人独坐的“枰”（参见《释名·释床帐》和《初学记》卷二十五引《通俗文》,《字词天地》1984年第三期载晏炎吾同志大作《从“床前明月光”说“床”》，于此有详考）。这儿“明月皎皎照我床”的“床”实指坐床，亦即堂上女子弹琴处，而不是她睡眠的闺房中（晋人王徽之曾在王献之死后坐灵床取琴而弹之，可为旁证）。从诗意看，应该说这位抒情女主人公根本一夜未眠。另外，末句的“辜”字旧注或解为“故”的假借字，我以为仍作原意讲似更好，意思说牛、女二星，究竟犯了什么罪愆，终为银河所阻隔呢?

四

下面简单析解一下全诗。

第一节从客观环境写起。首句说自然节令，次句说植物，兼及“露为霜”者，草木遇霜即“摇落”，且与上句绾合。第三句说动物，说动物而只写禽鸟，禽鸟中又独写候鸟，取其切合时令。这固然是写实，但又义兼比兴，以喻游子也应如燕和鹄，该按时回家了，却至今不见他归来。从写实的角度看是从正面写，即候鸟到秋天应该南归；从比兴的角度看却为反喻，以禽鸟之知返以喻游子之不反，正好逗入下文。

第二节的三句，章法略有变化，把泛写置于次句。首句写自己思念远人，次句却泛论一般游子。盖以常情论，远行人总是“慊慊思归”，对故乡有依恋之情的。然后跌入第三句，直说自己所思之人为什么偏偏淹留在他方而不归呢?这里面闪烁着对男子是否负心的怀疑，同时又包含着自己对远人的悬念，出语似坦率直截而蕴义实婉曲不尽，亦用以引起下文的思念达于极点而不觉泪下。其笔意是一以贯之，一竿子插到底的。

第三节三句，先写自己孤独无依，再写因游子远行不归而自己忧思之深，“不敢忘”比不愿忘、不能忘来得更急切，不仅暗示女子之忠贞，更见出当时男女不平等的封建制度。言外之意，即使对方负心或竟不幸辞世，自己也是“不敢忘”的。这样，“贱妾”字样就不只是谦辞而已，也是当时封建等级制度的真实反映了。在这样忧戚伤感的重重压抑下，第三句的“不觉”两字才显得顺理成章，水到渠成。言浅近而情深挚，这正是汉魏古诗之以朴实感人的地方。

第四节用“明月皎皎”点明时已午夜，而自己为了排遣忧思，只能弹琴自娱，唱歌抒怨。夫琴中清商之音虽凄凉哀婉，却由于心有忧思，连一曲也无法从头唱到尾，只能“微吟”而止。这时万籁俱寂，唯见月色直映中堂，闺人独处的幽怨情怀自然不言而喻了。

最后一节，先以“星汉”句承上，说明夜已过半，故银汉偏西。末二句虽似写实，仍属比兴。牛、女二星固为抒情主人公望中所见，但它们两相睽隔，正如游子之久不归来，无从团聚。往时读《木兰诗》，悟其于结尾处用两兔并行不辨雄雌以为比兴，叹其为奇肆之笔。其实曹丕此诗把比兴用于结尾，早在《木兰诗》之前。不过曹诗“放笔为直干”，一气到底，全无迂曲，故读来不觉其为比兴；而《木兰诗》则奇峰突起，一喻惊人，使人顿生新鲜之感。后者固属青胜于蓝，然曹丕筚路蓝缕之功亦不可没也。

说孔稚圭《游太平山》

1961年曾在上海文汇报发表拙文《释“落”》，认为孔稚圭《北山移文》中“青松落阴”的“落”字应释为“遗”“留”“余”“剩”之义，曾引起周汝昌、李平心两位先生的反驳（详见拙著《读书丛札》）。事实上却并未把我说服，特别是周先生文中所引之义例，反助成了我把“青松落阴”的“落”字讲成“遗”“留”“余”“剩”之义的信心。我当时曾举薛道衡《人日思归》诗“人归落雁后”、杜甫《重过何氏五首》其二之“鸦护落巢儿”和关汉卿《玉镜台》杂剧“落得个虚名儿则是美”为例证：“人归落雁后”即是说人归留在雁归的后面（此即“落后”一语的出典），“落巢儿”指留在巢中的雏鸦，“落得个虚名”即留得个虚名。俗话说“丢三落四”，“落”亦遗留之意。“一文钱也没有落下”即一文钱也未剩下。作字绘画“落款”实即留款。无论古语或今语，皆足以证成鄙说。故“青松落阴”即留阴、余阴之意，是完全讲得通的。

事隔二十五年，偶然读到《游太平山》这首小诗，偏偏作者又是这个孔稚圭。原诗是这样四句：

> 石险天貌分，林交日容缺。
> 阴涧落春荣，寒岩留夏雪。

但是略检坊间选本，于此诗注释之文多可商榷。如《汉魏六朝诗选》（人民文学出版社出版）注其首二句云：“言林石遮蔽天日的一部分。”《中国山水诗选》（中州书画社出版）则注云：“山高涧深，人入山中，自然只能看到天的一部分。”“林木交错，阳光只能从间隙透射进来。”虽无大误，毕竟不够准确。关键在于首句的“分”字未讲透。“石险”者，状山势高峻，险石竦峙。正由于嶙峋怪石直插天际，仿佛把一块完整的天给分割开来，故诗人才用了“天貌分”三字。盖首句言险峻的山石把天空一分为二，次句乃指太阳光线不能普照林间，而是“疏条交映，有时见日”（梁吴均语）。第一句是仰观天宇，第二句是俯视林间，犹之第三句为俯视涧阴，第四句为仰瞻岩顶也。“分”与“缺”似属同义词而实略有差别。

第三句“阴涧落春荣”，上引两书注文都把“落”讲成凋谢枯萎之意。如《汉魏六朝诗选》云：“因为涧阴，春天的花在此也要凋落。”《中国山水诗选》云：“春天的花，在幽深阴冷的山涧里，自然容易凋谢。”这就要引起疑问了。如果诗人游山时春天已过，而花亦已萎谢，则诗人在涧阴本未见花，何从知其为“春荣”（即应在春天开的花）？如诗人游山正值春天，亲见花落，则第四句“留夏雪”云云便失了依据。因既在春天，则岩顶之积雪自然是冬雪或春雪而非夏雪也。若以我个人游山的经验言之，则山中背阴幽冷之处，花卉往往迟开。

应该在春天开的花，由于地处幽僻荒寒，须到春末夏初阳气较盛时才绽放蓓蕾。只有向阳易受日照的花木，才有先开或及时而开的可能。所以我认为此诗第三句不是指花落，（因气候寒冷而花朵凋落本不足为奇，何必特写？）而是指春天虽已过去，春花却犹在背阴的山涧旁开放。这个“落”字正与第四句的“留”为对文，即应解为“遗”“留”“余”“剩”之“落”是也。诗人意谓，在山中幽涧背阴处，竟还保留着晚谢的春花（恰恰与早谢相反）；而在高峻的寒岩上，竟还遗留着夏天的积雪。夫春花本应早凋而偏未谢，夏雪本易融而偏积存于山顶，这才是山中应有的奇观异景。如只用寻常训诂来释此“落”字，不独诗境由新鲜活泼转为平淡无奇，且与前后三句作者所刻意摛绘之奇观异景亦不相配称。总之，“落春荣”不是无花而是有花，不是花已脱落而是犹留存于枝上。

昔董仲舒在《春秋繁露·精华篇》提出“《诗》无达诂”的看法。“达”者，通也。鄙意此言讲诗是没有一通百通的训诂的，即一个词语本有多种解释，不宜执一义以遍释一切诗作。但诗无达诂不等于诗无定诂或诗无确诂，后人固不得引董说为借口，而任意胡乱解诗也。

《西洲曲》臆解

一　说缘起

这是我 1948 年的一篇习作，距今已久。先是，游国恩和叶玉华两位先生在上海申报《文史副刊》分别撰文讨论《西洲曲》，意见彼此针锋相对。到了这年六月，余冠英先生发表了《谈〈西洲曲〉》，提出第三种看法。这篇文章在中华人民共和国成立后收在余先生的《汉魏六朝诗论丛》里，所以今天还比较容易找到。随后，报纸上又发表了刘学濬、许德春两人的文章，对余先生的大作表示了赞同或商榷的意见。我看到这些文章后，也颇思附庸染指，于是写了这篇小文。由于不敢自信，乃题为《臆解》。篇中所见，有同于诸位先生者，亦有异于诸位先生者。事隔多年，忽得旧稿。爰加修订整理，重新抄出，以就正于八十年代的读者。

二　说作者时代及诗中语气口吻

《玉台新咏》说是江淹作，恐怕不对。必欲属之江淹，也是百分之百的拟作，绝对非淹之本色。但鄙意虽江淹拟作之说亦不敢赞同。余先生说“这诗产生的时代，猜想可能和江淹梁武帝同时”，我则谓只有比江淹、梁武帝的时间晚，必不能早于他们，甚至干脆说是梁陈之间的作品。这从音节浏亮与属对工稳上即可看得出。或谓为“晋辞”，恐相去愈远。余先生的话很对：“郭茂倩将它列于杂曲古辞，必有所据。”我更引申地来说，它必是一首“街陌谣讴”，纵经文人润色，天趣犹未尽泯。至于作诗的语气口吻，我赞成叶、许两家的说法，是女人的口气。我没有别的理由，只是觉得说这首诗出自女子的口吻更好一点。若说是出自男人的口气，我只觉得不像，因为男人是绝对不会自言“忆郎郎不至”的。余先生谓是第三者代言之词，诚亦言之成理，不过总觉得那样一来就太不亲切了。何况照余先生的讲法，最末四句还要加上引号，因为“君愁我亦愁”的说法无论如何也得说是抒情女主人公的口气。余先生所提出的反证，说从“垂手明如玉”一句看仍以属第三者之词为宜，我看也不尽然。美人自赞之辞在古诗中并非没有，属之自赞更使人多一点同情之感也未可知。因为说得自己愈是尽态极妍，愈使人感到“花开堪折直须折，莫待无花空折枝”的心情可悲也。若谈到本诗的写定者，那就很难了，但窃恐出自男性的手笔可能性更大些。因为在《诗三百篇》中有不少诗是以女子口吻来表达思想感情的，但它们的真正作者却不见得是女性。诗人的性别和诗中人的性别本不是一件事，这一点很浅显却很要紧。

三　笺说全诗本文

“忆梅下西洲，折梅寄江北。单衫杏子红，双鬓鸦雏色。”我看头两句“忆”“折”的主语都是女子，就是说“忆欢下西洲，我折梅以寄之”。西洲就是江北，上下两句互文见义。如说西洲别有其地未免节外生枝。忆梅的“梅”不一定是男人的名字，但可能是，或者说肯定是，她心上人的象征，所以“梅”走了我还要折梅寄之。“下”字有三解。一解如“思君不见下渝州”之“下”，即到那儿或往那儿去之意。二解为“落”义，余先生即主此说。如《楚辞·九歌》：“洞庭波兮木叶下。”杜甫《登高》：“无边落木萧萧下。”三解作顺江而下讲，比较少用，如李白《长干行》：“早晚下三巴。”杜甫《闻官军收河南河北》：“便下襄阳向洛阳。”有离去之意。三种解释：我对“忆梅下西洲”之“下”取第一种。理由是：一、“下”字底下接“西洲”，该是到西洲去；二、如作第三解则有离去西洲之意，文义未安；三，“下”字比“落”字语气、分量都重。“梅”似乎只能“落”而不宜“下”。“梅花落”是专名词，姑不谈；落梅落得最热闹的莫过于李煜《清平乐》：“砌下落梅如雪乱，拂了一身还满！”落得够多，也够精彩，然而仍旧是“落”而不是“下”。大抵花之落总是用落字，如“落英缤纷”（这个“落”不一定训“始”）如“坐久落花多”。尽管落得满身满地，缤纷缭乱，还是一片一片地落而已。余先生引《楚辞》和杜诗，说的都是“叶下”。叶子当然可以“下”，它们可以“萧萧”地“下”。又如北方人多说下雨，说大雨纷纷下。惟“纷纷”“萧萧”才显出“下”字的好处。若说梅花也哗啦哗啦地“无边”而下，像扬粃糠似的，分量未免太重了。故我从第一解。李白《送孟浩然之广陵》：“烟花三月下扬州”。正德、乾隆二帝都“下”过江南，我们城居的人也不时“下”乡。余先生引了一句南朝民歌：“闻欢下扬州。”那个“下”不也当“到那儿去”解释么？怎么这一句就不如此讲了呢？下面“折梅”与“折柳”的意思相去无几。吴兆宜笺注《玉台新咏》，于此句引范晔诗：“折梅逢驿使，寄与陇头人，江南无所有，聊赠一枝春。”是不错的。请注意“寄江北”的“寄”字。这个“寄”的行动似也应包括在“忆”的范围之内。而所折之物自然是枝上梅花。（有人认为“梅子”，不对。梅子如何能折！）容或不是临行时所赠，也该是走了不久以后的事，必非作诗时才折梅寄江北的。因今日“忆”往事，已是暮春三月的天气了，或较暮春更迟一点，盖“杏子”已红，“鸦雏”已长，余先生说这两句表季节，是不错的。不独表季节而已，亦表示美人颜色正好之时，与“垂手明如玉”同为自赞之辞。意在言外，郎如果再不归来，我就要老了。“单衫”二句属对太工，不弱于“朔气传金柝，寒光照铁衣。”

《木兰诗》约成于周、隋之际，则《西洲曲》亦当写定于梁、陈之间。反正梁以前是不大会有这样的诗的。作此诗时可能是春夏之交，从这两句及“伯劳”“乌臼”二句，与末尾“南风”句可以知之。至于说到春采莲花，秋弄莲子，深秋望飞鸿，则虚实参半，不必泥指或坐实了它。因她的“郎”走了已不止一年，“相思”也正不一个“四季”了（游、余二位先生都认为此诗本是写“四季相思”的）。请勿忽略篇首“忆梅”和“忆郎郎不至”之“忆”。

“西洲在何处？两桨桥头渡，日暮伯劳飞，风吹乌臼树。”余先生谓“西洲”相去不远，“两桨可渡，鸿飞可见，能说它远吗？”我却不敢苟同。不知“在何处”正是说它相当远。至于“两桨”句，不是说过了河或江就是目的地，乃是指送行时情况而言。其意若曰“西洲之远，究在何处？送郎行时，郎自桥头以两桨而渡。”大有《庄子》“送君者至涯而反，君自此远矣”之感，仍是回忆之词。如说西洲咫尺可到，又何待“吹梦到西洲”呢？况且折梅寄远的话，也当如《九歌》中“搴汀洲兮杜若，将以遗兮远者”一样，是虚拟而非实有其事。即范晔诗也未必是真寄，因从江南到陇水头，古时交通不便，等寄到之后，那枝梅花该成什么样子？何况也不见得真有人肯为你带一枝梅花到千里之外去。上面说过，“西洲”“江北”为互文，江北既远，故西洲自亦不在近处。必谓“西洲”即“江北”者，因“南风知我意，吹梦到西洲”二句而云然也。至于“鸿飞”云云，亦不能证明其相去不远，余先生之说有待商榷，详下文。“日暮”二句点明季节，且表示孤居寂寞，余先生之说是也，这里不详述。

以上八句分二层，皆上二句回忆下二句记实景，句法错综有致。

“树下即门前，门中露翠钿，开门郎不至，出门采红莲。”翠钿可能是定情之物。见翠钿而念郎之远行，遂开门见郎，郎卒不至。下文写采莲花、弄莲子、望飞鸿、上青楼，都是百无聊赖，用渲染之笔出之，可能是虚拟想象，也可能是实指回忆，确有时不我与之意，却不见得有意排成了冬春夏秋。“采红莲”自然是采莲花，无烦征引。

“采莲南塘秋，莲花过人头；低头弄莲子，莲子清如水。”许德春文释“秋”为“麦秋”，引杜诗“陂塘五月秋。”其实杜诗并非专指麦秋，只是说陂塘间虽五月亦凉爽如秋，与此诗“南塘秋”同义。从这好像秋天的天气而想到秋天，而终于蹉跎到了真正的秋天。生活亦由采莲花、弄莲子而望飞鸿，宜乎伊人之憔悴矣。“过人头”者言莲之渐老；“弄”字妙，“满腹辛酸事，尽在不言中”了。所以不说采旁的花而必曰采莲，固然与季节有关，但以谐音字义借喻人之情，也是乐府习见手法。“莲”一名“芙蓉”，借作“夫容”；“莲子”者“怜子”也。惯读六朝民歌的人是懂得这套把戏的。

“置莲怀袖中，莲心彻底红，忆郎郎不至，仰首望飞鸿。鸿飞满西洲，望郎上青楼。楼高望不见，尽日阑干头。阑干十二曲，垂手明如玉。卷帘天自高，海水摇空绿。”“怀袖中”用《古诗十九首·孟冬寒气至》：“客从远方来，遗我一书札，上言长相思，下言久离别。置书怀袖中，三岁字不灭；一心抱区区，惧君不识察。”是真情却用虚拟。“莲心”即是“怜心”，“谓愿郎怜己之一片诚心。”“彻底红”，喻坚贞不渝。至于“望飞鸿”，乃望飞来之鸿也。因为秋天北雁南飞，必无反向江北之理（诗明言“鸿飞满西洲”，即余先生所说西洲不是江北，而且近在咫尺之所据也）。若谓春夏之交，鸿雁北飞，亦不尽然。无论春夏之交已不见鸿雁，纵使有之，诗中既把鸿雁摆在莲子之后，岂有已经说到深秋，再翻转回去说春夏之交之理？而且同下文“天自高”亦相枘凿。盖自古相传鸿雁能捎书，见《汉书·苏武传》。夫鸿雁本不能捎书，《苏武传》里的话不过是汉朝使臣随便说说，用来骗匈奴人的。唯此典习用既久，人们总觉得这种候鸟可以报个平安消息。远戍的征人看见南来雁便可想到闺中的妻子，而闺中的妻子也只有看到北雁南飞时才能略解愁寂。然而这愁寂毕竟解不脱。唐人张若虚的《春江花月夜》，恐怕是同《西洲曲》的风格、气味最接近了，以《春江花月夜》来证此诗，至少不算武断。张诗中有这么一句：“鸿雁长飞光不度。”意为泛指，谓尽管鸿雁飞来飞去，此地与彼地的月光却是各自不可相度越，也就是说，鸿雁并不能把人的消息带来带去。故我们解此诗，首先是应当理解它用“飞鸿”的本旨不在有鸿无鸿，而在鸿的使命是什么。其次则即令有鸿，也是从西洲飞来的。因为郎不至而鸿已又至。窃以为“鸿飞满西洲”一句，不仅是她的想象之词，且含有妒羡之意。鸿自北来，先经江北后到江南，我能见鸿，郎亦能见之。郎岂不因见鸿而一动归思耶？纵郎不能归，焉不能托鸿给捎个信儿耶？鸿既经过郎所居之地，而我竟不能至，宁不使人望眼欲穿耶？于是“上青楼”而望郎矣。若谓西洲近在咫尺，鸿飞可见，则应先上楼而后见“鸿飞满西洲”乃合情理。若先仰首见鸿而后登楼，则登楼是为了望郎，并非为了望飞鸿也。下文明言“望不见”，可见郎所居之远。盖此处之望，并不如“天际识归舟”或“过尽千帆皆不是”那么容易，不独郎望不见，即西洲亦望不见可知。如果把诗写成“只见西洲不见郎”，未免太泄气了。“垂手明如玉”可用《古诗十九首·青青河畔草》字“盈盈楼上女”“纤纤出素手”解之，确似第三者语气，但不能说一定不是自赞。因为上下文并不像《青青河畔草》那一首那么客观，何况此诗之语气亲切远过于彼诗呢。“卷帘”二句，余先生谓“海水”是指天不是指海，极是。用“碧海青天夜夜心”来释此诗，尤得风人之旨。

“海水梦悠悠，君愁我亦愁。南风知我意，吹梦到西洲。”从最末二句可以看出“西洲”确是“君”之所居。有的文章把“南风”释为向南吹的风，未免太兜圈子了。

四　余　论

此诗之美，自不待言。但确是民歌，并非“忠君爱国，美人香草”之作如《离骚》然。有人刻意求深，强谓有其他含意，恐怕是不能成立的。

说张若虚《春江花月夜》

一

先从《春江花月夜》的有关资料谈起。郭茂倩《乐府诗集》卷四十七引《晋书·乐志》云：

> 《春江花月夜》《玉树后庭花》《堂堂》，并陈后主所作。后主常与宫中女学士及朝臣相和为诗，太常令何胥又善于文咏，采其尤艳丽者以为此曲。

陈后主君臣的原作今已不传。《乐府诗集》所载《春江花月夜》诗共七首：计隋炀帝（杨广）二首，诸葛颖一首，以及初唐时张子容的二首，再有就是张若虚的一首和温庭筠的一首。温诗晚出，诗的内容是嘲讽隋炀帝荒淫无耻，终于破家亡国，与陈代宫体诗无关，可以不谈；而前面的五首则是我们研究《春江花月夜》仅有的历史文献。这些诗数量不多，不妨照录如下：

隋炀帝二首

暮江平不动，春花满正开；流波将月去，潮水带星来。

夜露含花气，春潭漾月晖；汉水逢游女，湘川值两妃。

诸葛颖一首

花帆渡柳浦，结缆隐梅洲；月色含江树，花影覆船楼。

张子容二首

林花发岸口，气色动江新。

此夜江中月，流光花上春。

分明石潭里，宜照浣纱人。

交甫怜瑶佩，仙妃难重期。

沉沉绿江晚，惆怅碧云姿。

初逢花上月，言是弄珠时。

如果我们把两汉乐府中的篇题如《陌上桑》《秋胡行》《长歌行》《短歌行》等称为“乐府旧题”，那么《春江花月夜》既为陈代所制之曲，则不妨称之为乐府新题或新声。而梁、陈以来，无论是乐府还是一般的徒诗，都有唯美主义和形式主义倾向，其中很大一部分是流行于宫廷中的艳情诗，故亦统称为宫体诗。历来治古典文学史者，对于六朝宫体诗基本上持否定态度，这完全正确。而自三十年代以来，这方面的权威论著首推闻一多先生的《宫体诗的自赎》。这篇文章不但指出六朝宫体诗的缺点和局限，而且给予张若虚的《春江花月夜》以极高的评价。即如今天我们在讨论这篇名作，仍是以闻先生的文章作为出发点的。直到最近，周振甫先生发表了他的大作《〈春江花月夜〉的再认识》（见中华书局 1983 年 3 月出版的《学林漫录》第七集），对宫体诗做了更细致的划分，并对闻先生的论点提出了异议。周先生把宫体诗分成甲乙两类，而把以宫廷为中心的艳情诗算作甲类；另外，周先生以《梁书 · 徐摛传》为依据，认为乙类宫体诗实属于当时诗中的新变体，并不描写艳情，因此无所谓犯罪和赎罪的问题。盖周先生的意见是，犯罪的只是甲类宫体诗，所犯的罪根本无法赎；而乙类宫体诗本无罪可言，自然也就不用赎了。周先生的论点很精辟，有说服力。但问题却在于：作为宫体诗，《春江花月夜》究竟属于甲类还是乙类？由于陈后主（叔宝）君臣原作已佚，无法判明其究竟犯罪与否。所以周先生的论点并不见得一下子就能推翻闻先生的看法。这就有必要做更进一步的研讨。

二

我想谈谈个人不成熟的意见。我赞成周先生把宫体诗分成甲、乙两类，因为事实确系如此。但这两类之间并不止是有区别，而且还有联系。周先生的文章对二者的联系似乎没有谈到。所谓诗有新变之体，这不独乙类诗为然，作为甲类宫体诗，在形式上也是逐渐趋向于格律化的。极端强调这种“形式美”，即所谓形式主义。而宫体诗中的艳情诗，主要是在作诗人的不健康的美学思想指导下写出来的。这些皇室贵族作家们如梁简文帝（萧纲），陈后主等，包括狎客类的朝臣和宫中一群只知阿谀谄媚的“女才子”“女学士”等，认为写宫闱艳情就是对“美”的歌颂和描绘，其走极端者则认为只有写这样内容的诗才是“美”的作品，故称之为唯美主义。而唯美主义与形式主义之间是有着千丝万缕的联系的。当然，这些作家并不一天到晚都在写艳情诗，偶尔也会写一些非艳情的作品，这就是宫体诗中的乙类。正如周先生自己所说，徐摛的诗今天流传下来的只有五首，都不是艳情诗，但并不排斥徐摛本人也写过甲类宫体诗，只是没有流传下来罢了。然则我们研究宫体诗，不仅要看甲、乙两类诗的相异处，还要照顾到这两类诗的相近似和相通处。这是我在谈正题以前所要说明的一个前提。

现在要说到《春江花月夜》本身了。诚然，陈叔宝君臣所写的《春江花月夜》面目究竟如何，我们已看不到；但《晋书·乐志》的话却透露给我们一些不算隐晦的消息。所谓“采其尤艳丽者以为此曲”，这“尤艳丽者”四字，大概除了指辞藻的华美绚丽之外，如果说其中也包含着一定的“艳情”成分，恐怕不能算是主观臆测或穿凿附会吧。此其一。其二，周先生在征引作品时，唯独没有引述隋炀帝的另一首《春江花月夜》，这似乎不能令人心悦诚服。因为诗中“汉水逢游女，湘川值两妃”两句，字面虽不“艳”，故事却有“艳”的成分，至少在熟知这些典故的贵族作家们的心目中，是很容易引起“艳”的联想的。说它全属乙类宫体诗，丝毫不沾甲类的边儿，大约有点讲不过去。还有其三，略早于张若虚的张子容所写的两首《春江花月夜》，周先生没有谈，而其诗的内容也并非毫无艳情可言。第一首提到浣纱人西施，第二首写到郑交甫遇女仙事，都与艳遇有关。特别是第二首末二句“初逢花上月，言是弄珠时”，语含双关，其艳在骨。要知从艳情诗趋于净化、淡化，升华为美而不艳，也有一个逐渐进展、转化的过程，不是只凭张若虚一个作家的一首诗就倏尔妙手回春，尽湔前垢的。闻先生的“赎罪说”，无非是一种形象化的比喻。从闻先生的文章中所引到的初唐四杰和刘希夷等诗人，也可以看出所谓“以宫体救宫体”原是一个渐变的过程。不过张若虚的这一首《春江花月夜》，确乎出手不凡，一举而定乾坤，彻底改变了（或说扭转了，甚至可以说抛弃了）宫体诗的纨绔习气和以女性为玩物的恶劣作风，从而才博得闻先生如此崇高的评价。而周先生用已经逐步趋于净化、淡化和升华了的作品回过头去反证陈代的《春江花月夜》绝非甲类宫体诗，至少我以为也还有“再认识”的必要。

还想再补充一点。《乐府诗集》列《春江花月夜》于清商曲辞中的“吴声歌曲”。而“吴声歌曲”，用现代话说，应基本上属于当时的流行歌曲一类，即是一种靡靡之音。我们不妨以近似者来类推。杜牧《泊秦淮》有云：“商女不知亡国恨，隔江犹唱后庭花。”《春江花月夜》和《玉树后庭花》本属同一类风格的曲调，都是歌女在侑酒时所唱。尽管我们已不知这个曲子该怎么唱，但唱起来总归不是什么高风雅韵，而有点近于今天资本主义社会酒吧间里的调调儿，这种揣测恐怕与实际情况还是不甚相远的。然则纵使隋炀帝等所写的曲词已不怎么“艳”，或径可归之于乙类作品，而其歌声听起来很可能还是有点软绵绵的，正如俞文豹《吹剑续录》中所说的那种由十七八岁女郎来唱的柳永的“杨柳岸晓风残月”的味儿。所以我们谈古典诗歌，从《诗三百篇》直到唐诗宋词，在欣赏其辞章的文学性的同时，总不宜忘记它们还有另外一方面即能够被诸管弦的音乐歌唱特色。说到这里，我们确可以着力称赞张若虚是多么了不起了。他的这首《春江花月夜》虽说还未完全洗净和摆脱宫体诗的情调和旋律，但它已确是一首徒诗，与卢照邻的《长安古意》、骆宾王《帝京篇》等长篇七古同样不能谱以乐章、被之弦管，却是无可置疑的。假定当时人一定要为张若虚的这首长诗配乐谱曲（实际上是完全无必要的），那也绝对不能像从前为那些篇幅较短并带有一定宫体诗特色的《春江花月夜》所谱的乐曲一样，而必须另起炉灶，独辟蹊径。这就使得以当日“乐府新声”为题的新作跳出了靡靡之音的窠臼，向着更为健康而清新的方向发展。这正是由张若虚作品本身所具有的那种超越前人的特点所决定的。关于这一点，闻先生的文章似乎已经涉及而未加深入地剖析，周先生则根本未谈到。所以我姑且找补几句，不知能为广大读者所首肯否。

三

谈到张若虚《春江花月夜》的思想内容，我们仍须回到闻一多先生的观点上来，即从初唐开始，诗人“已从美的暂促性中”逐渐领悟到一种宇宙意识，一种超时空的永恒观念，并把这种观念用形象思维的方式在诗中体现、表达出来。这种“永恒”观念，用闻先生的话说，乃是“一个最缥缈，又最实在，令人惊喜，又令人震怖的存在，在它面前一切都变渺小了，一切都没有了”。“就在那彻悟的一刹那间”，诗人变成了“哲人”。其态度冷静而庄严，“冲融”而“和易”，“不亢不卑”而“深沉”“纯正”，进入一个敻绝、寥廓、宁静、神奇的境界。这种体现“永恒”观念的宇宙意识，从闻先生所引述的诗篇来看，卢照邻的《长安古意》已见端倪：

> 节物风光不相待，桑田碧海须臾改，昔时金阶白玉堂，即今唯见青松在！

“青松”，即永恒的象征。用它来同凡庸鄙俗的“金阶白玉堂”两相对照，充分体现了作者思想感情上的升华。与此同时，在闻先生所引述的诗篇之外。我们不能不想到王勃的《滕王阁诗》：

闲云潭影日悠悠，物换星移几度秋；阁中帝子今何在，槛外长江空自流。

以江水之无穷与人生的短暂相比，这是从《论语》“子在川上曰，逝者如斯夫，不舍昼夜”得到的启发，再经过张若虚和李白（引诗详后），一直发展到杜甫的“不尽长江滚滚来”，终于由苏轼从对“水”与“月”的永恒性的体认中发挥了他那“变”与“不变”（或则“天地曾不能以一瞬”，或则“物与我”皆“无尽藏”，详见《赤壁赋》）的带有朴素辩证观点的至理名言。而在初唐四杰以后，又有刘希夷的《代悲白头翁》，所谓“年年岁岁花相似，岁岁年年人不同”。特别是陈子昂的《登幽州台歌》，尤为俯仰古今的绝唱：

前不见古人，后不见来者；念天地之悠悠，独怆然而涕下！

诗人歌颂永恒，必须以人生为对立面，以人寿的短促与宇宙之无限相比，才见出永恒的伟大（用苏轼一语道破的话说，即“哀吾生之须臾，羡长江之无穷”）。这就是为什么从四杰到陈子昂，一面领悟到宇宙意识，一面又“怆然涕下”的缘故。而张若虚的《春江花月夜》中最有名的警句也就在这时辉耀于群星灿照之间：

江天一色无纤尘，皎皎空中孤月轮。江畔何人初见月，江月何年初照人？人生代代无穷已，江月年年只相似；不知江月待何人，但见长江送流水。

稍后，李白的《把酒问月》也是沿着这条线索发展下来而咏唱的名篇：

青天有月来几时？我今停杯一问之。人攀明月不可得，月行却与人相随。……白兔捣药秋复春，嫦娥孤栖与谁邻？今人不见古时月，今月曾经照古人。古人今人若流水，共看明月皆如此。……

在我们把初盛唐前前后后的名家杰作重点地加以引述之后，再来看张若虚的《春江花月夜》，就会感到他所娓娓道出的宇宙意识即对永恒的领悟，原是一种时代精神的体现，也正是构成盛唐气象的不可缺少的因素，它的出现既难能可贵而又理所当然，因为这是时代赋予这一批诗人的使命。然而，如果专就突破宫体诗的平凡庸俗的藩篱而言，它确不愧是一篇典型之作。这就难怪闻一多先生把张若虚誉为与陈子昂分工合作，“清除了盛唐的路”的大诗人，认为他的“功绩是无从估计的”了。

然而，我个人认为，张若虚这首《春江花月夜》在思想内容上的功绩还有另外一点，这固然可以说他为宫体诗赎了罪，而实质上却是“复古”，即是对艳情诗的彻底清算，其功盖足以同韩愈的“文起八代之衰”相提并论。这要从《诗三百篇》谈起。

夫饮食男女，自古而然。从有人类社会开始，或者说得具体一点，从人类逐渐摆脱和洗汰了兽性而把六欲七情纳入理性的轨道开始，从原始共产社会进入阶级社会开始，男女之间生理上的欲念要求就逐渐升华，从而萌发了爱情。不少人认为爱情是文艺作品的永恒主题，从某种意义上讲，这话确有一定道理。在中国，从最早的《诗三百篇》中的民歌而《楚辞・九歌》、而汉魏六朝民间乐府，直到今天的《送郎参军》和《刘三姐》，歌咏男欢女悦的爱情诗篇是数也数不完的。其中最广泛的题材和最普遍的抒情主人公，应以游子思妇为典型。这原是尽人皆知的毫不新鲜的现象。然而，自从出现了宫体诗，即以宫廷为中心的艳情诗以后，爱情为主题的作品一下子就堕落为低级下流的色情描写，根据闻一多先生的意见，这乃是以男子为中心，以女子为玩物的一种裸裎狂，甚至连合于封建伦理观念的表达真正夫妇之爱的作品（如东汉末年秦嘉、徐淑夫妇间的书信往还和诗歌唱和），在文坛上也被充斥的劣质货色给挤掉了，取代了，佻达的宫体诗人甚至把自己的妻子也看成娼妓。闻先生在《宫体诗的自赎》一文中举了一些例子，其实他还是十分含蓄的，甚至以隐恶扬善的态度来写文学史上这一段诗歌逆流的罪孽的。就连初唐四杰的诗作，尽管作品本身已开始净化，但从《艳情代郭氏答卢照邻》《代女道士王灵妃赠道士李荣》之类的诗题来看，宫体诗低级趣味的影响并未完全摆脱和消除。而张若虚在他的《春江花月夜》中，他写自然、写景的部分固然体现了他对宇宙永恒性的领悟，而其写人事、写情的部分却恢复了自《诗三百篇》以来的游子思妇主题。这一传统的恢复看似简单而无所谓，其实却具有普遍典型意义。特别是作者的创作意图是十分严肃郑重的，故我也郑重宣布，称之为“复古”，而这个表面上的“复古”，实质却具有全新的意义。这就把我国优秀的诗歌传统彻底从艳情诗的堕落深渊中勇敢地自拔出来，洗尽邪恶的魔障，使男女间纯真的爱情（从表面看去，无非还是相思离别那一套）重新回到圣洁的境界中来。从我国诗歌发展史所走过的道路或轨迹来考察，这种挽狂澜于既倒的精神也不妨称之为其“功不在禹下”。而张若虚之所以能彻底根除宫体诗的劣习，清算艳情诗的罪孽，应该说这同他对宇宙永恒问题的领悟是息息相关、互为表里的。只有把爱情描写恢复到三百篇和古乐府的传统，它才有不朽的价值可言，也只有认识永恒的哲人才能领会到爱情（而非色情）所具有的永恒意义。因此，就这一点来说，闻一多先生所提出的“宫体诗的自赎”说，还是有其不可磨灭的合理内核的。

四

从隋炀帝、诸葛颖等人所作的《春江花月夜》的具体内容来探索六朝人通常写这类诗的艺术手段，我们可以清楚地看出张若虚在写这首同一题目的长诗时，其构思之缜密精巧是远远超过了前人的。原来用这个题目来作诗，其写景部分是要扣紧题面的，即诗中之景离不开“春”“江”“花”“月”“夜”这五方面的内容。要想把诗作巧、作活、作得有特色，必须要从这五个字下功夫，过去人对此称之为“作题目”。因此，我们在对此诗进行具体艺术分析之前，必须先把题面这五个字作一番探讨。“春”是季节，是全诗的总背景，是表时间观念的大范畴，而“夜”则为表时间观念的小范畴。如果不在夜间，即无从写“月”。换言之，只要写了“月”，“夜”也就包含在其中了。“春”与“花”有关，“花”是春天的特征。但“花”在夜间是无法观赏的，所以全诗只是点到而止，前后仅出现了两次，而且都是虚写。春天是容易引起游子思妇的离愁别恨的，作为总的背景，它当然贯穿于全诗。但它比较抽象，无法实写，只能通过其他有形象的事物来体现。这样，剩下来的只有“江”与“月”了。因此在全诗中，这两者才是真正的重点，也是统摄全诗的枢纽和贯穿全诗的线索。“江”在地上，“月”在天空；“江”可以代表空间，所谓“碣石潇湘无限路”，纵贯了当时唐代的南北版图；而“月”则代表时间，诗人从“海上明月共潮生”写起，一直写到“落月摇情满江树”，概括了前一天的夜幕初临到次日清晨的曙光乍现，概括了完整的一个夜晚。“江”与“月”虽似互相关联，在诗中平分春色，但诗人既以写夜景为主，而月光又是夜景中唯一有代表性的特征，那么诗人必须更为突出地写“月”才行。而夜间的江水，只有在月光下才能显出它的丰姿（当然，由于江水中有倒影，使月光更加皎洁澄澈，江对月也起了衬托作用），从而江乃成为月的背景。既然从月升到月落，概括了一个完整的夜，那么对“夜”的本身自然也不须多写或明写，同样也只点到而止就足够了。这种顾及全局而重点突出、一环扣一环、牵一发而动全身的艺术构思，也是唐以前的诗人所不易做到的。清人王尧衢的《唐诗合解》有一段总评颇有概括性，今全录于下以供参考：

> 此篇是逐解（小如按，“解”为音乐名词，古称一解，犹今言一节）转韵法。凡九解：前二解是起，后二解是收；起则渐渐吐题，收则渐渐结束。中五解是腹，虽其词有连有不连，而意则相生。至于题目五字，环转交错，各自生趣。春字四见，江字十二见，花字只二见，月字十五见，夜字亦只二见。于江，则用海、潮、波、流、汀、沙、浦、潭、潇湘、碣石等以为陪；于月，则用天、空、霰、霜、云、楼、妆、台、帘、砧、鱼、雁、海、雾等以为映。于代代无穷、乘月望月之人内，摘出扁舟游子、楼上离人两种以描情事。楼上宜月，扁舟在江，此两种人于春江花月夜最独关情，故知情文相生，各各呈艳，光怪陆离，不可端倪，真奇制也。

根据王氏的详细统计，足以作为我上文对诗题分析的佐证。另外，古诗韵脚的转换是与诗意密切相关的。此诗四句一换韵，韵脚变而诗意亦随之发展变化，逐步深入，这与六朝乐府长诗《西洲曲》和《木兰诗》是同一机杼。下面就根据王氏所说的“逐解转韵法”，把全诗分成九节，逐一加以析解，以窥其作意。

春江潮水连海平，海上明月共潮生。滟滟随波千万里，何处春江无月明!

前四句从月出写起，除“月”外，还带出“春江”二字。这里的“江”还是诗人描述的主体，所以还要给“江”安放一个更辽阔浩渺的背景，于是写到海；用海来衬托江，则视野自然广阔。历来评论家谈诗词，多把作品分为豪放与婉约两种风格。所谓豪放，离不开磅礴气势；所谓婉约，离不开纤丽笔触。两者本不相近。张若虚此诗既属宫体诗余风遗韵，照理应侧重于婉约纤丽，事实上此诗也并未尽脱婉约纤丽习尚。但诗人的目光和胸襟毕竟与六朝人不同，所以诗的一开头便从“海上”着笔。江潮平海，本为春天特色，而明月从海上升起，更显得气魄宏伟，这就比只就江而写月来得雄浑壮丽。可见作者正在试图用纤丽的笔触写磅礴的气象，把两者尽量统一起来。于是三、四两句用了“千万里”和“何处春江无月明”这样近于无所不包的全称词语，以见其目光之远大与胸怀之宽阔。

江流宛转绕芳甸，月照花林皆似霰。空里流霜不觉飞，汀上白沙看不见。

上一节从宏观写起，这一节渐入深微。两节八句，把春、江、花、月逐步点出，而夜色自在其中。是所谓起笔。此节首二句江、月似乎并举，但从三、四句看，诗人把重点已渐渐移到写月的方面来了。“芳甸”是花之所聚集处，隐含“春”字，故下文正面点出“花林”。但花不宜于夜景，只能一表而过。“宛转绕芳甸”写江流之曲折，仿佛有依恋春光之情，秦观《踏莎行》所谓的“郴江幸自绕郴山，为谁流下潇湘去”，正从此出。而“皆似霰”云云，虽写花而实已转到月，故下文“空里”二句才不突兀。后两句既写月光之活，更写月色之亮。活到似流霜，但实不觉其飞，可见“流光”虽美，“活”仍是假象，“亮”得跟霜一样才是真正写出月色皎洁（李白的“疑是地上霜”，李益的“受降城外月如霜”，大约都受此诗启发）。然后用看不见汀上白沙来反衬月光之亮之强，是透过一层写法。这一节写月色皎洁已达到无与伦比之境地，且看下文作者如何掉转笔锋、改换角度来描写“月”的特点。详下文。

江天一色无纤尘，皎皎空中孤月轮；江畔何人初见月？江月何年初照人？

从这一节的第三、四句起，诗人已把读者引入永恒的境界。但我常想，为什么在这之前要先写“江天一色”和“皎皎孤月轮”？我以为，“江天一色”者，正是浩瀚无际、无始无终的宇宙的缩影，更着“无纤尘”三字，极状大自然之纯洁空灵，了无滓垢。而这里的“江”又成为“月”的背景。在这水天一碧，上下无垠的时空之中，独有皎皎孤月一轮俯照今古。故这两句虽为景语，已涉及宇宙观念，于是三、四两句逗出“人”字，才不突兀。“江畔”二句是回溯往古，说“人见月”和“月照人”是究竟从何时开始的，到下一节才涉及渺邈无涯的将来。诗人把时间的长河用江上明月体现出来，却分两截写出，正以见文笔顿挫摇曳之妙。

人生代代无穷已，江月年年只相似；不知江月待何人，但见长江送流水。

这一节四句正式描述永恒境界。人生世代无穷，江月也古今长在。人是有情的，而且是多情的（这将从下面三节以游子思妇为代表来充分体现），固不待言矣，而江月是否亦属有情呢？作者在这里没有作肯定答复，只说“不知江月待何人”（一本作“照何人”，显然差多了），着一“待”字，看来也该是有情者，至少作者是在希望它成为有情者，仿佛正在企盼着或憧憬着未来的什么吧？然而它所“待”究属何人，作者自无从体会，而且诗人也感到自己的年命有涯，与江月相比，也觉察到自身的渺小了，因而他乃慨叹自己不及长江之无穷，能为他日明月所待究属何人做一见证，于是只能说一句“但见长江送流水”了。周振甫先生在《〈春江花月夜〉的再认识》中曾说：“张若虚看到‘江月年年只相似’，……又看到‘人生代代无穷已’，即人生的无尽，这就与‘永恒’相遇了。其实这并不神秘，苏轼在《前赤壁赋》里说了……‘物与我皆无尽也’，……这里讲的‘物与我皆无尽’就是永恒。假如张若虚的诗看到了永恒，那么比起苏轼的话，还只看到一半，即只看到不变的一面，没有注意到变的一面。”我以为，张若虚对“永恒”的那一半也看到了的，只不过没有用苏轼所说的那么绝对的语言，说出“则天地曾不能以一瞬”罢了。试看，“不知江月待何人，但见长江送流水”两句，不正是苏轼在《赤壁赋》中借客人的口说的“哀吾生之须臾，羡长江之无穷”么？说到这里，还要请读者把这里的诗句同陈子昂的《登幽州台歌》作一比较：陈诗苍凉而奔放，压抑不住自己迸发出的情感，于是“独怆然而涕下”，此诗则只表露出轻微的惆怅与淡淡的哀愁，似无可奈何却终未彻底失望，把悲壮的慷慨改用一片轻寂的嘘唏给曲曲传达出来。当然，他也不同于宋代苏轼的挥洒自如，了无挂碍。然而以人生的短暂与宇宙的长存相对比，则陈、张、苏轼之间并无太大的不同。我们只能从这里看出唐宋作家在风格上的千门万户。

王尧衢说：“中五解是腹，虽其词有连有不连，而意则相生。”我以为这五解又可分为两层，即以上二节是一层，以下三节是另一层。前二节是点明永恒主题，后三节则从此永恒主题中抽出人世中游子思妇间的永恒相爱来着意摹写，由写大自然而转入人事。此亦即王氏所说的词虽有连有不连，“而意则相生”。

> 白云一片去悠悠，青枫浦上不胜愁。谁家今夜扁舟子，何处相思明月楼？

从这一节至以下两节，转入写情。情之双方为游子与思妇。两者虽属对等关系，但在作者笔下则时或有所侧重。这一段是总述对举，故无所轩轾，而用笔却各异。从字面看，“白云”是“月”的衬笔（与上文“无纤尘”相反而相成），“青枫浦”是“江”和“花”的衬笔。不过“白云一片去悠悠”却属比兴手法。是从思妇心目中看游子之一去不返，如白云悠悠，一去无迹。下句“青枫浦”，乃游子漂泊之所，浦上之人亦“不胜愁”者，正因他也在思念闺人，欲见而不可得也。这两句是曲说，都是由此及彼，而上虚（用比兴手法，故“虚”）下实（用赋的手法，故“实”）。至“谁家”二句，则干脆各用一语道破。“扁舟子”是“江”的衬笔，而“明月楼”则爽性点出了“月”。“谁家”与“何处”，是作者客观的描述，意思说江上的游子是谁家的丈夫，而在楼上的思妇又在何处呢？这一节中，“江”“月”都已退居到背景的位置上，活动在背景之前的则是游子和思妇了。而“今夜”与“相思”又为互文见义，盖游子、思妇同于今夜分别在异乡和闺中见到了挑人别思离愁的月色，而相思之情则为共同所有也。

可怜楼上月徘徊，应照离人妆镜台。玉户帘中卷不去，捣衣砧上拂还来。

这一节的四句是从月写人，而下一节的四句“此时相望”云云则是从人写月。这四句是从游子的角度设想闺人在月光之下的相思之苦，而下四句则前三句径写思妇一腔幽怨，到第四句复由实而虚，兼写男女两面。此节第一句不说人徘徊而说“月徘徊”，固然用曹植《七哀诗》“明月照高楼，流光正徘徊”的典故，但在游子心目中觉得月还是有情的，也是幸运的，它的光毕竟能照到自己妻子梳妆的镜台上。这里有两句不大好讲，即“玉户”云云究竟应怎样解释才贴切。王尧衢云：“帘卷得去，月卷不去；捣衣砧上，只疑是霜，然拂拭亦不能去。视此月光之不去，反形游子之不来。”但我觉得，这儿“玉户”两句同上文“空里流霜”两句写法并不一样[①]。那两句是写月光极度明亮，而这两句却是透过月影来写月色光辉皎洁，由于角度不同，乃有意从反面着笔。夫帘遮玉户，月光自然不能直射室中，室中所见，只是穿过帘幕斑驳的月影。月色亮度极强固然撩人愁思，斑驳月影也同样添人惆怅。秦观词有云：“花影和帘卷。”欲使月影无存，最好莫过于卷帘；帘卷则影随之而逝。但诗人于此处却故作痴语，仿佛

① 《中国历代诗歌选》上编（二）注云：“空里”句，“是说月色如霜，所以霜飞也就无从察觉。”其实这一句只是形容月色如霜，并非真在下霜。注文似未切。

把帘一卷起来则月影自然消失。却不料无帘幕遮拦，月光反直射室中，亮度更强了，因此愁思也就更烈了，此正所谓“卷不去”，不仅月色卷不去，愁亦卷不去也。这真是神来之笔。“捣衣”句亦与此仿佛。王氏解砧上月光“只疑是霜”，我则以为砧本女性在夜间捣衣所用，人近砧旁，影自会投于砧上。这个影既为月光所照射，自然拂之还来。《千家诗》里有一首托名苏轼的《花影》，诗云：“刚被太阳收拾去，却教明月送将来。”愈不想见它，它偏来惹你；月光如此，月影亦如此。光和影本来是一件事物的两面。这里作者只是从另一角度写，便觉笔意变化多姿了。

此时相望不相闻，愿逐月华流照君。鸿雁长飞光不度，鱼龙潜跃水成文。

这四句是从思妇的角度怀念天涯游子，“相望”，同望月也，似实而虚。因为彼此同在一个夜晚能够都望见明月，这只是一厢情愿而已（说详下）。“不相闻”，彼此无消息也，似虚而实。于是作者又代思妇说出了痴语，我愿追逐着月光流照到我所思念的人的身上。而这当然不可能实现。不但“逐月华”不可能与“君”相见，即凭借翱翔于天空的鸿雁（与“月”有关）和沉浮于水内的鱼龙（与“江”有关）也仍然不可能与“君”相见。“鸿雁”二句，是全诗中最不好讲的所在，其难度仅次于“玉户帘中”二句。《中国历代诗歌选》上编（二）的注文是：“写月光下一片无边的世界。这时鸿雁不停地长飞，仍然飞不出无边的月光去。”“写水被月光照得透明，可以看见水底鱼龙泛起的波纹。”我曾为此亲自请教过这首诗的注释者，他进一步解释道：“一、月光是无所不照的，既照游子，也照思妇。这有谢庄的《月赋》‘隔千里兮共明月’、张九龄的《望月怀远》‘海上生明月，天涯共此时’、苏轼的《水调歌头》‘但愿人长久，千里共婵娟’等可以作证，既然双方都可‘共’此明月，那么鸿雁当然飞不出这无边的月光了。二、‘不度’的主语只能是‘鸟’，不能是‘光’。三、与下句‘鱼龙’字样相对照，这里的‘鸿雁’无传书寄简之意，当然也不会传送月光。”我为此反复思考，终觉其说未洽。一、如果说月光既照游子，又照思妇，则思妇正可逐月华而至游子身边矣，岂不与诗意正相反？二、自谢庄以至于苏轼，所以说“共明月”“共婵娟”者，只是说人的主观愿望。正由于离人相睽隔而不能见面，才希望月光普照离人，彼此对着月光可以聊慰别思。这原是百无聊赖之下的一种幻想。如果真是写实，则万里之外正未必共阴晴也。三、这里的“鸿雁”是否传书姑不论，但“光不度”的主语却一定是“光”而不能是其他。若照《历代诗歌选》的注释，则是不可度越此月光或月光不可被度越，成为宾语前置，这在古诗中似不大有此别扭句法；且证以下句“水成文”，主语只能是“水”，而“水成文”云云是无法解为宾语前置的。四、“度”作动词用，其主语并不限于鸿雁，更不能说“度”字不能作为“光”的谓语。如认为“光不度”是不合理的，那么“春风不度玉门关”亦唐人诗也，难道“风”可以成为“不度”的主语，而“光”就不可以么？王尧衢说：“即如能飞者鸿雁，雁飞在月光中，此处月光，鸿雁不能带去，故曰‘不度’。”我基本同意此说。盖纵使月光无所不照，然此处之光亦绝不同于彼处之光，纵使鸿雁长飞不已，此处之光也依旧照不到彼人身上。正以见“逐月华”以“流照君”是不可能的。至于“鱼龙”句，鄙意以为似当贴游子说。《乐动声仪》云：“风雨感鱼龙，仁义动君子。”今值波平月朗之夜，水面寂无风雨，则鱼龙并未受到任何影响，只在水底潜跃而已，全不体会游子一片怀人思乡之情。“水成文”者，言鱼龙潜跃于水下，水上虽有波纹，亦空文耳；非能如书札上的文字可以传递消息。水文与文字之“文”，字面双关而两义不同，犹“光”之不可由彼度至此也。此说盖请益于俞平伯师，或较可信。而《诗歌选》之注似未免浮泛，虽注犹未注耳。

以上三节，专从游子思妇两地怀想落笔，而一归于思慕之诚，情爱之笃，盖从永恒主题生发而出，以见人同此心，心同此理，自古如斯，全无例外。这也正是作者把六朝艳体诗逐渐升华为纯真爱情之作的具体实践。

昨夜闲潭梦落花，可怜春半不还家。江水流春去欲尽，江潭落月复西斜。

斜月沉沉藏海雾，碣石潇湘无限路；不知乘月几人归，落月摇情满江树。

此八句渐趋结束，虽为两节，实沆瀣一气。“昨夜”即望月之夜，此就次晨天色渐明时说。“闲潭梦落花”乃虚写，“花落”则“春去欲尽”，天向曙而“落月西斜”，直至复归于海雾之中，则一宵已过，又到天明。近写时光之易逝，远寓人生之短促，时不我留，青春老去，而相爱之人终不能朝夕相处，正说明游子思妇之处境堪悲，而人生每不能尽如人意，可怜亦复可憾，从而翻转过来见江与月竟万古不灭，为可欣可羡也。从月“共潮生”到月“藏海雾”，整整一夜，是时间的线索；从北方的碣石到南方的潇湘，由海而通江，路遥人远，是空间的脉络。最后归结为“不知乘月几人归”，似渺茫而又未全失望；而“落月摇情”，似犹非完全无情无义者可比。这就更给离人增添了惆怅。诗人不仅洞察人生，而且对旷夫怨女充满无限同情，这样的结尾，似比《长恨歌》“天长地久有时尽，此恨绵绵无绝期”之毫无含蓄，更为难得。王尧衢于此诗结尾处评云：

> 余情嫋嫋，摇曳于春江花月之中，望大海而杳渺，感今古之茫茫；伤离别而相思，视流光而如梦。千端万绪，总在此情字内动摇无已（小如按，此盖指诗末“落月摇情”句），将全首诗情，一总归结。其下添不得一字，而又余韵无穷。此古诗之所以难于结也。

即可用为本文之结束语。1985年1月30日写完，距撰写初稿时已近二十年矣。

附：跋语

拙作是根据1965年写的一篇粗略的讲稿提纲扩展改订而成文的。到1985年初才定稿交北京大学学报发表，刊出时已过了这一年的国庆节了。虽参考了几种前人评论，却未遑旁搜远绍，遍辑旧文。仅录王尧衢一家之言，以申鄙见而已。1985年末，承廖仲安先生见告，程千帆先生《古诗考索》中有此诗《集评》，而“净化”的提法已早经闻一多先生拈出。但我撰写此文时，程先生《考索》尚未问世，闻先生旧说当然更非我这晚学后辈所知，故深悔读书不多，率尔操觚，未免孟浪。及《集评》既已获读，乃又窃幸所言与古人尚无太多枘凿矛盾之处。唯当时倘能遍搜旧评，则拙文可以不作，或虽作亦不必如此辞费也。

这里想略加饶舌的凡两点。一、程千帆先生有《张若虚〈春江花月夜〉的被理解和被误解》的大作，持论与闻一多先生不同，即不承认张若虚此诗为宫体诗。这一点，与鄙见亦根本殊异。我认为，闻先生并未把宫体诗的范围无限扩大，而《春江花月夜》这一乐府旧题实在应该是不折不扣的艳情宫体诗。二、《集评》于"玉户""捣衣""鸿雁""鱼龙"四句皆引徐增《而庵说唐诗》中评语，此书我实未读过。但我的解释与徐说基本一致，此实差堪告慰者也。

1987年2月作者校后跋尾

读贺知章《咏柳》绝句

碧玉妆成一树高，
万条垂下绿丝绦。
不知细叶谁裁出，
二月春风似剪刀。

这首《咏柳》绝句近年来已逐渐引起读者的兴趣。就我所知，目前至少已有六种诗歌选本选入此诗（人民文学出版社有三种:《中国历代诗歌选》和《新选唐诗三百首》有注释说明,《唐诗选》未加注释；中国青年出版社一种:《历代诗歌选》；北京出版社一种:《唐诗选注》；安徽人民出版社一种:《唐诗绝句赏析》)。特别是《赏析》一书，对此诗做了详尽的分析，启发读者去欣赏玩味，这是一件有益的工作。这里我想谈谈个人读此诗的体会。

我国诗歌的传统创作手法，主要是赋、比、兴三种。由于比和兴关联密切，一首诗往往义兼比兴。这首《咏柳》却纯属"比"体，四句诗一连打了三个比喻，把早春时"柳"的形象刻画得神形兼备，情趣盎然。朱自清先生在他一篇著名的论文《论逼真与如画》中曾指出，一般地说，"逼真"是指艺术模仿自然，"如画"是指自然模仿艺术。但在"批评文学作品"时，这两个术语，即"逼真"和"如画"，"都只是分明、具体、可感觉的意思，正是常识对于自然和艺术所要求的"(《论雅俗共赏》页15至24，1948年《观察丛书》；又见《朱自清文集》三)。就《咏柳》一诗而论，作者写的是有生命的在春风中苏醒、茁发、成长的柳树，是活的自然景物，但作者却用了“碧玉”“绿丝绦”和“剪刀”三种无生物来打比方。用朱先生所举的概念来解释，作者是采用“逼真”的手法写出了“如画”的景色，使读者对有生机的、活力极强的然而却是新生的、呈萌发状态的“柳”的形象和神采感到“分明”“具体”，因此也是“可感觉”的。我以为，这就是此诗在艺术上所具有的最大特色，也可以说是唐诗中新的艺术成就之一。我的认识即以此为基点。

这就牵涉到对诗句如何解释的问题了。第一句“碧玉妆成一树高”，各个选本的解释就不一样。有的释为柳树绿得像碧玉，有的释为“柳树碧绿的如一棵玉树”，或者更清楚一点地说：“眼前那高高的柳树犹如碧玉雕饰而成的。”我个人的理解倾向于后者。甚至宁可讲得更死板一点，作者干脆就把活的柳树看成了无生命的碧玉，说它是由有一棵树那样高矮的碧玉“妆成”的。这在艺术上恰好起到了一个辩证的作用，即作者用的比喻越板滞，“柳”的形态神情反而越生动。也就是说，作者笔下的这株柳树，已经被写得如此之活，如此之真，以至于真到了像假的一样的程度。顺带说一下，不仅第一句如此，第二句的“绿丝绦”亦然。明明是随风婀娜的柳枝，却被形容为无生命的绿色丝织绦带。这两句比喻的性质是一样的。

关于“碧玉”,《中国历代诗歌选》上编第二册的注释有个引申的讲法。注文说：“又，‘碧玉’，宋汝南王妾名。这里也可能含有形容柳树袅娜，宛如凝妆的碧玉（小如按：人名）的意思。”这颇有助于启发读者的想象力。但，如果从切合诗句具体描写的内容来援引出典，我倒宁可引用另外一个故事。《太平御览》卷八〇五引《汉武故事》云：

> 上（小如按：指汉武帝）起神屋，前庭植玉树。以珊瑚为枝，碧玉为叶；华（花）子青赤，以珠玉为之。……

这个出典当然并未指实所植的“玉树”是模仿柳树的形状（相反，汉魏以来倒有以“玉树”来比喻槐树的，见《三辅黄图》，那是另一回事）。可是到了贺知章手里，就把它发展成专写柳树，说这株树从上到下通体都是用“碧玉妆成”的。这或许受到西汉扬雄《甘泉赋》里“翠玉树之青葱兮”的启发和影响。而与贺同时而年辈晚于贺的杜甫，在他的《饮中八仙歌》里描写崔宗之，说崔是“潇洒美少年”，“皎如玉树临风前”，则很有可能已把“玉树”比成柳树的形象融入诗境中去（当然，杜甫还兼用《世说新语》中“芝兰玉树”的典故，这里不详论），因为用“临风前”的姿态来描绘柳树是最为合适的，说不定杜甫正是受了贺知章这首诗的影响。

如果只有前两句，无论“碧玉”也好，“绿丝绦”也好，浓墨重彩固有余，气韵飞动则不足，但见雕镂刻画之工，却无含蓄蕴藉之妙。尽管“一树”与“万条”，“妆成”与“垂下”，具见疏密相间、动静结合之美，但毕竟属于单线平涂，缺乏机趣和情致。所以后两句才是全诗的精华。无奈新抽出来的嫩绿的柳叶只能是“细叶”，仍属精致纤巧一类，不能勉强赋以飞动的气韵。偏偏作者更是艺高人胆大，从树身写到树的枝条，又从树枝写到枝上新生的“细叶”，不仅越写越细小，而且还用了个“裁”字，坐实了它是“假”的，是后天的，是“人为”的，宛如一幅刻意求工的工笔画，几乎不容有一丝写意的笔墨渗入其间。这样一来，只剩下第四句了，只能靠这最末一句才足以振起全篇，化静止为飞动，使之有气韵，有生机，有情趣，有意境。无怪乎《唐诗绝句赏析》的作者们情不自禁地用“拍案叫绝”来形容它——“二月春风似剪刀”——了。然而这一句究竟“绝”在什么地方呢？首先是“二月”，点明早春天气；其次是“春风”。有了“春风”，不仅使读者感到那“一树”和“万条”都活了，动了，而且还使读者触及迎面扑来的气流，觉得一片蓬勃朝气，清新爽洁，愉悦欢欣。但这仍不足为奇，最妙的还在于用具体的、无生命的“剪刀”来比喻那虽然看不见、却能触得到的“春风”。没有“剪刀”般的“春风”，那柳枝上的“细叶”怎么能被裁剪出来呢？单就这一点而论，作者的艺术想象力已足称得起迈古铄今了。有的选本把这诗讲成整棵柳树都像是用“春风”裁剪而成的，那恐怕有失作者的原意吧。

然而值得“拍案叫绝”的还远不止此。首先，剪刀是被用来裁剪衣物的，春风把柳树吹得生出了细叶，正如剪刀裁剪出精致的衣服。但剪刀不会自己裁剪，而要靠人来使用，那么，“春风”又是受了谁的指使和支配呢？回答是：它受大自然（或曰“造化”）的指使和支配。正是“造化”运用了春风吹醒了万物，使它们茁发成长的。而从“人”的角度来说，人们创作艺术品，主要是

“师造化”，即以大自然为师，也就是朱自清先生说的“艺术模仿自然”。可是在贺知章的《咏柳》这首小诗里，最后这个比喻却生动地告诉我们：造化反而是“师人”的，是以艺术为师的，它正如人们裁剪衣服那样在给柳树创造美丽的“细叶”。作者描写柳树，在诗中把柳树写得活灵活现，这原是“艺术模仿自然”，但作者却说，这乃是“自然模仿艺术”的结果。明明如前文所云，作者是在用“逼真”的艺术手法（即赋、比、兴中的“比”）来写“如画”的自然景物（有生命的柳树），而作者却力图说服你，自然景物之所以“如画”，恰好是由于大自然以人为的（即“逼真”的）艺术形象为师法，才达到了这样神形兼备的程度。您说它“绝”不“绝”？

其次，还想就“剪刀”这个比喻本身说点看法。《赏析》的作者列举了杜甫的“焉得并州快剪刀，剪取吴淞半江水”、李贺的“一双瞳人剪秋水”和“欲剪湘中一尺天，吴娥莫道吴刀涩”以及陆游的“诗情也似并刀快，剪得秋光入卷来”等诗句为例，认为“这些诗中的‘剪刀’和‘剪’”，很可能是受到贺知章笔下的“剪刀”的启发。我则认为，《赏析》中所举的诗句，大都侧重于用剪刀的光亮（如说“瞳人剪秋水”）和锋利来进行“比”的手法，亦即是说剪刀既“明”且“快”。而贺知章这里的比喻，“剪刀”却含有心灵手巧的意思，就像《韩非子》里讲的刻楮为叶的故事那样，说大自然让春风巧妙地把嫩绿的细叶逐一裁剪成功，让它们呈现在绿丝绦般的柳枝上，从而形成了一树碧玉。另外，剪刀是有锋芒的，它正如早春二月的风，固然可以吹得万物苏醒，但春寒料峭，这种风吹到人的身上脸上，会使人有点儿“锋利”之感，它还不是“和风”“惠风”（当然更不是“薰风”），而是乍暖还寒时候的风。这正是作者要用“剪刀”来形容“二月春风”的道理。宋人有“沾衣欲湿杏花雨，吹面不寒杨柳风”之句，果真到了“吹面不寒”的时节，那就不宜再用“剪刀”来做比喻了。

最后，还想补充《赏析》所未举出的一个以“剪”为喻的例子。《牡丹亭·惊梦》：“生生燕语明如剪，呖呖莺歌溜的圆。”这个“剪”虽亦为明快之意，却是形容燕语清脆尖新，同时还语含双关。盖燕尾如剪刀，不独状其声，抑且与燕尾之形相联系。其意若曰燕子清脆尖新的呢喃之声，原是它们用自己的尾部修剪出来的。汤显祖真不愧修辞构思的妙手，他比贺知章又向前发展一步了。

说王之涣《登鹳雀楼》

白日依山尽，黄河入海流。

欲穷千里目，更上一层楼。

“白日”一词，本极平常，但古人每用以写黄昏时的落日。建安以来，多少名句、警句，都是用“白日”来写“黄昏”的。如曹植的“惊风飘白日”（《箜篌引》，又《赠徐干》）和“白日西南驰”（《名都篇》），陶渊明的“白日沦西阿”（《杂诗》），谢朓的“白日丽飞甍”（《晚登三山还望京邑》）等都是。唐代以后，特别是从盛唐以后，“夕阳”和“斜阳”开始成为诗歌警句、名句中的重要词汇。像王维的“夕阳彩翠忽成岚”（《送方尊师归嵩山》），孟浩然的“夕阳度西岭，群壑倏已暝”（《宿业师山房待丁大不至》），刘长卿的“千峰共夕阳”（《移使鄂州次岘阳馆旧居》）和“荷笠带斜阳，青山独归远”（《送灵澈上人》），刘禹锡的“乌衣巷口夕阳斜”（《乌衣巷》），直到李商隐的“夕阳无限好，只是近黄昏”（《登乐游原》），“夕阳”或“斜阳”在诗中愈来愈普遍。到了长短句，用“白日”写黄昏的情景竟几乎绝迹了。同为落日而两用其词，不仅意境形象各不相同，即思想感情亦有本质上的差别，当然读者的感受也就因之而异。这一点，林庚先生在四十年代就已经指出了。而要欣赏这首《登鹳雀楼》，首先请从“白日”和“夕阳”的区别说起。

“白日”的形象是开朗而璀璨的，从它所得到的感受也必然是雄浑磅礴，光芒万丈，而无奄奄一息或美人迟暮之感。此诗写“白日”虽“依山”而“尽”，尽管这里面可能蕴涵着叹流光如逝水的情绪，然而“白日”究竟是“白日”，在它的背后只有寥廓的太空和无垠的宇宙，给人的印象是饱满充沛的。而“夕阳”呢，就不行了。它给人的印象是微弱和黯淡，其所以使人感到美丽，全靠了围绕着它的彩翠般的岚光，绮縠般的烟霞或沉沉的碧云暮霭。仿佛它只有极短暂的生命，必须凭借着“山峰”“人影”才能射出它的一抹残辉！

用王之涣的这首诗同李商隐的“夕阳无限好”一诗相比，似乎能说明问题。同是写落日，而后者却显得那么惆怅凄凉。这固然同作家的生活和身世有关，但更多的恐怕还是受到当时社会的影响。不同的社会环境就必然产生不同的感情（这就是说，王之涣和李商隐同属于封建士大夫阶级，但因所处时代不同，一在盛唐，一在晚唐，而感情自然有所差异），而不同的感情自然要通过不同的形象来表现——即使同是描写落日。古人说“言为心声”，我看毋宁说是“言为时代之声”吧。

再看第二句。孔子在川上说：“逝者如斯夫，不舍昼夜！”到了孟轲口中，则把孔丘的话更加引申开去，他说：“源泉混混（滚滚），盈科而后进。”可见欣赏黄河不仅要看到“奔流到海不复回”的一面，还要看它“后浪催前浪”的一面。黄河已是壮观，而作者却把眼光寄托在更远的“海”上，这就显得诗人的胸襟开阔，而诗句也显得更有气魄了。

然而“白日”终不免为“山”所蔽，黄河入海在鹳雀楼上也并非望中景色。于是诗人进一步写出下面两句来。这里面暗示给人以人定胜天的毅力和高瞻远瞩的雄心。读者莫笑我夸大其辞，且举两首有落日又有楼的宋词作一反证。柳永［八声甘州］云：“渐霜风凄紧，关河冷落，残照当楼。”于是这个天涯游子带着“不忍登高临远”的矛盾心情去“登高临远”、凝眸而望，想象着久别的思妇大约也正在盼他早日归来，其寂寥迟暮之情可想而知。柳永的胸怀和他眼中的境界比王之涣显然小多了。而南宋末年张炎的［八声甘州］则说：“有斜阳处，却怕登楼！”连楼都不敢登了，还谈什么壮志雄心，高瞻远瞩！此所谓“亡国之音哀以思”，亦正王之涣之所以不可及也。

说王维《老将行》“今日垂杨生左肘”

《老将行》是王维的名篇，自明清以来即屡经选家收入选本。其中有两句写老将今昔沧桑之感，诗云：

昔时飞箭无全目，今日垂杨生左肘。

下句典出《庄子·至乐》，各家注本皆无异辞。具引其文如下：

支离叔与滑介叔观于冥伯之丘，昆仑之墟，黄帝之所休。俄而柳生其左肘，其意蹶蹶然恶之。支离叔曰："子恶之乎？" 滑介叔曰："亡（无）！予何恶！生者，假借也；假之而生生者，尘垢也；死生为昼夜。且吾与子观化，而化及我，我又何恶焉！"

旧注与《经典释文》于"柳"字无解。成玄英《疏》："柳易生之木，木者棺椁之象。"林希逸注则云："柳，疡也，今人谓生节（疖）也。"后世注家多从林说，近人选本，大抵皆释王维此诗为肘上生疖或生瘤。其作俑者盖始于毛先舒，而闻人倓、沈德潜亦力主其说。然焦循《易馀籥录》卷十五有一则辩此说之非是，甚为精详，今照录于下：

王维《老将行》"今日垂杨生左肘"，用《庄子·至乐篇》"柳生其左肘"，以垂杨释柳，是柳为木也。元稹诗亦云："乞我杯中松叶酒，遮渠肘上柳枝生"。林希逸谓《庄子》之柳乃疡，毛稚黄、沈归愚因讥右丞为误。近武进汤大令大奎《炙砚琐谈》，并讥元微之。仁和孙侍御志祖《读书脞录》云："柳训疡，《释文》无此说，他书亦无以柳为疡者。《南华》本寓言，即谓垂杨生肘，何害乎？《抱朴子·论仙篇》：'支离为柳，秦女为石。'亦以柳为杨柳。"按：侍御辨是也。《庄子》此篇上文云："支离叔与滑介叔观于冥伯之丘，昆仑之墟，黄帝之所休。俄而柳生其左肘。"谓丘墟为葬处。"肘"，司马本作"胕"，谓足跗上。人之葬也，首后足前，当其丘墓之前，有杨柳生焉。支离叔感于幽冥生死之故，故"其意蹶蹶然恶之"。滑介叔云："……（引文见前）。""恶"者，恶死埋于丘中而墓生木也；"俄而"者，言死生一瞬间也。解作疡生于肘，失其义矣。右丞《胡居士卧病遗米诗》云："徒言莲花目，岂恶杨枝肘！"《能禅师碑》偈云："莲花承足，杨枝生肘。”皆以柳为杨枝。右丞固不误。

现在通行的两种《唐诗三百首》旧注，即章燮的《注疏》本和陈婉俊的《补注》本，都不采林希逸说。章只引史肃诗：“古人随物化，今已柳生肘。”陈则谓：“以柳作杨，当另有解矣。”都没有作出实质性的解释。近人高步瀛《唐宋诗举要》虽未引孙、焦之说，实暗用其意，其结论云：“或谓柳为瘤之借字，盖以人肘无生柳之理。然支离、滑介本无其人，生柳寓言亦无不可。”其实如果我们懂得诗歌是用形象思维的，就不宜胶柱鼓瑟，怀疑肘上怎么会长出树来。照我个人的理解，这句话既用《庄子》的典故，说老将年事已高，行将就木；又形象地描绘这位身经百战的将军臂力已衰，根本挽不了弓，臂肘上就像长了一棵柳树似地再也抬不起来了（焦循释“肘”为“跗”是另一解，王维诗只用《庄子》本文之义）。如果硬要讲成肘上生了疖子或瘤子，那么由王维馈赠大米的胡居士和由王维撰写碑文的死于公元 713 年（唐玄宗开元七年）的慧能和尚，难道也是肘上长了疖子或瘤子么？《胡居士》诗不过说虽生病而不憎恶死亡，《能禅师碑》的两句偈文，则是说慧能死后升入佛国净土而已，而其用《庄子·至乐》之典则一也。

说李白《望庐山瀑布》二首

一

多年来我始终有个看法，即对于一位作家的某些（不是所有的）组诗不宜拆选或拆讲，尽管这一组诗有时只有两首。比如贺知章的《回乡偶书》：

> 少小离家老大回，乡音无改鬓毛衰。
> 儿童相见不相识，笑问客从何处来？

离别家乡岁月多，近来人事半消磨。
唯有门前镜湖水，春风不改旧时波。

坊间选本大都只选第一首。我在一篇题为《川岛先生谈唐诗》的回忆小文中曾阐明，如不把这两首诗“比照而观”而单看第一首，便不易把握住作者写诗时的真正的思想感情。又如苏轼有名的两首绝句《饮湖上初晴后雨》：

朝曦迎客艳重冈，晚雨留人入醉乡。
此意自佳君不会，一杯当属水仙王。

水光潋滟晴方好，山色空蒙雨亦奇。
若把西湖比西子，淡妆浓抹总相宜。

许多选本只看中第二首，因而这第一首已鲜为人知。其实第二首虽好，却是第一首的注脚。第一首所说的“此意自佳君不会”的“此意”，正指次首所写的西湖晴雨咸宜，如美人之淡妆浓抹各尽其态。何况不选第一首，题中“饮”字便无着落。苏轼的意思说，多数人游湖都喜欢晴天，殊不知雨中湖山亦自有其佳处。湖上有水仙王庙，庙中的神灵是整天守在湖边，看遍了西湖的风风雨雨、晴波丽日的，一定会同意自己的审美观点，因此作者要请“水仙王”共同举杯了。第二首前两句景语并不算很出色，妙在后两句的以“西湖比西子”，一喻惊人，乃成绝唱。然而第一首的“艳”字却下得十分精到，把晨曦的绚丽多姿形容得美不胜收。若只看第二首，则“浓抹”一层意思便失之抽象。此我所以不主张只选一首之故也。

以上所谈，正如说书人在说到本题以前所加的“入话”。斯旨既明，书归正传，请看李白的两首《望庐山瀑布》：

二

西登香炉峰，南见瀑布水。挂流三百丈，喷壑数十里。歘如飞电来，隐若白虹起。初惊河汉落，半洒云天里。仰观势转雄，壮哉造化功。海风吹不断，江月照还空。空中乱潀射，左右洗青壁；飞珠散轻霞，流沫沸穹石。而我乐名山，对之心益闲；无论漱琼液，且得洗尘颜。且谐宿所好，永愿辞人间。

日照香炉生紫烟，遥看瀑布挂前川。
飞流直下三千尺，疑是银河落九天。

这两首诗体裁不一，内容也有一部分重复，疑非一时之作。因此还不能像前面所举的两例，视为组诗。但我觉得它们仍有联系，还有“比照而观”的必要。

记得 1960 年，当时社会上一度展开了对文艺作品分门别类的讨论，即把每一具体作品划入“有益”“有害”还是“无害”这三类中的任何一类。争论最激烈的是“无害”类，这实质上是争论这类作品到底有益还是有害。而李白的这一首《望庐山瀑布》七绝便成为典型的“无害”类，因为从中实在找不出什么阶级烙印来，只是单纯的景物描写。但如果把作者另一首同题五古的最后六句拿来读一下，诗人所要表达的思想感情便十分清楚了。因为我始终认为，没有思想内容的纯艺术作品是没有的。但我们从作品中发现了作者的思想感情，并非单纯地要批判或否定它，而是要认识和分析它，给它以正确的、恰如其分的评价。这里就先谈第一首。

据詹锳同志《李白诗文系年》引任华《杂言寄李白》诗，知五古一首为李白入长安以前所作，即唐玄宗开元年间的作品。我以为，从这首诗中，可以看出李白思想中孤傲遁世的一面。但这一面也并非纯属消极，而应联系李白的整个为人来看。他之所以“永愿辞人间”，是由于人间并不美好，俗恶的世态使他感到必一“洗尘颜”而后快，而只有身在名山，面对奇景，心神才得闲逸。这种先写景后表态的写法乃是从谢灵运的山水诗（都是五言古体）沿袭而来的。

所不同者，大谢诗中景语不免雕琢，而议论又近于玄言诗，往往失之枯燥；李白则以宏伟气势席卷而下，使读者感觉不出有前后两截的斧凿痕迹。此即后人所谓“唐人高处”。

我们读古诗，首先应注意韵脚。一般说来，古诗总是在意义转折处换韵的。这首五古共换过四次韵脚：前八句为一韵，中间八句每四句各为一韵，末六句为一韵。因此诗意亦有四层。当然，前三层基本上都是摹写瀑布的壮观奇姿，属景语，只有末一层言志抒怀，属情语。但前三层也还各有重点。第一层的八句，其实是平铺直叙。诗人先点明自己从什么角度去望瀑布，瀑布在什么方位（“西登香炉峰，南望瀑布水”）。然后写瀑布纵横之势，自上而下“挂流三百丈”，自此端至彼端则喷迸溅洒，下及壑谷，达数十里之遥。这当然是夸张写法，不夸张不足以见出瀑布的奇伟壮阔。然后写来势之迅猛如天际白虹（“欻如飞电来”二句），即上面“喷壑数十里”一句的形象化；而“初惊”“半洒”二句，则又是“挂流三百丈”一句的注脚。这八句共四十字，作者在另一首七绝中乃以二十八字把它们复述一遍。至此，瀑布之主体实景，已从正面写完。下面的第二、第三两层，更往深处、细处写，亦即从虚处和瀑布的上下四旁来烘托着写。王琦注引《韵语阳秋》和《苕溪渔隐丛话》，都认为古诗“海风吹不断”二句优于七绝的“疑是银河落九天”，其实这原是两码事。如照我看，那首七绝只相当于古诗的前八句，而造语实胜古诗；至于古诗后面的十四句，乃绝句所无，根本不应同七绝相比。

“仰观”四句，全是虚写。“仰观”句缴足题面的“望”字，而所谓“势转雄”“造化功”云云，只是抽象的赞语，并无足奇。奇在“海风”二句全从作者幻觉而出，以烘托手法来刻画瀑布的雄奇壮伟。“海风”当指海上飓风，用现代汉语来说，意思是这从天而降的瀑布连十二级台风也吹它不断。作者看瀑布当在白昼，这是从上下文一望可知的。但诗人却说，瀑布流势虽疾，却是透明的，假如时值皓月当天，则照在瀑布上便成为一片空明，与月光浑融为一。有此二句，则上文的“雄”“壮”二字就不是概念化的了。这四句盖用透过一层的写法以传瀑布之神，用笔虽虚，却使瀑布更为形象化了。然后再转入第三层的四句。

“空中”四句写得很细，却是从侧面即上下四旁来勾勒刻画的。第一、二句写水珠在空中四溅，冲洗左右的山壁。但“青”字下得十分斟酌。一是说瀑布冲刷山壁，愈洗愈净，显得愈加青苍可爱；二是山壁之所以“青”，正缘久为瀑布所浸润，石上可能生长了苔藓一类植物。下面“飞珠”句写瀑布在日光中飞散，故如轻霞；“流沫”句写瀑布在穹石上掠滚而下，故着一“沸”字以形容其翻腾之状。总之，这四句是泻瀑布之动态，而以附近诸物之光彩色泽映衬之，由深写其神而细写其形，然后瀑布之形神备矣。

结尾六句言志，亦非泛说。非“名山”不能得见此奇景，故先言“乐名山”；“对之心益闲”者，面对飞动之瀑布乃愈觉内心宁静悠闲也。“无论”二句一开一合，先纵后擒。意谓服漱琼液以求仙，毕竟是遥远的事情，求之未必立即可得，但在山中遇到奇景，足以荡涤尘俗，这倒是比较现实的。然后归结到隐居遁世，诗人说这本为自己夙愿，果真能永辞人间，久居林泉之地，固所愿也。收束得自然平易。

说此五古一首毕，还想说几句务虚的话。前面曾以李白此诗与大谢山水诗相比，其实作者写这一类风格的诗确与谢朓更为接近。盖由谢灵运一转而为谢朓，再转而为李白，有继承才更有发展。今人每侈谈“创新”，总爱把它同“继承”对立起来。其实继承得愈多，底子愈厚，则创新水平愈高，精神面貌也愈有变化。倘功底不厚，火候不深，乃思觅捷径而浪得名，归根结底，难免欲速则不达也。

三

前面说过，《望庐山瀑布》七绝一首是那首五古前八句的概括，故只作景语。把四十字中所描写的景物简化为二十八字，足以见出李白浓缩笔墨的手段。且彼四十字文势平衍，此二十八字却大气磅礴，这又不单纯是浓缩而已，而是能以精悍豪迈的气势来驾驭文字，把五古前八句中的意境写得出神入化了。不特此也，这二十八字中还有一句诗的内容是那四十字里所没有的，那就是第一句：“日照香炉生紫烟。”香炉峰以峰形似香炉而得名。现在李白说，在日光照射下，那紫色云雾，不正是从那个香炉中升起的“香烟”么？这样一写，则香炉峰也，不仅其峰之形似香炉之“体”，而且其烟之态更似香炉之“用”。而作者自己乃跻身于香烟缭绕之间以望前川之瀑布，则俨然在仙境矣。所以这第一句虽特写香炉峰，与下文瀑布仿佛无关，其实却把整首五古的思想感情（包括其中的末六句）全都囊括进来了。这就是把两首诗“比照而观”的好处。

第一句写实而具体生动，第二句“遥看”云云便一表而过。盖作诗有如作文，总要虚实相间，缓急相应，才好为第三、第四两句作铺垫。然后“飞流直下”两句雄浑豪放，一泻千里，十四字只能作一气读，诗境亦如银河自九天飞落，直下人间，再也停顿不得。这显然更非五古的前八句所能比拟了。当然，古体诗与近体诗作法不同，五古一首胜境在后，不宜只割裂此四十字与绝句相比。但如仅就七绝而论，毕竟有以少许胜多许之特色。我以为它之所以能后来居上，端在李白善于用数目字以造声势。第三句的“三千尺”和第四句的“九天”，不但高下悬殊，天人复异，而且给人以万马千军纷至沓来之感，甚至连瀑布流势之迅猛，流声之砰訇，都宛然在人耳目，使读者能看得见，听得真，甚至摸得着。在李白的七绝中，每借数目字来创造诗境，确有独到之处。如《早发白帝城》一诗中以“千里”“一日”和“两岸”“万重”来写诗人遇赦得还的愉悦心情，《望天门山》一诗中以“两岸”“一片”来刻画江山奇景，与此诗的“三千尺”和“九天”，虽虚实不同，而皆为神来之笔则无二致。可见同样是数目字，在大诗人笔下便出现不同凡响之奇迹，倘不仔细研讨，是不易领略个中三昧的。

说李白《梦游天姥吟留别》

一

《梦游天姥吟留别》一本题作《别东鲁诸公》，另有一种唐人选本作《梦游天姥山别东鲁诸公》，是李白最有代表性的名篇之一。

公元742至744年（唐玄宗天宝元年至三年），李白在长安为唐玄宗翰林供奉。由于政治上失意，李白终于离开了帝都。在漫游梁宋齐鲁之后，于公元

745年（天宝四年）李白又离开东鲁南下吴越，这首诗当即此时所作。

这首诗的思想内容是相当复杂的。李白从离开长安后，政治上受到打击，其失意的情怀和精神的苦闷可想而知。在现实社会中既找不到出路，只有向虚幻的神仙世界和远离尘俗的山林中去寻求解脱。这种遁世思想看似消沉，却不能一笔抹杀。毋庸讳言，李白在离开长安后，对当时的社会现实确比未入长安时有了较清醒的认识，对唐王朝统治阶级反动腐朽的实质也有了更深刻的体会，因之他对建功立业的雄图壮志固然有无从实现的苦恼，而同时对富贵利达这一类世俗的追求也不再抱有过多的幻想，并对高高在上的贵族权豪表示了高度蔑视。从而他有所憬悟，在精神上一定程度摆脱了尘俗的桎梏，这才导致他产生"安能摧眉折腰事权贵，使我不得开心颜"的结论。这种坚决不妥协的精神和强烈的反抗情绪正是这首诗的基调，是必须充分肯定的。

然而，由于作者未能跻身于政治舞台，理想抱负在很大程度上遭到打击而破灭，他又感到人生如梦，人事无常，因此在这首诗中，也同时流露出饱含虚无主义的消极成分。诗人写梦中仙境，其神奇瑰丽的场面固然具有浓烈的浪漫主义色彩，但同时又使作者感到魂悸魄动，仿佛在这神奇瑰丽的背后还有着若隐若现的恐怖的阴影，这就是诗人在现实社会中因四处碰壁而使精神上受到压抑的一种反映。于是他慨叹"古来万事东流水"，即使及时行乐也排遣不了自己所负荷的沉重的思想包袱。这就是诗人消极情绪情不自禁地流露，也是这首诗思想性方面的主要局限。我个人认为，在李白全部的诗作中，这两者一直是相互依存，而又彼此矛盾着的。这正是李白世界观中不可分割的两个侧面。

二

值得注意的还是此诗的艺术特点。读者每有一种误解，以为杜甫写诗是讲求艺术技巧和表现手法的，而李白只是以磅礴气势和豪言壮语来抒发情志，不大注意字句的推敲和意境的缔造。其实不然。在神采飞扬和昂头天外的豪迈诗篇里，李白同样是注重修辞炼句和章法结构的。这首《梦游天姥吟留别》便足以说明这方面的特点。

这是一首乐府歌行体的杂言古诗。而古诗的传统特征，是以韵脚的转换来体现诗义的转折和诗境的转移的。因此，我们读这首诗就根据其韵脚的变换来划分它的层次和章节：

海客谈瀛洲，烟涛微茫信难求；
越人语天姥，云霞明灭或可睹。
天姥连天向天横，势拔五岳掩赤城；
天台一（一本作“四”）万八千丈，对此欲倒东南倾。

我欲因之梦吴越，一夜飞度镜湖月。
湖月照我影，送我至剡溪；谢公宿处今尚在，渌水荡漾清猿啼。脚著谢公屐，身登青云梯，半壁见海日，空中闻天鸡。
千岩万转路不定，迷花倚石忽已暝。
熊咆龙吟殷岩泉，慄深林兮惊层巅。云青青兮欲雨，水澹澹兮生烟。
列缺霹雳，丘峦崩摧；洞天石扉，訇然中开：青冥浩荡不见底，日月照耀金银台。
霓为衣兮风为马，云之君兮纷纷而来下！
虎鼓瑟兮鸾回车，仙之人兮列如麻。忽魂悸以魄动，恍惊起而长嗟。惟觉时之枕席，失向来之烟霞。

世间行乐亦如此，古来万事东流水。
别君去兮何时还？且放白鹿青崖间，须行即骑访名山。安能摧眉折腰事权贵，使我不得开心颜！

全诗分为三个段落。开头是引子，末段是结语，中间是梦游正文。结构很完整，纯系散文格局。有人认为“以文为诗”是杜甫发其轫，韩愈扬其波，至宋代而大兴于世。其实“以文为诗”乃是诗歌发展到一定阶段的必然趋势，李白也有以文为诗的篇什，只不过不及杜、韩那样突出，那样有意为之罢了。

三

现在我们从第一段谈起。第一段凡三换韵脚，实即有三层转折。诗中明言行将离开东鲁，南下吴越，从旅程看，游天姥山不过是个因由，但全诗重点，却放在“梦游”上。至于梦游之境是否真的天姥，那倒无关紧要。东鲁濒海，故以海上仙山起兴。第一、二两句与三、四两句看似对举平起，而一、二句实为陪笔。盖人在现实社会中遭际每坎坷不平，李白本人亦不例外，于是乃追求神仙世界。这虽属理想，却只是幻想。神仙世界在现实中并不存在，李白并非不了解，倒是名山大川风景胜地可供遁世隐居者游赏，这还是比较现实的。所以作者认为“海客”侈谈神山（蓬莱、方丈、瀛洲为海上“三神山”，见《史记·封禅书》），实际却未必能真莅其境；而越人所说的天姥山，尽管高入重霄，因云霞明灭而时隐时现，却是实有其地，只要到了那里，便能骑鹿遨游，也仿佛得成仙之趣了。进入第三层，便撇开瀛洲，专写天姥。评论者谓之“双提”而“单承”。但前四句作者所用技巧尚不止此。这四句是五、七言相间错的，平韵二句在前，仄韵二句在后，这自然是古诗作法。我所要提请读者注意的，乃是这四句已为有了近体诗以后的古诗，它已吸取了近体诗的特点。倘将“越人”二句提前，“海客”二句移后，读者试再读之，岂非一副上五下七的对仗工整的长联乎？此可悟古近体诗相互为用之法。杜甫早期有《望岳》一首，五言八句，中四句对仗工整，人皆以古诗目之，其实是一首仄韵五律。李白这一首的前四句亦属同工异曲，似有意似无意，仿佛也从近体变化而来。唯七言对称的两句平仄与近体格律不尽相合，故终是古诗而非近体，否则便近于白居易《长恨歌》的格调了。

第三层“天姥连天”四句，第一句不仅写其高，兼亦状其远阔雄峻。“向天横”三字真是奇崛之至。盖写山势之高易，状山形之伟难，作者乃以“向天横”三字形容之，仿佛连天姥山的恣睢狂肆的个性也写出来了，诚为神来之笔。但这还不够，为了使读者感受得更深切一些，于是又连写“五岳”“赤城”和天台山。“五岳”是海内名山，然距天姥较远，故云“势拔”。意思说以五岳同天姥相比，天姥或将有超拔之势，此一层近虚；而赤城山本天台山门户，距天姥较近，故用“掩”字，有压倒之意，此一层稍实。但作者认为写得还不够气派，更加上“天台”两句与天姥山相映衬。道教传说，天台山有一万八千丈（见陶弘景《真诰》），可谓高矣，但以之与天姥相比，仍将甘拜下风，比天姥还矮着一截，俨然要倾倒在它的东南脚下了。此推崇揄扬天姥山可谓不遗余力矣，可是天姥山究竟有何特色，诗人并未加以具体描写。此盖从越人口中听到，自己并不曾亲身经历，故只从虚处落笔，着意烘托而已。然从中亦可悟写诗三昧。夫虚活则易造声势，滞实反失之琐碎。两汉大赋之所以不及诗词有吸引力，非其体物之不工，而正由于体物太质实，反嫌空灵不足，无一气呵成之妙也。

四

第二段是全诗主干，以全力大写梦境。昔金圣叹评诗文，每好用“笔酣墨饱”和“笔歌墨舞”八字。此诗写梦境实兼而有之。“酣饱”极言其足与畅，“歌舞”极言其活与变。从诗的韵脚看，第二段凡七换韵，换韵多即转折变化多，此不待言矣；但还须注意这七次换韵中，短则两句一韵，长则六句或八句一韵。韵脚换得频，一是为了文字剪裁洗练，二是为了体现瞬息万变。如“我欲因之梦吴越”两句为一韵，写入梦只一笔带过，诗人从东鲁转眼即到了越中，不但文字简洁凝练，而且给人以一跃而行千里之感。而“千岩万转”二句为一韵，则状其倏忽间变化万千，迅疾异常，稍费笔墨，便觉冗赘。而六句或八句始一换韵者，则诗人意在把楚骚、汉赋、骈四俪六融为一体，从较长的篇幅中来体现铺排之功力。这样错综组合，疾徐相间，使读者耳目俱不暇给，而诗境亦因之迷离惝恍，一似无端倪可寻，无踪迹可察。这正是李白戛戛独造之境，不唯盛唐独步，抑且千古绝唱，其所以被尊为“诗仙”者，正在此等处也。

韵七换而诗亦有七层转折。第一层写入梦即到剡中。第二层写夜行之景，宛然梦境。诗人循当年谢灵运的游踪所至而达于天姥山。这一层八句为一韵，目见湖中之月影，耳闻水畔之猿啼，沿前人登山之径，直至半壁悬空之处，所见为海日（之光），所闻为天鸡（之鸣），似已见到光明而仍在梦中暧昧之境。这一节描写虽移步换形却并无转折，故一韵到底，长达八句之多。中间有两个七言句，使文势略有变化，不致平衍无丝毫起伏。这是梦境中最恬静安适的一段描写。再经过第三层的两句一韵以写其所见之变化迅疾，下面便转入千奇百怪的神仙境地了。

第四层用楚骚句法，只第一句写听到熊咆龙吟，使岩谷殷若雷鸣，从而感到身居高危之地，不免惊慄。但这还是从远处传来的声音，而举目所见，依然一片宁静。紧接着第五层便写到震耳欲聋的霹雳声，山崩地裂声，然后仿佛《天方夜谭》中的石穴洞开一样，一幅奇异而璀璨的景象呈现在眼前，由晦暗突然转为光芒万丈，一方面是深不见底，一方面却又珍奇毕现。古人说山中别有洞天，李白在诗中有意识地把它形象化了。

第五层所写乃物象，毕竟是静态；故第六层写了两句仙人纷至沓来的动态，情景俱变。作者久久所憧憬的与神仙遨游的幻想居然在刹那间实现了，这该是一个多么使人欢畅而快慰的梦境啊！

然而好景无常。第七层随即写由梦境而惊醒，又回到了现实的人间。有人曾质问我："你强调古风因诗意转折而换韵，这里'虎鼓瑟兮'两句本与上文为一气，从'忽魂悸而魄动'以下才写诗人从梦中醒来。何以把这两层混为一韵？"我说，此诗好就好在这里。上一层写仙人纷纷到来，这一层前二句一面接着上文嬗联写下来，一面却与自己若即若离。尽管列仙如麻，自己却已魂悸魄动，在他们还未从眼前消逝时自己已惊醒了。一说，"虎鼓瑟"二句乃醒后眼前依稀恍惚之景象，而以倒装之笔出之。说亦可通。总之，这七层似乎飘忽无定，实则层次井然，有本有末，耳闻目睹，历历如画。吟诵时如大气包裹，几无喘息余地；玩味时又结构谨严，一一严丝合缝。非李白之天才无以纷呈此奇幻之景，非李白之胆识无以控驭此神来之笔。此真李诗中上上乘之作也。

五

最后一段结语只有两层。第一层是诗人阅世既深总结出来的道理："古来万事东流水。"你说这消极么，然此乃是现实给他的教训。第二层则为述志。正缘权贵在朝，才使得万事全非，自己又岂能依附豪门，摧眉折腰以辱身降志呢？"摧眉"与"扬眉"为对文，用字精当之至。而诗体又回到七古正格，与开头入梦前写法相一致（中有一单句"须行即骑访名山"，表示语气坚决；"安能"句为九言，更显得理直气壮）。这样，中间的梦境因用笔造语之不同而使读者感到诗境之奇幻敻绝亦有所不同，此即思想与艺术较大程度的统一也。

说此诗毕，仍拟再强调一下个人的不成熟的点滴体会。此诗从艺术上看，可谓极创新之能事。但如经过仔细分析，则其特色不过熔《诗》、《骚》、汉赋、骈文、古乐府及近体诗于一炉，新则新矣，却无一笔无来历。所以我始终认为，只有对自己的民族文化遗产吸收得越多、寖馈得越久、钻研得越深、积累得越厚，才能越使自己作品的精神面貌给人以耳目一新、与众不同的感觉。锐意求新者必先“博观”“厚积”，并蓄兼收，有极高之修养才会出现惊人之奇迹。如果只靠“横向引进”，什么东西时髦就掠它一点皮毛作为点缀，虽取悦一时，终难持久而不朽。最终还不免贻旁观者或后世人以数典忘祖之讥。故有志于从事文化艺术事业以振兴中华者，不可不慎也。

1985 年 11 月据旧讲稿重新写定，时在北京。

说李白《早发白帝城》

这是李白的一首名作，一本题作《下江陵》。诗云：

朝辞白帝彩云间，千里江陵一日还。
两岸猿声啼不住，轻舟已过万重山。

从字面看，此诗并无难解之处，仔细琢磨，却能体会出它在骏快豪爽中还有精练工稳的一面。即以首句“彩云间”三字而论，一般的讲法都指出这是早晨的景色，这当然很对；但诗人用这三字却有其更主要的意思，即描写白帝城地势之高是也。此诗主要的内容自然是写下水船走得快这一动态，然而不写白帝城之极高，则无法体现出长江上下游之间斜度差距之大，那么三、四两句纵写得再出色也会事倍功半。现在诗人一开始就告诉读者，白帝城的地势是高入云霄的，于是下面写舟行之速、时间之省、行程之缩短、耳（猿声）目（万重山）之不暇迎送，才一一有着落。如单从“彩云”的字面去领会题面的“早”字，恐怕还是隔着一层的。

第二句的“千里”和“一日”，以空间之远与时间之暂作悬殊对比，自是一望而知；其妙处却在那个“还”字上——“还”，归来也。这句诗的大意是：“白帝城同江陵相去虽有千里之遥，但乘下水船只要一天的工夫就可以回来了。”诗人心情的喜悦舒畅是可想而知的。然而这喜悦舒畅必须有其乘上水船时困苦艰辛的经验作基础。换言之，没有以前的乘上水船的艰苦经验——如舟行之慢、行期之拖延、安全之无保障等——是无法体会“一日”而行“千里”的痛快和喜悦的。从诗情的含蓄一面看，“还”字的含义恰好概括了这一点。而从语言的精练一面看，这个“还”字看似容易，实际却是诗人千锤百炼的结果。

第三句的境界离今人似嫌稍远，因为三峡两岸人烟日益稠密，猿啼早已成为陈迹，但乘了飞快的汽车于盛夏的长昼行林荫路上，耳听两旁树间鸣蝉的经验，却无妨供我们联想。吴均《与宋元思书》：“蝉则千啭不穷，猿则百叫无绝。”可见两者原有相类似之处。夫蝉非一，树非一，鸣声亦非一，而因车行之速，却使蝉声树影在耳目之间成为浑然一片，这大抵就是李白在出峡时为猿声山影所感受的情景，自无怪诗人笔下也有一气呵成之概了。

我还想说一下末句的“轻”字。由于三峡水急滩险，无论上下水，“一叶扁舟”是很难“容与中流”的；相反，由于上水船必须由纤工用力牵挽，我们心目中倒更容易联想到船的分量沉重。可是诗人偏偏下了一个“轻”字。为了形容船快，除了用猿声山影来烘托，还必须给船的本身加上一笔。直说船快，那自然是笨伯，于是诗人选择了这个“轻”字。夫船行水上而几乎轻如无物，则其快也可想而知。从立意看，这个“轻”字使全诗空灵飞动，而从遣词看，它又显得那么熨帖工稳。谁说李白没有字斟句酌的功夫呢？

最后，我觉得此诗频用数词也是虚实相生的。“千里”“一日”和“万重山”，当然都不免是夸张说法（直到今天坐轮船出峡，也没有“一日千里”的速度）；唯独“两岸”的“两”，却是实写。而全诗之妙，恰在这个“两”字上。正因为两岸都有山，都有猿啼，所以才能“左右逢源”，也正因为“左右逢源”，才见出船上人目不暇给、耳不暇接的神情来，这才能从紧张中见出愉快！假使风景只有一面，即使再好也难免单调，而这首诗也就只剩得一个平面，没有锋棱挺秀、空灵飞动之感了。

附记：

李白此诗盖以《水经注》卷三十四的描写为蓝本。所谓“自三峡七百里中，两岸连山，略无阙（缺）处；重岩叠嶂，隐天蔽日。自非亭午夜分，不见曦月。至于夏水襄陵，沿泝阻绝，王命急宣，有时朝发白帝，暮到江陵，其间千二百里，虽乘奔御风，不以疾也”是也。据《世说新语》注，知此段文字出于《荆州记》。文义虽与诗大抵相类，但风格情调却迥然不同，可见李白的诗是有创造性的。

另外，关于此诗的写作年代，其说不一。或谓是李白早年初出峡时作，如近人詹锳《李白诗文系年》系此诗于开元十三年（公元 725 年），疑非是。因为这样一来第二句的“还”字便无法解释。当时李白还未到过江陵，何以言“还”？近人黄锡珪《李太白年谱》附《李太白编年诗集目录》谓此诗作于乾元二年三月（公元 759 年），当时李白被流放夜郎，行至白帝城，遇赦，将下江陵作。复旦大学中文系选注《李白诗选》从后说，我也比较同意黄说。正由于李白遇赦而还，才以喜悦舒畅的心情来写此诗也。

说李白《玉阶怨》

玉阶生白露，夜久侵罗袜。
却下水精帘，玲珑望秋月。

《玉阶怨》本乐府旧题。郭茂倩《乐府诗集》卷四十三《相和歌辞 · 楚调曲》中收此题共三首，即谢朓、虞炎和李白各一首，而以李白这一首最有名，写得也最好。

旧释此诗大都以为主题是“宫怨”，这当然不错。我则以为这诗并非泛咏宫怨，而是确有所指，即专咏西汉成帝时之班婕妤是也。考陆机《婕妤怨》云：

“婕妤去辞宠，淹留终不见；寄情在玉阶，托意唯团扇。”以“玉阶”与“团扇”对举。梁元帝萧绎《婕妤怨》也说：“何言飞燕宠，青苔生玉墀。谁知同辇爱，遂作裂纨诗。”仍是以玉阶与团扇对举。盖“玉墀”犹“玉阶”。“裂纨”一诗，即所谓“团扇诗”也。旧传汉乐府《怨歌行》一首，题班婕妤作，开头四句即云：“新裂齐纨素，皎洁如霜雪；裁为合欢扇，团栾似明月。”谓为班氏所作诚不足信，但“团扇”的题材与班婕妤有关，则历汉、唐皆然。故王昌龄《长信秋词》云：“奉帚平明金殿开，暂将团扇共徘徊。”“长信”即长信宫，为班婕妤侍奉皇太后时所居之地。首句言班婕妤于平明之时即亲自捧帚洒扫，以表示她侍奉太后，非泛指一般宫中侍女；次句即用《怨歌行》“团扇”的典故。夫“团扇”既专属之班婕妤，那么“玉阶”亦当为咏班婕妤的特定诗料，殆无疑义（《乐府诗集》卷四十三即将《婕妤怨》和《玉阶怨》先后并列于一处）。故崔国辅的《长信怨》亦云：“长信宫中草，年年愁处生。故侵珠履迹，不使玉阶行。”可见诗题作《玉阶怨》，实即《婕妤怨》。今所见谢朓、虞炎和李白三诗，虽未明言为咏班婕妤之作，但诗意所在，已悉寄于题中，此不言可喻者也。明乎此，然后可以说李白之诗。

关于班婕妤的身世，《汉书》已详。《乐府诗集》卷四十三引《乐府解题》云：

> 《婕妤怨》者，为汉成帝班婕妤作也。婕妤，徐令彪之姑（小如按：班氏为班彪之姑，则为班固，班超和班昭的祖姑），况之女。美而能文。初为帝所宠爱，后幸赵飞燕姊弟（小如按：犹今言姐妹；弟，女弟之谓，指赵飞燕与其妹合德），冠于后宫。婕妤自知见薄，乃退居东宫，作赋及“纨扇”诗（小如按：即指汉乐府《怨歌行》），以自伤悼。后人伤之，而为《婕妤怨》也。

因知班婕妤其人，具有三个特点：一、她是才女，“美而能文”；二、初入宫时曾受到汉成帝宠幸；三、后因赵飞燕姊妹得宠，才遭冷遇。所以我在三十多年前讲李白的《玉阶怨》，便一直认为它虽属“宫怨”题材，却是一篇极尽哀惋之能事的“感士不遇赋”，以之同《将进酒》《行路难》等名篇相较，风格虽殊而主题不二，都是李白为自己的怀才不遇鸣不平的。

不过诗人既以多才的美女自况，总不能出之以雄浑恣肆的风格，而必须以含蓄蕴藉的手法来摹绘。今读此诗，表面上似温柔敦厚，实际却是“怨诽而不乱”，言有尽而意无穷。开头两句，写美人“风露立中宵”，虽似有所伫盼而并无意中人可期。她之所以凝眸望月，犹《邶风·柏舟》所谓的“日居月诸”，非特睹月怀人，抑且以月喻君与夫，即理想中的“明主”。这同苏轼说的“望美人兮天一方”，正是同工异曲。但夜深了，露重了，罗袜渐为积露所侵，于是感到凉生裙衩，寒气袭人。既不能久立庭阶，只好转身入户。然而进入房闱，怨情犹在，孑身只影，依旧处于寂寞之中。放下珠帘，本为了与外界景物一刀两断，可是尘缘难解，芳心仍乱，故更加依依不舍地望着皎如明镜的秋月。通篇不着一情语，而“怨怀无托”之情却充溢纸上。仅就此意玩之，已属诗中精品。近时三复斯作，乃发现李白于此诗的字里行间还蕴涵着一层前人写这类题材所没有表露过的意思。其关键即在于写秋夜的露水竟然浸透了罗袜。

窃谓此诗首句“玉阶生白露”，实暗用《诗·行露》首章“厌浥行露，岂不夙夜，谓行多露”之意。夫“谓”之通“畏”，前人早有定诂。古代封建妇女所以“怕见夜间出去”者，正以“畏行多露”故也。玩《毛诗》之意，表面上是说女子不敢宵夜独出，乃恐道路之露水沾濡其衣，骨子里却是指人言可畏。夫此身既为弱质女子，又美而多才，既有可能受到强暴欺凌，复不免遭到铄金之谗口。因此即使庭阶无人，茕茕独立，犹顾忌罗袜之浸湿，为人们闲言碎语所讥诮，只有转入户中，“却下水精帘”，以示与世隔绝，屏弃尘嚣。而自己望幸之心（亦即贤士思为世用之心）无时或已，在这种又怨又怕的心情支配下，不能自已地仍复凝伫于闺中，透过珠帘，徙倚而“望秋月”。这种矛盾曲折的细微心理，只有李白这样高才逸思，才能传神阿堵，写得出来。至于“玲珑”二字，鄙意实含三义。人之玲珑，珠帘之玲珑，月之玲珑，可能都兼而有之。妙在介乎人与帘与月之间，而并未断然指实。于是这首诗在蕴藉委婉的同时，也显得玲珑剔透了。

以上说此诗已讫。为了供读者参考，我把谢朓和虞炎的同题两诗抄录如下：

谢诗云：

夕殿下珠帘，流萤飞复息。长夜缝罗衣，思君此何极！

虞诗云：

紫藤拂花树，黄鸟度青枝。思君一叹息，苦泪应言垂。

谢诗颇饶意趣，虽较切直，仍不失为佳作。首二句且为白居易《长恨歌》“夕殿萤飞思悄然”句所本。虞诗不仅意尽，末句还显得生硬拗口（其意为应声而泣，闻言而泪下），去李白之作远甚。于是乃知李白为大不可及也。

另外崔国辅有《古意》一首，与李诗意境恰好相反，并录以存参：

净扫黄金阶，飞霜皎如雪；下帘弹箜篌，不忍见秋月。

说张继的《枫桥夜泊》

近来报刊经常提到唐诗名篇《枫桥夜泊》。但这首诗究应如何理解，似有研讨一下的必要。

三十多年前听俞平伯先生讲课，他认为张继这首诗用的是倒叙手法。即第一句“月落乌啼霜满天”从时间上说是天已破晓，作者走出船舱所见的情景；第二句“江枫渔火对愁眠”，乃是回顾这一夜在船中望见岸边红叶和江心渔火而通宵不寐的心境；下面“姑苏城外寒山寺，夜半钟声到客船”两句，则把夜半听到自远寺传来的钟声突出地点明，正是诗人彻夜未尝交睫的具体写照。在一首诗里，作者把时间最近、印象最新、感受最切的当前景物摆在第一句最先描述，原是古典诗词习用手法之一。如汉乐府《东门行》开头的“出东门，不顾归”两句，即为全诗发展的结果而非事件发生的开端。张继这首诗用的也正是这种手法。俞先生的这一讲法也并非首创，清人章燮在他的《唐诗三百首注疏》里，就已经这样讲了。

有的读者也许不同意，认为诗歌总得按照时间顺序一句一句往下讲。果真如此，那么“月落乌啼霜满天”的景象在时间上就必须出现于“夜半”之前。乌鸦夜间飞啼并非不可能，但主要是由于月光太亮而不是由于斜月西沉。如曹操《短歌行》“月明星稀，乌鹊南飞，绕树三匝，何枝可依”，和周邦彦《蝶恋花》“月皎惊乌栖不定”，都是“月明”“月皎”的夜间。至于“月落”而“乌啼”，显然是天色破晓时的情景。特别是“霜满天”，更应为凌晨景象，在子夜零点以前是很难见到的。这个道理连天气预报的广播员都懂得。每当乍暖还寒气候多变的早春或暮秋时节，“凌晨有霜冻”提法是经常出现的。有的人硬要把这种现象移到“夜半”以前，那就不可能是下霜而是雪霰一类的东西了。

因此，我比较同意章燮和俞平老的讲法，并认为这样讲更足以体现此诗的艺术特色。

说戴叔伦《怀素上人草书歌》

楚僧怀素工草书，古法尽能新有余。神清骨竦意真率，醉来为我挥健笔。始从破体变风姿，一一花开春景迟。忽为壮丽就枯涩，龙蛇腾盘兽屹立；驰毫骤墨剧奔驷，满座失声看不及。心手相师势转奇，诡形怪状翻合宜；有人细问此中妙，怀素自言初不知。

——据同文本《全唐诗》——

唐朝是我国封建文化艺术高度繁荣的时代。举凡舞蹈、音乐、绘画、书法、彩陶、雕塑以及各种文学形式如诗歌、散文、传奇小说和民间讲唱文艺等等，几乎都臻于无美不备的地步。这就使得当时许多诗人开拓了眼界，扩大了题材，把各种艺术活动及其丰硕成果写入诗中。如杜甫就写了若干有关绘画、舞蹈的诗篇，使读者通过作品得以了解当时各个艺术领域中的高度成就。中唐诗人戴叔伦写的这首诗，就是反映当时大书法家怀素的艺术成就的。

怀素是从盛唐到中唐时期一位以书法享盛名的僧人，他传世的草书真迹有

《自叙帖》《苦笋帖》《食鱼帖》等。千年以来，他在书法领域中一直占有崇高地位。他的狂草确能给人以美的享受。这首戴诗近年以来各家选本多未编入，现在略加评论分析，还是有必要的。

我个人认为，读这首诗有两点值得注意。一、作者提出了一个理论问题，即一位艺术家之所以能取得高度成就究竟应具备何种素养。二、书法是一种艺术活动。前代一些评论家对于大书法家的艺术成果（即他们传世的写件）大都做出了评价，如梁武帝说王羲之写的字如“龙跳天门，虎卧凤阙”（一说这是袁昂对萧思话书法的评语），经常被人引用，但对一位书法家正在进行的艺术活动加以描述的就不多了。戴叔伦是亲自看着怀素在为他“挥健笔”才写了这首诗的，所以他记录了怀素作字时的活动过程。这就比只描写怀素已写成的字迹具有什么特色更有意趣。把这两点弄清楚，全诗的妙处也就容易体会了。

关于一位艺术家取得成就应具备什么素养，我觉得古今论者各有一偏。古人强调继承，即要求尽量积累前人经验，如宋人说杜甫作诗“无一字无来历”，因而要求把功夫都用在书本上，只有“读书破万卷”才能“下笔如有神”，这就是强调继承的一面最有代表性的意见；今人则强调发展，即务求发挥个人的独创性，动辄提倡打破框框，不管什么都讲求“创新”，仿佛不这样就是故步自封，食古不化。这就又偏到另一面去了。其实一切文化艺术都是既有继承又有发展的，两者原是辩证的统一关系，无论偏到哪一面都会产生流弊。即以写字而论，我以为今天已非“仓颉造字”的远古时代，没有那么多可以“自我作古”的事，而自汉至唐，下迄宋元明清，历代书法家确已积累了不少宝贵经验，不容轻易抹杀。但如死守一家一体，不敢越雷池一步，那也是没有出息的，充其量不过是赝品的仿制者。这个问题，戴叔伦在评价怀素时却给我们做了正确的答复：“古法尽能新有余。”用我的意思来说，就是既要无一笔无来历，又要每一笔都具有个人独特的精神风貌。怀素之所以成为怀素，他首先做到了“古法尽能”，但从他所写的字体中表现出来的，却是一个活生生的、个性十分鲜明突出的“新有余”的怀素。既包罗涵泳了前人之所长，又有自己独具的精神面目。诗人正是用史官笔法来歌颂怀素的，所以一上来就开门见山地说“楚僧怀素工草书”，籍贯、身份和特长，全部概括在一句之内；然后紧接着说他所以具有如此非凡成就，乃是由于既继承了古法又创造了丰富的新内容。这种写法准确而经济，看似平淡，却是怀素的真正知音。否则作者是写不出这样精练的诗句的。

写古诗允许换韵。而韵脚的变换又意味着诗意的转折和段落、层次的形成。三、四两句改用入声韵脚，是从总括转到具体，说明怀素在为戴叔伦挥毫命笔。但就是这两句，也是经过作者把许多意思加以浓缩后写成的。“神清骨竦”指通过怀素的神态仪表以体现其蕴涵于中的精神气质，“意真率”写怀素具有坦荡的胸怀和天真的性格。作者的意思是：字如其人，作字如做人，没有纯朴的气质和爽朗的性格是写不出像怀素那样豪放超逸的字体的。然而除主观因素外，还要借助于外来的酒力。怀素的“健笔”只有在醉后才发挥得更为神奇雄浑。从这以下开始描写怀素书法艺术活动的进程，用韵很别致。“姿”“迟”是平声支韵，与末四句的“奇”“宜”“知”三个韵脚字本在同一韵部，而中间却用押入声韵（“涩”“立”“及”，共三个韵脚）的四句把它们隔开，这就把怀素运笔作字的过程分为三个阶段。我们今天所能见到怀素的遗墨，都是狂草，而这一次他所写的字却是从行书开始的。“破体”是专名词。相传王羲之善写行书，到他的儿子王献之手里，更在行书中羼入草字，这就叫“破体”。从诗人的描写来看，怀素这次写的字一开始是行书，然后渐成行草，所以说“始从破体变风姿”。而这一开始的用笔是比较韶秀疏朗的，所以作者用“一一花开春景迟”来形容它们。以韶秀的笔姿作行草，下笔必较舒缓，作者用平声字押韵，读起来自然感到纡徐从容，这恰好同怀素作字的风格相一致。下面接着描写怀素的字体由韶秀疏朗“忽为壮丽”，然后渐趋“枯涩”，开始写起狂草来，诗的韵脚于是一下子又转为入声，宛如由轻弹细吹的乐调骤改为急管繁弦，使人感到应接不暇。所谓“枯涩”，指笔锋蘸墨无多，出现了干枯的笔道儿。下面一句“龙蛇腾盘”形容狂草的盘旋使转，“兽屹立”则比喻字形的突兀和气势的磅礴。初唐孙虔礼（过庭）撰《书谱》，形容写草书“或重如崩云，或轻如蝉翼，导之则泉注，顿之则山安”，正可与此诗“龙蛇”句参看。而“驰毫骤墨剧奔驷”一句，则从描写字迹的形体变化过渡为形容书写时的迅疾飞动，这正是怀素狂草在运笔时的特征。作者写到这里，已自笔酣墨饱，淋漓尽致，却从侧面陪衬了一句“满座失声看不及”，写围观怀素挥毫的人们都失声惊诧。这种手法正从《史记·项羽本纪》描写“巨鹿之战”的场面脱胎而来。当项羽引兵援赵，与秦军鏖战正酣之际，却插入一句“诸将皆从壁上观”，与此处的“满座失声”恰为同一机杼。所谓“看不及”，有两层意思：一是旁观者的眼睛追不上怀素手中的笔；二是怀素写出的字迹变化多端，每出于旁观者始料之外。这种对动态的追踪远比对静止的艺术成品加以刻画要生动得多。

诗人写到这里，该进行总结了，于是写了“心手”两句。上一句，写手以心为师，此理人皆知之，而心亦师手，似乎把思维过程颠倒了，其实这正是作者对艺术实践比较辩证的认识。《庄子》上说的“得手应心”，即是这个道理。因为运笔的手在艺术实践中起了反作用，启迪了人的思路，从而开拓了人的思维对艺术的领悟程度。下一句，“诡形怪状”指狂草的形象，而“翻合宜”者，则指字形虽诡怪得出人意料，却无一笔不合法度。这正是作者在开头说的“古法尽能新有余”一句最好的注脚。结尾两句遗音袅袅，余味无穷。作字的人只凭一时灵感，不一定立即把感性认识上升到理性阶段，“怀素自言初不知”是可以理解的。但此中之妙，作者实已知之，而且一上来就点破了：“古法尽能新有余。”这里自无须重复。况且这也与怀素的醉后挥毫相映成趣。假如怀素在作字时头脑十分清醒，不以神行而以智驭，则所书之字将不免故作矜持，那就不是一气呵成的艺术品，而是很可能成为哗众取宠的自我炫鬻，而作者在诗的中幅所插入的“满座失声看不及”一句，也就不是写观众被怀素的艺术魅力所吸引，而是作者故弄玄虚，有意作惊人之笔了。

说韩愈猎诗《雉带箭》

原头火烧静兀兀，野雉畏鹰出复没。
将军欲以巧伏人，盘马弯弓惜不发。
地形渐窄观者多，雉惊弓满劲箭加。
冲人决起百余尺，红翎白镞随倾斜。
将军仰笑军吏贺，五色离披马前堕。

这首诗是唐代有名的散文家和诗人韩愈三十二岁时写的。韩愈当时在徐州节度使张建封幕下做小官。诗中所描写的就是张建封射猎的场面，篇末也兼有歌颂张建封的意思。

古代射猎多在秋冬之际，选择广大的平原作为狩猎的场所，然后纵火燎原，让禽兽无法藏躲。等到兽窜禽飞，人们便放出猛鹰猘犬，四出搜捕。骑士们也挟弓驰马，紧紧追踪。但诗人在这首诗里并未铺开来写射猎的全部过程，只是截取了一个精彩生动的片段，来刻画将军的精湛射技。“雉”又名野鸡，是一种生着五彩羽毛的飞禽。试看，一只雉鸡被“红翎白镞”的箭射中，五色缤纷地飞堕在将军马前，这该是一个多么美丽的特写镜头！诗人恰好善于剪裁地把这个镜头摄取到诗里。

全诗共十句，每两句一节。开头两句先交代一下射猎的全部场景，但同时也点明雉鸡已被迫飞离巢穴。第一句写原野上燃起了熊熊烈火。诗人不写火势迅猛时的景象，却写火已烧到“尾声”，这是跳出一般窠臼的写法。“静兀兀”，是形容火光凝聚不动的样子。有了这一句，就说明禽兽已被火烧得四处乱窜了。有人认为“静兀兀”是形容猎场寂静无声，我觉得不一定恰当。因为射猎的场面不同于衔枚疾走的夜行军，鸟飞兽窜，更不容冷清寂静。还是紧承上文，解作火光凝聚不动为好。第二句写猎鹰在追逐一只雉鸡。只是诗人欲擒故纵，不写鹰捉雉鸡，反而写雉鸡被赶得出没无常。这就逼出了第三、四两句。但作者仍不直写。第三句写将军想一显身手，以他巧妙的射技使人心服；第四句则写将军欲射不射的姿态。这一句写得十分生动，活画出那位将军一面勒住了马（盘马），一面拉满了弓（弯弓）的神情。他正在珍惜他的百发百中的一箭！这两句正是作者有意用顿挫的笔势来烘托将军射技的高明。第五、六句，先写由于观看射猎的人愈来愈多，以致地势愈来愈窄，而人和雉的距离也愈来愈逼近了，然后再写雉鸡惊慌飞起，被将军用拉满的弓和有力的箭一下子射中。“加”，这里就有射中的意思。第七、八两句，具体描写雉鸡带箭后的最后挣扎。“冲人”是朝着人群猛冲过来，方向是由上而下；“决起”是用力奋飞而起，（典出《庄子·逍遥游》：“我决起而飞。”）方向是由下而上。这一飞，竟又飞起一百多尺。这就把雉鸡也写得十分有生气。但是，它毕竟不能支持很久，终于身上带着尾端有红色翎毛、前端有亮晶晶箭镞的一支箭再度倾斜而堕。诗人不写雉鸡带箭而堕，却写箭随着飞禽之堕而倾斜，也十分别致，不落俗套。最后两句，总结全诗。先写将军面对着即将到手的俘获品仰天而笑，得意洋洋的神气活跃纸上，而四面围观的军吏看到这一场紧张精彩的表演，也不禁发出轰然雷动的祝贺声。就在这一刹那间，那只彩色绚丽的雉鸡跌落在马前了。“离披”，是形容羽毛散乱的样子。用这两个字，恰好说明雉鸡已失去了它的生命。

韩愈的诗，一般以笔力苍劲、形象突出见长，这首诗更在精悍有力的描写中作了细致曲折的刻画，使这一短暂的射猎场面能在读者心目中留下不易磨灭的印象。

柳宗元的山水小诗——《江雪》

柳宗元是唐代杰出的散文家，他写的山水游记受到后世读者的爱好。其实他不仅散文写得好，诗也写得很出色。我们常说唐代的山水诗人有王（维）、孟（浩然）、韦（应物）、柳（宗元）四家，这里要介绍的一首小诗《江雪》，正是柳宗元山水诗的代表作。它是一首押仄韵的五言绝句：

千山鸟飞绝，万径人踪灭；
孤舟蓑笠翁，独钓寒江雪。

“千山”，就是一千座山；“万径”，就是一万条路；“鸟飞绝”，连一只飞鸟的影子都没有；“人踪灭”，连一个行人的脚印也看不到。这都是比较夸张的说法。“孤舟”，江面上只有这么一只小船。“蓑”是蓑衣，“笠”是笠帽，都是用草和竹子一类的植物编织而成，是南方劳动人民在下雨、下雪时为防雨雪而穿戴的。“翁”，老渔翁。“独钓寒江雪”，独自一个人坐在小船上，在大雪纷飞的天气，在寒冷的江面上垂钓。

这首诗大约是柳宗元在永州写的。永州即今湖南零陵。公元805年，柳宗元被贬到永州去做司马，在永州前后住了十年。永州的山水很有名，柳宗元绝大部分描写山水景物的诗文，都是在这里写的。《江雪》这首诗，具体的写作年代已不易考证清楚，可能是公元 807 年写的。因为南方雪少，而据柳宗元《答韦中立论师道书》和他的其他作品，以及有关的历史记载，这一年冬天永州下过大雪。

这首诗里有个人物，就是那位垂钓的渔翁。柳宗元用渔翁做题材的诗不止这一首，还有一首七言古诗，题目就叫《渔翁》，也比较流行。为什么柳宗元喜欢选择渔翁作为诗歌的抒情主人公呢？这可能有两方面的原因。首先，渔翁是自食其力的人，同时又具有隐者身份。我们知道，柳宗元在当时政治上受到相当严重的挫折，被贬到永州来做官，他同当时当权的封建统治集团显然是有矛盾的，对唐代当时的社会黑暗自然也有不满情绪。这样，他的思想就比较容易向往于隐者的生活。把渔翁当作歌咏的对象，正反映出他不甘心跟当时的封建统治集团同流合污的心情，同时对自食其力的隐逸生活也表示很羡慕。这是一方面。再有一方面，则是柳宗元被贬到永州以后，精神上受到很大刺激和压抑，于是他就借描写山水景物，借歌咏隐居在山水之间的渔翁，来寄托自己清高而孤傲的情感，抒发自己在政治上失意的郁闷苦恼。因此，柳宗元笔下的山水诗有个显著的特点，那就是把客观境界写得比较幽僻，而诗人主观的心情则显得比较寂寞，有时甚至不免过于孤独，过于冷清，不带一点人间烟火气。这显然同他一生的遭遇和他整个思想感情的发展变化是分不开的。

这首《江雪》，诗人只用了二十个字，就把我们带到一个幽静寒冷的境地。呈现在读者眼前的，是这样一幅图画：在下着大雪的江面上，一叶孤舟，一个老渔翁，独自在寒冷的江心垂钓。诗人向读者展示的，是这样一些内容：天地之间是如此纯洁而寂静，一尘不染，万籁无声，渔翁的生活是如此清高，渔翁的性格是如此孤傲。这正是柳宗元由于憎恨当时那个一天天在走下坡路的唐代社会而创造出来的一个幻想境界。然而，对于今天的读者来说，这个幻想境界毕竟不免使人感到太孤单、太寂寞了，这位“独钓寒江雪”的老渔翁，比起陶渊明的《桃花源记》里的人物，恐怕还要显得虚无缥缈，远离尘世。这也就是说，诗人的理想世界离开现实生活实在太远了。因此，这首小诗，既能说明柳宗元的山水诗的艺术特色，同时也反映了诗人思想感情上比较严重的局限。

这首诗所以给人以深刻而鲜明的印象，是同诗人的艺术匠心分不开的。诗人所要具体描写的本极简单，不过是一条小船，一个穿蓑衣戴笠帽的老渔翁，在大雪的江面上钓鱼，如此而已。可是，为了突出主要的描写对象，诗人竟不惜用占了一半字数的篇幅去描写它的背景，而且使这个背景尽量广大寥廓，几乎到了浩瀚无边的程度。背景越广大，主要的描写对象就越显得突出。首先，诗人用了“千山”和“万径”这两个词儿，目的是为了给下面两句的“孤舟”和“独钓”的画面作陪衬。没有“千”“万”两字，下面的“孤”“独”两字也就平淡无奇，没有什么感染力了。其次，山上有鸟飞，路上有人走，这本来是极平常的事，也是最一般化的形象。可是，诗人却把它们放在“千山”“万径”的下面。再加上一个“绝”和一个“灭”字，这就把最常见的、最一般化的动态，一下子给变成极端的寂静，绝对的沉默，形成一种不平常的景象。因此，下面两句原来是属于静态的描写，由于摆在这种绝对幽静、绝对沉寂的背景之下，倒反而显得玲珑剔透，有了生气，在画面上浮动起来，活跃起来了。也可以这样说，前两句本来是陪衬的远景，照一般理解，只要勾个轮廓也就可以了，不必费很大气力去精雕细刻。可是，诗人却恰好不这样处理。他所谓的“千山”，意思是说每一座山，包括看得见的山和看不见的山；所谓“万径”，实际是指每一条路，包括所有山里的所有的路；而所谓“鸟飞绝”“人踪灭”，是说连一只鸟的影子，连一个人的脚印都找不到。这好像拍电影，用放大了多少倍的特写镜头，把属于背景范围的每一个角落都交代得、反映得一清二楚。写得越细致具体，就越显得夸张概括。而后面的两句，本来是诗人有心要突出描写的对象，结果却使用了远距离镜头，反而把它缩小了多少倍，给读者一种空灵剔透，可望而不可即的感觉。只有这样写，才能表达作者所迫切希望展示给读者的那种摆脱世俗、超然物外的清高孤傲的思想感情。至于这种远距离感觉的形成，主要是作者把一个“雪”字放在全诗的最末尾，并且同“江”字连了起来所产生的效果。（当然，前面说过的，用“千”“万”“孤”“独”作为对比的词汇出现，使得展示的画面起了扩大和缩小的作用，也产生了一定的效果。）请看，在这首诗里，笼罩一切、包罗一切的东西是雪，山上是雪，路上也是雪，而且“千山”“万径”都是雪，才使得“鸟飞绝”“人踪灭”。就连船篷上，渔翁的蓑笠上，当然也都是雪。可是作者并没有把这些景物同“雪”明显地联系在一起。相反，在这个画面里，只有江，只有江心，不会存雪，不会被雪盖住，而且即使雪下到江里，也立刻会变成水。然而作者却偏用了“寒江雪”三个字，把“江”和“雪”这两个关系最远的形象联系到一起，这就给人以一种比较空蒙、比较遥远、比较缩小了的感觉，这就形成了远距离的镜头。这就使得诗中主要描写的对象更集中、更灵巧、更突出。因为连江里都仿佛下满了雪，连不存雪的地方看上去都充满了雪，这就把雪下得又大又密、又浓又厚的情形完全写出来了，把水天不分、上下苍茫一片的气氛也完全烘托出来了。至于上面再用一个“寒”字，固然是为了点明气候，但诗人的主观意图却是想不动声色地写出渔翁的精神世界。试想，在这样一个寒冷寂静的环境里，那个老渔翁竟然不怕天冷，不怕雪大，忘掉了一切，专心地钓鱼，形体虽然孤独，性格却是清高孤傲，而且甚至有点凛然不可侵犯似的。这个被幻化了的、美化了的渔翁形象实际正是柳宗元本人的思想感情的寄托和写照。由此可见，这“寒江雪”三字正是画龙点睛之笔，它把全诗前后两部分给有机地联系起来，不但形成了一幅凝练概括的图景，也塑造了渔翁的完整突出的形象。

用具体而细致的手法来摹写背景，用远距离镜头来描写主要形象，把缩小和放大，把深刻的精雕细琢和极度的夸张概括，错综地统一在一首诗里，是这首山水小诗独有的艺术特色。

说李贺《李凭箜篌引》

吴丝蜀桐张高秋，空山凝云颓不流。江娥啼竹素女愁，李凭中国弹箜篌。昆山玉碎凤凰叫，芙蓉泣露香兰笑。十二门前融冷光，二十三丝动紫皇。女娲炼石补天处，石破天惊逗秋雨。梦入神山教神妪，老鱼跳波瘦蛟舞。吴质不眠倚桂树，露脚斜飞湿寒兔。

人们每觉李贺的诗难懂，我自己也不例外。最近重读《昌谷集》，略有一点新体会。人的思维分逻辑思维和形象思维，近年来似已渐成定论。但这两者是互相依存的，特别是形象思维，它并不能独立于逻辑思维之外。当然，逻辑思维亦须凭借形象思维才能清楚而生动地把意思表达出来，故说理散文每借助于寓言和比喻。而李贺的诗，其难解处往往在于用绚丽的辞藻织成一个个具有幻想色彩的形象的网，纷纷藉藉杂糅在一起，使人不易找出其内在联系，即逻辑上的条理性和层次性。如果我们能把它们理出个头绪来，困难自然就少多了。另外，李贺笔下的形象描写除富有幻想色彩外，还运用了不少典故，读者很难捕捉其真正的含义，这也是一个难点。这就需要我们为这些辞藻和典故找到可靠的根据，做出合理的解释。现在便举《李凭箜篌引》为例。

开头四句，点出李凭在弹箜篌。据王琦《李长吉歌诗汇解》引《通典》，知李凭所弹为竖箜篌。另据与李贺同时的诗人杨巨源《听李凭弹箜篌》诗，知李凭为当时供奉内廷的乐工，即所谓"梨园子弟"。这一点很重要。不独第四句"中国"字样有了着落（"中国"指都城，即当时的长安），而且下文"十二门"和"紫皇"也是虚实兼指的，使读者得知其双关含义。盖"十二门"既指天帝的宫门，也指长安的城门；"紫皇"既指上帝，也指皇帝。下面我们分别研究一下这前四句。

第一句，"吴丝蜀桐张高秋"，"丝"用以制琴弦，"桐"用以制琴身，无论琴、瑟、箜篌，都缺不了它们。而"吴""蜀"则标出"丝"与"桐"的产地，除了标榜这乐器是高档名牌货（如古人一说琴必曰"焦尾"之类）外，还说明它是从长安不远千里物色到的用上好材料做成的，亦"工欲善其事，必先利其器"之意。"张"不仅作陈列解，也兼指弹拨、演奏，如《庄子》所谓黄帝"张咸池之乐于洞庭之野"，"张"即演奏意。"高秋"即暮秋，指阴历九月。这是点明季节，与下文"秋雨""桂树""露脚""寒兔"相照应。但首句只说"丝""桐"，则不辨为何种弦乐器，故第四句明白说出李弹的乃是箜篌。这是另一种互文见义的手法。

第二句"空山凝云颓不流"，各家注本都引《列子》"响遏行云"的出典，意指所奏箜篌，其声音上达云霄。王琦《汇解》的解释似更深入一层，我是比较同意的。他说：

> 琦玩诗意，当是初弹之时，凝云满空；继之而秋雨骤作；洎乎曲终声歇，则露气已下，朗月在天，皆一时实景也。而自诗人言之，则以为凝云满空者，乃箜篌之声遏之而不流；秋雨骤至者，乃箜篌之声

感之而旋应。似景似情，似虚似实。……

唯解“空山”句为响遏行云之意，还未尽贴切。鄙意此是形容李凭在弹箜篌时，周围环境阒然静寂，达于极点，如在空山中，不独万籁无声，即高空欲颓堕之云亦凝而不流。这就给李凭精彩的演奏创造了一种极为宁谧的气氛。第三句“江娥啼竹素女愁”，王琦说：“咏其声能感人情志。”似尚隔一层。盖“江娥”泪染之竹，本为斑竹，此借指箫管类乐器；“素女”用《史》《汉》天帝使素女鼓五十弦瑟的典故，这里借指琴瑟一类在箜篌以外的弦乐器。这句实有两层意思。一是说李凭弹箜篌，哀愁动人心魄，兼具箫管琴瑟之美；二是说李用箜篌所奏之乐调远胜箫管与琴瑟。然后第四句点出本题，并说明身在长安。

第五、六句“叫”“笑”为韵，两句自成一节。上句写音，下句写情。王琦把“玉碎”“凤叫”“蓉泣”“兰笑”都释为“状其声”，疑未确（其他旧注亦多类此，似皆不够贴切）。“玉碎”指声音清脆，向无争议，而“凤叫”则言人人殊。如姚文燮云：“玉碎凤鸣，言其激越也。”王琦则谓：“凤叫，状其声之和缓。”这种大相径庭的理解，原也难怪，因为凤凰鸣叫谁也没有真正听到过。不过李贺在这里用了个“叫”字，显非和缓而是激切之意。《太平御览》卷九一五引《论语摘襄圣》，说“凤有九苞”，八曰“音激扬”，又引《韩诗外传》说：“夫凤，……小音金，大音鼓。”以金鼓状其声音，自非“和缓”可知。故鄙意以为碎玉状其声之清脆，凤叫状其声之激扬。至于“芙蓉泣露香兰笑”，固不排斥形容李凭所弹乐曲音色之美，但主要还在写其情之有悲亦有喜。而且这悲和喜都是令人赏心悦目的，是美如芙蓉香兰之姿的。芙蓉带露如泣，人固易知；香兰开花时花瓣初绽，如美人巧笑，则须有格物致知的经验。这两句比前四句深入了一步。

第七、八句既写乐声上达天听，也写它打动了皇帝的心，是总括语，而又起承上启下之作用。“冷光”二字，上承“高秋”，下启“秋雨”。箜篌之奏，使“冷光”得“融”，则上文所写的“凝云”盖由凝而动，由颓而流矣；于是过渡到第九、十两句，仿佛秋雨之点点滴滴乃由石破天惊之故；而乐声能使石破天惊，则震撼人心、感泣鬼神之魅力可知。第十一、十二两句，写李凭艺精，连善弹箜篌的神妪成夫人（典出《搜神记》卷四）都要经他在梦中传授；而鱼跳蛟舞，即《荀子·劝学》所谓“瓠巴鼓瑟而流（沉）鱼出听”之意，谓乐声能感动异类。但关键是李贺为什么在“鱼”“蛟”之上用了一个“老”和一个“瘦”字。我以为，此承上句“妪”字而来。神是老妇人，则水族也是“老”与“瘦”者，以求得形象上的和谐统一（如“枯藤老树昏鸦”之“枯”“老”“昏”，亦是求得形象上的和谐统一），一也。人老则阅历丰富，“鱼”“蛟”亦然；人老则感觉迟钝，“鱼”“蛟”亦然。连饱经风霜而感觉迟钝的“老鱼”“瘦蛟”也不禁闻乐而冲波起舞，可见此乐声感染力之强，二也。上文所举诸般形象，如江娥、素女、昆玉、凤凰、芙蓉、香兰等等，皆人与物之美好都丽者，此处则更进一步，言李凭之弹箜篌，不仅美丽者为之动容，即老瘦者亦不能不受到感动，三也。李贺诗诡谲怪诞，多在此等处，故姑妄揣测而言之。

结尾两句是曲终奏雅，袅袅余音。王琦云：“言赏音者听而忘倦，至于露零月冷，夜景深沉，尚倚树而不眠。其声之动人骇听为何如哉！”其说近之。据姚文燮《昌谷集注》引《余冬序录》：“吴刚字质，谪月中斫桂。”前人对此亦有争议。如王琦即以为此实指魏之吴季重。我的意思是，从末两句整体看，“吴质”自当指月中的吴刚。诗人之意盖谓不仅世间凡俗人听了李凭所奏的箜篌如醉如痴，连月宫里的吴刚也听得出了神，倚树不眠。这仍是透过一层的写法。但所以用“吴质”而不用“吴刚”，疑兼有作者自况之意。吴质是三国时文人名士，李贺本人也自负才华，本有相类似处。姑且拈合，正不必拘其用事是否允洽。全诗写李凭初奏时“空山凝云颓不流”，弹到高潮时则“石破天惊逗秋雨”，乃至曲终声歇，竟自“冷露无声湿桂花”（王建诗句），寒月逼人，听者忘倦。就实景而逗起作者无穷幻想，王琦固已先我言之矣。

此诗在用韵方面也有特色。句句用韵，一也。前四句由泛说而转入实指，故用一韵；五、六句状其声与情，乃一换韵；七、八句承上启下，又属总括虚写，故又换一韵；末六句深入细致地写乐声之感天动地，故再次换韵——二也。迤逦写来，以平淡出之之处用平声韵脚；精心刻画，着意描摹处则用仄声韵脚——三也。末六句韵脚以上、去两声之字通押（唐人虽有此例，尚非普遍），四也。即就上去通押而言，作者亦匠心独运，五也。盖“雨”“舞”为一韵（上声麌姥韵），“处”“妪”“树”“兔”为一韵（去声遇暮韵），如以两句为一节，则主要韵脚都押在下句，那么末六句实更分两层，即前四句为一层，后二句为一层，以末二句乃一篇之余波故也，可见这六句虽属上去通押一韵到底，作者却仍尽量使韵脚有变化，在不规则中体现规则，从而见出层次和深度。这是读古体诗（特别是读唐人的七言歌行）所不可不注意的。

说李贺《梦天》

老兔寒蟾泣天色，云楼半开壁斜白。玉轮轧露湿团光，鸾珮相逢桂香陌。黄尘清水三山下，更变千年如走马。遥望齐州九点烟，一泓海水杯中泻。

李贺诗古称难读。即以《梦天》而论，仅诗题便费解。通常注本多解为作者本人做梦登天，并认为这与晋人郭璞《游仙诗》相类似。但诗的前四句古今人又多谓是摹写月宫的景语。然则《梦天》乃缩小为梦游月宫之诗，恐失作者原意。不揣谫陋，姑陈己见。

我以为"梦天"者，犹言夜天。一日分昼夜，人是昼醒而夜梦的，天既有光明与黑暗之分，则白昼光明之际当为醒，而夜晚黑暗之时当为梦。但诗人如径言"夜天"，易生歧义，故以"梦天"名之。

夜间的天空最光亮者莫如月。月中传说有兔和蟾，故首句言天色乍晦，蟾兔皆泣。我疑心这是形容黄昏时的一阵微雨。第二句"云楼半开壁斜白"，乃写雨停云开，月光斜照。第三句写一轮明月在放晴后完全显现出来，如车轮辗着清露而缓缓行进，光团栾而微湿，正是刻画雨霁后的月色。第四句写月中阴影，诗人想象这大约是仙人在栽满桂树的路边相遇吧。前于李贺者有杜甫《月夜》，所谓"香雾云鬟湿"，后于李贺者有宋代周邦彦的《解语花》，所谓"桂华流瓦"——都是借美好的嗅觉来形容美好的视觉。而李贺所咏，乃是设想立足于碧空、纵身于霄汉，去月不过咫尺之遥，所以耳听得见鸾珮之声，鼻察得出桂花香气。以上四句泛写天上夜景，有超尘绝俗之意。以下四句乃转为自天上俯视尘寰。

“黄尘清水”两句当然是活用《神仙传》“沧海桑田”的典故。“三山”即三神山，谓蓬莱、方丈、瀛洲。“黄尘”泛指陆地、“清水”泛指海洋，盖从高空俯视，虽广袤的大陆只如一片黄尘，汪洋的大海不过是几滴清水。但这里主要还不是形容大陆与海洋之渺小，而是强调沧桑的变化，即侧重写漫无涯际、古往今来的时间观念，所以紧接着说“更变千年如走马”，“更变”犹“变更”，“走马”，王琦注引《庄子》，谓即“白驹过隙”之意，是不错的。七、八两句，才是写空间。古称世上有九州，九州之外，裨海环之（见《史记·孟子荀卿列传》）。这里写九州如九点微烟，大海如杯中之水，极写尘世之渺小可怜。但所以用“烟”来形容九州，盖作者仍未忘记这是写夜景。意谓自碧落下瞰九州，其光尚不及微茫灯火，只如点点轻烟而已。夫“千年”不可谓不久，“九州”不可谓不大，而从“天”的角度视之，不过短促如走马之一瞥即逝，渺小如点烟杯水。其叹羡天地之永恒而悲人生之短暂，正是自初盛唐以来诗人一贯咏叹的主题。特其写法过于奇警险幻耳。

这里还要讲讲“齐州”的“齐”字。齐者，平也，指物之顶端都整齐地在一条水平线上。齐民犹言平民。民虽有等级贵贱之分，但在最高统治者（皇帝）眼中，不过都是平头百姓，分不出孰为高下。今从高天下视九州，根本看不出什么山川陵谷，只是一块块高矮差不多的水中平地而已，故以“齐州”称之。“州”“洲”古今字，皆指水中陆地也。

“病树前头万木春”是讽刺诗

十年内乱时，刘禹锡一度被戴上“法家”的桂冠。他的名句“沉舟侧畔千帆过，病树前头万木春”，也被理解为旧的腐朽势力将如“沉舟”和“病树”一样为时代所淘汰，而新生的进步力量却如江上“千帆”和阳春“万木”，朝着革命的征途迈进。其实细玩全诗，根本不是这么回事。作者本意，是借“千帆”“万木”来讽刺那些靠吹拍逢迎以猎取高官厚禄的得势小人的。

这首诗是刘禹锡于公元 826 年（唐敬宗宝历二年）从和州（今安徽和县）

北返，途经扬州与白居易初会，为答谢白的赠诗而作的。题为《酬乐天扬州初逢席上见赠》，全诗是："巴山楚水凄凉地，二十三年弃置身。怀旧空吟闻笛赋，到乡翻似烂柯人。沉舟侧畔千帆过，病树前头万木春。今日听君歌一曲，暂凭杯酒长精神。"可见这诗是作者在遭受了二十三年的贬谪之后所发的感慨。中间四句写了三种人。一种是与自己同被贬谪的老朋友如柳宗元等，早已受折磨而死，所以诗人借用"空吟"向秀的《思旧赋》的典故来悼念故人。向秀是嵇康的好友，嵇康遇害后，向秀过嵇旧居，在"寒冰凄然"的黄昏中听到"邻人有吹笛者"，乃作《思旧赋》，故刘禹锡称之为"闻笛赋"。另一种则指虽受贬谪，却终于幸存下来的人，包括作者自己和白居易。但人事沧桑，归来以后却感慨万端，恍如隔世，就像《述异记》里的王质一样，在入山砍柴时遇仙人下棋，及至局终，斧柄已烂，不知不觉过了一百年。而第三种人则指在宦海浮沉中夤缘爬上高枝、坐享荣华的新贵，他们以别人为"沉舟"和"病树"（这是作者和柳宗元、白居易等共同遭受到的悲惨命运），自身却如江上千舟和阳春万木，一帆风顺而飞黄腾达了。这不是讽刺又是什么呢？

我这样解释也许读者不同意。其实刘禹锡的讽刺诗并不止这一首。如公元815年（唐宪宗元和十年）他从朗州回长安所作的《戏赠看花诸君子》："玄都观里桃千树，尽是刘郎去后栽。"以及公元828年（唐文宗大和二年）3月写的《再游玄都观》："种桃道士归何处，前度刘郎今又来。"都与此诗"沉舟""病树"二句有异曲同工之妙。如果不从讽刺的角度去体会，恐怕就不易做出正确的解释。故特为拈出，请读者进行商榷。

附记：

拙文于1984年7月在天津日报发表后，一时颇引起争论。有的读者引用白居易《醉赠刘二十八使君》来说明：白当时情绪颓唐，故刘禹锡乃以积极口吻勉慰之（指"沉舟""病树"二句）。其实未尽然。白诗中"举眼风光长寂寞，满朝官职独蹉跎"云云，即刘诗"沉舟""病树"两喻之意，不过一直说，一用比兴而已。津报编辑部当时本拟公开进行辩论，我自己也很欢迎，不意来稿同意鄙说者大有人在，事实有胜于雄辩者，于是这桩公案便不了了之。我承编辑部负责同志盛意，给我读过几篇同我商榷的文章，使我获益不浅，因补述原委如上。八七年三月记。

说白居易《勤政楼西老柳》

六十年代初我曾在拙作《白诗臆札》中提到，白居易当然是一位现实主义诗人，但他的诗中也有不少浪漫主义的情调和因素，甚至在创作方法上也不全是现实主义的。当时颇自谓有新意，今日追思，仍属老生常谈。他的代表作如《长恨歌》，便是一首以浪漫主义为主导的与现实主义相结合的典型名篇。这里想谈的乃是白诗的另一侧面，即他同杜甫、韩愈一样，也有“以文为诗”的作品，而且这类作品还不在少数。

通常我们评论唐宋诗，总说“以文为诗”是宋人特点，这并不错。但一般说法都认为宋人所宗法者主要是唐代的杜甫和韩愈，充其量再加上一位元结。余下的诗人好像同“以文为诗”就没有多少关系了。其实我国的诗歌传统从建安发展到唐代，原是从渐入佳境逐步发展到新的高峰。唐诗之所以被视为高峰，主要有两条：一是全面发展，二是有所创新；而后一点又同前一点密不可分。所谓全面发展，即诗歌本身日趋完善而无美不备，达到体制、风格、题材、技巧的多样化，而多样化又与创作上的变化多端、日新月异分不开。其实事物的新变之道是离不开传统基础的。传统基础愈厚，作家修养愈深，则新变以后的面貌便会愈引人注目，它本身也就站得住脚，能传之久远。反之，如果没有什么基础，作家也缺乏一定功底，那么，所谓的“创新”之路看似有所变异而实际上却落入了另一窠臼，形成了单调而浅薄的“新”条条框框，作家陷于其中受其束缚而不自知，还以为走上了一条什么新的阳关大道。结果路子反而愈走愈窄，终于到了不能自拔的境地。这一点，我们从中晚唐诗歌发展的总趋势与个别作家的创作道路可以得到一定启发。

在唐诗这个浩瀚无垠的艺术领域中，既要达到无善不臻、无美不备，又要力求新变，以不同于前人的精神面貌昭示后来的读者（若照我的看法，作者更不能脱离深厚的传统基础和丰富的文化修养），那么，“以文为诗”实在是诗歌发展中的一条无可回避的渠道，也是某些作家在探索中前进的通向高峰的一条必经之路。杜甫、元结、韩愈诸人不过是试着走这条路走得比较有意识，因此其成效也比较明显的诗人罢了。试看陈子昂的“前不见古人，后不见来者，念天地之悠悠，独怆然而涕下”，李白的“乃知兵者是凶器，圣人不得已而用之”和“弃我去者昨日之日不可留，乱我心者今日之日多烦忧”，其为诗也，不已经是典型散文化了的作品乎？说到白居易，只由于他写诗所用的语言比较朴素浅显（只有少数例外如《长恨歌》，但这种所谓“元和长庆”体诗歌比起后来的模仿者所作还是容易懂得多），风格比较明快开朗，不像韩愈、李贺诸家走古奥险怪、生硬深涩的道路，他的以文为诗的特点便不大为人注意。其实，《秦中吟》、“新乐府”一类所谓白居易的代表作，几乎都是以散文的间架结构来布局的，有的诗句也朴素得明白如话，成为押韵的散文。所以我说白居易以文为诗的作品并不少。至于贾岛、姚合（尤其是姚合）和皮日休、陆龟蒙，我以为，他们的作品即属于无形中又落入另一窠臼中者，因此到头来无论如何也算不上第一流诗人。

闲言少叙。现在只谈白居易这首不大为人注意的五言绝句《勤政楼西老柳》：

半朽临风树，多情立马人。
开元一株柳，长庆二年春。

我第一次读此诗是从废名先生的《谈新诗》里发现的。他把这首诗同李白、王之涣、柳宗元、杜牧等大家的五七绝一并抄录，然后加按语说：“这些诗大约说得上读来爽口听来爽耳，文字里的意义并没有什么，用了许多数目字，却最表现旧诗文字的音乐性。”好像这首白诗的特色只在于后两句的数目字具有旧诗词文字上的音乐性而已。后来读白居易的作品稍多，发现《长庆集》中咏柳者远不止一首，而这一首确乎也不算最好。但无论从思想或艺术上来看，都有它与众不同处。尽管只有二十个字，而以文为诗的特点却表现得非常突出。因此我就先从这一点谈起。

作品中记载年月原是史官笔法，当然属于散文范畴。《春秋》与《三传》

肇其端，从《史记》开始的历代帝王本纪纂其绪，下而至于后来的日记、年谱，这些都不消说了。直到今天，我们写散文，或在开头处郑重写上年月，或在结尾处附加一笔写作时间，都是沿袭古代散文的惯例。而在诗中明标年月的，杜甫的《北征》该是一个典型。诗的开头是这样写的：

皇帝二载秋，闰八月初吉，
杜子将北征，苍茫问家室。

这就是用的《春秋》纪年体，当它被杜甫移入古诗时，确令人耳目一新。然则我们说白居易在这首只有二十字的短诗中，仅纪年便占去四分之一的篇幅（末句“长庆二年春”），无疑也是以文为诗的一种极明显的方式了。我以为，它称得起以文为诗的“小品”，是这种小品式韵文的代表作（另一首白诗的末二句：“晚来天欲雪，能饮一杯无？”则是以诗代散文小柬，是尺牍小品的变体，同样是以文为诗的代表作）。这是我要说的第一点。当然，这末一句并非只为标明写作时间而已，还有更深刻的含义在。下文自当详述。

第二点，仍从此诗的形式来谈。古人对“绝句”的含义有各种不同的解释，有一种解释认为绝句是截八句律诗里面的四句成为一首诗。这说法是否可信姑置勿论，但这首诗确是两副对联，宛如截律诗的中四句而成。此诗第三句是拗句，即“一株柳”为“仄平仄”而非“平仄仄”，因而读起来略存古诗意趣。可是这种拗句在近体诗格律中是允许采用的，所以它仍是一首无懈可击的有着两副对联的五言绝句。前二句对仗工整自不待言，后两句尤见工力。以“开元”对“长庆”，用本朝年号相对，既巧而工，而从全句看，既似流水对却又比流水对工整，这就太难得了。因此我们读起来毫无牵强生涩之感，却有流走飞动之趣，更体现出白诗的特色。诚然，白诗平易浅近，能“令老妪都解”，但我以为他的推敲斟酌功夫，初不减于“语不惊人死不休”的诗坛巨匠也。

说到此诗的思想性，必先回顾一下作者的身世。白居易生于公元 772 年即唐代宗大历七年，到穆宗长庆二年即公元 822 年，他已年逾半百。而从他的经历看，他于元和间先贬江州司马，后来又到过四川忠州，然后辗转于江南各地，仕途亦颇为坎坷。这时他已回到长安，任主客郎中知制诰，比过去顺利多了，然而岁月不待人，他已步入老境，不无迟暮之感了。至于勤政楼西的那株柳树，乃开元年间所植，假定它栽种于开元十年（公元 722 年）前后，则此时已成阅尽沧桑的百年老树。它经过安史之乱、朱泚之乱，而至今竟未枯死，仍在骀荡春风中婆娑摇曳，虽云“半朽”，犹见生机。而自己呢，虽屡遭贬谪却终于回到长安，抚今追昔，能不“多情”？每逢出入朝堂，总要从这树旁经过，因人之渐衰而感慨老树之半朽，又因柳树之未死而联想到世事的变化迁移，自然为之踌躇“立马”，兴“树犹如此，人何以堪”之叹了。何况开元乃全盛之日，这株柳是见过世面的；如今已是长庆二年（公元 822 年），多少宦海浮沉，多少人事代谢，它都经历过，它才是真正的历史的见证人！因柳及人，又由人及柳，个中况味，真是一言难尽。然而全诗仅寥寥二十字，却又余味无穷。夫前二句深得人柳互文见义之趣，今昔语含双关之美，而后二句则不仅纪年而已，既说明柳树经历的岁月，也点出自己已逝的年华，这就比《北征》的单纯记录时间要显得复杂深远了。废名先生之论似乎有点言之过浅呢。这是我要谈的第三点。

最后，我认为，白居易的组诗如《秦中吟》、“新乐府”，长诗如《长恨歌》《琵琶行》，固然千古传诵，脍炙人口，而类似《勤政楼西老柳》《问刘十九》这样的小诗短作，造语浅近而余韵深远，却亦自有其不可磨灭的灼灼光焰。这正是使我们后来人值得服膺和借鉴的“唐人高处”。

1985 年 10 月写于北京

说“推敲”

“推敲”的传说久已脍炙人口，讲的是唐代诗人贾岛的故事。据宋人计有功《唐诗纪事》卷四十所记云：

> 岛赴举至京，骑驴赋诗，得“僧推月下门”之句，欲改“推”为“敲”，引手作推、敲之势，未决，不觉冲大尹韩愈。乃具言。愈曰：“敲字佳矣。”遂并辔论诗久之。

这个故事一向被人引作美谈，凡写作诗文对遣词造句加意斟酌的，都称之为“推敲”。当然，这个故事说明一个作家创作态度的严肃认真，以及贾岛写诗在烹炼字句上的功力，对后人诚然有一定的启发借鉴作用。但另一方面，我以为这个故事也正说明贾岛写这首诗时缺乏现实生活的基础。王夫之在《姜斋诗话》卷二中有一段话评论此诗，略云：

> “僧敲月下门”，只是妄想揣摩，如说他人梦。纵令形容酷似，何尝毫发关心！知然者，以其沉吟“推”“敲”二字，就他作想也。若即景会心，则或推或敲，必居其一；因景因情，自然灵妙，何劳拟议哉！

王夫之在下文还引了王维两首诗中的名句“长河落日圆”和“隔水问樵夫”，说它们“初非定景”“初非想得”。

我觉得王夫之的话很对，因为贾岛下这种“推敲”的功夫正是他本人缺乏生活经验的体现。“长河落日圆”是特殊景象，没有经历过的当然不易悬揣，这里姑且不谈，即以“隔水问樵夫”而论，如果王维当时看到的是“渔夫”或“农夫”，那他就不一定写“樵夫”了。王夫之的意思是说，这个场面并非王维主观臆造的。而贾岛如果真有夜归幽居的生活经验，则他或推门径入，或敲门以待，都可以用现实生活作依据，而不必以手做姿势，研究“推”好还是“敲”好了。这个传说同后世流传的元人赵孟頫画马时以手据地做出马的姿态的说法，我以为都是缺乏真实生活感受的表现。

至于就诗论诗，如果“推敲”的传说可信，那韩愈认为“敲”字好，我以为倒是有道理的，贾岛的全诗是：

> 闲居少邻并，草径入荒园。鸟宿池边（一作“中”）树，僧敲月下门。过桥分野色，移石动云根。暂去还来此，幽期不负言。（《题李凝幽居》）

必须有人在月下敲门，才会惊动宿鸟；只有当树上的鸟有了动静时，诗人才会知道树上有鸟在歇宿。而且在这种幽寂环境中传来几下敲门的剥啄声，才更使人感到格外幽寂。这同梁人王籍的名句“蝉噪林愈静，鸟鸣山更幽”是同一道理，同一意境。如果一个人走来推门径入，连一点声息都没有，不仅宿鸟无法被人发觉，就连全诗也仿佛有声电影失去配音一般，显得毫无机趣了。近人也有说“推”字好的，我看还是毋宁同意韩愈的意见。

关于“推敲”故事的出处

“推敲”的故事虽极流行，真实性却很可怀疑。前人已有考订，兹不赘论。即以此一传说的出处而论，也有待于进一步考察。检旧本《辞海》，谓出于《隋唐嘉话》。其实这是承袭《佩文韵府》中记载之误。盖《隋唐嘉话》是唐玄宗天宝年间人刘悚所撰，他是根本不会活到唐宪宗以后并记录韩愈、贾岛等人的传闻轶事的。考南宋人胡仔所纂《苕溪渔隐丛话》前集卷十九引黄朝英《缃素杂记》云：

> 余案《刘公嘉话》云：“岛初赴举京师，一日，于驴上得句云：‘鸟宿池边树，僧敲月下门。’始欲着‘推’字，又欲着‘敲’字，练之未定，遂于驴上吟哦，时时引手作推敲之势。时韩愈吏部权京兆，岛不觉冲至第三节。左右拥至尹前，岛具对所得诗句云云。韩立马良久，谓岛曰：“作敲字佳矣。”遂与并辔而归，留连论诗，与为布衣之交。……”

这里所谓的《刘公嘉话》，乃指晚唐人韦绚纂辑的《刘宾客嘉话录》，“刘”指刘禹锡而非刘悚。由于两书俱名“嘉话”，又都与姓刘的有关，后来的类书编纂人便不辨菽麦，不检原书，硬把这个故事的出处属之于《隋唐嘉话》了。

然而，不巧的是，今本《刘宾客嘉话录》中并没有这一条。近人唐兰在

《〈刘宾客嘉话录〉的校辑与辨伪》的跋文中，以为《丛话》引《缃素杂记》所载的这一则故事，谓其出于《嘉话录》者，“当是黄朝英误记”（见1965年中华书局出版的《文史》第四辑）。今按，黄朝英引这一段话是用来与《唐书》比照而观的，末加按语云：“唐史与《嘉话》所载不同如此。”可见未必是黄氏“误记”。很可能是由于黄朝英所见到的《嘉话录》与今本有出入，才导致这个故事迷失了流传的本源。我在1959年写《说“推敲”》一文时，引文用《唐诗纪事》而不取《苕溪渔隐丛话》，一方面是由于《纪事》文字比较简括，另一方面也是嫌《丛话》所引的出处太费周折。现在董理旧稿，因成此篇。

1965年9月记

《渡桑乾》的作者

中华书局编辑的《唐诗一百首》第89页选有一首《渡桑乾》，题为“贾岛”作。原诗是：

客舍并州已十霜，归心日夜忆咸阳。
无端更渡桑乾水，却望并州是故乡。

这无疑是一首好诗，也确见于贾岛的诗集。但作者是否贾岛却值得研究。仅从《一百首》的注释就看得出问题来。这诗下面有“作者介绍”，略云：“贾岛，范阳（现在北京市附近）人。”另外，对“桑乾”也有一条注释：“桑乾河，现名永定河。源出山西省马邑县北，经河北省东流入海。”住在北京的人对“范阳”和“永定河”应该不陌生。唐代范阳郡的所在地就是现在北京附近的地区，如大兴、宛平、昌平、房山等地，都在它的范围之内，而范阳郡衙就设在大兴。至于永定河，又名卢沟河（卢沟桥即因此而得名），从山西东流，穿长城经京、津二市流入海河。北京的永定门，就因面临永定河而命名的。我初读此诗时曾想：贾岛既是范阳人，那么他从山西渡过桑乾河，正是踏上了自己的乡土，而他诗中却流露了无限思乡之情，岂非怪事？

近检《全唐诗》卷四七二，发现这首诗同时列于刘皂名下，题目是《旅次朔方》。刘皂是唐德宗时人，这诗大约是他从太原北渡桑乾，到晋北一带（或已至塞上，即古朔方郡地）所写。清人萧穆《敬孚类稿》卷六有一篇《跋卢抱经手校贾浪仙集》，曾转述清初学者何焯的意见，说明此诗始见于与贾岛同时的令狐楚所选的《元和御览诗》，已经署名为刘皂作，近人李嘉言撰《贾岛年谱》，也认为令狐楚与贾岛本有交往，此诗如真是贾岛所作，则令狐楚在选《御览诗》时不应搞错。再细检贾岛生平，知道他根本没有在并州久居过，更没有到过朔方。那么这首诗应是刘皂所作无疑了。

这件小事对读书必须"知人论世"是有启发的，人们在治学时，必须仔细谨慎地开动脑筋，养成独立思考的能力，切忌积非成是，人云亦云。我想，注释《唐诗一百诗》的同志们如果在当时就仔细琢磨一番，一定也会发现这个矛盾的。

附记：

《元和御览诗》载刘皂《旅次朔方》诗云："客舍并州数十霜，归心日夜忆咸阳。无端又隔桑乾水，却望并州似故乡。"字句与今传贾岛集中之作多有不同，如"数十霜""又隔""似故乡"，皆可注意。益信此诗的著作权当属刘而不属贾也。

是谁"休更问前程"？

——谈范仲淹《咏蚊》诗

北京晚报发表了一篇介绍范仲淹咏蚊诗的文章。范的原诗是："饱去樱桃重，饥来柳絮轻，但知求旦暮，休更问前程。"第一句写蚊子吮吸人血后腹呈红色，如樱桃状；第二句写蚊子如果空着肚皮，它就随风飘荡，轻如柳絮。这两句写蚊子的特点很形象，也不容易误解。后面两句，讲起来就有点吃力了。诗人到底是借蚊子来讽世呢，还是如那篇文章的作者所说，是指在当地做官的人（包括范仲淹本人在内）受不了蚊虫的叮咬，而急急求去，甚至连前程如何都可以不考虑呢?

范仲淹是北宋时代有名的政治家、军事家和文学家，他在西北带兵时，当地各族人民都尊他为“小范老子”，说他胸中自有百万甲兵。他在《岳阳楼记》中提出的“先天下之忧而忧，后天下之乐而乐”的名言，至今尤为世人传诵。难道这样一个襟怀坦荡、高瞻远瞩的人，却曾因受不住蚊虫的骚扰而旦暮求去，岂不有点厚诬古之贤者么!

我的理解则是：这首诗近于寓言，前两句描写蚊子的形象，后两句借蚊子来讽刺那些只顾肥己而目光短浅的人，说他们跟蚊子一样，只知一早一晚吮吸人血，再不管将来会遭到什么样的命运。而从诗句的语法结构看，后两句的主语表面上仍是指蚊子。只有这样理解，这首诗才不失为一篇精练深刻的讽刺之作。如果把下二句的主语理解为作者自己，正说明这首短诗没有被人读懂。

1983 年 7 月

谈范成大的一首诗

——注释争鸣一例

范成大《田园杂兴六十首》之五十八云：

> 黄纸蠲租白纸催，皂衣旁午下乡来。
> 长官头脑冬烘甚，乞汝青钱（一本作“铜”）买酒回。

钱锺书先生《宋诗选注》和周汝昌先生《范成大诗选》都选了这首诗，但两家解释却互相矛盾。钱注云：

> 这首第一句的意义见《后催租行》注三（小如按：引文见下）；第二至四句就是《催租行》里写的景象，“冬烘”等于糊涂。这个公差说：“县官是糊涂不管事的，好歹都在我的手里，你们得孝敬我几个钱买酒喝。”（《宋诗选注》页229）

依钱注，是末二句为差人之语。然周注《校后附记》则谓：

> ……“乞汝”是“给你”而不是“向你乞求”，不妨引《晋书》中谢安和他外甥羊昙所说的“以墅乞汝”的语法为证。同时这几首《田园杂兴诗》都是以诗中主人公的口吻来写，来做议论发感慨，全无例外；如果把“乞汝”当作“向你乞求”，则变成以皂衣隶的口吻为主了，其为不相合就更加显然。……（《范成大诗选》页301）

这到底是谁有道理呢，很值得分析讨论。钱注既指出这首诗与范成大的《催租行》和《后催租行》有关，那我们也有必要引一下这两首诗：

> 输租得钞官更催，踉跄里正敲门来。手持文书杂嗔喜：“我亦来营醉归耳！”床头悭囊大如拳，扑破正有三百钱；不堪与君成一醉，聊复偿君草鞋费。（《催租行》）
>
> 老父田荒秋雨里，旧时高岸今江水；佣耕犹自抱长饥，的知无力输租米。自从乡官新上来，黄纸放尽白纸催。卖衣得钱都纳却，病骨虽寒聊免缚。……（《后催租行》）

绝句中的第一句，就是《后催租行》里面第五、六两句的缩本。钱注云：“‘黄纸’是皇帝的诏书，‘白纸’是县官的公文。朝廷颁布了一个官样文章，豁免灾区的赋税，可是当地官吏还是勒逼人民缴纳。”释“黄纸”“白纸”的意义很清楚。而绝句中三、四两句，两家的分歧就很大了。依周注，这两句是农民说的。其理由不外两点：一、“乞汝”作“给你”讲，不作“向你乞求”讲，语法有《晋书》为证。二、“这几首《田园杂兴诗》都是以诗中主人公的口吻来写、来做议论发感慨，全无例外”。但我的想法却倾向钱说，而以周说为似是而实非。理由至少有五点：一、在封建社会一般情况下，即阶级矛盾不到激化的程度时，农民当着皂衣差人的面，是不大会公开批评县官的。这只要在旧社会生活过的人，都可能体会到。因为劳动人民比较懂得斗争艺术，犯不上吃眼前亏。二、农民对皂衣差人也不会径以“尔”“汝”相呼，《催租行》末二句农民呼差人为“君”就是例证。相反，差人以“汝”呼农民倒是习见的。作者在这种地方还是考虑到并且描写出不同人物的口吻身份的。三、“长官”一词，在唐、宋时代是指“上官”的意思，是在职官吏对上司的一种称呼，一般平民是不用这个词儿来称呼地方官的，而胥吏差人称县官却经常使用它。四、“乞”字作“给予”讲，虽是古义，但在南宋时已不大习用。况且统观范成大全部诗作，他不但不爱用这种古色古香的词义，而且恰巧相反，他倒比较更爱用通俗的语言和词汇。因此还是讲作“乞求”为妥。五、“乞汝青钱买酒回”与《催租行》里的“我亦来营醉归耳”意思完全一样，可以互参。至于周注所谓的“都是以诗中主人公的口吻来写、来做议论发感慨，全无例外”，也并不确切。请看范成大这组诗的第六十首：

> 村巷冬年见俗情，邻翁讲礼拜柴荆；
> 长衫布缕如霜雪，云“是家机自织成”。

“云‘是家机自织成’”，不正是那位“邻翁”说的话而并非诗中主人公自己之言么！

也许有人会反驳：农民不骂县官，难道差人就敢骂么？回答是：差人这样说不但有可能，而且无伤大体。小说戏曲中常引差人之言曰：“咱们瞒上不瞒下。”又说：“上命差遣，概不由己。”都与此语相类似。试想，明明“黄纸”的诏书已经公开“蠲租”，而县官却还要用“白纸”催讨，这不是有心装糊涂么！差人故意向农民撇清讨好，不关痛痒地把“长官”批评几句，然后向农民讨钱“买酒”，正所谓“县官不如‘现管’”，像是做好人而实际却在进行敲诈，这正足以揭示当时社会风气的恶劣和腐朽。作者的笔法原是带有“皮里阳秋”意味的。如果话是农民对差人说的，则他已经把县官骂了一顿，干什么又把钱给差人买酒喝，岂不是自相矛盾么！一个农民既然敢骂县官，难道对差人还有什么不敢做的事么？还要送钱行贿做什么呢？这样讲，不但语气不对头，而且诗歌的讽刺性也大为削弱了。质之读者，其然乎否乎？

不过钱注在语气上也还有不尽惬人意处。这个差人向农民要“买酒钱”时，是带有笑里藏刀的神情的，即《催租行》所谓的“杂嗔喜”是也。因此这儿的“长官”两句，口气应该比较委婉。那么“乞”应该是“求”而不是“孝敬”。用“孝敬”来解释“乞”，至少是没有把诗歌的原意准确地表达出来。

漫谈咏除夕的诗

过旧历年是我国人民几千年来的传统习俗，文人在旧历除夕也照例要写诗。唐人名篇如高适的《除夜》：

旅馆寒灯独不眠，客心何事转凄然？
故乡今夜思千里，霜鬓明朝又一年。

这种异乡游子的哀愁显然与现代人的思想感情格格不入了。北宋苏轼于 1062 年在陕西凤翔作的《守岁》诗就比较活泼有趣。形象也很生动：

欲知垂尽岁，有似赴壑蛇；
修鳞半已没，去意谁能遮？
况欲系其尾，虽勤知奈何！

把飞逝的时光比成钻洞的长蛇，到了年末最后一天，仿佛只剩下一条蛇尾巴，想捉也捉不住了。但作者并未流连光景，在诗的结尾处诗人写道：

明年岂无年，心事空蹉跎；

努力尽今夕，少年犹可夸！

使人读了不由精神为之一振。既然爱惜光阴，就该及时努力。苏轼这时才二十六岁，当然没有暮气，所以用“少年犹可夸”来自勉。

清代诗人中，我对穷愁潦倒、坎壈终身的黄景仁最为偏爱。远在四十年前，我就已成为他的诗的热心读者了。乾隆三十八年（1773 年），黄二十五岁，在浪游几年之后于这年末从杭州回到武进原籍，写下了著名的《癸巳除夕偶成》：

千家笑语漏迟迟，
忧患潜从物外知。
悄立市桥人不识，
一星如月看多时。

这首诗在当时已为人所传诵。他的好友洪亮吉称末二句为“豪语”。近人朱建新在《黄仲则诗·凡例》中评云：“其独立苍茫，俯仰千秋之感，读之凄恻。”我则欣赏作者所具有的敏锐感受，竟能在乾隆“盛世”的“千家笑语”太平环境中，“潜从物外”摸到了时代的脉搏，体会出人们所觉察不到的“忧患”来。这一点，实在堪与曹雪芹的《红楼梦》媲美。可惜末二句多为人所误解。如陆继辂《合肥学舍札记》便认为作者写的“一星如月”是“金星先期骤明”，成为次年（1774 年）山东白莲教起义的先兆。其实诗人乃以灿烂的孤星自况，认为在别人眼中，自己诚然渺小孤寂，但就自身的才华识见而论，尽管无人赏识，却独具不灭的光芒，能与皎洁的月光一争高下。这样的意境在古典诗歌中真是不可多得的。

在未来的新的一年里，衷心祝愿当代的诗人也能触及时代的脉搏，为祖国社会主义建设唱出最强音！

1980 年 2 月时在庚申年除夕

第二辑 词曲札丛

说李白《菩萨蛮》

平林漠漠烟如织，寒山一带伤心碧。暝色入高楼，有人楼上愁。 玉阶空伫立，宿鸟归飞急。何处是归程？长亭更短亭。

此词尽人皆知是名作，而作者却未必是李白。因为中唐以前还找不到这样一首成熟的词。据近人杨宪益先生考证，认为“菩萨蛮”这一词牌盛唐时已传入中国（见其所著《零墨新笺》），但这只能证明盛唐时人有可能填“菩萨蛮”词，并不等于说这首词一定是李白写的。不过如沈祖棻先生径以此词列于宋代，恐怕也未必合适。今依五言诗中有李陵、苏武诗之例，仍以此词列于唐宋诸家作品之前。

词中抒情主人公是男是女，历来也有争论。《草堂诗余》题此词作“闺情”，则主人公为思妇，而所思乃游子；“有人楼上愁”的“楼”是闺中之楼，“人”即思妇自己。但清人许昂霄《词综偶评》说：“玩末二句，乃是远客思归口气，或注作‘闺情’，恐误。”这话本不错。可是许又说：“‘楼上凝愁’‘阶前伫立’，皆属（远客）遥想之词。”显然他把“有人楼上愁”的“人”也讲成思妇。接着他又认为：“或以‘玉阶’句为指（远客）自己，于义亦通。”这岂不自相矛盾！我看持论模棱缠夹的莫过于这位许君了。显而易见，他也并未弄清这首词。

我的看法是：这是游子思归之作，主人公为男性，“有人楼上愁”的“人”即抒情主人公自己。理由如下：一、依此说，通篇一气贯注，不烦曲解；二、词境全从王粲《登楼赋》化出，原有所本；三、宋僧文莹《湘山野录》卷上说：“此词不知何人写在鼎州沧水驿楼，复不知何人所撰。”我觉得这倒是接近真实的说法。词中的“楼”即沧水驿楼，“人”即登楼者，这正是一首题壁之作。

此词上片写景，下片写情，本属词中正格。然上片即景生情，用景语为情语铺平道路；下片“玉阶”二句，似写景而实是抒情，收到通体寓情于景的效果。这就是近人常说的“情景交融”，而此词尤称典范。

上片首二句为登楼人望中所见，“寒山”的位置更远于“平林”。首句写登高望远，见木杪如平地，故言“平林”（参看高士奇《天禄识余》卷上）。谢朓《游东田诗》：“生烟纷漠漠。”《文选》五臣注：“漠漠，布散也。”布散，即散布开来的意思，可见漠漠是形容烟的。“织”，交织的意思。从形象看，“平林”是直的，扩散开的漠漠的烟则是横的，横直交错，用“织”最恰。但这样讲还不够。盖林木在黄昏时为烟雾所笼罩，看去弥漫而稠密，可是烟毕竟是烟，聚散无定，再稠密也还有透明的地方。用“织”字形容，正写出了疏明与稠密的统一。

次句，“寒山”指秋山，即带有寒意的山。“寒山”而言“碧”，疑脱胎于王维的《辋川闲居赠裴秀才迪》一诗的首句：“寒山转苍翠。”“转苍翠”等于说反而变得苍翠了。原来夏天漫山遍野到处都是绿色，山的苍翠并不突出；到了秋天，草黄叶脱，而山多常绿乔木，所以反而显得苍翠了。但寒山翠色如果为烟气所隔、所蒙，自然就不那么鲜明葱郁，而带有朦胧惆怅、迷离惝恍意味，此之谓“伤心碧”。这是我对“伤心”二字最初的理解。后读俞平伯师《唐宋词选释》注引杜甫《滕王亭子》：“清江锦石伤心丽。”“锦”，一本作“碧”，则是亦以“伤心”形容碧色，盖极言石色之斑斓动人。移用于此，则指山色碧得使人心动，说亦可通。请参看拙著《读词臆札》。“一带”二字，似易解而实易误解。褚朝阳《登圣善寺阁》：“华岳三峰小，黄河一带长。”羊士谔《泛舟入后溪》：“水绿滩平一带春。”元稹《度门寺》：“门临溪一带，桥映竹千重。”白居易《别草堂三绝句》之三：“一带山泉绕舍回。”皆以“一带”形容水，所谓一衣带水是也。此词则以“一带”形容山，应指青山远横天际，如一衣带然。它与“一抹”“一线”“一痕”等词相类而不是今天所说的“东南沿海一带”云云那个泛指的“一带”。在旧诗词里，它实指的幅度比“一抹”长，比“一线”宽，而在修辞上又比“一痕”空灵。

首二句当然是景语。唯着“伤心”二字便含有“未免有情，谁能遣此”的味道了。下面紧接着写“暝色”二句，夜色由远而近，愁绪亦由淡而浓，点出“愁”字，正为下片写情做好准备。以“入”字写视觉，诗词中有两种用法。一种是由远而近，如这里的“暝色入高楼”，正如柳宗元《始得西山宴游记》里说的“苍然暮色，自远而至”；还有一种是由近而远，竭目力追踪以至于望不到，杜甫《望岳》所谓“决眦入归鸟”是也。暝色入眼而使人愁，也是有所本的。梁费昶《长门怨》:“向夕千愁起。”唐孟浩然《秋登万山寄张五》:“愁因薄暮起。”都是同一机杼。所不同者，化一句为两句，诗境凝重而词意轻匀，诗单而词复耳。

下片“玉阶”二句实是情语。《诗·燕燕》:“瞻望弗及，伫立以泣。”看了半天什么也没看到，所以才“空伫立”在“玉阶”之上。“玉阶”，一本作“玉梯”，即主人公当时所在之地，不必非指女子不可。柳宗元在前引两句文章下面还接着说:“至无所见，而犹不欲归。”也可以作为“空伫立”的注脚。但作者还并非“无所见”，见到的乃是“宿鸟归飞急”。这比真的“无所见”可能更使人愁闷，因为鸟尚有所归（而且飞得很迅疾），而人却长期飘沦异地，迟迟不归，自然而然要逼出下面一句“何处是归程”来了。一“归”字把“归鸟”和“未归的人”绾在一起而形成鲜明对照，我所以说“宿鸟”句也是情语而非单纯的写景，作者用的原是寓情于景的手法也。

最后两句，极其含蓄。庾信《哀江南赋》:“十里五里，长亭短亭。”《白帖》:“五里一短亭，十里一长亭。”不说归路遥远，却说路上有行不尽的长亭、短亭，这也是中国古典诗词中常用的手法。把言外的无限旅愁留给读者去体会玩味，正是古人所推许的婉约和蕴藉。陈廷焯《白雨斋词话》卷五所说的“神在个中，音流弦外”，也就是指这种手法。

读张志和《渔歌子》（一名《渔父》）

渔歌子

西塞山前白鹭飞，桃花流水鳜鱼肥。青箬笠，绿蓑衣，斜风细雨不须归。

近年来各种诗词选本多起来了，讲析诗词的文章和专著也很流行。但我觉得，在众多选本和讲析文章之中有一种情况值得研究，那就是把某一作家的一组作品中间的一首或两首抽选出来加以讲析。当然，不同对象应不同对待，有的组诗或组词并非不能单独抽选。如阮籍的《咏怀》、陶渊明的《杂诗》、李白的《古风》以及收在《花间集》里温庭筠的十几首《菩萨蛮》等，它们都非一时一地之作，抽出一两首来单独欣赏对整个一组作品并无关涉。可是像杜甫的《同谷七歌》或《秋兴八首》，以及韦庄的五首《菩萨蛮》等，恐怕就不宜从中抽选了。因为把一组诗或词中的一两首孤立地抽出来，有点类似于断章取义的做法，有时还不免产生讹说或歧义。这里要讲的张志和的《渔歌子》就是一例。

今传张志和的《渔歌子》共五首，前面所引并准备分析的是第一首。另外还有四首，今天已几乎不为人所注意。现在一并抄出来请读者参考：

钓台渔父褐为裘，两两三三舴艋舟。能纵棹，惯乘流，长江白浪不曾忧。

霅溪湾里钓鱼翁，舴艋为家西复东。江上雪，浦边风，笑著荷衣不叹穷。

松江蟹舍主人欢，菰饭莼羹亦共餐。枫叶落，荻花干，醉宿渔舟不觉寒。

青草湖中月正圆，巴陵渔父棹歌连。钓车子，橛头船，乐在风波不用仙。

从这五首词的意境和技巧看，当然第一首的艺术水平最高，远远超过其他四首。但从作者的创作意图看，则五首实一整体，不容割裂。张志和是唐肃宗时金华人，金华属今浙江。曾待诏翰林，后来自请隐居江湖，号烟波钓徒。据《历代诗余》卷一百十一引《乐府纪闻》，称张志和“往来苕霅间，作《渔歌子》词”。我们相信，这五首词的抒情主人公的确包含着作者自己的性格和形象在内，在一定程度上是张志和自我精神面貌的写照。但这一组词毕竟是客观描写，并不专指自己（作者本人不过是以士大夫身份隐居江湖，即使乘一叶扁舟垂钓于水上，也只能是“玩儿票”而已），而是郑重地在描述多数真正以打鱼为生的渔父。这一点必须弄清楚。

如果只读第一首，在过去，“西塞山”应确指何地就有争议。西塞山有二，一在湖北，一在浙江。如刘禹锡有名的《西塞山怀古》七律，就是指湖北的西塞山，而张志和既往来于苕霅之间，则所咏之西塞山当在浙江无疑。其实在五首词中，作者写了不少水乡的地名，它们并不都在一处。如第二首的“钓台”指富春江上严子陵的钓台；第三首写“霅溪”，第四首写“松江”，则一在浙江，一在江苏。特别是第五首的“青草湖”和“巴陵”，显然是在湖南。如果把词中主人公都理解为作者本人，那他决不会跑到洞庭湖畔去打鱼的。可见西塞山究在何处，即使是指湖北的西塞山，也无关乎词旨。作者不过泛指渔父以三江五湖为家，行踪飘忽不定，出没无常，过着比较清贫的生活罢了。

从五首词的命意（即思想内容）看，自有其一以贯之的共性，而每一首却又各有侧重的主题。第一首写不怕风雨，第二首写不忧风浪，第三首写不嫌生活穷困，第四首写不避寒冷天气，第五首总结：“乐在风波不用仙。”每一首都在末句点明主旨，虽各写了一个侧面，中心思想却只有一个：歌颂了渔父的全部生活，其基调和风格都是统一的。当然，这五首词还是各有其相对独立性，单抽出一首来读固亦未尝不可，可是总有点不够全面。不如五首通读，读者所得到的渔父形象才更加完整。我们在通读五首以后再把第一首抽出来仔细品味，收获肯定要比只孤立地读一首大得多，感受也深刻得多。

那么第一首究竟好在什么地方呢？我们不妨由表及里来进行分析。从字面看，作者所描写的人和物色泽鲜明，形象生动。以白色的水鸟，红色的桃花，映衬着青山绿水，再加上人的青笠绿蓑，构成一幅着色的山水人物画。但这些色彩鲜明的风景和人物却被笼罩在迷茫的斜风细雨之中，“山色空蒙雨亦奇”。山静而鸟飞，花艳而水流，动态和静景相结合；山远而水近，鸟远而鱼近，远景和近景相结合；动静与远近相错综、相配台，加上斜风细雨，由清晰而渐入朦胧，又构成一幅虚实相生的场面。然而这幅着色的图画所表现的情趣却是淡远的，因为渔父的生涯是超脱凡俗的，远离十丈软红尘，不图世间名与利。这就在鲜明生动的画面的背后有着实质性的思想意义，此即所谓“风骨”。杜甫的《绝句》:“两个黄鹂鸣翠柳，一行白鹭上青天。”也是用鲜明而皎丽的色彩构成了画面，但背后却有着浓烈的乡愁，这从下面两句“窗含西岭千秋雪，门泊东吴万里船”可以看出，张志和这首词背后却饱含着隐居之乐。尽管生活平淡清苦，精神却得到了解脱。词中最警策的句子当然是“斜风细雨不须归”，这一句写渔父的精神面貌确很有深度。从表面看，这自然是写渔翁的不怕风雨，其实这还是浅乎言之。因为斜风细雨本不可畏，非暴风骤雨可比。我认为倒宁可讲得更执着些，更刻板些，即更质朴些、实际些。这里面应该是有一点功利主义的。对一个打鱼人来说，“斜风细雨”正是捕鱼的好天气。“细雨鱼儿出”，雨天水底要比水面上闷气，于是鱼就浮了上来，打鱼人的收获会更多。这就既写出隐居者远离尘世的清高，又写出了打鱼人对生活的别有情趣。渔父也是人，对生活的态度并非孤寂而冷冰冰的，相反，他对自己所从事的生涯倒是充满了执着与热爱的，因此他才“斜风细雨不须归”，在略具艰辛的环境中体会到他所追求的人生乐趣。

这样，自然就构成了画面上的美丽和心灵上的慰藉两者之间谐调而辩证地统一，把外在的客观景物的鲜明形象（渔父本人的形象也融汇于大自然之美中间了）和抒情主人公内心的主观情操有机地交织到一处，既清高超脱而又十分满足于现实生活的情趣。这首词的艺术水平之所以远胜其他四首，就在于作者没有把“不曾忧”“不叹穷”“不觉寒”和“不用仙”等等诉诸逻辑思维的抽象概念直说出来，只说了一句极其飞动而充满生机的“斜风细雨不须归”，精神的超脱和生活的慰藉便都跃然纸上，给人以无尽的余音和联想，于是这首词乃成为唐代还比较寥落的词坛上一朵淡雅而又十分诱人的仙葩，为后来写词曲的人开启了无限门径，从而博得了它本身的流传千古。

说白居易《长相思》

在我国古典诗词中，有一个问题看似琐碎，实际却往往影响我们对作品的理解是否正确，即抒情主人公是谁的问题。这个问题从《诗三百篇》起即已存在。譬如《周南·卷耳》，“嗟我怀人”的“我”和“我马玄黄”的“我”究竟指谁，是指思妇还是指征夫，就使得古今说诗者煞费周章。钱锺书先生在《管锥编》中把《卷耳》的两个“我”字，解为“花开两朵，各表一枝”，分指男女双方，未始不是一种解决问题的办法，但这只是一种理解却不等于说已成定论。与此相关者还有一个问题，即作者本人与作品中的抒情主人公是一是二，也值得研究。譬如《氓》的抒情主人公显属女性，但这首诗却未必即是这位被遗弃的女子亲手所写，很可能是由另外的诗人代她鸣不平的。这一类问题，历代诗词中都明显地存在，有时往往很难判断。譬如托名李白写的《菩萨蛮》和《忆秦娥》，就一直存在着分歧意见，词中主人公究竟是游子还是思妇，至今还是有待讨论的问题。温庭筠的词，十九是代抒情女主人公发言的，但也有几首是男子口吻，虽然词中的“他”并不见得就是作者本人。而晏几道词中的抒情主人公为男为女，尤难于分辨。他那首有名的《鹧鸪天》(“彩袖殷勤捧玉钟”)，我自己就有过两种不同的看法。因此，我们在分析一首诗或词时，首先把作品中抒情主人公分清是男是女，是游子还是思妇，是行者还是居者，看来是十分必要的。

白居易的这首《长相思》，在抒情主人公的问题上也很值得推敲。我们且先读一下原词：

> 汴水流，泗水流，流到瓜洲古渡头，吴山点点愁。
> 思悠悠，恨悠悠，恨到归时方始休，月明人倚楼。

词的作者是白居易，这毋庸置疑，而词中口吻乃是作为女性殷切企盼远人归来，这也一览可知。那么，对这首词应该怎样理解呢？

我以为，这首词应当是白居易在江南为官时思念洛阳之作。具体写作年代虽不能详，但主题思想原是很明确的。不过作者没有用直接的表现手法来抒写自己的怀乡之感，却假托闺情，对久客江南迟迟不归的游子无比思念，翻转过来说只有所思之人回到家乡，心中才能无恨。这就不能不说作者构思的巧妙，善于运用在当时还是比较新颖的文学样式——词——来曲绘自己内心的苦闷。而这种调换角度，改用女性口吻从对面着笔的手法，既有传统的依据，又符合这一新兴文体的艺术规律，从而看出白居易这位大作家的深厚功力和创新头脑，毕竟是不同凡响的。

中唐时代，词还在新兴阶段，不仅婉约一派的特色还未正式形成，而晚唐时期以温、李为代表的那种特有的朦胧神秘色彩和迷离惝恍的风格也还没有产生。作为诗人，白居易是以"浅出"的语言和明快的风格专擅胜场的。他创作的词虽为数不多，其语言和风格上的特色却同他的诗歌并无二致。所以我们读这首《长相思》，由于语言的畅达流利，读起来饶有一气呵成之感。然而，作者的文心是宛转曲折的，词意是空灵跳跃的，已开拓了后来人写词的趋向。从而我们也悟出一个道理，即我国传统的文学作品总是寓不尽之情思于有限的篇幅之中，用凝练的语句来表达丰富的情思。有的作家固然借助于意境的朦胧或辞藻的绚丽来造成耐人寻味的深度和难度，但用明白晓畅而又朴素浅显的语言在描绘复杂深曲的思想感情，似乎就更加不易。白居易的作品在这一方面是有着突出成就的。

为什么我说这首词是作者怀念洛阳之作呢？这是从"汴水流，泗水流"两句自然得出的结论。白居易同洛阳的关系，熟悉他生平梗概的人当然了如指掌，这里不必赘述。即以路线而论，唐代人从中原南下，总是经汴、泗入淮，再通过隋代开辟的运河抵达长江流域。"京口瓜洲一水间"，瓜洲在长江北岸，与江南相隔只一衣带水。但即使过了江也并不等于到达目的地，还有"吴山点点"。"点点"是从北向南，望中所见，作者虽未写出江南的山峦起伏，而实际上这"点点"吴山正代表着若干阻隔归程的层峦叠嶂，要跨越它们也并非轻而易举，这才逼出了最后的那个"愁"字。诗词的传统写法大抵先景后情，词分上下片，上片写景下片抒情乃成惯例。但不论小令或慢词，一定要在过片处把握住分寸，即如何从“景”过渡到“情”，这就全看作者的艺术技巧是否高明了。李白的《菩萨蛮》，上片末句用“有人楼上愁”作为过渡以引起下片的抒情正文，古人已认为难得，但那一句已把楼上之“人”点出，实际已超出客观写景的范围，比起白居易的这一首末句只用一个“愁”字似犹稍嫌辞费。如果我们只把这个句子抽出来做比较，则“吴山点点愁”实比“有人楼上愁”更为精致灵巧，而且这个“愁”字乃是作者用了移情手法，仿佛有“愁”的不是“人”而是“山”。至于“点点”，虽给人以微量之感，但这里一“点”那里一“点”，历历然星罗棋布，则“愁”之密度也随之加大而含量也因之增多。这样的过渡手法固然为后人开启无数法门，难得的还是作者在语言运用上的浓缩精炼。后来王安石诗“隔水山供宛转愁”，辛弃疾词“遥岑远目，献愁供恨”，可能都是从这里受到影响和得到启发。

从上片的景语看，作者是从空间写起的。不但南北舟行，要从洛阳经过汴水、泗水，还要经过作者词中没有提到的其他河水和江水，好不容易到达了瓜洲古渡，然而这距离却只写了一半。那一段还有重山阻隔，这陆上行程说不定比水上航程还要更花气力，更费时间。这就在空间描写中实际已隐喻时间之悠久。诗人向读者暗示，如果这个远宦游子真的北归，他是要经过这断续绵延的重山复水的，谈何容易！难怪闺人要长思不已，幽恨无穷了。上片虽只寥寥四句，用汴、泗、瓜洲、吴山四个名称依次罗列，实已把下片的情语融括在内；换言之，下片的情语已在这层层铺垫中呼之欲出了。

下片的“思”应读去声，是名词，指闺人怀念征夫的愁绪。“悠悠”者，长久而连绵不断之意，这是从时间方面着笔，写出闺人的思念之情已积年累月，不是一天两天了。由“思”之无穷而引起“恨”之无穷，这与上片之先“汴水”后“泗水”同一机杼，都有个先后顺序在内。紧接着用一句切直之语表示感情之迸发，所谓“恨到归时方始休”。反过来说，只要远人不归，则“此恨绵绵无绝期”，其柔肠百转、幽恨千重，尽在不言中矣。妙在收尾一句义含双关，在这“月明”之夜“倚楼”相思之“人”，可以是思妇，也可以是思妇心目中所系念的游子。柳永《八声甘州》下片结语云：“想佳人妆楼颙望，误几回天际识归舟；争知我倚阑干处，正恁凝愁。”却是把白词一层意思扩展为两幅图景，与此恰成对照。当然，此词通篇本属作者设想之辞，则又可与柳词等量齐观了。

然而这末一句还有一层妙处，即点出“人”所在之地点，又加上“月明”二字以表明夜以继日之意，则“隔千里兮共明月”“海上生明月，天涯共此时”，又隐隐把游子思妇双方相距的遥远空间不动声色地交代出来。然则上片寓时间于空间，下片寓空间于时间，借时空互相包孕而实际上起到了情景交融的作用，这又是此词所收到的更进一步、更深一层的艺术效果。至于用“月明人倚楼”一句把整首词轻轻绾住，给读者以“余音袅袅，不绝如缕”之感，犹其余事也。

1985 年 10 月写于北京

一声村落鸡

——温庭筠《更漏子》第五首试析兼探温词的特色

本文共三篇，分别讲析收在《花间集》中的温庭筠所写的六首《更漏子》。此为第一篇，内容是总说和对第五首的讲析。第二篇讲析第一、第六两首。第三篇讲析第二、三、四三首。每篇各具相对的独立性。读者可分观，也可合看。

一

据龙榆生《唐宋名家词选》称：“温词《金荃集》，今已不传。诸家选本，以《花间集》收六十六首为最多，《全唐诗》附词收五十九首，《金奁集》收六十二首。江山刘毓盘辑《金荃集》一卷，……共得七十六首。”而近人林大椿《唐五代词》所辑温庭筠词则为七十首。其数目之多少所以不同，在于有的选本把一些近于绝句之类的民歌算了进去，有的则不算。又有一部分词的著作权未定，有的选辑者宁愿“过而存之”，便也把它们算成温的作品，这样数目就多一点。总之，在这六七十首温词中，《花间》《金奁》和《尊前》这三本选集所收者还是比较可靠的。

古今对词学有研究的专家学者对于温词的评价也没有太大出入，大抵认为温词风格的主流属于香软绮靡、秾丽浮艳一派。这种看法基本正确。加拿大叶嘉莹教授为当代词学权威，她曾写过两篇评论温词的专著。其归纳温词的特色共有两点。一是“多为客观之作”，二是“多为纯美之作”。所谓“客观”，据她引台湾的郑骞教授的话说：“飞卿词正像画屏上的金鹧鸪，精丽华美，具有普天之下的鹧鸪所共有的美丽，而没有任何一只鹧鸪所独有的生命。”她认为郑氏所说“实极为精到明确”。她还以温庭筠与韦庄作比较，认为韦词“多用主观之叙写”，且由于韦“用情切至，每一落笔亦自有一份劲直激切之力喷涌而出，飞卿便缺乏此种喷涌之力”。故她以为读温词“但觉如一幅画图，极冷静，极精美，而无丝毫个人主观之悲喜爱恶流露于其间”，仿佛“古埃及之雕刻”，“近于抽象化，而无明显之特性及个别之生命”。所谓“纯美”，叶教授把温词比作西洋后期印象派及立体派诸画家之作，“但使人对其形象作纯美之欣赏，而不必深究其含义”。“然在纯美之欣赏中，以其不受任何意义所局限，故联想亦最自由、最丰富”。当然，叶先生在论文中也提到她的立论“亦不过比较言之”，“而非绝对的”。但总的来说，这种议论同我国近代词学家（如陈廷焯、谭献、况周颐、王国维等）对温词的评价基本上是一致的，不过说法比较“现代化”罢了（叶说详见《迦陵论词丛稿》，此不絮引）。

用这个标准来看温词，从而就产生了一种我所认为的“偏见”。比如叶嘉莹教授就把温词中“偶作清淡主观之语”的地方看作“败笔”，认为“使人不免有意尽于言、了无余味的索然之感”。因此她对温的《更漏子》第六首的下片和《梦江南》（梳洗罢）的末句“肠断白苹洲”都有微词，并同意陈廷焯和朱光潜之说，认为前者意味“欠厚”，后者出语“太显”，进而还引用《栩庄漫记》的话，以为“肠断”句乃是“画蛇添足”，“便无余韵”。这些论点也大抵为世人所首肯。有的选本对温的清新疏淡这一面虽无贬语，却也有与此类似的看法。如中国社科院文研所编注的《唐宋词选》对《梦江南》（梳洗罢）一首的评语就说：“在以浓艳香软为特色的温词中，它算是一首较为清新的作品。”虽对作品表示肯定，观点却与上引之说基本一致。可见自古以来，所谓的温浓韦淡，温密韦疏，温艳丽而韦清新，这在词学史上已成定评了。

关于温词“多为客观之作”这一点，由于它是客观存在，我当然同意。但以“纯美”之观点来看温词，认为可以不必深究其含义，甚至说温词“既不必合于现实，亦不必具有意义”，我却有不同看法。我始终坚信，自古迄今，无论何种流派的文学艺术，绝对没有无意义、无思想内容和无倾向性的作品。所谓无思想、无意义、无倾向性云者，其本身即具有一种思想意义，即是一种倾向。就温词本身言之，我也有几点不成熟的个人想法。第一，我以为，迄今为止，把现存的六七十首温词拿来进行专门而全面研究的人毕竟不多，至于把温词和他的诗文合起来统一进行分析比较的就更少。如果人们只举出温词中几首所谓代表作如《菩萨蛮》中的“小山重叠金明灭”一首或《更漏子》中的第一、第六两首来加以评论，并认为这就足以说明温词的全部特色，实无异由读者或评论者先定下一个框框。凡符合于此框框者便是典型的温词，便是温词的正宗，这样就极易为某种固定的观点所拘囿，对作家作品的研究也很难跳出前人的窠臼。第二，我还认为，如果你真想全面地对一个作家的创作成就进行评价，似不能只以这个作家的作品数量方面的比例多寡为依据。比如北宋的诗人杨亿和词人柳永，如果你只读《西昆酬唱集》中选录的而不去翻检保存在《宋文鉴》里的杨诗，只读柳永的《乐章集》而不读他的《煮海歌》，那么你对这两位作家的评价就不可能公正允洽（尽管《煮海歌》只有一篇而《疆村丛书》本《乐章集》上下卷却有词一百〇八首）。而且即以《西昆酬唱集》里的杨诗和《乐章集》里的柳词而言，也应具体作品具体分析，一首一首地加以考察，不能笼统地都把它们看成唯美诗或色情词。然则对温词的研究似乎也该这样来做。我前几年曾选析过温的两首《梦江南》，其“梳洗罢”一首之为古今人所共同欣赏，并获得“清新”“疏淡”和“犹是盛唐绝句”之类的赞美之词自不待言矣；其另一首以“千万恨，恨极在天涯”开头，我看也够得上“用情切至”，“一落笔”即使人感到有一种“劲直激切之力喷涌而出”，这恐怕也不是捕风捉影之谈吧。那么，说“飞卿便缺乏这种喷涌之力”，至少是不够全面的。在我讲析那两首温词的当时，我还没有机会读到叶嘉莹教授的大作，今天回过头来看看，仿佛有一点诚心跟人抬杠的味道了。我想，在承认香软绮靡、秾丽浮艳为温词基调的同时，也指出这个作家还有他另外的一面或几面，庶几可以纠正一下久存于读者印象中对温庭筠的所谓“偏见”乎！第三，温庭筠的词比起他的诗来，无论成就和影响都要大得多，这已是文学史上公认的事实。但一等到具体地谈论到温词的价值，说它思想内容贫乏者有之，说它只谈相思离别、题材很狭窄者亦有之，说它尚雕琢、务辞藻，专作“艳词”，开不良之风气者则更是大有人在。

我想，温庭筠作为填词的开山人之一，果真只能获得这样糟糕的评价，那未免也真太糟糕了。这里我想举一件小事为例。《花间集》我是通读过的，那已是四十年前的事了。1980 年为了讲课，我就把林大椿辑的《唐五代词》中被称为并列于晚唐词坛的“双星”温庭筠和韦庄这两家的作品重新检读了一遍，从而发现一个无法讳言的事实，即尽管韦词不及温词秾丽浮艳，而且直抒胸臆、热情洋溢的作品确实不少，却有着若干比较明显的色情词句；而在七十首温词中，我却一句也没有找到。当然，有若干色情词句也无损于韦庄的成就，谁也不会因为《西厢记》和《牡丹亭》里有这一类的描写（那比韦词又多得多了）就说它们不是世界名著；可是，一向被称为“艳科”之祖的温庭筠竟连一句露骨的色情描写也没有，这只能说明温对他所描写的对象（即作品中的女抒情主人公）充满了尊重和同情。从数量上说，温词中属于“艳科”的作品比重虽大，但就其表现手法和艺术风格来看，却并不显得单调，而是“千门万户”，多种多样的。它们同韦词唯一的区别乃在于：多数作品确写得含蓄朦胧，甚至有点隐晦费解，不如韦词那样明白如话，清新易懂。我在六十年代，曾写过一首有关温词的《论词绝句》，原稿久佚，现就记忆所及，录出如下：

时贤尚质薄《花间》，我道飞卿未易攀。曲写闺情无亵笔，建章宫阙米家山。

这就是我多少年来对温词的一贯看法。当然，我这种自信为持“全面观点”的观点说不定反倒是一种主观武断的偏见，但自 1980 年重读温词以来却坚定了我的设想，因此虽蒙有意标奇立异之讥也在所不辞。下面我将在这一前提下来探讨分析选入《花间集》中的温庭筠的六首《更漏子》。

二

在《花间集》里，这六首《更漏子》是这样排列的：

柳丝长，春雨细，花外漏声迢递。惊塞雁，起城乌，画屏金鹧鸪。香雾薄，透帘幕，惆怅谢家池阁。红烛背，绣帘垂，梦长君不知。

星斗稀，钟鼓歇。帘外晓莺残月。兰露重，柳风斜，满庭堆落花。虚阁上，倚栏望，还似去年惆怅。春欲暮，思无穷，旧欢如梦中。

金雀钗，红粉面，花里暂时相见。知我意，感君怜，此情须问天。香作穗，蜡成泪，还似两人心意。山枕腻，锦衾寒，觉来更漏残。

相见稀，相忆久，眉浅淡烟如柳。垂翠幕，结同心，待郎熏绣衾。城上月，白如雪，蝉鬓美人愁绝。宫树暗，鹊桥横，玉签初报明。

背江楼，临海月，城上角声呜咽。堤柳动，岛烟昏，两行征雁分。西陵（一本作“京口”）路，归帆渡，正是芳菲欲度。银烛尽，玉绳低，一声村落鸡。

玉炉香，红蜡泪，偏照画堂秋思。眉翠薄，鬓云残，夜长衾枕寒。梧桐树，三更雨，不道离情正苦。一叶叶，一声声，空阶滴到明。

在古代总集、别集或选集中，往往一题之下列有若干首诗或词，现在有人称为“组诗”或“组词”。这一组组的诗词又大抵分为两种情况。一种属于联章性质，其先后排列次序不可任意错乱颠倒。如曹植的《赠白马王彪》和李白的《陪族叔刑部侍郎晔及中书贾舍人至游洞庭五首》以及《花间集》中韦庄的五首《菩萨蛮》和《东坡词》中题为《徐门石潭谢雨道上作》的五首《浣溪沙》，我看都不能任意取舍，随便颠倒次序。因为它们的排列先后有连贯性。另一种，如《文选·古诗十九首》和李白的《古风五十九首》，则非一时一地之作（《古诗十九首》更非一人之作），前人已有定评，自然没有先后连属关系。温庭筠写的十四首《菩萨蛮》和六首《更漏子》（均见于《花间集》），似都应属于后一类。照我个人体会，这六首《更漏子》，第二、第三两首似为联章，先从黎明写到白昼，又从白昼的回忆渐入夜晚，一直写到第二夜天色将明为止，有回环往复之妙。第一、第六两首主题相同，都写女主人公于雨中抒发相思之苦，但一春一秋，季节不同。第四首乃把第二、三两首之意合在一首之中，主题虽与二、三两首相同却纯属客观描述，既从女方写，又从男方写，如钱锺书先生在《管锥编》中讲《毛诗·卷耳》章法，是话分两头、各表一枝的结构。上片近于“闺怨”，下片颇带宫体诗的味道。唯有第五首与其他几首截然不同，不独背景色调全非，即抒情主人公也不是闺中思妇而为客中游子。词的意境也同前后诸阕迥不相侔，在温词中确为罕见。然在古今选本中，多以第一、第六两首为温词代表作（俞平伯先生的《唐宋词选释》和叶嘉莹教授的《温词释例》，都只举这两首）；张惠言和陈廷焯则在一、六两首外多选评了一首即第二首。至于第五首，则人们几乎都如视而不见。偏偏这一首词既不“香软”，又不“秾丽”，更非“艳科”，不仅在温词中独树一帜，甚至在整个《花间集》中也是别具一格的。然而《花间集》《金奁集》都已收入，显非赝品，历代研究词学的人也从来没有把它看成羼入温词的他人之作。从词的意境看，又有与温诗名篇《商山早行》（即包含着“鸡声茅店月，人迹板桥霜”一联的那一首五律）相类似之处。可见其著作权还是非温莫属的。夫既有《梦江南》那种清新淡远和劲直激切的风格，又有《更漏子》第六首下片那样虽“用笔较快”而仍不失为“浅明流利”的脍炙人口的佳句，再加上这第五首《更漏子》更以朴拙质实为其特点，因而我们说，温庭筠词初不限于香软绮靡一种风格，恐怕不能算是强词夺理吧。这就是我这篇小文为什么先从第五首讲起的原因。

三

尽管这首词的抒情主人公是游子而非思妇（换言之，是男子而非女性），背景是征途而非绣阁，色调以疏淡旷放为主而无雕琢痕迹，词采朴素而不以浓妆艳抹为工，但叶嘉莹教授所指出的那种出之“以客观描写”的特色却依然存在。也就是说，这首词中的游子形象并不即等于作者本人。这个抒情主人公的思想感情表现得是那样的含蓄而冷静，委婉则有之，深曲却不足。然而诚挚感人的情致是有的，初不因其缺少绮丽华艳的辞藻便隐没了作者的才华。相反，我们看惯了他那种金碧辉煌、堆金琢玉的词，读了这一首反给人以一种清醇开朗的感觉。其感人的深度和发人深省的回味并不比作者其他的名篇差或少。我想，这才是具有“千门万户”表现手法和“千姿百态”艺术风格的真正词人温庭筠。

讲这首词还存在一个考证问题。即下片“西陵路”一句，一本作“京口路”。西陵在湖北宜昌，是入川的必经之路，而京口则在长江下游，即今江苏镇江，已快到江水入海处了。从词的内容看，主人公所在之地既背“江”楼，又临“海”月（参看唐人王湾《次北固山下》“海日生残夜，江春入旧年”两句，写的正是同一地带，且亦“江”“海”并举），既有城上角声，又有归帆渡口，自以作“京口”为宜。况且镇江有金、焦、北固三山，焦山是屹立于大江中流的，那么词中“岛烟分”一句似乎也有了着落。根据作者本传，他是在广陵居住过的，这首词也很有作于广陵的可能（参看近人华连圃《花间集注》）。而广陵即扬州，正在京口的对岸（王安石诗所谓的“京口瓜洲一水间”），从地点来说，也较为合情近理。至于“西陵”，但有“江”而无“海”，虽可闻城头画角，却未必见到“岛烟”。故鄙意以为作“京口”较胜。

记得王国维在《人间词话》中评李白《忆秦娥》“西风残照，汉家陵阙”二句，说“寥寥八字，遂关千古登临之口”，又评南唐冯延已词，说他“虽不失五代风格，而堂庑特大”。宋人赵令畤《侯鲭录》卷七引苏轼评柳永《八声甘州》“渐霜风凄紧，关河冷落，残照当楼”三句，认为“不减唐人高处”（吴曾《能改斋漫录》卷十六则作晁补之语）。这些评语，实质上是有着共同之处的。即自唐宋以来，词的背景十有八九总局限在女子的香闺绣阁那种小天地之中，使读者的视野无从开拓。“花间”一派的词作，这一情况尤其严重，温庭筠当然也不例外。李白的《忆秦娥》和柳永的《八声甘州》，从主题看，写的仍是游子思妇相思离别之苦，冯延已的词基本上也离不开男女之情。可是在他们这类词中，却把背景摆在琐窗朱户、珠帘绣阁以外的比较辽阔的地方，给读者展示出一幅辽远空旷的场景，于是被称为“堂庑特大”或“不减唐人高处”了。用这些评语来看这首温词，也完全适合。无论是“江楼”“海月”或高城、烟岛，背景都比较恢宏开阔，非珠帘翠幕、画堂深院所能比拟。这就先给人以一种心明眼亮的感受。尽管作者所描写的思想感情仍不外乎相思离别之类，但在不同的背景下使读者所引起的共鸣便自不同，仿佛这种思想有了深度，感情有了浓度，不那么流于纤巧细碎，一味缠绵悱恻了。

《更漏子》的音乐节奏规定了它三句形成一个自然段落。全词共四个段落。此词概括力极强，上片前三句不仅包括地与时，且说明了特定的地形和具体的时间。楼背大江，身临海月，同时又听到城上呜咽角声，这正是长江近海处一个黄昏时节的特写镜头。用一“临”字，自然不是“楼”临海月而是“人”临海月，这就顺带着在画面上安放了一个抒情主人公，第三句的“角声呜咽”显然也是“人”所听到的了。张九龄《望月怀远》:“海上生明月，天涯共此时。”张若虚《春江花月夜》:“海上明月共潮生。”这是早于温的唐人之作；秦观《满庭芳》:“画角声断谯门。”陆游《沈园》诗:“城上斜阳画角哀。”这是晚于温的宋人之作。先后互相印证，则不独此词特定的地与时给人以明确印象，就连作品中的抒情主人公也宛然在读者心目，全不须再多费笔墨了。

这前三句把词中抒情主人公所见所闻的大背景、大轮廓勾勒出来，固已足见其概括力矣；而所居之江楼、所见之海月与夫所闻之角声，又皆为触景生情之事物，所谓“天涯共此时”，游子之所以怀人的客观条件已一切具备。但这还不够，还要往深处远处写，才见出作者的笔力和情思。于是写“堤柳”，写“岛烟”，以与下片“正是芳菲欲度”相辉映。“柳”下着一“动”字，所谓“杨柳依依”也，“烟”下着一“昏”字，所谓“烟波江上使人愁”也。至于“两行征雁分”，我的看法是，它应当同前三句中的“城上角声呜咽”一样，是诉诸听觉而非抒情主人公所亲见的，因为此时已届黄昏，远天已为弥漫的岛烟所阻隔，征雁分飞，诗人未必能望得真切。但从雁的鸣声却能辨出它们不是往一个方向飞去的，着一“分”字，固是写雁，而游子之与家人天涯暌隔也就不言而喻。从全词看，作者在上下片的每三句一组的描写中，都是时地并举，动静互见，远近相映，而同时又是有见有闻的。这第二个三句中的“柳”和“烟”当然只可见而不可闻，而且由“动”而“昏”，则可见的程度也是越来越差。唯有“征雁”，即使不可见，却能通过听觉以揣度其飞翔的行列与方向，所以我这一理解虽近于悬想，却还是不无根据的。

上片由实而虚，由十分具体而景象逐渐淡漠；下片则先虚后实，“京口路”三句乃由时间的推移联想到季节的转变。古代水行启航的时间大抵在黄昏时刻，所谓“山寺钟鸣昼已昏，渔梁渡头争渡喧”（孟浩然《夜归鹿门歌》）。听到了渡口的喧声，自然立即想到归帆，偏偏自己却思归不得。由日暮联想到春暮，大好的芳菲时节又快过去了。至于归去有何好处，不归又有何苦衷，作者都没有说，这就是叶嘉莹先生说的冷静和含蓄。温不像韦庄那样，把心灵深处的东西全亮出来："劝我早归家，绿窗人似花"；"未老莫还乡，还乡应断肠"。他只说到"正是芳菲欲度"就顿住了。读者愿意怎么设想，悉听尊便。然而倾向性还是有的，身在客中，一夜无眠，词的最后三句正是无可置疑的答案。室中烛光垂尽，天上星斗低转，远处传来一声村鸡的啼声，抒情主人公从缥缈的空想中又回到无情的现实里来了。这最后五个字写得沉滞板重，仿佛有点笨拙似的；诚然，它确不如"鸡声茅店月"一联那么俏皮轻隽，因为诗人所抒发的情感思绪不一样。其实这首词通体都透着那么滞重笨拙，仿佛作者把他一向惯于使用的镂月裁云的本领都收起来了，或者甚至忘掉了，剩下的却是一种透不过气来似的凝重思归之感。这才是一个典型的游子的心境，至少是某一种游子特有的典型心境。后来的周邦彦写过一首《蝶恋花》，结尾处与温词极为相似，说得好听点儿，是受到温词的启发，如果坦率一些，也无妨说周从温处偷得了诀窍："楼上阑干横斗柄，露寒人远鸡相应。"可称化静为动，变拙为巧的范例。然则温庭筠这首词真是写得有点儿笨么？不，他是大巧若拙。明明是良工，偏要"示人以朴"，这才是一个开山词人所具备的条件和特色，尽管人们品评温词时几乎从不提及他的这一面。

画屏金鹧鸪

——释温庭筠《更漏子》第一、六首兼论典型温词的特色

《更漏子》第五首虽别具风貌，但在全部温词中毕竟是个例外。因为绝大多数温词的内容，用刘熙载的"绮怨"二字足以概括之。偏偏这第五首却连"绮怨"也不是。我前文所论，主要是说明温词有其似"建章宫阙，千门万户"即风格情调并不单一的一面。至于《更漏子》第一、六两首，则被历代评论家确认为典型的或标准的温词。说到典型或标准的温词的特色，除辞采浓艳、风格香软、情调绮靡之外，我以为最主要的是意境的朦胧和手法的跳跃。唯其手

法跳跃，乃益助长其意境的朦胧。因为运用跳跃手法的结果，势必使读者不易捕捉其词中所表达的形象之含义。这种朦胧之美，便是前文拙诗所谓的“米家山”。米芾画山，多把山峰置于烟雨迷茫之中，这正是长江流域沿岸诸山的特色。苏轼在杭州咏西湖雨中山景有云：“山色空蒙雨亦奇。”姜夔《点绛唇》亦云：“数峰清苦，商略黄昏雨。”两家之言大抵合于米芾画山之意，如巫山神女峰长年为云雾所萦绕，使人不易窥其全貌。温词含蓄朦胧，亦大抵与此为近。由于温词跳跃而朦胧，读者索解维艰，于是在现、当代学人中，对温词便产生一种比较普遍的看法。三十年代应以俞平伯先生之说为代表。他在《读词偶得》中解释温词《菩萨蛮》“江上柳如烟，雁飞残月天”两句时曾说：

> 飞卿之词，每截取可以调和诸物象，而杂置一处，听其自然融合，在读者心眼中，仁者见仁，智者见智。

而近年说词专家，当推叶嘉莹教授为海外权威。叶嘉莹先生在讲析《更漏子》第一首“惊塞雁，起城乌，画屏金鹧鸪”三句时，则引《六祖坛经》以为说。但她唯恐说得太深奥、太玄妙了人们不理解，便又下一转语，作如下的解释：

> ……私意以为此三句词实但如鄙说乃温词纯美之特色，原不必深求其用心及文理上之连贯。塞雁之惊，城乌之起，是耳之所闻；画屏上之金鹧鸪，则目之所见。机缘凑泊，遂尔并现纷呈。直截了当，如是而已。

叶先生释“惊塞雁”二句为“耳之所闻”，“画屏金鹧鸪”是“目之所见”，极是；但把这两者径解释为偶然的“机缘凑泊”，“遂尔并现纷呈”，则未尽然。夫神女峰为云雾所笼罩之时，自不易窥其真面目，但在客观世界中这竦峙江边的山峰毕竟还是存在的。不得因其经年不为人所见便疑心连这座山也没有了。米芾画山而读画者未见全山，但事实上还是有山的。即在米芾作画之时，他心目中也还是实有其山的。不得因画上满纸烟云而“山在虚无缥缈间”，便把山形的某些局部看作互不连贯的东西。“诸物象”看似“杂置一处”，其实作者还是

“成竹在胸”的，否则便无从“听其自然融合”。因此我以为，凡读者在读温词时感到朦胧费解之处，其实在作者心目中本有一确解，只是他有意不让读者轻易地捕捉到而已。这正如李义山诗，千载以下加以揣度推测之说者不知凡几，但我坚信在作者本人写诗时必有其目的性和倾向性，决非纯属“机缘凑泊”，连“文理”也不要求“连贯”。以李诗与温词相比较，我以为温词还是容易理解，也是可以理解的，至少比读义山诗的困难要少得多了。当然，理解得正确与否是另一问题，所谓“仁者见仁，智者见智”，但我们不能因噎废食，从而“不必深求”，以不了了之。我之释《更漏子》第一、六两首，即以此为前提。

《更漏子》的词牌制约了词人的表现方式，总是每三句一层意思，全词分为四个小段落。第一首开头三句“柳丝长，春雨细，花外漏声迢递”从客观景物写起，主要是户外景色。第三句虽仍写户外，却已转入从室中通过听觉来写，角度微有变化。这三句实际上已在用跳跃笔法，即从昼景跳到夜景。不过，细绎之仍有轨迹可寻。“柳”与“花”，春天之草木也；言“花外”，可见花是很多、很茂密的。“柳丝”与“春雨”，目之所见；“漏声迢递”，耳之所闻。“柳丝长”一语十分含蓄，可以是静态，也可以是动态，但着一“长”字，实隐喻微风拂柳之意，故可想见其风中婀娜之姿。杜甫《春夜喜雨》：“随风潜入夜，润物细无声。”温词虽未必即本诸杜诗，但春日微风细雨的景象大体相同。我们正不妨参酌比照。既属“无声”，故知“细雨”是可见而不可闻的。而由“春雨”过渡到“漏声”，显然也正是杜诗所谓的“潜入夜”的意思。故我说虽笔端跳跃而仍有轨迹可寻。于是这三句既写了风（暗写）和雨（明写），又写了柳和花（柳从正面写，花从侧面写），既写了视与听，又写了昼与夜（因为“漏声”只能在夜间听到）；而且不知不觉的就把抒情主人公观察景物的位置从户外移入室内，从徙倚于庭院移至深闺之内、衾枕之间。这里还有一个细节需要争鸣一下，即“漏声”何所指的问题。叶嘉莹教授释“漏声”为雨水从花上汇集成珠而滴下之声，虽似更漏而实为雨声。初读之甚觉其体物之细。但花瓣积雨而滴落于花丛，只能说“花上”或“花下”，而不宜用“花外”，更不能以“花外”为“屋外花木”之代称。且嘉莹先生既以“漏声”为雨声，则词中由昼入夜之意已泯，因为听雨并不只限于夜间，“梧桐更兼细雨，到黄昏点点滴滴”，白天也照样听得见。于是她乃进一解云：

> 或曰细雨之日岂不可乎？曰不可。白日过于嘈杂烦乱，对雨声无此精微之辨味；白日过于真实明显，对雨声无此要眇之想象也。

是又不然。夫唐代女子所居处之幽闺，非今日通都大邑之闹市可比，正未必过于嘈杂烦乱或过于真实明显。所以我以为还是直截了当地把“漏声”释为更漏之声为宜。至于“迢递”一词，实启逗下文。盖“塞雁”“城乌”之啼声，必在距闺中较远的地方，此不言而喻者也。从前三句到“惊塞雁，起城乌，画屏金鹧鸪”三句，是从刚入睡时一下子就写到天色黎明，中间跳过了一夜梦境。不过这一跳跃仍有线索可寻，这从结尾补出“梦长君不知”一句足以知之。这一夜，我们的抒情女主人公是睡着了的，而且做了一个很长的梦，“一宿无话”，那么这一跳跃也是很自然、很清楚的了。

现在轮到讲“惊塞雁”这三句了。张惠言《词选》说：“‘惊塞雁’三句，言欢戚不同，兴下‘梦长君不知’也。”陈廷焯《白雨斋词话》：“此言苦者自苦，乐者自乐。”似均未搔着痒处，难怪叶嘉莹教授不能同意。近人华连圃《花间集注》则云：“此言漏声迢递，非但感人也，即征塞之雁，闻之则惊；宿城之乌，闻之则起。其不为感动者，惟画屏上之金鹧鹄耳。以真鸟与假鸟对比，衬出胸中难言之痛，此法惟飞卿能之。”说甚牵强。试问更漏之声，岂能“惊”“起”雁与乌乎？至于李冰若《栩庄漫记》说：“‘画屏金鹧鸪’一句强植其间，文理均因而扞格矣。”就更缺乏说服力。怎么能由于自己不理解，便指责作者不通呢？鄙意这三句虽不必纯以比兴说之，却确是语语双关的，既明指鸟，也暗指人。“惊”“起”为互文，天将破晓，则塞雁城乌，自然惊起，所谓“雁飞残月天”“月落乌啼霜满天”，总之是黎明时景象。这是一般讲法，自属可通。但我以为把这两句讲成闺人本身被鸣雁啼乌所惊起，似更顺理成章。前面已引叶嘉莹先生之说，闺中妇女是不会亲眼看见雁与乌的，只是诉诸听觉。但这种听觉给予抒情女主人公的感受却比更漏之声强烈多了，这使她从梦中憬然而悟。因此，作者用了“惊”“起”二字，才显得她在感情上感到震动，仿佛遭到意外一般。及至醒来定睛一看，天色已明，画屏上的金鹧鸪已看得见了。这就是跳跃笔法，而又层次井然。这是一层意思。另外，我之所以说它“双关”，还有下面一层体会。这个女子的所爱者（无论是丈夫或情人），必为远行游子无疑，他既未归来，想必是长久奔波于道路之上，“独在异乡为异客”的。只有这种人才经常同塞雁城乌打交道，或者说也像离群或出巢的雁与乌一样，天一亮便被惊起了。从距离讲，塞雁更远，城乌稍近，而“画屏金鹧鸪”只在眼前咫尺之间。“塞雁”“城乌”既以譬况游子，那么“金鹧鸪”显然是女子自喻之词。自己整天关在这个小天地里，天天见到的固然只有“画屏金鹧鸪”，而本身的处境也恰如画屏上的金鹧鸪一样，天天是老样子，羽毛虽光艳照人，却只能守在老地方，动也动弹不得。况且一般画屏上的彩绘图形，金鹧鸪都是成双作对的（参温《菩萨蛮》“新贴绣罗襦，双双金鹧鸪”），而自己却是孤孑一身，只能困处闺中打发着既无尽无休而又百无聊赖的日子。张惠言发现这句同“梦长君不知”有关，是正确的，而且下片先言“惆怅谢家池阁”，这“惆怅”二字正有承上启下的作用。通过“漏声迢递”而“惆怅”而“梦长君不知”，正是我所说的虽跳跃而朦胧，却并非无轨迹可寻是也。

下片前三句“香雾薄，透帘幕，惆怅谢家池阁”是天亮时所见。雨后清晨每有薄雾，而且透入帘幕，意思说室内户外一片迷茫之色，正是闺中女子在淡淡曙光中将起未起时所见的情景。“谢家”自指，通常有二意：一是指贵族，女子盖以谢道韫自喻；另一则指歌伎，亦是女子自谓，即谢秋娘、薛涛一类人，所谓“别梦依依到谢家”。从整个温词看，疑后者为近。不管“谢家”指什么，反正自己过的虽是锦衣玉食的生活，而精神却是寂寞空虚的。梦境已逝，天又未晴，自然是无端惆怅兜上心来。于是引入最后三句：“红烛背，绣帘垂，梦长君不知。”“背”即离乡背井之“背”，有弃去之意。这时再看，天已明亮，红烛早被抛在一边，绣帘因闺人未起也依旧低垂，从而回想到昨晚的梦。这是个有头有尾或曲折复杂的长梦。是悲是喜，作者没有明说，但梦长了总不外乎悲欢离合，总离不开新愁旧恨，或恋旧日的欢娱，或对未来的憧憬。而且梦中人除自己外，必有“君”在其中。可是，梦境究竟如何，只在我一个人心里，你却不知道。说清楚是够清楚；要说含蓄，也够含蓄。就在这似说似未说之际戛然而止。留给读者的却是一片空白的惆怅。这就是典型温词的“正格”。

第一首是梦醒后的惆怅，第六首则是一夜无眠的愁苦；第一首以春为背景，第六首则以秋为背景，而秋夜梧桐雨是最为恼人的。

第六首开头三句，“玉炉香，红蜡泪，偏照画堂秋思”，叶嘉莹教授有详尽分析，我不想多做赘语。只想说明其特点是似不通而又不能不这么说。这是跳跃与朦胧的另一种体现。按逻辑讲，只能说蜡照而不能说泪照，照“画堂”则可，照“秋思”则费解。然而作者偏偏用了个“偏”字，说明所照确是“秋思”。此盖谓人有秋思，遇蜡成泪时乃更易伤感。这种费解也正属于跳跃与朦胧的范畴。但“玉炉香”在这儿是否闲笔？是否只给第二句“红蜡泪”起个陪衬作用？我说不。它和“红蜡泪”都与上片末句“夜长衾枕寒”相照映、相关合。入夜临睡之前，炉中有香，红烛正亮。既睡之后，人因秋思而无眠，渐渐地香冷烛烬，衾枕之寒便格外使人难堪。看似闲笔，却是透过一层写法，为“衾枕寒”做铺垫。而整个上片又全为下片蓄势。所以到了下片，便“一意”“孤行”，直贯到底，再不涉及其他了。

第二个三句：“眉翠薄，鬓云残，夜长衾枕寒。”一种讲法是：女子在临睡前无心打扮（中国古代妇女在入睡前是要再一次梳妆打扮的，今西洋妇女亦有此习尚），一任薄眉残鬓，胡乱就枕。理由是所恋之人不与己同在，“岂无膏沐，谁适为容”，匆匆上床也就算了。我的讲法则近于刻意求深。我以为，这个抒情女主人公临睡前还是化了妆的，只是由于在床上辗转反侧，久不成眠，结果把头发弄乱，眉黛也抹掉了，搞得不成模样。这正是极写“秋思”“离情”正苦之笔。由于不成眠，才觉得“夜长”而且“衾枕寒”。就词意说，写至此处已达止境，下文仿佛无容置喙了。不想下片却又就“梧桐树，三更雨”做出文章来。这真是“山重水复疑无路，柳暗花明又一村”。尺蠖求伸，下片又焉能不骏快直下呢？

下片六句实应作一气读：“梧桐树，三更雨，不道离情正苦；一叶叶，一声声，空阶滴到明。”“不道”句与“偏照”句相照映，点出“离情”，即“秋思”之同义语。虽只写雨声一事，却分成三句说。盖一叶作一声，有多少叶作多少声，故言“一叶叶，一声声”。再加上雨滴空阶之声，恰成为一支断肠协奏曲。而这雨偏要点明是“三更”者，以“三更”乃上半夜与下半夜之分界，亦正怀人最切、“离情正苦”之时。“不道”者，不理会也。人正在最难过之际，雨声偏来捣乱，而且一直干扰到天亮，真是使人愁绝。不说“愁到明”而说“滴到明”，不仅说明主人公通宵未睡，且将人愁殢雨与雨久添愁混为一体，如此深厚而犹谓之“浅薄”“欠沉郁”，真有点使人百思不得其解了。

最后想研究一下谭献在《词辨》中的评语：“‘梧桐树’以下似直下语，正从‘夜长’逗出，亦书家‘无垂不缩’之法。”俞平伯先生《唐宋词选释》解之云：“后半首写得很直，而一夜无眠却终未说破，依然含蓄；谭意或者如此罢。”“垂”指书法中的竖笔，作“丨”状，如“中”字之末笔。但在书法中笔锋下垂时，应于收笔处向上逆缩一下，即听谓“无垂不缩”，其实这道理是很辩证的。犹之写文章，看似用直笔，实则涵咏之而含蓄有回味；看似流利迅快，其实曲折顿挫；看似浅率，其实深厚。温此词正如我前文所说，在意已将尽处生发出一个夜雨场面，而下片又只写了一个夜雨场面，从表面看，确似平直。但作者把一意分三句说，先用“离情正苦”领起，然后告诉读者，一叶叶一声声直到天明，已把主人公的心滴碎了，而且一直碎到天明。这就似浅直而实深曲。谭献的话还是极有见地的。

我以为，典型或标准的温词，其特色实为跳跃与朦胧的结合。但倘无直下之笔，又怎能见出其跳跃与朦胧呢？如果只有直下之笔而无深曲之意和含蓄之情，则决非大家笔墨。陈廷焯说此词下片“用笔较快”而意味不圆，犹不免以貌取人，失之子羽也。

满庭堆落花

——释温庭筠《更漏子》第二、三、四首兼论词中抒情主人公问题

一

读抒发离情的古典诗词有个不大为人注意但又必须考虑的问题，即一首作品中的抒情主人公究竟是男是女，是游子还是思妇。这个问题实际上往往会影响对一首作品的理解。有的作品，其抒情主人公的性别比较容易分辨，如白居易的《长相思》：

> 汴水流，泗水流，流到瓜洲古渡头。吴山点点愁。
> 思悠悠，恨悠悠，恨到归时方始休。月明人倚楼。

这是白居易身在江南渴望北归之作，但作者却用了闺人的口气，说只有远人归来，离恨始休，篇末“月明人倚楼”的“人”即是盼望所思之人早日归家的女主人公。但有的词在这个问题上却不那么容易分辨清楚，如冯延已《鹊踏枝》：

> 几日行云何处去？忘却归来，不道春将暮。百草千花寒食路，香车系在谁家树？　　泪眼倚楼频独语。燕子来时，陌上相逢否？撩乱春愁如柳絮，悠悠梦里无寻处。

从来讲这首词，都认为这是以思妇（居者）埋怨游子（行者）的口气来写的，即抒情主人公是女性。我对此独表示怀疑。因为历来用“行云”这个典故的都是借指女性，即《高唐赋》所谓“旦为朝云，暮为行雨”是也，却很少把它用在男子身上。从这首词本身来讲，说是女子负心离去，男子既怨且慕，痴心想着或许她还能回来，似乎也没有什么不可。南宋吴文英的《风入松》，不就明明是一首思念离他而去的姬人的作品么？我曾以此意面叩俞平伯师，他虽不同意我的看法，却也没有找出驳倒我的根据，于是一场辩论乃以“两存其说”，彼此各保留己意而告结束。前几年我写过一篇说晏几道《鹧鸪天》的小文，其实也是讨论词中抒情主人公究竟是男是女的。可见对一首具体作品出现了分歧意见，其争论的焦点往往出在这个问题上。

二

带着这个问题来看温庭筠的《更漏子》第二、三、四首，显然在这方面更有必要进行深入的斟酌推敲了。先说第二、三两首。第二首上片景下片情，而在情语之中，又以“旧欢如梦中”为点睛之笔。“旧欢”可以讲成旧时欢乐或旧日情人，如冯延已的“可惜旧欢携手地”，那么这首词可能是男人的口吻，但

“欢”也通指所爱的男子，回忆昔时与所欢相聚，如在梦中，则又可解作女子的语气。另外，第三首上片写从前，下片写当前，而以“香作穗”三句点出词旨，说明抒情主人公的忧伤再无已时。有人认为“金雀钗，红粉面”两句乃对女子容饰的客观描述，当是从男子眼中看出，我则以为此乃女子回忆自己昔时与所欢初会时情景，乃是自谓。故照我个人的理解，这两首皆属女子之辞。而且是联章。现在就根据我个人的体会来逐句解释这两首词。

第二首开头三句：“星斗稀，钟鼓歇。帘外晓莺残月。”从事物发展的层次看，莺啼是实写所闻，残月是实写所见，贯以“帘外”，则人在室中可知。“钟鼓歇”者，是写刚刚消歇的声音，而“星斗稀”一句，乃天曙之际必然发生的现象，不待亲见亦可推断得出。所以这三句是由虚入实，以虚起而以实结。第二个三句：“兰露重，柳风斜，满庭堆落花。”陈廷焯《白雨斋词话》解为“盛者自盛，衰者自衰”，是有道理的。鄙意此三句乃身在虚阁之上倚阑时所见，写的是暮春实景却又义兼比兴。“露重”即李白诗所谓的“露华浓”，而“兰露重，柳风斜”两句实隐括刘禹锡“弱柳从风疑举袂，丛兰浥露似沾巾”之语，以与下面“满庭堆落花”一句作反面陪衬，意谓兰与柳得到春天的雨露滋润，迎风得意，而落花却堆积庭心，使人触目伤情，盛衰苦乐之不同自然不言而喻。盖“落花”句既伤春光之流逝，复为女主人公自喻之辞，实此词之核心。回忆当初春花盛开之时，正是自己与所欢男子相聚的幸福时刻，如今落花满庭，斯人已去，撇闪得自己孑然一身，年复一年，独对春光，自嗟身世，这就径直跌入下片的直抒胸臆。下片前三句：“虚阁上，倚阑望，还似去年惆怅。”把主人公所在的地点明确说出，便与上片自然绾合，而“还似去年惆怅”一句同小晏的“去年春恨却来时”正是一个意思，即心中的惆怅已不止一年了。收尾三句，“春欲暮”遥承上片，而“思无穷”句则理应启下，它显然包蕴了下一首上片“金雀钗，红粉面，花里暂时相见；知我意，感君怜，此情须问天”这六句整个的内容，而“旧欢如梦中”一句正是衔接这两首词的纽带。这就是我之所以主张此二首为联章的道理。

这个在“虚阁上，倚阑望”的女子是否容颜憔悴，不得而知，但作者已从“满庭堆落花”一句中暗暗透露了消息，说明她的青春和美貌正在逐渐逝去。如果我们把这两首词释为联章，把它们当成一个整体来领略，则“金雀钗”三句正是女主人公陶醉于自我回忆之中的追溯。当初容光艳丽，与所欢偷期密约，在花丛中作短暂的晤聚，这是她一生中最值得玩味的幸福时刻。可惜一瞥即逝，消失得太快了。试想，一个“金雀钗，红粉面”的佳人出现在花丛里，不正是“花面交相映”的另一种写法么？而“花里暂时相见”的“花”，恰与前一首“满庭堆落花”的“落花”成为鲜明对照。如果把这两首词分而读之，使之“各自为政”，就不会出现这种强烈对比的感受。“知我意”的主语为“君”，言彼时君固知我相爱之意也；“感君怜”的主语为“我”，言我在当时亦深感君怜我之一片柔情也。这种情意除彼此相知外，再无第三人能察，只有苍天可以作证，所以只有“问天”才能得到真正答复。然而这一切都已成为陈迹，“旧欢如梦中”，此日追怀，真有不可骤得之感矣。蹉跎至今，而“君”之心意如何，“我”之处境又如何？作者乃又用“比”的手法含蓄出之，于是转入（第三首）下片：“香作穗，蜡成泪，还似两人心意。”意思说男子盟寒誓冷，不复相念，如香已爇尽，只剩下香灰成穗，再不复燃；而我之思君，唯有把满腔幽怨付之一哭，哭之不已，如“蜡”之必成“泪”：这就是“君”与“我”两人此时此境的“心意”。结尾三句：“山枕腻，锦衾寒，觉来更漏残！”妙在似睡非睡，若梦若醒，而无限情怀，都从含蓄的描写中以半茹半吐乍隐乍现的笔墨流露出来，这同样是典型温词所具有的朦胧和跳跃之美。

如果把这两首词看成联章，则作者在时间的安排上也形成了一个回环往复的结构，即从第一天破晓写起，写到次日凌晨夜漏将尽之际。中间用“虚阁”“倚阑”写昼间之惆怅，以香灰蜡泪写入夜之凄凉，情景参差，曲直互见，形成了另一种面目、别一样风格的温词。且综观此六首《更漏子》，本义皆实咏更漏，如果把第二、三两首拆开，则“星斗稀”一首乃自天色破晓写起，竟与“更漏”了无关涉；合则兼美，离则两伤。前人治温词每遗此数首，至少其中的一个原因是没有把这第二、第三两首看成一个整体，才导致沧海遗珠的结果。千载以下，或有同道知音一韪吾言乎？

三

在《更漏子》第四首中，抒情主人公究竟是男是女的问题就格外突出。上片前三句："相见稀，相忆久，眉浅淡烟如柳。"从描写手法看，"眉浅淡烟如柳"似与"眉翠薄"同义，然而实不尽同。"眉翠薄"句下与"鬓云残"相连，乃是因夜长无寐把晚妆弄得零乱了，而这里的"眉浅"却是有意不去浓妆艳抹，正与张祜诗所谓"却嫌脂粉污颜色，淡扫蛾眉朝至尊"情趣相近。所以我把此词的第一个三句解释为男主人公因别久见稀而念念不忘其恋人，"眉浅"句宛如一个特写镜头，把所忆女子面容上最美好、最出众的部分加以突出，既足以代表他所忆对象的整体，也是他全部回忆中最集中的焦点。这同下片第三句"蝉鬓美人愁绝"的写法是同一机杼，仍是男主人公的口吻，写从他心目中想象到他美丽的恋人鬓云如蝉翼，心情正愁绝。但上片第二个三句："垂翠幕，结同心，待郎熏绣衾。"则显然是女主人公的语气，这句"待郎熏绣衾"，无论如何也不能说是男子的口气。这样，我就悟出一个道理来。这首词有男女两个抒情主人公，在词中交替出现。上下片的前三句都是男子口吻，后三句又都是女子语气。这种"花开两朵，各表一枝"的手法其实古已有之，而抉其秘者则始于钱锺书先生在《管锥编》中的论《诗・卷耳》。如果我的讲法可以成立，那么这首词在温庭筠的长短句中就比较新颖了，因为其构思迥异于一般作品的总以一个抒情主人公自始至终直贯到底也。

另外，这首词还有两点值得注意的地方。一是上片追忆从前，下片即景抒怨，这是大章法。二是从时间顺序看，作者却巧妙地把回忆中的欢悦场面和现实中的忧伤情景杂糅在一起。从晚间（即"垂翠幕，结同心，待郎熏绣衾"三句，"幕"指帘幕，"结同心"两句指女子坐在那儿一边系着同心结一边等男子来安歇，这有点今天妻子坐在家里织毛衣等丈夫回来的味道）写到夜半（即"城上月，白如雪，蝉鬓美人愁绝"三句），又从夜半写到天色乍明（即"宫树暗，鹊桥横，玉签初报明"三句），恰好是一整夜的时光。我疑心作者在这首词里所写的女子可能是宫禁或道观中人，所以下片的描写近于宫体诗。"宫树暗"者，近人华连圃《花间集注》云："按三五之夜，破晓时正月落时，故天色转暗。"其说是也。"鹊桥"，即银河之代称，"鹊桥横"乃形容斗转星移，天将破晓的景色，与第五首"玉绳低"一句描写近似，用意相同。而"鹊桥"一词，却亦隐含男女双方分处两地，再也不能见面的意思。"玉签"即更筹，六朝人作品中屡见，用以司更漏者。李商隐《马嵬》："无复鸡人报晓筹。"即指用此物报晓，“报明”，犹“报晓”也。“城上月”三句是从外面写，以男子口吻设想自己的恋人在月明之夜幽居独处的愁苦；“宫树暗”三句则从里面写，虽未点出是女子，但从文义和语气来看，显然是写一个已失去人身自由的女性在彻夜无眠。如果我这样理解还算言之成理，那么这首温词又属于别具一格的作品了。

说温庭筠《梦江南》二首

旧称温词香软，以绮靡胜。《花间集》中所载，亦确多秾丽之作。唯独这两首《梦江南》，在风格上却迥然不同。非但开门见山，直抒胸臆，而且不假堆砌，纯用白描，全无“裁花剪叶，镂玉雕琼”的藻绘习气。在温词中虽为别调，却属精品。故不惮烦琐而释之。先谈第一首：

> 千万恨，恨极在天涯。山月不知心里事，水风空落眼前花。摇曳碧云斜。

一开口便作恨极之语，全没些子温柔敦厚。比起其他温词特别是那若干首《菩萨蛮》来，这简直不像是同一作家的笔墨。夫“恨”而有“千万”，足见恨之多与无穷，而且显得反复零乱，大有不胜枚举之概。但第二句却紧接着说：“恨极在天涯”。则是恨虽千头万绪而所恨之事仅有一桩，即远在天涯的人久不归来是也。就词的主旨说，这已经一语喝破，再无剩义，仿佛下文没有什么可说的了。

然而从全词的比重看，后面三句才是主要部分。特别是中间七言句一联，更须出色点染，全力以赴。否则纵使开头两句笔重千钧，终为抽象概念，不能予人以浑厚完整之感。这就要看作者的匠心和工力了。

“山月不知心里事，水风空落眼前花”二句，初读感受亦自泛泛，几经推敲玩味，才觉得文章本天成，而妙手得之却并非偶然。上文正面意思既已说尽，故这两句只能侧写。词中抒情主人公既有“千万恨”，说她“心里”有“事”当然不成问题，但更使她难过的，却在于“有恨无人省”。她一天到晚，茕茕孑立，形影相吊，并无任何人能理解她的心事，只有山月不时临照闺中而已。不说“人不知”，而说“山月不知”，则孤寂无聊之情可以想见。这是一层。夫山月既频来相照，似乎有情矣，其实却是根本无情的。心里有恨事，当然想对人倾诉一下才好，但平时并可以倾诉的对象亦无之。好容易盼到月亮来了，似乎可以向它倾诉一下，而向月亮倾诉实等于不倾诉，甚至比根本不倾诉时心情还更坏些！于是“山月不知心里事”也成为这个主人公“恨”的内容之一了。这是又一层。至于说“不知心里事”的是“山月”而不是其他，我想，也是经过作者精心选择的。李白《静夜思》：“举头望山月，低头思故乡。”（今本通作“望明月”，二者孰佳，姑不讨论。）望山月能使客子思乡，当然也能使闺人怀远。况且山高则月小，如果是满月，当月逾山尖而照入人家时必在夜深；如果是缺月，则“四更山吐月”，人看到月亮时天已快亮了。这就点明词中女主人公经常是彻夜无眠的。这是第三层。《诗·邶风·柏舟》：“日居月诸，胡迭而微。”以日月喻丈夫，原是传统比兴手法。然则这一句盖谓水阔山长，远在天涯的丈夫并不能体谅自己这作妻子的一片苦心也。这是第四层。

“水风”句与上联角度虽异，意匠实同。夜里看月有恨，昼间看花也还是有恨。看花原为了遣闷，及至看了，反倒给自己添了烦恼。况上句以月喻夫，则此句显然以花自喻。惜花落，正是惜自己年华之易谢。花开花落正如人之有青年老年，本是自然现象，但眼前的花却是被风吹落的。“空落”者，白白地吹落，无缘无故地吹落之谓，这正是《诗·小雅·小弁》中所谓的“维忧用老”一语（《古诗十九首》则云“思君令人老”）的形象化，而不仅是“恐年岁之不吾与”这一层意思了。

至于所谓“水风”，指水上之风。这也不仅为了求与“山月”工整相对而已。水面风来，风吹花落，落到哪里？自然落在水中。这不正是稍后于温庭筠的李煜的名句“流水落花春去也”的另一种写法么？温的这句写得比较蕴藉，但并不显得吞吐扭捏，依然是清新骏快的风格。可是造诣却深曲多了。

夜对山月，昼惜落花，在昼夜交替的黄昏又是怎样呢？作者写道：“摇曳碧云斜。”江淹《杂体拟休上人怨别》诗云：“日暮碧云合，佳人殊未来。”这里反用其意。“摇曳”，犹言动荡。但动的程度却不怎么明显，只是似动非动地在缓缓移斜了角度。看似单纯景语，却写出凝望碧云的人百无聊赖，说明一天的光阴又在不知不觉中消逝了，不着“恨”字而“恨极”之意已和盘托出。因此后三句与前二句正是互为补充呼应的。没有前两句，不见感情之激切；没有后三句，不见词旨之遥深。此之谓胆大而心细。

《梦江南》的第二首是：

> 梳洗罢，独倚望江楼。过尽千帆皆不是，斜晖脉脉水悠悠，肠断白苹洲。

这一首比较有名，前人对它的评价也较高。如清人谭献云：“犹是盛唐绝句。”（见周济《词辨》卷一）这大约指的是它不假雕饰的明快爽朗的风格。但是我以为，它比较更带有婉约派的特点，不像前一首径用“棒喝”式的起句来一语道破的。

即如“梳洗罢”一句，便有好几层意思。首先点明了时间，“梳洗”才“罢”，正是清早的情景，与下文“斜晖”句相呼应。其次，写出了这位抒情主人公是“好修以为常”的女性，所以早晨一起床便梳妆打扮一番。但我觉得，作者可能还有更含蓄的用意。《诗·卫风·伯兮》：“自伯之东，首如飞蓬，岂无膏沐，谁适为容！”意思说，丈夫出门了，自己无心打扮，头发乱得像蓬草，这倒不是由于没有化妆品，而是想：打扮好了又给谁看呢？这里温庭筠却反用其意，进一步替这位抒情主人公设想：说不定自己的丈夫今天就会回来呢，那么还是打扮好了等着他吧。

于是乎打扮好了“独倚望江楼”。只用了一个“独”字，这个女子苦闷的心情和孤寂的处境便已了如指掌了。“倚”“望”是连动词，“江楼”，临江之楼也。这以下暗用《西洲曲》中“望郎上青楼，楼高望不见，尽日阑干头”语意。“倚”而“望”之，正表示她耐心地在殷切企盼。

“望”的结果，却是“过尽千帆皆不是”，可见情怀之百无聊赖。“过尽”者，目前一无所有之谓。这时江面上虽已复归宁静，但时光之消逝，心潮之起伏，都从这一句写出。着一“皆”字，深有怨情，意思说一天的希望又都落空了。

江上“千帆”已过，剩下来的有什么呢？曰“斜晖脉脉水悠悠”，盖望中所见，只有“斜晖”照“水”而已。南宋人戴复古《登快阁和山谷韵》有云：

“过尽千帆江自横”。即从温词脱胎，而造语较为直率，恐其意本亦不求含蓄。而这里却用“脉脉”“悠悠”两个状词来体现婉约的词境，读此可悟诗词之分野。“脉脉”者，温存含情之态。这个倚楼而望的女子对落日并不见得有好感，因为它标志着一天的时间又过去了，可是，斜晖偏脉脉含情地依恋着她。相反，她对江水倒是寄以感情的，希望它能把自己的丈夫从远方带回身边，然而水偏偏没有反应，依然无情地向前流逝，丝毫不关心她的命运。“悠悠”一词，正写出了江水的长逝无情。

末句的“白苹洲”，盖为当初二人分手之处，亦即江楼所见。夫所欲见者，远人也，然而见不到；所不欲见者，分手之地也，然而白苹之洲就在眼前。于是唯有“肠断”矣。考王安石《唐百家诗选》卷六录中唐人赵微明（《全唐诗》作赵征明）《思归》诗云：

为别未几日，去日如三秋，犹疑望可见，日日上高楼。惟见分手处，白苹满芳洲。寸心宁死别，不忍生离忧。（按，此诗始见元结《箧中集》，赵与元盖为同时人。）

疑温即据是诗加以渲染提炼而成此词。有的注本引梁人柳恽《江南曲》：“汀洲采白苹，日落（一作‘暖’）江南春”。虽不误但并不贴切[①]。又有注本引寇准《江南春》诗者，则以宋注唐，殊乖事理，温在晚唐岂能看得到北宋人写的诗乎？或又据《太平寰宇记》，谓湖州霅溪东南有白苹洲者，即其地，则嫌过于指实矣。

1966 年春作

① 柳诗虽与温词不切，但也不能说毫无关系。刘长卿《送李侍御贬郴州》云：“忆想汀洲畔，伤心向白苹”。又《饯别王十一南游》：“长江一帆远，落日五湖春。谁见汀洲上，相思愁白苹”。皆自柳诗化出，却与温词之意相近。唯欲笺注温词，则与其引柳诗，还不如引刘句。盖征引典故或出处，仍须以贴切为准，不一定愈古就愈好也。

说鹿虔扆《临江仙》

金锁重门荒苑静，绮窗愁对秋空。翠华一去寂无踪。玉楼歌吹，声断已随风。

烟月不知人事改，夜阑还照深宫。藕花相向野塘中。暗伤亡国，清露泣香红。

鹿虔扆是五代时后蜀人，事蜀主孟昶，官检校太尉，加太保，以擅写小词为孟昶所宠幸。这首词收入后蜀赵崇祚编选的《花间集》。据欧阳炯《花间集序》，题为蜀广政三年（公元940）所作，则此集之成，大约也在这一年前后。是时距后蜀之亡尚有二十五年（公元965，即宋太祖乾德三年），而鹿词已在集中。故鹿作此词当是为了凭吊前蜀王衍亡国而作。王衍亡于后唐，时在公元925年，下距934年后蜀孟知祥称帝，中间达十年之久，宫苑荒凉，自在意中。后世或以鹿此词"多感慨之音"，便说他"国亡不仕"（见《历代诗余词话》引《乐府纪闻》），其实是错误的。因为鹿虔扆是后蜀时的进士，在前蜀灭亡时，他还没有做官呢（参阅王国维《鹿太保词跋记》，见王氏所辑《唐五代二十一家词》）。

从词的本身来说，前人如元人倪瓒评之为"曲折尽变，有无限感慨淋漓处"（《历代诗余》卷一一三引），清人谭献说它"哀悼感愤"（周济《词辨》卷二谭氏评语），都比较确切。尤其在那专门选录"镂玉雕琼""裁花剪叶"的艳冶之作的《花间集》中，这首词显得格调迥殊，宛如鹤立鸡群，更加引人注目。当然，词中感伤情调过于浓厚，也是一个缺点。

古人写诗词，有一种回环往复的表现手法。作者说的只是一件事或一个内容，却从不同角度加以描绘渲染，如《古诗十九首》第一首《行行重行行》就是如此。这里姑举开头六句为例：

行行重行行，与君生别离。相去万余里，各在天一涯，道路阻且长，会面安可知？……

这首诗写闺中思妇对离家日久的游子的怀念，通首只是一个意思。第一句说游子远行在外，越走越远；第二句说两人活生生地离别了；第三句说两人中间相隔的距离有万里之遥；第四句则说彼此各在天之一端；第五句与第三句意思大体相同，只是增加了“阻且长”（阻碍和遥远）这一状语；第六句又是第二句的反面说法。说法不同而说的只是一事，这就叫“回环往复”。这样的写法在抒情诗中还是必要的，而且比《诗经》中叠句重出的连章结构已有了很大进步（《诗经》中如“坎坎伐檀”“伐辐”“伐轮”，只是一个意思重叠三次，比汉代五言诗要单调多了）。鹿虔扆这首词也正是用了这种“回环往复”的手法来反复吟咏同一内容。整首词上下两片无非写池苑荒凉，殿宇空寂。可是由于作者从不同角度描写了不同事物，这就显得作者的“哀悼感愤”一层深似一层，从而也形成了倪瓒说的“曲折尽变”。这种把一层意思分做几层来说的艺术手法，是诗人把他所要表达的思想感情增加深度的一种手段（所谓“愈勾勒愈浑厚”），当然也就增强了对读者的感染力。

此词上下片各分两层，前两句为一层，后三句为一层，共四层，其实只是一意。上片头两句，“金锁”一作“金琐”，王逸《楚辞章句》：“琐，门镂也，文如连琐。”也就是雕镂在宫门上的金色连琐花纹。“绮窗”见于《古诗十九首》之五：“交疏结绮窗”。《文选》李善注引薛综说：“疏，刻穿之也。”善注又云：“《说文》：‘绮，文缯也。’此刻镂以象之。”而《后汉书·梁冀传》云：“窗牖皆有绮疏青琐。”李贤注：“绮疏，谓镂为绮文。”则“绮窗”是指带有镂刻着花格子图案的窗。无论是“金锁重门”或“绮窗”，都是宫苑殿宇的代称，但这两句所写的角度不同。前一句是由外向内写：宫苑深闭重门，而苑内荒凉僻静；后一句则由内向外写：绮窗外一无所有，只对着一望无际的秋日晴空。上句着一“静”字，显得冷冷清清，荒凉得可怕；而下句在“对”字上用了个“愁”字，仿佛窗上那些镂空的花纹图案带有愁眉苦脸的神气，这就顿时把无情之物写得仿佛有情了。为什么“愁”呢？于是引出了第二层，即上片的后三句。第一句，“翠华”本是旗上的羽饰，司马相如《上林赋》：“建翠华之旗。”后乃引申为皇帝仪仗或车驾的代称。白居易《长恨歌》：“翠华摇摇行复止，西出都门百余里。”那是写唐玄宗避安禄山之乱仓皇逃出长安的情景。这里的“翠华一去寂无踪”，则指的是前蜀皇帝王衍被后唐庄宗李存勖的兵将征服，俯首出降，打从这重门深苑中一去之后再也没有踪影了。开头一句的“静”和这一句的“寂”，看似一样，却略有区别。“静”是当前实景，而“寂”却是在繁华尽散之后留下的一片沉寂。这就使读者隐约感到：当“翠华”在蜀时，宫中充斥歌管喧闹之声，也就是下文所说的“玉楼歌吹”（读去声），这在小朝廷偏安一隅时，原是经常听得到的。而自从“翠华”去后，那聒耳的“歌吹”声便也随风飘逝，一归阒静。“断”者，绝也，“声断已随风”是倒装句法，即“歌吹”已随风断绝，无论是响遏行云的清歌，还是急管繁弦的乐曲，都无声无息了。这两句正是为上句的“寂”字所做出的精心刻画。

上片由抚今而追昔，虽属客观描写，却还包含着作者自己的主观感受。盖荒苑无人，绮窗愁怨，去者无踪，留者星散，这一切都体现出作者的心潮起伏，故“多感慨之音”。而下片则以移情手法专从客观景物做旁敲侧击式的描绘。“翠华”已杳，“歌吹”无声，这是“人事改”，而“烟月”却一无所知，依旧如往日一样“夜阑还照深宫”。这种手法在唐人诗中已经屡见，实在不足为奇。如李白《苏台览古》：“旧苑荒台杨柳新，菱歌清唱不胜春。只今惟有西江月，曾照吴王宫里人”，是说今时明月曾照见昔日繁华，反衬此际“旧苑荒台”的凄凉寂寞。又如刘禹锡《金陵五题·石头城》“山围故国周遭在，潮打空城寂寞回。淮水东边旧时月，夜深还过女墙来”，则与此词“烟月”二句同一机杼。唯李诗还写到“杨柳新”和“菱歌清唱”，虽有沧桑之感却透出盎然春意，并不使人感到情绪颓唐；刘诗则爽性对“故国”“旧时”不加顾盼，只写此日之冷落寂寥，正流露了诗人对南朝旧事的不满情怀。此词上片已经做了今昔对比，这两句只起到反衬下文的作用，并无余味可玩，故只是平平带过，不能算警策之笔，而全词最精彩处却在第四层，即收尾的“藕花”三句。不独写残荷有情，与“烟月”的茫无知觉形成鲜明对比，而且把拟人化的表现手法运用得达到空灵欲活的程度。所谓“相向”，并非花与人“相向”无言，而是几朵残花败蕊彼此楚楚可怜地怆然相对，大有涸辙之鲋相濡以沫的味道，而花上清露斑斑，香红如泪，大约它们正在因“暗伤亡国”而啜泣吧。在结尾处写出了这一极其生动的形象和场面，顿觉全篇振起，通体不懈。这也就是前人所说的“曲折尽变”，自然如谏果回甘，情韵不匮了。

最后，再简单总结几句。上片两层，每层各相对称。但第一、二句虽如前文所析，各具一解，却又互文见义，两相补充。“门”“窗”本属一类，“荒苑”“秋空”，固有地面与天空之分，却亦并具“静”和“愁”的特点。第二层的三句皆写“人事”，却以去和留做对比，而又俱归于一个“寂”字。下片两层，以“烟月”之无情与“藕花”之“有情”相对照，看似彼此映衬，波澜迭起；其实藕花又何尝有情，不过是作者精心刻画，故意把一层意思分做反正两层来说罢了。这正是古典诗词所以不废回环往复的表现手法的缘故。否则单线平涂，固嫌一览无余，索然寡味，即使锐意求新，力图多变，而无此山重水复之境，亦不免贻人以忸怩矫饰、装腔作势之讥。鹿虔扆今只存词六首（俱载《花间集》），这一首却独为清代张惠言《词选》所取，大约就是由于它还能略存浑厚，未坠入尖新侧媚之流的缘故吧。

1981 年中秋节后五日作

介绍南唐李璟的两首《山花子》

手卷真珠上玉钩，依前春恨锁重楼。风里落花谁是主，思悠悠。　　青鸟不传云外信，丁香空结雨中愁。回首碧波三峡暮，接天流。

菡萏香销翠叶残，西风愁起绿波间。还与韶（一作“容”）光共憔悴，不堪看（读第一声）。　　细雨梦回鸡塞远，小楼吹彻玉笙寒。多少泪珠何限恨，倚（一作“寄”）阑干。

词从隋唐就产生了。它产生的过程是先有乐谱后有歌词。最早的词也叫曲子词，产生于民间，流传于商业比较发达的城市，是作为民歌出现的。因此它的题材主要是描写爱情，但也有社会题材和宗教题材。保留到现在的敦煌曲子词还可以看得出这一类民间小曲内容上的特点。中唐以后，士大夫阶层也逐渐写词了，到晚唐五代，文人写词的风气更加兴盛。尽管唐代的词思想上有好有坏，艺术上有精有粗，却有一个共同特点，就是有点像现在的流行歌曲。在资本主义社会，流行歌曲大都由歌女在酒吧间里唱，而在封建社会的唐、宋两代，词主要是在官僚士绅的宴会上由歌伎来唱。这就决定了词的命运，它从一开始就显得格调不高，内容贫乏，有的还带点黄色。现在保存在《尊前集》和《花间集》里的作品，就是当时的流行歌曲选。从质量上说，这两本选集还算是比较高的，有的艺术性比较强，有些词思想上也不错。但它们毕竟是流行歌曲，格调不是很高。可是在五代后期，词到了南唐君臣手里，有点跟从前不一样了。虽然他们写词还没有完全摆脱流行歌曲的传统，可是格调提高了，写作态度比较严肃了，艺术水平的提高就更为显著。像南唐中主李璟写的词，流传至今的虽然只有三四首，却都是精心之作，是文学史上的第一流作品。因此近代学者王国维在《人间词话》里对李璟的词给予了较高的评价。在这种背景下再来读李璟词，我们就会有更深一层的体会，我们应该用历史唯物主义的态度来对待它们，给它们以恰如其分的评价。

下面先说一说《山花子》这个词调的特点。我们经常见到一种极普通的词调（也叫词牌），叫《浣溪沙》。《浣溪沙》每句七个字，分上下两片，每片各三句，很像七言诗。不同的是七言绝句一首四句，这种词牌上下片各三句。《浣溪沙》在下片的头两句一般都写成一副对仗工稳的对联，这又有点像七言律诗，但七律的中间四句是两联，《浣溪沙》只有一联，那当然比两联容易突出。所以有的词就因为这一联写得精彩，整首词也就显得有声有色。比如北宋晏殊的一首《浣溪沙》，就由于其中有"无可奈何花落去，似曾相识燕归来"一联而被后世传诵。《山花子》是《浣溪沙》的另一体，也叫《摊破浣溪沙》，特点是上下两片结尾的地方各多出三个字来，三句七言的变成了七、七、七、三的四句。这样，《山花子》写得好坏与否，重点全在末尾这三个字上。这好比一首七言绝句，前三句都是七言，只有第四句却要用三个字把前三句给托住、镇住，换句话说，这三个字要有七个字的分量才行。而且下片的头两句最好仍旧是一副对联，最末一句仍得用三个字收住全篇。所以写一首《山花子》要比写两首七绝或一首七律难，难就难在上下片结尾的这三个字上。

现在我们具体谈谈李璟的这两首《山花子》，第一首写暮春景色，第二首写秋日风光。内容并不新鲜，都是写相思离别之情的。可是它有神态，有韵味，有意境，有情趣，甚至说它们有寄托也未尝不可。这就不是一般流行歌曲的做法了。下面先看第一首。

第一句就遇到一个问题。“真珠”是什么？看上下文，知道是用“真珠”编织成的帘子。但古诗词中有这样的写法，这就是把实物省去，只保留前面的用名词做的状语。温庭筠《菩萨蛮》：“画罗金翡翠，香烛销成泪。”头一句是说画着金翡翠的罗帐或罗衾，却把“帐”或“衾”这个代表实物的词给省去了。京戏《甘露寺》里有句台词“青龙偃月鬼神愁”，实际上指的是关羽用的青龙偃月刀，可“刀”字省去了，同这里的手法是一样的。如果说“手卷珠帘”，反而显得笨拙，因为上文有“手卷”字样，下面又有“玉钩”这个具体物件，当然这里指的是“真珠帘”。这是我国传统作品中修辞的特点。“卷帘”的是什么人？应该是闺中女子。李白《怨情》：“美人卷珠帘，深坐颦蛾眉。但见泪痕湿，不知心恨谁？”可以参考。为什么她要卷帘？为的是望远，好消遣一下心里的忧郁。因为一个人太孤寂、太苦闷了。可是卷帘以后，从楼上看到了春天景色，心情并未感到舒畅开朗：“依前春恨锁重楼。”有人把这句讲成“依然跟从前一样，春恨被锁在楼中”，意思说自己在楼中充满了春恨。我以为这句应该讲成春恨满眼都是，楼外的一切都是恨，把重楼给封锁包围了，自己想回避也避不开，可见心里的忧愁本无可排遣，而看到春天的景色心里越觉得难过。那么在许多景色之中，体现春恨最鲜明、使人感触最深的是什么呢？是“风里落花”。春花如少女，本极美丽而珍贵，最使人留恋。但好景不常，风一吹，花就谢了，落了。更重要的是“谁是主”三个字。花为谁而开，又为谁而落？谁是花的主宰？为什么就这样轻易地让美好的春光一瞥即逝？这是以落花自比，说明自己的命运正如被春风吹落的花朵。但还有另一层意思，自己所爱的人正在自己所不知道的遥远地方漂泊，总也不见他回来，不也身不由己地像“风里落花”一样吗？这也正是自己痛苦而孤寂的原因。由这两层意思自然逼出了“思（读去声）悠悠”三个字。“悠悠”既形容思绪万千，无穷无尽，也形容辽阔遥远，无际无边。这三个字像马缰绳一样把前三句很自然地给勒住了，既带总结性，又回味无穷。这三个字看起来“虚”到极点，却容纳了读者千百种想象力，人们可以根据自己的经验感受给作者添进任何内容。这就是虚实相生，似虚而实，前三句也是这样。头一句实，第二句虚，第三句由实而虚，然后用“思悠悠”从容收住。仿佛电影里特写镜头，一会儿推近，一会儿拉远。我们不能不赞赏作者形象思维的能力和处理情与景之间的焦距。

上片说得很透，再要深入曲折地表达主人公的感情，就要通过典故。据《汉武故事》所载，“青鸟”是西王母的信使，曾到东方向汉武帝传递消息。李商隐《汉宫词》:“青雀西飞竟未回。”意思说使者一去杳无音信。这里作者的意思说，自己所思念的人在云天以外的远方，长久没有信息，借用典故表达思念远人，把焦距又拉开；下面“丁香”一句又把镜头推近到眼前，就所见之物来写内心的郁结不舒。丁香到春暮才开花，此时群花纷谢，而丁香正是盛时。这里又用李商隐《代赠》中的诗句:“芭蕉不展丁香结。”古人以丁香未开比喻愁恨郁结于心。现在丁香将开未开，如遇晴天，则此花大放，愁可稍稍宽解，而眼下偏偏有雨，不等花开便被摧残得要谢了，这就象征着愁思无法排解。这两句都是借典故和比喻来刻画人的心情，于是产生了所谓意境。但想念远人的心是始终存在的，所以继续向楼外远眺。“回首”两字是实写，“绿波兰峡”“接天流”是虚。南唐位于长江下游，而三峡则在其西南，目力是望不到的。但从方向上说却与“青鸟”句相呼应，“青雀西飞竟未回”嘛！而从用典上说，这里还有一层含义。“三峡”一句暗藏着巫山神女的典故，从《九歌》的《山鬼》到宋玉的《高唐》《神女赋》，都是写神女同恋人幽期密约的。可是这地方偏偏离自己很遥远，只存在于主人公的想象之中。云外无信音，江天又遥远，在一片暮色苍茫中仿佛看到了三峡的江水。全词竟然以如此宏伟辽阔的场面作结，实非读者始料所及，景象越渺茫，意味着所思念的人越遥远，忧愁越含蓄，感情也更激切。悠悠之恨长存于心目之中，既有气象，又有深度，这个结尾把词的境界又往深远处推进了一步。我们不禁为李璟的写作才能而感到心悦诚服了。

下面再谈第二首，这一首比第一首更有名，李璟自己对这首词很得意，王国维对它的评价也很高。比如一开头的两句，王国维就说:“大有众芳芜秽、美人迟暮之感。”但他却认为头两句比“细雨”两句好，并说“故知解人正不易得”。而冯延己（不要读“巳”）却公然承认自己的名句“风乍起，吹皱一池春水”不及李璟的“小楼吹彻玉笙寒”，我以为这里冯延己并不是对皇帝阿谀奉承，而是说真心话。我始终认为，一首诗或词写得究竟是否成功，要看全篇，而不宜拆开来看。南宋末年的张炎批评吴文英的词，说好比“七宝楼台”，拆下来就“不成片段”，这话本身就不合逻辑，任何好东西如果被拆得七零八落，都将“不成片段”，又何止是文学作品呢!

首先我们谈谈对王国维评语的体会。荷花一名芙蕖，花朵叫菡萏，果实叫莲子，根叫藕。头两句写的是秋风起后，荷花残败，一片凄凉景象，但王国维的感受，我以为是从荷花的出淤泥而不染的好品质联想而来的。《离骚》说：“惟草木之零落兮，恐美人之迟暮。”又说：“虽萎绝其亦何伤兮，哀众芳之芜秽。”香草美人，所以比喻君子。秋风萧瑟，草木凋零，已足使多愁善感的人伤心，何况连最纯洁美好的荷花也都败残憔悴，可见人之触景生情，忧伤哀怨已达极点。作者之所以选取残荷来抒情，正是从《离骚》一脉相承而来的。

前两句明明是眼前实景，为什么却用反语作结，说“不堪看”呢，因为由景及情，由外在的芳草联系到美人自身，这就是“还与韶光共憔悴”。“韶”一本作“容”，两者是有差别的。“韵光”是指时光，说人与韶光共同憔悴，主语是“人”;“容光”是人的容貌光彩，说与人的容光共憔悴，主语就是“景”了，但从第三句起已由景及情，由物及人，所以还是“韶光”更好一些。因为“韶光”可以兼指大好光阴和人的芳年妙龄。人老犹如荷枯。但荷花虽香销叶萎，还能引起人的同情和眷恋，而人老则时不再来，别人更不加珍惜了。想到这里，便情不自禁地迸出“不堪看”三字作绝望之语了。

下片“细雨”一联，十分曲折，并不好懂。“鸡塞”也叫“鸡鹿塞”，有人说在西北，有人说在东北，总之是极边远荒凉之地。客子征夫，远游塞北，久不归来，深闺少妇只能同他在梦中相见。但“细雨”并不能惊醒人的酣梦，只是人在迷蒙细雨中从梦境醒来，“梦回”后发现楼外细雨之声，更增添了几分愁闷。这一句是由外而及内，从外面下小雨写到楼中人梦醒。“鸡塞”本来就很远，但梦中由于能同征人在一处，并不觉得远。及至梦回惊觉，才发现与所思念之人天各一方，这才真正体会到鸡塞确乎十分遥远。这正是从惝恍梦境中乍回到现实环境时的具体感受，作者用笔是十分细腻曲折的。下句却是由内及外，人在小楼中吹笙，声音传到楼外，人们从听觉感到吹笙人的满腔幽怨，“彻”是大曲的最末一遍，相当曲子的“尾声”。这是说笙吹得很久，直吹到最后一曲，才感到笙簧寒咽（yè），曲不成声了。笙是靠笙管中的簧片发声的，而“簧”是要“炙”了使它暖，声音才嘹亮清越。庾信《春赋》：“更炙笙簧。”周邦彦《庆春宫》：“夜深簧暖笙清。”都是这个意思。如果吹久了，簧片沾了人的口液和潮气，便因湿而寒，声音失真。这是从字面上来理解。实际上还有一层含义。唐人陆龟蒙《赠远》诗：“从君出门后，不奏云和管；妾思（去声）冷如簧，时时望君暖。心期梦中见，路永梦魂短。怨坐泣西风，秋窗月华满。”李璟的词除把月夜的背景改成雨天之外，基本上脱胎于陆诗，这里正是暗指闺中的女子思念征夫殷切地盼他归来之意。古人以为此词十分含蓄，大约就是由于它语含双关的缘故。“多少泪珠何限恨”，又是大实话，已实到无可再实，而结尾却用一句虚到无可再虚的虚笔作结束。人醒很难重新入梦，笙寒也无法继续再吹，天涯人远，幽恨难平；曲不成声，泪如泉涌。“倚阑干”三字写出楼中之人百无聊赖的情怀和手足无措的举止，确是惟妙惟肖，余味无穷。清人黄蓼园评此词末三字说：“结‘倚阑干’三字，亦有说不尽之意。真可谓打中要害，搔着痒处了。”

最后附带说一下，这首词末一句一本作“寄阑干”，“寄”是寄托的意思。如果用“寄”，就是说自己有着流不尽的泪和无休无止的恨，可是现在流泪也无用，有恨也难消，只有把一切吞到肚里，把一腔幽怨寄托在阑干上了。这样写法是很深刻的，但是不大像词，有点像锤炼字句的杜诗。而词的语言是以浅显醒豁为主的，刻意求深，反倒不像词了。所以俞平伯先生在四十年前写《读词偶得》时主张用“寄”；晚年编注《唐宋词选释》却改成用“倚”。由于目前有的选本或两字并存，或仍用“寄”字，因此这里顺便谈一下自己的意见。

1982年9月末病中写完

介绍李煜前期的词

现在创作领域要求打破“禁区”，我看对古典文学欣赏也要解放思想。建国三十年来，我们对几千年古典文化遗产确实做了不少吸取精华、剔除糟粕的工作，可是与此同时，也或多或少设置了一些莫名其妙的“框框”。比如按阶级出身和本人成分来评价古代作家，而不问其作品水平的高低、质量的优劣，就是“框框”之一。五代南唐后主李煜是个小朝廷的皇帝。作为帝王，他是个亡国之君，但作为词人，他的作品却有着不可磨灭的成就。可是有的人就因为他的出身不好，于是连他的作品也只能成为批判的对象，这是不科学的。

李煜前期的词，主要指他在亡国以前做皇帝时写的词，一部分是描写帝王生活和宫闱琐事的，不免染上南朝宫体诗香艳绮靡的习气。尽管这些词具有一定的艺术特点，却毕竟不够健康严肃。但还有另一部分比较清新韶秀的词，题材虽没有脱尽闺思离情的窠臼，但格调和情操却还是比较明朗高洁的，值得后人借鉴。现在我们举《长相思》和《捣练子令》两首小令为例，对它们的写作特点试加分析。先看《长相思》。

云一緺（音 wō，窝），玉一梭，淡淡衫儿薄薄罗，轻颦双黛螺。　　秋风多，雨声和，窗外芭蕉三两窠，夜长人奈何！

这是一幅清秀俊雅的仕女图。上片用客观的描写手法着重刻画抒情女主人公外观的美丽，开门见山地让读者看到一个线条优美、风度高雅的青年女性形象。在我国古典文学作品中，描写妇女外形的美丽大体可归纳为两种手法。一种是从头写到脚，包括相貌、服装和装饰品，不厌其烦地形容这个女子每个部分有多么漂亮。这从《诗经》的《硕人篇》开端，到宋玉的《高唐赋》和曹植的《洛神赋》，这一手法逐渐成熟。但这种铺张夸饰的写法不适用于短篇小词，它没有那么大的容量。而且除了篇幅的关系之外，这种巨细不遗的描写也容易千篇一律。到了后来的明清小说里，动不动就是“柳眉”“杏眼”“粉面”“朱唇”之类，成了陈词滥调。另一种是只突出描写这个女性形象的某一点，以局部概括整体，让读者自己展开联翩的浮想，根据每个人本身的经验把作者所没有写出来的其他内容填充进去。这依然能达到预期目的，读者能完全体会到这是一个完整而美好的女性形象。比如南朝乐府《西洲曲》里写一个少女，只用了十个字来描述她外观的美丽：“单衫杏子红，双鬓鸦雏色。”一个长着满头黑发、穿着杏红单衫的少女形象便活泼生动地站在你面前，既朴素大方，又婀娜多姿。至于她的脸盘儿、体型、身材等等，全都省略，而读者只从这两句诗就可得到一个完美的印象：这个女孩子一定长得十分俊俏。这就无须乎作者再去写什么“面似桃花”“眼如秋水”那一套无聊的词句了。李煜这首词用的就是后一种手法，只着重写这个女主人公的几个特点，而这个有线条、有风度的青年女性便已跃然纸上了。

但是，“云一緺，玉一梭”两句究竟指什么，历来的讲法也并不一致。“云”指云鬟、云鬓，也就是乌黑的头发，这从来没有争议。“緺”字本读“锅”，《说文》里说它是青紫色的绶带，于是有人认为这里指结扎头发用的青紫色丝绦，也就是缎带一类的东西。我说这样讲不一定合适。这里明明用“一緺”来形容“云”，“云一緺”也就等于说“一緺云”的意思，决不会指头发上的附加物。这首词的“緺”字，一本作窝藏的“窝”，可见它的读音与“窝”相同，“一窝”就是一堆、一团的意思。那么“云一緺”就是指一堆或一团乌黑的头发。由于头发是丝状的，所以就写成绞丝旁的“緺”了。何况古音读“锅”音的字，如“蜗（guō）牛”“老挝（guō）”，现在都读成“蜗（wō）牛”“老挝（wō）”了，那么这个绞丝旁的“緺”（guō）字也可以读“窝”了。李煜在这里可能用的是口语，却写了一个古字。我们不宜食古不化。这第一句就是写女子的头发很美，又黑又多。至于“玉一梭”，旧注大都讲成头发上插的玉簪，因为簪子的形状很像织布的梭，我认为这也值得商榷。簪子戴在发髻上，人只能从这个女子的头顶才看得见她头上的玉簪（汉《城中谣》：“城中好高髻，四方高一尺。”可见古代女子的髻是梳在头顶的，即所谓“螺髻”）。而下文“轻颦双黛螺”指双眉微皱，是从正面去描写的。如果前两句都是写女子的头顶，一下子转到从正面写她微蹙着双眉，未免有点突然。我以为这几句全是从正面写的，第一句写头发，第二句写牙齿。“玉一梭”正是指女子双唇微启，恰呈梭形，露出一横排白玉似的牙齿，而不是一只玉梭的意思。发黑如云，齿洁如玉，这已经把女子的面容特点写得非常清晰全面了，然后第三句转入写身材线条。作者并没有用大红大绿去浓妆艳抹，而是只用“淡淡”“薄薄”两个形容词，女子轻盈的体态和高雅的风度就和盘托出。这一句作者写得也很有技巧。“淡淡”两字，本是形容“罗”的颜色的，但如果写成“薄薄衫儿淡淡罗”，便会索然寡味，现在照作者这样写，不仅显得女主人公绰约苗条，而且连她高雅幽静的精神气质也写出来了。写的是外表，却连女性内在的品质、情操也透露给读者，这不能不佩服作者高度的艺术水平。

这样一个风韵天成、姿容美丽而衣裳淡雅的女子，心情是不是很愉快、很舒畅呢？不，她有心事，有愁恨，只是表露得并不明显，“轻颦双黛螺”而已。“黛螺”本名螺子黛，是古代女子用来画眉的一种颜料，这里用作眉毛的代称，作者表面上写女主人公不过只有淡淡的哀愁，但联系到下片长夜无眠的情景来看，实际她心中却积蓄着难以排解的幽怨，我们不禁被作者的生花妙笔引入了对这个女主人公的同情，并为她感到一种无名的惆怅，作者所以在上片的末句突出地写出了女主人公“轻颦”的愁态，正是为下片安下了根脚。我们读完上片，已是“山重水复疑无路”，而下片却用烘云托月的手法使读者加深了对女主人公的同情。从用笔来看，俨然“柳暗花明又一村”，而作者只是使主题深化，并没有节外生枝。

秋风是萧瑟的，秋雨更是凄清的，“秋风秋雨愁杀人”，都容易引起人的忧愁烦恼。风是没有节奏的，所以作者用了一个“多”字，更显得风声呜咽狂乱，而风中的雨声，却宛如在一首狂想曲中响着时急时徐的节拍，因此作者用了个“和”字。照我的理解，“和”是和谐的意思，这同上文的“多”字恰好两相对照，而不宜作“应和”（两字都读去声）、“附和”（去声）讲。有的本子作“雨相和”或“雨如和”，“相”和“如”字并非不好，但连接在这两字下面，“和”是应该读去声“hè”的，这就不协韵了。风吹雨打还不够，偏偏窗外还有“三两窠”芭蕉，这就使听风听雨的人心里更不平静了。“三两窠”是三两丛或三两簇的意思，“穴”字头的“窠”不等于“木”字旁的“棵”，因为芭蕉是一丛一丛生长的，它不像木本的树干，是一棵一棵独立生长的。我们不妨把这首词的下片同温庭筠的一首《更漏子》的下片做个比较。温词写道：“梧桐树，三更雨，不道离情正苦；一叶叶，一声声，空阶滴到明。”这是把话直说出来，告诉读者秋夜雨打梧桐的声音使人受不了；李煜没有这样写，只是把客观景物摆出来让读者自己去联系、体会。但李煜不是为写景而写景，还要把笔兜转来归结到“人物”本身，所以末尾以“夜长人奈何”作结。这个“人”无疑就是上片“轻颦双黛螺”的那个女子。有了上下片这两句收尾的描述，整首词的主客观两方面就有机地连在一起了。温庭筠是细腻地铺叙，用了二十四个字，尚且只写了“雨”而没有写“风”；李煜则是概括地浓缩，用了十八个字，却在全词收束处把镜头转向了“人”。“夜长”二字，虽然含混，但从时间概念上看，却比清楚点明“三更雨”和“滴到明”的说法显得蕴藉精练，而“奈何”二字也比温词特定的“离情”两字所包孕的内容要多得多。这个女子可以是少女，也可以是少妇，可以思念离别的情人，也可以是个被遗弃的女子，还可以是个失去爱人的寡妇。总之，作者给读者留下了驰骋想象的余地。同一相思离别的主题，抒情主人公又都是女子，温庭筠写来刻画入微，功力不为不深；李煜却举重若轻，迤逦写来，毫不吃力地就产生了水到渠成的效果。其实李煜写词时何尝掉以轻心，率意而作，只是他虽经过了精密推敲，却没有留下雕琢的痕迹罢了。这真不能不使人叹为观止了。

下面再看《捣练子令》：

深院静，小庭空，断续寒砧断续风。无奈夜长人不寐，数声和月到帘栊。

这是一首本义词。白练是古代一种丝织品，制作过程中要经过在砧石上用木棒捶捣这道工序，一般都是由妇女操作的。这首词的词牌即因其内容是以捣练为题材而得名的。作者通过对一个失眠者夜听砧上捣练之声的描绘，写出了抒情主人公内心的焦躁烦恼。但作者却为这种忐忑不宁的心情安排了一个十分幽静寂寥、空虚冷漠的环境。头两句乍一看仿佛是重复的，后来汤显祖在《牡丹亭》里就写出“人立小庭深院”的句子，把“深院”和“小庭”基本上看成同义词。其实这两句似重复而并不重复。第一句是诉诸听觉，第二句是诉诸视觉。然而尽管耳在听目在看，却什么也没有听到，什么也没有看到。这样，“静”和“空”这两个字，不仅在感受上给人以差别，而且也看出作者在斟酌用词时是颇费一番心思的了。至于“深院”，是写居住的人远离尘嚣；“小庭”则写所居之地并非雕梁画栋，只是一个空荡荡的小小天井，不仅幽静，而且空虚。头两句看似写景，实际是衬托出主人公内心的寂寞无聊。只有在这绝对安静的环境里，远处被断续风声吹来的砧上捣练之声才有可能被这小庭深院的主人听到。

第三句是这首词的核心。自古以来，砧上捣衣或捣练的声音一直成为夫妇或情人彼此相思回忆的诗料，久而久之，也就成为诗词里的典故。比如李白在

《子夜吴歌》的第三首里写道：

长安一片月，万户捣衣声。秋风吹不尽，总是玉关情。何日平胡虏，良人罢远征？

杜甫的一首题为《捣衣》的五律也说：

亦知戍不返，秋至拭清砧。已近苦寒月，况经长别心。宁辞捣衣倦，一寄塞垣深。用尽闺中力，君听空（去声）外音。

所谓“空（去声）外音”，也就是砧上捣衣之声。李、杜两家所写，是从捣衣人的角度出发的。这首词却是从听砧声的人的角度来写的。这个听砧的人不管是男是女，总之是会因听到这种声音而引起相思离别之情的。不过要提请注意的是：在第三句里虽连用两次“断续”字样，含义却不尽相同。一般地说，在砧上捣衣或捣练，总是有节奏地进行的，因此一声与一声之间总有短暂的间歇，而这种断续的有节奏的捣练声并没有从头至尾一声接一声地送入小庭深院中来。这是因为风力时强时弱，时有时无，这就使身居小庭深院中的听砧者有时听得到，有时听不到。正因为“风”有断续，才使得砧声时有时无，若断若续。这就把一种诉诸听觉的呆板沉闷的静态给写活了。下面两句，明明是人因捣练的砧声搅乱了自己的万千思绪，因而心潮起伏，无法安眠，作者却偏偏翻转过来倒果为因，说由于人嫌夜长无奈而睡不着觉，这才使砧声时断时续地达于耳畔，而且夜深了，砧声还在断断续续地响，是伴随着月光传入帘栊的。这就又把听觉和视觉相互结合起来，做到了声色交融——秋月的清光和捣练的音响合在一起，共同触动着这个“不寐”者的心弦。然而作者并没有绘声绘色，大事渲染，只是用单调的砧声和素朴的月光唤起了读者对一个孤独无眠者的惆怅和同情。这才是李煜写词真正见功力的地方。

前人评论李煜词的特点之一，是不假雕饰，纯用白描。这当然正确。但李煜前期的词并非毫无雕饰，而是洗尽铅华，摆脱了尘俗的浓妆艳抹，使人感觉不到他用心雕饰的斧凿痕迹。这里介绍的两首小令就完全可以说明这一点。其实仅就这两首小令来说，无论结构、布局、遣词、造句，作者都是经过了严密的构思和细致的安排的，而读者在读词时却仿佛作者只是自然流露。一个作家能于朴实无华之中体现匠心，才是真正的白描高手。

介绍李煜后期的词

李煜后期的词，是指他亡国以后做俘虏时写的作品。由于作者的身份、环境的骤然改变，从一国之主顿时成为阶下之囚，反映在作品中的思想感情，自然也有比较明显而剧烈的变化。变化的关键，在于作者从皇帝的宝座上一下子跌入万丈深渊，再也不能自拔。在他心里，至少有一点是十分清楚的：今生今世，再也过不成当年小朝廷安富尊荣的享乐生活了。当然，作者对昔日的享乐生活留恋越深，对当前现实表示遗憾的情绪也就越强烈。他的一首《望江南》，最能说明他这种依恋过去而对当前处境感到无可奈何的心情：

> 多少恨，昨夜梦魂中。还似旧时游上苑，车如流水马如龙。花月正春风。

作者在梦中回到了“旧时”的生活环境，自己被侍者、宫娥们簇拥着，在“上苑”里纵情欢笑，而王公大臣也纷纷来到，参加这次“游上苑”的盛典，“车如流水马如龙”，写尽了贵族统治者们的豪华气派和热闹场景。虽说全篇平铺直叙，一气呵成，却有几个地方值得注意。一、第一句“多少恨”，是指梦醒后又回到现实生活中来所产生的“恨”，因为在梦中作者只沉迷于“旧时”之乐，是不会想到“恨”的。然而第二句却紧接着说“昨夜梦魂中”，说明这“恨”乃由昨夜的梦境所引起，可见作者对昔日贵为天子、今日贱为臣虏的残酷现实已深有感受。不过他对当前之“恨”只一句表过，便停顿下来不再细说，却掉转笔锋一连三句只从梦境方面对“旧时游上苑”的风光大加渲染。他越是把梦境写得热闹繁华，就越表明当前之“恨”既多且深。这种用平直之笔写深曲之情的手法，正是李煜后期词的一大特点。二、“车如流水马如龙”出自《后汉书·马皇后纪》：“车如流水，马如游龙。”后来唐代苏颋有《夜宴安乐公主新宅》七绝，头一句就是“车如流水马如龙”。可见李煜这里用的是成句。但前人评此词，认为这一句摆在诗里十分平常，而在词里就很出色。其实这不是写诗或写词的问题，而是苏颋全诗并不精彩，所以这一句也不显得突出；李煜这句词是渲染衬托之笔，梦境越是如火如荼，醒后的环境就越是空虚岑寂，越感到遗恨无穷，特别是这种车水马龙的盛况，乃是以作者这个小朝廷的皇帝为中心的，形成众星拱月般的场面，其本身就起着锦上添花的作用，而今日雪中送炭者又有何人，其言外之意便更加伤感。如果我们脱离了整首的诗或词，只是孤立地来看这句话，是说不上什么好坏优劣的。三、“花月正春风”这一句应该是双关语，它既属景语又意含比兴。既写梦中“游上苑”是在和风朗月百花盛开的季节进行的，同时也说明当初做皇帝寻欢作乐之时，正如坐于春风之中在看花赏月，足使人流连忘返。唐人用“春风得意马蹄疾”的诗句形容新科进士的踌躇满志，李煜这句词的意境也颇有类似之处。其实皇帝耽溺于歌舞宴乐并不限于春日，作者之所以采取了“花月正春风”的背景，不过为了增强梦中欢娱的气氛，好与开头的“多少恨”形成强烈的对照而已。

如果说在《望江南》中，作者只是比较含蓄地流露出对当前现实的“恨”，那么在他临死前不久写的《浪淘沙》和《虞美人》，就爽性把这种今昔沧桑之感毫无隐讳地表达出来了。我们先看《浪淘沙》：

> 帘外雨潺潺，春意阑珊。罗衾不耐五更寒。梦里不知身是客，一晌贪欢。　　独自暮凭栏，无限江山。别时容易见时难。流水落花春去也，天上人间，

这首词上片应结合前一首《望江南》对照来读，那一首专写梦境，这一首却从梦醒之后写起。帘外潺潺雨声是醒后所闻。然后由雨声联想到春天已快过完，从而感到意兴阑珊。这同前一首“花月正春风”一句写法仿佛，而情趣恰好相反，作者既写了客观景象，又写出主观心情，更与下片“流水落花春去也”前后呼应，使人只觉得沉痛而不感到重复。然后再追叙梦醒是由于五更寒雨，把

自己从梦中冻醒了，这才结束了梦里“一晌贪欢”的情景。而听雨、伤春和“罗衾不耐五更寒”，又都是孤身在外作客的感受，跟皇帝生活是迥然不同的，这就使“不知身是客”的“客”字有了着落。上片末两句确实凄楚动人，说自己忘记了俘虏的身份和囚人的处境，在梦里又享受到昔年的欢乐。但这种欢乐是短暂而虚假的，只是自我麻醉而已。一旦梦醒，一切又都回到现实中来，而现实不但使人忧伤，而且还总有一种战战兢兢朝不保夕的感觉。梦里可以“一晌贪欢”，醒来又当如何？“不知身是客”固然意味着得到片刻的解脱，那么当知道自己依然“身是客”时又当如何？作者把话说得如此坦率，说明他对现实生活的认识已足够清醒，然则作为征服者的宋太宗，怎么能允许被征服者头脑如此清醒呢？在改朝换代的矛盾斗争中，只有乐不思蜀的刘阿斗才能侥幸终其余年，而李煜却写出这样对现实感到压抑的词来，宋太宗当然不会放过他了。近人吴梅在《词学通论》中提到李煜后期的词只用赋体而不用比兴，所以后来无人能学，所谓“用赋体”，也就是另一些评论家说的“纯用白描”“直抒胸臆”，写词仿佛说大白话，有啥说啥，再不绕弯子。这话并不错。但我以为，李煜后期作品最大的特点，正如我在前面所说，是能用平直之笔写深曲之情。看上去一泻无余，其实却仍旧有弦外之音，言外之意。清人沈辰垣《历代诗余》卷一百一十三引《乐府纪闻》，说宋太宗听到李煜写的《浪淘沙》和《虞美人》，便下命令让他饮毒酒自杀（此外如陆游的《避暑漫抄》、王铚的《默记》、陈霆的《唐馀纪传》，也都有类似的记载），看来宋太宗是懂得这些弦外之音的。

下片第一句“独自暮凭栏”，历来有不同讲法。因为“暮”字一本作“莫”。“莫凭栏”是不要凭栏，而“暮凭栏”则是在黄昏时凭栏。照我的体会，作者说“莫凭栏”，其实是有凭栏的经验的。正因为凭栏后使自己感到伤心，所以才劝自己一个人不要再去凭栏了。并非不可通。俞平伯先生早年在《读词偶得》中是讲成“莫”字的，但四十年代我听废名先生讲课，他跟俞老既是同门又是好朋友，而他在课堂上就公开说俞先生这一点讲错了。俞老晚年写定《唐宋词选释》，也修正了过去的讲法。他说：“我前在《读词偶得》里读为入声，作否定语讲，……说亦未必是。下片从‘凭栏’生出，略点晚景，‘无限江山’以下，转入沉思境界，作‘暮’字自好。”我个人比较同意后说。第一，这首词从时间顺序看是由黎明写到黄昏，作“暮”字比较自然，而且与下文“无限江山”相连贯，“江山”在望，别易会难，正是凭栏时所见所感；如果说不要凭栏，却又说“无限江山”，上下文就有点不接气了。第二，从声调音节来看，一句词用“独”“莫”两个入声词，显得十分急促，听上去不美，不如连用“自”“暮”两个去声字，反而显得心情格外沉重。第三，这里先说凭栏有所见，而眼前所见的“无限江山”并不属于自己所有，而曾为自己所有的“无限江山”却又无从见到，这才引起下文“别时容易见时难”的感叹。这样理解，似乎更顺理成章，更深刻，更显得悲怨凄凉。这比自己做决绝之辞，说我独自再不要凭栏了，似乎更有意境。接下去“流水落花春去也”，仍是意含双关，既写残春无法挽留，也写自己前景暗淡无光，是人间一切事物都归于幻灭的形象化的描写，是绝望透顶的哀鸣。收句用“天上人间”四字，则又转入含蓄蕴藉的境界。“天上”“人间”应该是相对的两个词语，这从白居易《长恨歌》的“天上人间会相见”和张泌《浣溪沙》的“天上人间何处去，旧欢新梦觉来时”的句子里都可以得到旁证。俞平伯先生在《读词偶得》中曾试图给这两个词语加标点，无论加问号（“天上？”“人间？”）还是加感叹号（“天上！”“人间！”）似乎都包括不了原作的意思。文研所注释的《唐宋词选》对这一句解释道：“这里有迷茫邈（miǎo）远，难以寻觅之意。”似乎也不够确切。我以为，这一句至少包括以下三层对比，即死与生、梦幻与现实和过去与将来的对比。当然这里面还包含了哀乐、贵贱、盛衰等等一切能对比的想法和感情。而作者却只写了四个字，看似说到尽头，其实是包藏着千言万语和千头万绪。近人陈锐《袌碧斋词话》对李煜词提出既有“气骨”而又使人感到“缠绵”的评语，我以为对这首词是非常适用的。

最后请看《虞美人》：

> 春花秋月何时了？往事知多少？小楼昨夜又东风，故国不堪回首月明中。　雕栏玉砌应犹在（读上声），只是朱颜改。问君能有几多愁？恰似一江春水向东流。

近年来人们讲文学史，都说唐宋词人分婉约、豪放两派，连我自己也不例外。其实这样分并不科学。婉约和豪放，是指写作手法呢，还是指题材和内容？照理讲，这应该指两种不同的艺术风格。但文学史家却把李煜、李清照的词都算成婉约派作品。这就把概念弄得含混不清了。其实像李煜这首《虞美人》，虽写个人的感伤愁恨，却全无假借，直抒性灵，其风格应属于豪放范畴。正如李清照的《声声慢》，凄厉悲凉，毫不掩饰自己心情的痛苦，何尝有多少婉约的成分!

《虞美人》这首词，可以用“大开大阖”四个字来概括。上片第一句是着眼未来，说年年有春花秋月，这种良辰美景从无了结之时。一个在人生道路上平坦顺利地行进或没有被卷入矛盾漩涡中的人，会认为“春花秋月”都是可喜可爱的，而作者瞻望前途，却只有一片迷茫，看不到任何出路。于是“何时了”三字就不免带有埋怨情绪了。第二句则回顾过去，所谓“往事”，原是美好而值得留恋的，可是现在全已化为泡影，成为陈迹，一去不复返了。这两句一瞻前一顾后，自成开阖。然后第三句回到现实生活本身中来。作者作为一个词人，在经过一百八十度的沧桑变化之后，是十分敏感的。他感受到春天“又”来了，“东风”在夜半吹来。春风可以苏醒万物，同时也可以把埋藏在人们灵魂深处的痛苦和悲怨吹上了心头。一旦如草木之萌发，就再也按捺不下，掩盖不住了，于是迸放出第四句:“故国不堪回首月明中！”这是明言，直言，放言，毫无假借和掩饰，坦率地说出了自己的家国兴亡之恨！这是一个醉生梦死者的觉醒，也是一个亡国贱俘无济于事地幡然悔悟！从“昨夜”追想到当年，从结构上说是又一个大开大阖，而从作者心情的变化说则是大起大落地急转直下。难怪宋太宗听到李煜竟写出这样的句子，必迅速剪除之而后才放心了。

下片“雕栏玉砌”二句，紧承上片“故国不堪回首”而言。这是以“物是人非”的对比手法自为开阖。遥想江南的宫殿，应该还跟从前一样吧，只是自己却因遭到意外变故，已经衰老了。往日的朱颜，现在已变得苍老憔悴。据龙衮《江南野史》记载，李煜曾有“此中日夕，只以眼泪洗面”的话，可见忧能伤人，作者这里的“朱颜改”原是真实的写照。但作者所感叹的，还不仅是岁月的流逝，而是泛指人事的变迁。最后两句，是说眼前，也包括今后。意思说现在的“愁”已经够多的了，还能再有多少愁呢？然而回答是:“恰似一江春水向东流！”在未来的日子里，除了“愁”还有什么呢？这才是真正的亡国哀音，然而作者却写得极其坦率，所谓直陈胸臆，莫过于此了。

最后，我想谈一下“恰似一江春水向东流”这个比喻的含义。李煜在另一首《相见欢》(又叫《乌夜啼》)里，末一句同本句很相近:“自是人生长恨水长东!”意思是说“人生长恨”是命中注定的，就像水往东流一样无法改变。而《虞美人》里这一句却是用开阔的景象来形容细微的感情，这同李璟的词以“回首绿波”两句作结尾的手法是异曲同工的。因此它不同于“自是人生长恨水长东”。江水到了春天，就涨了起来，既盛大而又源远流长。水越大则比喻愁越多，而水流不断更比喻愁恨之来也是无穷无尽的。另外，后世的评论家又用宋代秦观(读去声)《千秋岁》的结尾“春去也，飞红万点愁如海”来同李煜的这句词相比，其实两者也不尽相同。秦观的词固然也形容愁多，但“海”的形象是一片汪洋，无边无际，同这句以江水东流比喻愁之无穷无尽还是略有区别的。另外，秦观还添了“飞红万点”四个字，那是表示愁绪纷乱、触目惊心的意思，与此也各有偏重。总之，在诗词中为人千古传诵的名句，都各有它们的独创性。形象思维不同于逻辑思维，作家们的想象和构思绝对不会千篇一律。只要细心玩味，自然能分辨它们之间的细微差异的。

说李煜《子夜歌》(即《菩萨蛮》)

人生愁恨何能免，销魂独我情何限。故国梦重归，觉来双泪垂。　高楼谁与上，长记秋晴望。往事已成空，还如一梦中。

李煜的词素以白描著称，然而质实平直，朴素无文，无过此词。他有些词的白描手法是有选择的，如“云一緺，玉一梭”是；有的根本不是白描，如“离恨恰如春草，更行更远还生”，显然是比兴。有的则看似白描，实际仍是比兴，如“小楼昨夜又东风”的“东风”，便是他致命的祸根。因为“哀莫大于心死”，李煜果真心死，是不会惨遭杀害的。而这“昨夜”的“东风”恰好“又”把他心底的火种吹燃，凭着他诗人的敏感竟察觉到春天“又”来了，于是下面一句“故国不堪回首月明中”就不再是泛论，而是他对亡国破家惨痛感受的具体表现。这就必然引起宋朝皇帝的猜忌，终于断送了这个亡国之君的性命。而这首《子夜歌》，则纯乎是近于笨拙的大实话，如头两句便是。当然，这第一、第二两句的概括性是很强的。头一句是概括了古往今来的人生，第二句则是说像他这样走到末路的亡国之君总免不了黯然销魂。可是毕竟太质朴了，即使第二句从全称过渡到特称，也还是人所尽知、人所能道之意。当然，朴素有朴素的好处，老实平易也能感动人。但我总觉得李煜的才情还不至于如此质木无文。像第三句说到梦，第四句就老实把“觉来”二字也写了上去。又如上片说了“独我情何限”，下面又说“高楼谁与上”，看似前后照应，其实不免叠床架屋。这可能是聪明绝顶的人故作难得糊涂之语，才这样毫无曲折地写成的吧。

然而我终于在下片找到了全词的警策语，那就是“长记秋晴望”这一句。什么是“秋晴望”，用现代汉语说就是望着秋日晴朗的天空。秋日的晴空是万里无云、一清如水的。诗人独上高楼当然不排斥登高望远，像王粲《登楼赋》里思念故乡的意境。但更关键的乃是秋日晴空澄澈无际，一眼望不到边，却又一无所有，什么也望不见。这就是底下的一句“往事已成空”的形象化。诗人的望中所见（实际上是一无所见），正是他此时此刻的心境。过去的身份、地位、富贵、繁华、社稷、宗庙、人民、宫室，一切都完了，就像秋天万里无云的晴朗的天空一样。然而一切都完了却又一切摆脱不掉，所以诗人用了“长记”这两个字，就是说自己的亡国之痛，一切都成为泡影，只能永远留在记忆之中，无论如何也忘不掉的。然后跌到末句“还如一梦中”，这就包括上面说的“故国梦重归”也成了毫无意义的幻景，甚至“双泪垂”也属多余的了。那么，这个使人“愁恨”，使人“销魂”的“情何限”的“情”，才真是无限的，也像秋日晴空那样茫无涯际。另外，上半首和下半首各写了一个“梦”字，上一个“梦”字是无可奈何而以梦作真，下一个“梦”字却仍是无可奈何，感到真的生活也似梦境一样。不论真也好，梦也好，都是跟“秋晴望”的感受分不开的。因此，整首词并不嫌其平易质朴，老老实实，只要核心的一句写透了就一切具足。

说李煜《浪淘沙》

往事只堪哀，对景难排。秋风庭院藓侵阶，一桁珠帘闲不卷，终日谁来！　　金锁已沉埋，壮气蒿莱，晚凉天静月华开。想得玉楼瑶殿影，空照秦淮。

五代南唐后主李煜是个小朝廷的皇帝。作为帝王，他是个亡国之君，但作为一个文学家，他的词却有着不可磨灭的成就。我们不宜只按阶级出身和本人成分来评价古代作家，而不问其作品的高低好坏。以这首《浪淘沙》而论，自南宋以来，从未有人怀疑过它的著作权，然而近人往往先给李煜定了调，说他是“婉约”派，然后认为这首词的风格既然比较“豪放”，那么它想必不是李煜的作品。我觉得这种意见缺乏有力的根据。从创作风格看，这首词同李煜后期写的《虞美人》和另外一首《浪淘沙》并无很大差异，都是直抒胸臆，一气呵成之作，唯一可怀疑的依据就是这首词有一句“壮气蒿莱”，而人们往往把“壮气”和“壮志”混为一谈，以为李煜怎么会有“雄心壮志”，于是便认定这首词不是李煜所作。其实“壮气”并不等同于“壮志”，更不是说李煜自己，这一点下文自然会谈到。

这首词的主旨，一上来就开门见山地道破，即“往事堪哀”“对景难排”这八个字，“景”指的是眼前景物，是对照作者心中所念念不忘的“往事”而言，而“往事”又跟作者今天的处境两相映照，昔日贵为天子，今日贱为俘虏，这简直有九天九地之差。但是作者心里有一点是十分清楚的：今生今世，再也过不成当年小朝廷那种安富尊荣的享乐生活了。也就是说，“往事”除了“堪哀”之外，再也没有卷土重来的机会了，所以第一句用了一个“只”字。“只”是什么意思？是独一无二、除此之外再无别计的意思。古人说“哀莫大于心死”，偏偏这个已经当了俘虏的亡国皇帝心还没有死透。相反，他对外界事物还很敏感，不论是春天的“小楼昨夜又东风”还是秋凉时候的“庭院藓侵阶”

和“天静月华开”，都在他思想上有反应，起作用。这样一来，内心纠缠着的矛盾当然无法解除，只能用四个字来概括：“对景难排”。作者在这首词里所描写的“景”实际只有两句，即上片的“秋风庭院藓侵阶”和下片的“晚凉天静月华开”。上句写昼景，下句写夜景。“藓”是苔藓，“藓侵阶”就是《陋室铭》里说的“苔痕上阶绿”，表示这里已长久无人来往，连台阶上都长满了青苔，真是死一般的岑寂。作者对此既感到“难排”，便有心加以“抵制”。抵制的方式是消极的，檐前那一长列珠帘连卷也不卷，干脆把视线遮住，与外界隔绝。当然，珠帘不卷并不是绝对的，否则作者怎么会看到“秋风庭院”和“晚凉天静月华开”呢？这一句实在是作者的表态，用这样的手法逼出了下面的四个字：“终日谁来！”既然连个人影都见不到，还把珠帘卷起来干什么呢？但读者会问：“藓侵阶”这一句既已写出久无人迹，又说“终日谁来”，岂非叠床架屋？我说，这么写似重复而实不重复，而是用下一句配合上一句，来刻画自己内心的复杂矛盾。因为死一般寂静的环境和萧索无聊的景象是客观存在，绝对不以个人主观意志为转移。作者一方面采取“一桁珠帘闲不卷”的无可奈何的办法来消极“抵制”，另一方面却仍然存希望于万一，心想或许竟会有个人来这里以慰自己的岑寂吧。不说“不见人来”而说“终日谁来”，字面上是说终日谁也不来，骨子里却暗含着万一有人来也说不定的心理在内。这就跟上一句似重复而实不重复了。因为上一句是从实际客观景物来写的，下一句则是写内在的主观心理活动，两句的角度并不相同。

既然眼前的和未来的客观现实是没有任何出路可言的了，那么，自己在悲观绝望之余，只有通过回忆去流连当日在金陵小朝廷时的光景，于是词的下一半转入对故国的沉思。这也是李煜这个特定的人物在特定的环境下的逻辑必然，而沉思的结果，依然是荒凉萧索，寂寞消沉。但这是想象中的产物，比眼前实际看到的东西更虚幻，因而感情也就更加凄凉哀怨。“金锁”指雕镂在宫门上的金色连锁花纹，这同鹿虔扆词里的“金锁重门荒苑静”的“金锁”是一个意思，这里作为南唐宫殿的代称。“金锁已沉埋”，指想象中殿宇荒凉，因久无人迹，已被尘封土掩，埋没在荒烟蔓草之中了。“壮气”，又可称为“王气”，也等于说“旺气”，本指称王称帝的人所具有的兴旺气象（迷信的说法叫作“气数”）。《太平御览》卷 170 引《金陵图说》：

昔楚威王见此（指金陵，即今江苏南京市）有王气，因埋金以镇之，故曰金陵。秦并天下，望气者言江东有天子气，凿地断连冈，因改金陵为秣陵。

这里的“金锁”两句，正如刘禹锡《西塞山怀古》里所说的“金陵王气黯然收”。这是一种讲法。另一版本这一句作“金剑已沉埋”，指的是宝剑。这也有一个典故。《史记·吴太伯世家》裴骃《集解》引《越绝书》：

阖庐冢在吴县阊门外，……扁诸之剑三千，方员之口三千，盘郢鱼肠之剑在焉。

另据唐人陆广微《吴地记》，相传吴王阖庐死后，葬在苏州郊外的虎丘，把贵重的宝剑也埋在地下殉葬。秦始皇东巡，走到虎丘，便掘地求剑，发现有老虎蹲在吴王坟上。秦始皇用剑去砍虎，误中于石。结果并没有找到剑，而掘开的地面却下陷成池，后世号称剑池。这里借古事表明自己当皇帝的资格已经终结，只有亡国之痛。可见不论作“金锁”或“金剑”，这两句都是写当年偏安于一隅的那点儿气数已尽，旧时的皇宫内苑久已埋没在荒烟蔓草之中，只剩有一片蒿莱，真是不堪回首了。然而，秋天的夜晚，月华如洗，万里无云，当年自己做皇帝时所过的“归来休放烛花红，待踏马蹄清夜月”（李煜《玉楼春》）那种金粉豪华的生活固然一去不复返，而面对着大好秋光，无边月色，不禁为映照在秦淮河上的“玉楼瑶殿影”抛下一掬酸辛之泪。这里面有悔恨，有惆怅，百无聊赖而又眷恋无穷。最末一句作者用了一个“空”字，正与开篇第一句的“只”字遥相呼应，在无比空虚中投下了无限凄惶。这正是作者在《虞美人》中所谓“雕栏玉砌应犹在，只是朱颜改”的另一写法。那一首说旧时宫殿大约还存在，只是人的“朱颜”已经憔悴，跟往日不同了，这里却说，连“玉楼瑶殿”也该感到孤寂荒凉了吧，只剩下孤苦伶仃的影子映照在秦淮河上。这首词虽不像《虞美人》那样脍炙人口，可是同样给人以沉痛哀伤之感。我们应当把这两首词对照来读，而不宜以彼废此，或说这一首一定不如那一首。

总之，由于李煜从皇帝变成俘虏，社会地位的骤然改变，他的词也产生了一个突变，从描写香艳柔靡的宫闱琐事一变而抒发家国兴亡之恨。他的词纵使打着亡国之君时感伤烙印，毕竟大大开拓了词的境界。我们既不能因人废言，置李煜在词坛的高度成就于不顾，同时也要指出，他后期的作品即使跳出了香艳柔靡的圈子，可是悲痛哀伤有余而刚劲雄浑不足，在词的发展过程中还有待于两宋词人的再接再厉。这才是比较公允的看法。

释柳永《八声甘州》之“颙望”

柳永《八声甘州》：“想佳人妆楼颙望，误几回天际识归舟。争知我倚阑干处，正恁凝愁。”“颙望”，有的版本臆改为“凝望”，则与下文“凝愁”用字重复。长短句虽不避重字，也不能这样连着用。近人胡云翼《宋词选》则释“颙望”为“抬头呆望”，义虽基本相合，却未言其究竟。而“呆望”犹是“凝望”之意，可见这样的注释仍是从望文生义来的。

今按：“颙”与“望”连用，其始义盖本于《诗・大雅・卷阿》之“颙颙卬卬”。《卷阿》第六章云：“颙颙卬卬，如珪如璋，令闻令望，岂弟（恺悌）君子，四方为纲。”《尔雅・释训》：“颙颙卬卬，君之德也。”前人以此为《鲁诗》之说，而“颙颙”“卬卬”的具体讲法仍不得而知。《毛传》：“颙颙，温貌；卬卬，盛貌。”郑《笺》：“休貌则颙颙然敬顺，志气则卬卬然高朗，如玉之珪璋也。”释“卬卬”已比较沾边儿，而释“颙颙”仍病含糊。而汉人用此语，殊不作如此解。如枚乘《七发》中亦有“颙颙卬卬”之句，李善注：“波高貌也。”这比毛、郑之说要具体多了，可见这两个词与“高”有关。至于说“波高”，则因枚乘描写的是波涛，故李善犹不免望文生义或随文释词耳。

其实“颙颙”一词，自两汉以来屡有人用之。如《淮南子・俶真训》：“群生莫不颙颙然，仰其德以和顺。”《前汉纪・平帝纪》：“天下颙颙，引领而叹。”《三国志・蜀书・许靖传》：“自华及夷，颙颙注望。”凡此用“颙颙”处，都是形容“仰”“望”“引领”的。而“颙颙”又可写作“喁喁”。如前引《平帝纪》中二句,《汉书·王莽传》即写作“天下喁喁,引领而叹。”颜师古注:“喁喁,众口向上也。音颙。”考“喁”字本为形容鱼在水中而口露于水面之上的意思(说详王筠《说文句读》“口”部“喁”字条下注文)。“喁”为口在水上即鱼之口向上,则“颙”为人之延颈向上,两字可互通。如司马相如《谕巴蜀檄》:“延颈举踵,喁喁然皆争归义,欲为臣妾。”(一本作“喁喁然皆向风慕义”。)又如《后汉书·左雄等传论》:“天下喁喁,仰其风采。”亦皆与仰望之义有关,而“延颈”更与“引领”同义也。进而引申则有敬仰之意。如《文选》任昉《百辟劝进今上笺》:“搢绅颙颙,深所未达。”李善注引薛君《韩诗章句》:“万人颙颙,仰天告愬。”五臣注:“颙颙,敬仰貌。”总之,伸长了脖子也好,抬着头也好,敬仰也好,都与“仰”义分不开。故“颙望”即仰望,殆无疑也。

何况“颙颙”既与“卬卬”连用,则二语自当同义。“卬”为昂、仰诸字之义符,卬首即昂首,故“卬卬”实即“雄赳赳气昂昂”的那个“昂昂”,同时也是形容仰望的状语。卬、仰皆有高义,所以我说郑玄《毛诗笺》释“卬卬”为“高朗”,是有点沾边儿了。

北宋富弼《上仁宗论西夏八事疏》有云:“颙颙伫望,以日系时。”富弼与柳永同时,则“颙望”即“颙颙伫望”之意,而其着重点则在于伸长了脖子或仰着头远望也。

说张先《天仙子》

《水调》数声持酒听,午醉醒来愁未醒。送春春去几时回?临晚镜,伤流景,往事后期空记省。　　沙上并禽池上暝,云破月来花弄影。重重帘幕密遮灯,风不定,人初静,明日落红应满径。

——据《彊村丛书》本

这是北宋词中名篇之一,也是张先享誉之作。而其所以得名,则由于词中有“云破月来花弄影”之句。据陈师道《后山诗话》及胡仔《苕溪渔隐丛话》

所引各家评论，都说到张先所创作的诗词中以三句带有“影”字的佳句为世所称，人们誉之为“张三影”。今考作者的诗词，带“影”字的好句并不止三句，因而各家的说法也就不能一致。但值得注意者乃在于无论哪一种说法，这“三影”中的其他两句虽每有出入，而“云破月来花弄影”这一句却是一直被包括在内的。而且据宋人传说，宋祁、欧阳修都对这一句十分赞赏。可见此句之精彩，在当时已成定论。至于它究竟好在何处，下文自会谈到。

这首词是有标题的。《草堂诗余》题作“送春”，下面又注云：“一作‘春恨’。”这样的题目不过就词的内容撮要拟成，未必为原作所有。而《疆村丛书》本《张子野词》则另有一题云：“时为嘉禾小倅，以病眠，不赴府会。”这个标题在张词更早的版本中或较早的选本中也出现过，显然是有所依据的。但近人沈祖棻先生在其遗著《宋词赏析》[①]中却说：“……词中所写情事，与题很不相干。此题可能是时人偶记词乃何时何地所作，被误认为词题，传了下来。”（13页）实则原词第二句说“午醉醒来愁未醒”，正与“以病眠，不赴府会”的意思密切相关，足证“词中所写之事”并非“与题很不相干”。相反，我认为，这个短序似的标题倒更有助于对此词做较深入的理解。因此，有必要先把这个标题解释一下。

据唐圭璋先生《宋词三百首笺注》于“嘉禾小倅”下笺云：“张先为嘉禾（今嘉兴）判官时，在仁宗庆历元年（小如按：即公元1041年），年五十二岁。”至于“府会”，照我的理解应该是张设宴席，并以歌舞飨客娱宾的盛大宴会。这样的宴会往往从一天的下午开始，直至夜半始散，有时甚至通宵达旦地狂欢痛饮。而作者当时官位虽卑，却既是名士，又是诗人，这样的宴会是照例少不了他的，而他这一次却没有去。为什么没有去？因为他觉得寂寞空虚，有孤独之感。所谓“病”，不是指生病，而是由于一种淡淡的哀愁导致他感到倦怠疲沓，百无聊赖，对那种酣歌妙舞、坐起喧哗的热闹场合打不起精神，提不起兴趣，这才决定“不赴府会”，并且写了一首词把这种心情表达出来。这从词的本身一览而知，绝不是笔者牵强附会硬加给作者的。

---

① 上海古籍出版社1980年3月第一版。本文写成，受这本书的启发很多。特此声明，以示不敢掠美。只是沈先生已作古人，无由致谢了。

其实作者未尝不想借听歌饮酒来解愁。两宋士大夫在家里可以随时听歌赏舞，有些人家里就蓄有家伎。但在这首词里，作者却写他在家里品着酒听了几句曲子之后，不仅没有遣愁，反而心里更烦了，于是在吃了几杯闷酒之后便昏昏睡去。一觉醒来，日已过午，醉意虽消，愁却未曾稍减。睡在那里懒得起来，爽性连上司召赴的宴会也不去参加了。冯延巳《鹊踏枝》："昨夜笙歌容易散，酒醒添得愁无限。"这同样是写"欢乐极兮哀情多，少壮几时兮奈老何"的闲愁。只不过冯是在酒阑人散，舞休歌罢之后写第二天的萧索情怀，而张先则一想到笙歌散尽之后可能愁绪更多，所以根本连宴会也不去参加了（而稍晚于张先的秦观，则又发展了张词，在他的一首《满庭芳》里写道："伤怀，增怅望，新欢易失，往事难猜。……漫遭愁须殢酒，酒未醒，愁已先回。"则比张更说得明确细致了）。这就逼出下一句"送春春去几时回"的慨叹来。沈祖棻先生说："这首词乃是临老伤春之作，与词中习见的少男、少女的伤春不同。"这话确有见地。但我还想补充一点。即张先临老伤春的感受虽与少年男女有所不同，他伤春的内容却依然是年轻时风流缱绻之事。理由是：一、从"往事后期空记省"一句微逗出个中消息；二、下片特意点明"沙上并禽池上暝"，意思说鸳鸯一类水鸟，天一黑就双栖并宿，燕婉亲昵，如有情人之终成眷属。而自己则是形影相吊，索居块处。因此，"送春春去几时回"的上下两个"春"字。也就有了不尽相同的含义。上一个"春"指季节，指大好春光，而下一个"春"字，不仅指年华的易逝，还蕴涵着对青春时风流韵事的凭吊和惋惜。这就与下文"往事后期空记省"一句紧密联系起来。作者所"记省"的"往事"并非一般的嗟流光的易逝或伤人事之无凭，而是有其具体内容的。只是作者说得十分含蓄，在意境上留下很多余地让读者自己去补充，不像秦观说的"新欢易失，往事难猜"那种使人一望而知是旧欢再难重拾的意思。这大概就是所谓词尚"婉约"的特点吧。

"临晚镜，伤流景"二句，唐《笺》和沈《析》都引了杜牧的《代吴兴妓春初寄薛军事》诗："自悲临晓镜，谁与惜流年。"沈《析》更进一步阐释道："这里用杜诗而改'晓镜'为'晚镜'，一字之差，情景全异。"但张之所以反用小杜诗句，以"晚"易"晓"，主要还在于写实。因小杜是写女子晨起梳妆，感叹年华易逝，当然要用"晓"字，而此词作者则于午醉之后，又倦卧半晌，此时已近黄昏，总躺在那儿仍不能消愁解忧，便起来“临晚镜”了。这个“晚”既是天晚之晚，当然也隐指晚年之晚，这同上文两个“春”字各具不同含义是一样的，只是此处仅用了一个“晚”字，而把“晚年”的一层意思通过“伤流景”三字给补充出来罢了。

难讲的倒是“往事后期空记省”一句。这句的“后期”一本作“悠悠”。有人认为“悠悠”更好一些，其实是各有千秋。这里我主张仍从《草堂诗余》和《查村丛书》本作“后期”而不作“悠悠”，虽然张惠言的《词选》是特意选用了“悠悠”的。从词意含蓄看，“悠悠”空灵而“后期”质实，前者自有其传神入妙之处。但“后期”二字虽嫌朴拙，却与上文“愁”“伤”等词绾合得更紧密些。所谓“后期”，并非如沈《析》所谓“瞻望未来则后期无定”的意思，因为“将来”与“记省”相矛盾，对未来的事是不能用当追忆、反省讲的“记省”一词的。照我体会，“后期”有两层意思。一层是说往事过了时，即事过境迁或情随事迁，这就不得不感慨系之，故用了个“空”字；另一层意思则是指失去了机会或错过了机缘。从人们的生活经验看，所谓“往事”，可以是甜蜜幸福的，也可以是辛酸哀怨的。甜蜜幸福的往事固然在多年以后会引起人无限怅惘之情，而辛酸哀怨的往事则尤其使自己一想起来就加重思想负担。这件“往事”，明明是可以成为好事的，却由于自己错过机缘，把一个预先订妥的期约给耽误了（即所谓“后期”），这就使自己追悔莫及，正如李商隐说的“此情可待成追忆，只是当时已惘然”。随着时光的流逝，往事的印象并未因之淡忘，只能向自己的“记省”中去寻求。但寻求到了，也并不能得到安慰甚且更增添了烦恼。这就是自己为什么连持酒听歌也不能消愁，从而嗟老伤春，即使府中有盛大的宴会也不想去参加的原因了。可是作者偏把这个原因放在上片的末尾用反缴的手法写出，乍看起来竟像是事情的结果，这就把一腔自怨自艾，自甘孤寂的心情写得格外惆怅动人，表面上却又似含而不露，真是极尽婉约之能事了。

上片写作者的思想活动，是静态；下片写诗人即景生情，是动态。静态得平淡之趣，而动态有空灵之美。由于作者未去参加府会，便在暮色将临时自己到小园中闲步，借以排遣从午前一直滞留在心头的愁闷。天很快就暗下来了，水禽已并眠在池边沙岸上，夜幕逐渐笼罩了大地。这个晚上原应有月的，作者的初衷未尝不想趁月色以赏夜景，才步入园中的。不料云满晴空，并无月色，既然天已昏黑，那就回去吧。恰在这时，意外的景色变化在眼前出现了。风起了，刹那间吹开了云层，月光透露出来了，而花被风所吹动，也竟自在月光临照下婆娑弄影（注意：这与含贬义的“搔首弄姿”的“弄”是截然不同的）。这就给作者孤寂的情怀注入了暂时的欣慰。此句之所以传诵千古，作者自己也认为这是神来之笔，我以为还不仅在于修辞炼句的功夫而已，主要还在于诗人把经过整天的忧伤苦闷之后、居然在一天将尽时品尝到即将流逝的盎然春意这一曲折复杂的心情，通过生动妩媚的形象给曲曲传绘出来，让读者从而也分享到一点欣悦和无限美感。这才是在张先的许多名句之中唯独这一句始终为读者所爱好，欣赏的主要关键，前人对此句评价极高，如《草堂诗余》中沈际飞评云：“心与景会，落笔即是，着意即非，故当脍炙。”杨慎《词品》云：“景物如画，画亦不能至此，绝倒绝倒！”却仍嫌有些空泛，并未真正搔着痒处。

当然，即使只就遣词造句而言，这一句也还是大有可谈的。王国维《人间词话》云：“‘红杏枝头春意闹’，着一‘闹’字而境界全出；‘云破月来花弄影’，着一‘弄’字而境界全出矣。”这已是带权威性的评语。但从前也有人表示张先这一句并非独创，如吴幵《优古堂诗话》以为它出于古乐府“风动花枝月中影”，叶盛《水东日记》又以为它出于白居易《三游洞序》的“云破月出”，仿佛也不足为奇。唯沈祖棻先生则说：“其好处在于‘破’‘弄’两字，下得极其生动细致。天上，云在流；地下，花影在动，都暗示有风，为以下‘遮灯’‘满径’埋下伏线。”拈出“破”“弄”两字而不只谈一“弄”字，确有过人之处。我以前讲古典诗词的用字，始终认为把一句诗或词中的某一个字剔出来大讲特讲，总不免有割裂之嫌。即如王国维所举宋祁的“红杏枝头春意闹”，如果没有“红”“春”二词规定了当时当地情景，单凭一个“闹”字是不足以见其“境界全出”的。王安石《自金陵至丹阳道中有感》诗有“空场老雉挟春骄”之句，也是宋诗中向为众口传诵的。李壁注引《艺苑雌黄》，大讲“挟”字之妙，更引荆公“苍苔挟雨骄”句以证实之。我认为，两“挟”字固然下得很妙，倘下文没有那个“骄”字，这个“挟”也就黯然无色了。我曾写过一篇读诗札记谈及王安石的“春风又绿江南岸”（见 1979 年《学习与探索》创刊号），认为今人侈谈“绿”字修辞之妙，实际上只是洪迈《容斋续笔》个人的说法。今天传世的王安石全集，没有任何一种版本是作“又绿”的（包括作者另一诗下的自注也是如此)，而原文乃是“自绿”。然则评论此“绿”字用得如何好，必须与上面的“自”字联系起来研究才行。正如张先的这句词，没有上面的“云破月来”(特别是“破”与“来”这两个动词)，这个“弄”字就肯定不这么突出了。如果我们撇开词律的要求而不限字音的平仄，把这句词的“破”字换成“开”“移”“流”“散”等等，把“来”字改成“出”“照”“临”“现”等等，都没有现在的写法精彩。而“弄”之主语为“花”，宾语为“影”，特别是那个“影”字，也是不容任意更改的。其关键所在，除沈《析》谈到的起了风这一层意思外，还有好几方面需要补充说明的。第一，当时所以无月，乃云层厚暗所致。而风之初起，自不可能顿扫沉霾而骤然出现晴空万里，只能把厚暗的云层吹破了一部分，在这罅漏处露出了碧天。但云破处却未必正巧是月光所在，而是在过了一会儿之后月光才移到了云开之处。这样，“破”与“来”这两个字就不宜用别的字来代替了。在有月而多云的暮春之夜的特定情景下，由于白天作者并未出而赏花，后来虽到园中，又由于阴云笼罩，暮色迷茫，花的丰姿神采也未必能尽情表现出来。及至天色已暝，群动渐息，作者也意兴阑珊，准备回到室内去了，忽然出人意表，云开天际，大地上顿时呈现皎洁的月光，再加上风的助力，使花在月下一扫不久前的暗淡而使其娇妍丽质一下子摇曳生姿，这自然给作者带来了意外的欣慰。难怪有人在张先作此词处为他筑亭立碑，永留纪念(见陆游《入蜀记》)，这正是为张先的创作灵感作出的揄扬和称赞。

接下去诗人写他进入室中，外面的风也更加紧了，大了。作者先写“重重帘幕密遮灯”而后写“风不定”，倒不是迁就词谱的规定，而是说明作者体验事物十分细致。外面有风而帘幕不施，灯自然会被吹灭，所以作者进了屋子就赶快拉上帘幕，严密地遮住灯焰。但下文紧接着说“风不定”，是表示风更大了，纵使帘幕密遮而灯焰仍在摇摆，这个“不定”是包括灯焰“不定”的情景在内的。“人初静”一句，也有三层意思。一是说由于夜深人静，愈显得春夜的风势迅猛；二则联系到题目的“不赴府会”，作者这里的“人静”很可能是指府中的歌舞场面这时也该散了罢；三则结合末句，见出作者惜花(亦即惜春、忆往，甚且包括了怀人)的一片深情。好景无常，刚才还在月下弄影的姹紫嫣红，经过这场无情的春风，恐怕要片片飞落在园中的小路上了。作者这末一句所蕴涵的心情是复杂的：首先是“林花谢了春红，太匆匆”，春天毕竟过去了；复次，自嗟迟暮的愁绪也更为浓烈了；然而，幸好今天没有去赴府会，居然在园中还欣赏了片刻春光，否则错过时机，再想见到“云破月来花弄影”的动人景象就不可能了。也正是用这末一句衬出了作者在流连光景不胜情的淡淡哀愁中所闪烁出的一星晶莹妍丽的火花——“云破月来花弄影”。

1980 年 8 月，新秋怀人之夕

说晏几道《鹧鸪天》

彩袖殷勤捧玉钟，当年拼却醉颜红。舞低杨柳楼心月，歌尽桃花扇影（通行本作“底”）风。　从别后，忆相逢，几回魂梦与君同。今宵剩把银釭照，犹恐相逢是梦中。

——《全宋词》第 225 页

此词与《临江仙》“梦后楼台高锁”一阕，是小晏词中两首压卷之作，早岁讲授宋词，总觉得这一首很不好讲，因为要讲的别人都已说尽，自己了无新意。近几年重读此词，逐渐多所领悟，但直到最近重新检玩，才发现自己过去的理解完全错了，主要是错在抒情主人公的性别上，从前我一直认为词中的抒情主人公就是作者本人，因此对上片第二句，我便理解为作者在一位初见面的少女殷勤劝饮之下，由于盛情难却，只好“拼却醉颜红”，旨在不忍辜负她一片心意，孰不知“拼却醉颜红”的人，正应该理解为就是“捧玉钟”者自己。又如整个下片，我原也以为作者是在向他重逢的情人倾诉，其实这首词自始至终，都是以女抒情主人公的身份和语气向她所爱的男子来表达她的深情挚谊的，而上片则是那个捧杯劝饮的女子的难忘的回忆：回忆自己当年作为一个侍酒的歌人，在主人的盛宴上遇到一位风流倜傥的少年，由于一见倾心而情不自禁地向他殷勤劝酒的情景。而她的一见倾心正是通过殷勤劝饮这一细节来体现的。但这还不够，作者为了着力突出女方对这个值得钟情的人的主动追求，更进一步写她虽已不胜酒力，却仍陪着她的意中人尽情酣饮，终于宁可使自己“拼却醉颜红”。这样理解，才见出作者意在抉出女性内心对爱情大胆而迫切的追求，不仅泛泛地以深沉凝重之艳笔为下片作陪衬而已。但这仍然不够，于是更写了三、四两句。这一联，我开始只注意到它的句法，舞到月光低下楼心，渐渐隐没到婆娑的柳树后面去了，岂非天快亮了么？唱歌唱得连扇子都扇不出风来，一则形容歌人全力以赴去歌唱以致忘记扇扇子（扇上画的桃花正以见持扇人的美艳），一则写天欲曙时凉意顿生，扇影可捐而不用了。这样讲并不错，但作者为什么这样写呢？只是为了用绮丽的对偶句以极写酣歌妙舞的狂欢场面么？若干年前我的理解确只停留在这个水平上。现在我懂了，这正是当年酣歌妙舞的那位微醺的丽人最难忘的一个良宵。她为什么这样高兴？这么不辞辛苦地尽情歌舞？这正是因为在观赏和聆听她的人们中间有她的那个值得为之尽一切力量表现自己歌喉舞袖的意中人。在这一狂欢场面的背后，正是一种“士为知己者死，女为悦己者容”的动力在驱使她这样不惜力地高歌曼舞。为了表达她一见倾心的满腔热忱，她把一切本领都用上了，忘记了疲劳，忘记了时间，愿以自己的浑身解数博得知音者的青睐顾盼。用这样具体的行动来描写一个女子的深情挚谊，比千万句海誓山盟的言辞可深刻多了，小晏诚不愧为写情的圣手。

然而这难忘的初逢转瞬已成陈迹。在这女子的心中，短暂的幸福感尽管再也不能磨灭，可是一别多年，自己的意中人却一直未能再遇。所以她在一旦重逢时立即真情流露的向他剖白：你知道我是多么难以忘情啊，自从同你分手，我就一直回忆着那一次邂逅相逢，甚至多少次做梦都同你在一起。“魂梦与君同”者，乃女子自陈之辞，盖出于《毛诗・鸡鸣》之“甘与子同梦”。此当指梦里同你在一起，而不宜讲成和你做同样的梦，那样反而不亲切了。

历代评论家都把注意力集中在最后两句上，前贤用杜甫《羌村》“夜阑更秉烛，相对如梦寐”对照“今宵”二句来讲的大有人在。王楙《野客丛书》还引了戴叔伦的“还作江南会，翻疑梦里逢”（《客夜与故人偶集》）和司空曙的“乍见翻疑梦，相悲各问年”（《云阳馆与韩绅宿别》）。我这次仔细爬梳，感到此词与唐贤诸作虽相似而实不同。盖杜诗固属儿女情长，却是家人团聚；戴与司空氏两诗则是为朋友离合之情而作。独小晏此词乃情人聚晤，而且这双情人虽说两心相印已久，却一共只见了两次面，这才是晏词与唐人诸诗主要的差异所在，而这种柔情曲意只宜用词的形式表达。前人朦胧地感到诗词有所不同，殊不知其不同处还是在于主人公的身份、性格和场合之各异，依旧是个内容决定形式的问题，而“诗与词之分疆”（刘体仁《七颂堂词绎》语），关键则在“银釭”二字。这个形象就与“共此灯烛光”或“夜阑更秉烛”不一样，也与“红烛”“青灯”等词语有区别。着一“银”字，就给人以闪亮辉煌之感，在这首词里，“银釭”所照，正与风韵不减当年的丽人形象恰相辉映。但此词之含蓄深婉尚不止此，其所以不惜连用“剩把”“犹恐”等虚词来加重语气，我以为作者显然是要把“喜极而含悲”（俞平伯先生《唐宋词选释》语）的意思透露给读者。盖两人一见钟情，随即分手，今夜重逢，仍复匆遽，暂时晤聚，依然要长别的。而“相逢是梦中”一语也才有了更深一层的不尽之意，此之谓蕴藉。

说苏轼《水调歌头》

明月几时有，把酒问青天。不知天上宫阙，今夕是何年？我欲乘风归去，又恐琼楼玉宇，高处不胜寒。起舞弄清影，何似在人间。　　转朱阁，低绮户，照无眠。不应有恨，何事长向别时圆？人有悲欢离合，月有阴晴圆缺，此事古难全。但愿人长久，千里共婵娟。

——丙辰中秋欢饮达旦，大醉作此篇，兼怀子由。

此词久已脍炙人口，正如南宋胡仔所说：“中秋词，自东坡《水调歌头》一出，余词尽废。”（《苕溪渔隐丛话》后集卷三十九）本无烦详加剖析。唯近年解此词者每多异说，使读者莫衷一是。故今略加考辨，聊申己意。但这也只算“一家之言”，正不敢强人以就我也。

一　辨误与榷疑

开头两句，自宋末选本《草堂诗余》所附注文即以为出自李白《把酒问月》:“青天有月来几时？我今停杯一问之。”近人亦多无异议。唯 1983 年 6 月 7 日光明日报“文学遗产”载有《东坡中秋词臆说》一文，却把“明月几时有”理解为非疑问句，并同意某些人主张，认为把此句与《把酒问月》联系到一起“是错误的”。这位作者把第一句译作:“今晚的月亮怎么这样美呀！什么时候有过这样的月亮呀！”而对第三、四句则译作“不知今天晚上是天上什么好日子呀！”首句加进“这样美”的意思，已属“添字解经”；而把“何年”译为“好日子”，尤近于主观武断。真有点像“臆说”了。人们之所以认为苏词出于李诗，正缘第二句的“把酒”“青天”都与李诗用语切合，而此文作者却说:“中间插上‘把酒问青天’，只是为了突出赞美的语气，是无须回答的。”这样就硬把苏词和李诗的渊源关系轻易地给否定、切断了。窃以为这样来诠释古人作品，态度是不够严肃的。但这恐怕还是由于对词的主旨理解彼此不同，才产生这样的歧异，说详下。

“不知天上宫阙，今夕是何年”，各家注本多引唐人传奇《周秦行纪》:“共道人间惆怅事，不知今夕是何年。”此篇伪托牛僧孺作，殆出于晚唐五代文人之手。不知中唐戴叔伦《二灵寺守岁》诗已有此句:“已悟化城非乐界，不知今夕是何年。”联系苏词有“人间”“天上”之语，似与戴诗用意更为接近。

“又恐琼楼玉宇，高处不胜寒”二句实化用两典。关于“琼楼玉宇”，我翻了三四种选本及近人赏析文章，皆谓出于《大业拾遗记》，所谓瞿乾佑于江岸玩月，“俄见月规半天，琼楼玉宇烂然”是也。按《大业拾遗记》题唐颜师古撰，今本仅一卷，见《说郛》卷一百一十，《香艳丛书》第三集亦收入，内容泛记隋炀帝后宫绮闻，疑为后人伪作。然问题乃在于其中根本没有瞿乾佑的这一段文字，可见诸家注本皆递相抄袭，无一家曾检原书。独俞平伯先生《唐宋词选释》引《酉阳杂俎》前集卷二，故事相同而文字详细过之，唯“琼楼玉宇烂然”句作“琼楼金阙满焉”。此正见俞平老治学十分谨严，不作人云亦云之语，从而亦可知苏轼写词不过化用前人传说，并非生吞活剥。“不胜寒”句则化用《明皇杂录》叶静能邀唐明皇游月宫事，所谓“寒凛时异，上不能禁”之意，前人注已详，今不复赘。

“起舞弄清影”句诸家无异说，或引李白《月下独酌》以证之，甚是。唯 1986 年北京晚报有人撰文谓“清影”指月，恐误。

“何似在人间”句虽无典故，却最值得研究。各家注本大都把“何似”译作今语的“不如”。如1959年出版的《苏轼词选》云：“天上怎么比得人间生活的幸福。”也是把“何似”理解为“不如”之意。再如1981年出版的《唐宋词选》亦云：“写幻想乘风上天，但又觉天上寒冷，不如人间温暖。”另外还有一篇赏析文章，也说“与其飞往高寒的月宫，还不如留在人间趁着月光起舞。”基本上是同样的讲法。鄙意则以为，“何似在人间”应译作“哪里像是在人间呢”。盖作者本谓由于人间有悲欢离合，故思乘风上天，远避尘嚣，而天上又未免过于孤寂寒冷，还是不去为好。恰值中秋月明之夜，酣饮之余，复在皎洁月光下徘徊起舞，则虽在人间，恰如身临仙界。此正苏轼一贯的思想，证以《赤壁赋》和他的四言名句“胜固欣然，败亦可喜”，都足以证明此说之更近于作者本意。盖苏轼思想极似陶潜。陶于《归去来辞》中所谓的“帝乡不可期”，即苏此词“琼楼玉宇高处不胜寒”之意，而陶之“乐夫天命”以“乘化归尽”，也就是苏轼后来在《赤壁赋》中所说的“是造物者之无尽藏也，而吾与子之所共适”，而“起舞弄清影，何似在人间”两句，不正与《赤壁赋》中“飘飘乎如遗世独立，羽化而登仙”的说法异曲同工吗！况且把“何似”释为“不如”，不仅与下片“此事古难全”语意有些矛盾，而且同古今汉语对应通例亦不相合。读者如果仍不相信，我还可举蔡絛《铁围山丛谈》卷三里的一则故事作为旁证：

> 歌者袁绹，……尝为吾言：东坡公昔与客游金山，适中秋夕，天宇四垂，一碧无际。……俄月色如昼，遂共登金山山顶之妙高台，命绹歌其［水调歌头］，曰“明月几时有，把酒问青天”。歌罢，坡为起舞，而顾问曰：“此便是神仙矣！”……

“此便是神仙”即是“何似在人间”的另一说法。可见至少在北宋人读苏轼此词，都是这样理解的。（此说实本自吴组缃先生而有所引申，不敢掠美，合亟声明。）

下片的“照无眠”句，亦多异解。或说泛指女性，或谓遥指子由（苏辙），理由是词题既言“欢饮达旦”，作者自不应夜半跑去睡觉。岂不知正唯明月照人无寐，才只能作长夜之饮，于义本无枘凿。若泛指女子，则不啻于词中硬塞入一个第三者；若指其弟子由，则作者何由推断其一定“无眠”耶？凡以上种种歧异之说，或刻意求深，或蓄意拔高，或存心标奇立异，或缺乏涵泳功夫。然见仁见智，固不可一律强求，而知我罪我，亦唯有俟诸来哲。

二 思想与艺术

谈此词的主题思想，应从两方面说起。一是历史的即纵向的继承，二是主体的即作者本人世界观的反映。先说第一个方面。我在拙文《说张若虚〈春江花月夜〉》中曾援引闻一多先生的观点，认为从初唐开始，诗人即已自六朝的唯美主义诗风中逐渐领悟到一种宇宙意识，即超时空的永恒观念。而诗人既歌颂永恒，就必须以人生为对立面，以年寿的短促与宇宙之无穷相比，才见出永恒的伟大。这一观念自初唐四杰发端，经陈子昂的《登幽州台歌》和张若虚的《春江花月夜》，然后就到了李白的《把酒问月》。所以李白在问过“青天有月来几时”之后，便接着写道：

……白兔捣药秋复春，嫦娥孤栖与谁邻？今人不见古时月，今月曾经照古人。古人今人若流水，共看明月皆如此。……

这同张若虚的“江畔何人初见月，江月何年初照人”，“人生代代无穷已，江月年年只相似，不知江月待何人，但见长江送流水”云云，原是一脉相承的。这个意思到苏轼笔下就说得格外明白，那就是“哀吾生之须臾，羡长江之无穷”。至于苏轼此词，窃以为不仅头两句用了李白诗，即通篇也全自李诗化出，只是表现手法不同罢了。试以“我欲乘风归去，又恐琼楼玉宇，高处不胜寒”三句，与李诗“白兔”“嫦娥”两句相比，写法虽有主客观之不同，立足点却并无二致。其意无非是说天上未必有人间安乐。从李诗的描写看，月宫里的白兔尽管捣着长生不老的仙药，然而自秋徂春，无非单调无聊地在打发日子，而广寒宫里的嫦娥也永远冷落孤寂，从没有人与她结邻作伴。尽管保持了永恒，超越了时空，但缺少的却是人生的快乐情趣，而苏词则从主观角度现身说法，明白表示月宫仙境虽令人向往，但一旦抛撇尘世，却终不免有“高处不胜寒”的凛凛可畏之感。其旨趣与李诗原自无殊。有的同志写文章，就“我欲乘风归去”的“归去”一词加以发挥，认为这是苏轼受老庄思想影响的反映，我以为这近是而未尽是（所谓“是”，详下）。这只不过从李白号称“谪仙人”这一点生发开去而已。盖李白同时人曾誉白为“谪仙人”，他如登上月宫，自属反回仙境；今苏轼此词亦以李白自况，把写作角度从客观变为主观，所以他说“我欲乘风归去”了。

但这首词也确实反映了苏轼受老庄影响所形成的世界观，主要是庄周的相对主义观点，这就是我要说的此词思想内容的第二个方面。在《庄子》一书中，有不少篇章都强调矛盾的两极不是绝对的。天地固然大矣，但比起“无穷大”（“∞”）来，它还是小的；微尘固然小矣，但比起“无穷小”来，它还是大的。所以他认为殇婴乃寿者而彭祖乃夭者。从这一点发展引申开去，乃产生了苏轼在《赤壁赋》中的“变”与“不变”的观点：“自其变者而观之，则天地曾不能以一瞬；自其不变者而观之，则物与我皆无尽也。”那么，造物者既给了我这么美好的月明之夜，我何妨及时加以充分利用，尽情享受这大自然的恬美境界呢！于是乎乃“起舞弄清影”，而产生了“何似在人间”的感觉。盖天上诚未必有人间之乐，而人间却能获得与神仙一样的怡悦舒适（尽管这怡悦舒适是极其短暂的，而且谁也不知神仙过的是什么日子），这只看你面对着清风明月采取什么态度罢了。窃谓此词上片的最后两句，正是发展了《把酒问月》而为李白诗意所无。此乃苏轼中秋词一出而“余词尽废”之真正关键所在。

上片是就作者本身的主观感受说，下片则转了角度，改从客体（即“月”）加以设想来着笔。“转朱阁”三句，写月之动态，仿佛在依依不舍地追逐着人，这实际是从《把酒问月》第四句“月行却与人相随”化出，唯写得不着痕迹，令人浑然不觉。既然逐人不舍，则月似有情矣。但苏轼根据理性的判断，知道月本无情，夫无情自然无恨，也就是“不应有恨”。可是月虽无情，却对有情的人类经常开个不大不小的玩笑，它偏偏“长向别时圆”。换句话说，它不管人间有无离愁别恨，反正该圆就圆，该缺就缺，管你们这些具有七情六欲的人类受得了受不了！于是当人们心中有“恨”时，也不免对此一轮皓月感到遗憾了。这正是温庭筠在《梦江南》中于大声疾呼“多少恨，恨极在天涯”之后，紧接着把“山月不知心里事”也算成“恨”的内容之一了。到了清代，诗人黄景仁在咏重阳的抒情之作中写下了“有酒有花翻寂寞，不风不雨倍凄凉”的峭劲佳句，其实乃是从东坡这“不应有恨”两句脱胎出来的。

然而苏轼毕竟很理智，他得出了一个看得开、想得通的达观结论（而这个结论却是以庄子的相对主义思想为出发点的）：“人有悲欢离合，月有阴晴圆缺，此事古难全。”这几句也是有争论的。古人或认为作者直截用“悲欢离合”“阴晴圆缺”等字面入词为“此词之累”（参见清刻本《词洁》——亦作《词絜》——卷三），近人也有强调写诗词不宜径发议论，像这几句完全用逻辑思维来代替形象描绘应属败笔。但王闿运对此三句却大加赞赏。他一则说：“‘人有’三句，大开大合之笔，他人所不能。”（见近人徐珂《历代词选集评》引）再则说：“此‘全’字韵可当‘三语掾’，自来未经人道。”（见《词学季刊》第一卷第三号郑文焯《大鹤山房词话》引）这实际上已牵涉到写诗词是否允许发议论这个原则问题上来了。宋人本喜以文为诗，故宋诗之特点有一条即是以韵语发议论；而苏轼又复以诗为词，故他不仅在诗中发议论，进而也在词里发议论。我则以为，从古到今，从《诗》《骚》直到现、当代新诗，几乎没有一个诗人不曾在诗中发过议论，就连西方也有所谓哲理诗。可见在诗词中允许发议论已不成其为问题，关键在于议论发得好不好，写得像不像诗。因此后人评宋诗中说理之佳者曰有“理趣”，而于其不佳者则斥之为“理障”。至于这三句，我以为不能脱离整首词来孤立地评价。从上片看，作者一上来就问“明月几时有”，似乎有意无意地已点出了永恒观念。可是诗人紧接着又问：“不知天上宫阙，今夕是何年？”这就比唐人跨进了一步，他似乎已觉察到在人类社会中虽能意识到永恒观念，却无法超越时空限度。意思说如果天上有宫阙，也该占有空间，并且在那儿也是能够以年月来计算的。既然如此，则天人之际并不悬殊，人间的悲欢离合和月亮的阴晴圆缺，也都是自然形成的，谁也无法硬性规定使其更改，于是他才断言“此事古难全”。然则这三句乃充分体现了作者对永恒的宇宙和复杂多变的人类社会两者的综合理解和认识，是作者的世界观通过对月和对人的观察所做的一个以局部足以概括整体的小小总结。因此，无论从深度和力度来说，都应该承认这三句话是带有很强的浓缩性的。故我认为王闿运的评语确有见地，也正由于有这三句，这首《水调歌头》才够称得上是苏轼哲理词中的代表作。

然而诗人毕竟未失其天真淳朴的赤子之心，何况写诗词也不能一概诉诸理性。自作者博大宽阔的襟怀言之，他对所有的人都抱有真诚的祝愿，自其怀念苏子由言之，他们兄弟之间有着深厚的手足情谊。因此，无论对人对己，他都寄以极其善良美好的希望。于是他在这象征着美满团圆的中秋之夜，在这首酣畅圆融的词作的结尾处，情不自禁地发出了“但愿人长久，千里共婵娟”这样坦诚无私的呼吁，这样爽朗率真的祈求。这是诗人从理性世界返璞归真，又沉浸于感情的海洋之中，用这一有余不尽而实际是烘托映衬之笔缴足了题目中“欢饮达旦”的内容实质。拿这个结尾与《把酒问月》的末二句（“唯愿当歌对酒时，月光长照金樽里”）相比，李诗就未免显得浅俗而褊狭，似乎缺少点儿恢宏高远的气度了。谁说后来者不能居上呢?

附记：

前人每讥苏轼填词多不合律，其实他并非不懂音律。即如《水调歌头》，上下片两个六字句是应该押韵的。而苏轼此词上片的“去”“宇”二字，下片的“合”“缺”二字，都押韵而合律，而且自然浑成，使人不觉，允称高手。

说苏轼《浣溪沙》五首

照日深红暖见鱼，连村绿暗晚藏乌，黄童白叟聚睢盱。　麋鹿逢人虽未贯，猿猱闻鼓不须呼。归来说与采桑姑。

旋抹红妆看使君，三三五五棘篱门，相排踏破蒨罗裙。　老幼扶携收麦社，乌鸢翔集赛神村。道逢醉叟卧黄昏。

麻叶层层檾叶光，谁家煮茧一村香？隔篱娇语络丝娘。　垂白杖藜抬醉眼，捋青捣麨软饥肠。问言“豆叶几时黄”？

簌簌衣巾落枣花，村南村北响缫车。牛衣（一作“半依”）古柳卖黄瓜。　酒困路长惟欲睡，日高人渴漫思茶，敲门试问野人家。

软草平莎过雨新，轻沙走马路无尘。何时收拾耦耕身？　日暖桑麻光似泼，风来蒿艾气如熏。使君元是此中人。

——据《东坡乐府笺》本

这五首词原是一组，即一个整体。前人释此，大抵以为作者道中即兴之作，每首自为起讫，互不关联。五十年代初，我因读苏轼全集，曾细绎此五词而疑旧说之未洽。后来陆续读了一批组诗组词，发现前人有的联章作品是不宜割裂开来，单独成篇的。如曹植《赠白马王彪》，自不能强为分割；即李白的《陪族叔刑部侍郎晔及中书贾舍人至游洞庭》五首，也是次第连贯，不容互易，更不宜抽选其中一二首，使其不成完璧。此五词亦当作如是观。大约是 1962 年，夏瞿禅（承焘）、王季思（起）两位词学大师来京开会，我去宾馆拜访他们。座间谈起这五首苏词，我乃班门弄斧，详申己见，以求正于两老。瞿老以为言之成理，属一家之言；季老则谬许为自来解苏词者，于此五词皆未作如此讲法，这应该是最好的、最恰当的理解。经季老这样一说，我反而心虚起来，不敢写成文字出以示人了。事隔四分之一世纪，瞿老已归道山；季老今犹健在，而南北暌隔，鱼雁罕通，此一段往事，亦不知季老尚有印象否。时至今日，坊间唐宋词选本层出不穷，然释此五词而同于鄙说者，迄未见到。因思与其过而弃之，宁过而存之。值王思宇先生向我组稿，乃成此文以求教于当世。至于见仁见智，本为理所当然，固在所不计矣。

一

先从章法说起。题云：“徐门石潭谢雨道上作五首。潭在城东二十里，常与泗水增减，清浊相应。”唯作者并未说明是作于抵达石潭以前抑或自石潭返归郡斋的道上。但从第一首首句“照日深红暖见鱼”来看，显然所写的就是石潭。可见此词当写于谢雨仪式已行之后。再从“照日深红”和次句“晚藏乌”的“晚”字来分析，则此际当是天色向晚、日已偏西之时。而第二首末言“道逢醉叟卧黄昏”，足见前二首所写的是指自午后日照西斜至日落黄昏这一段时间。不过这时已届初夏，昼日渐长而夜幕临迟，故作者尚能清楚地见到“醉叟卧黄昏”的小小画面。且第一首末句言“归来说与采桑姑”，第二句上片即大写特写妇女们争看太守进村，正相衔接。则此第一、二两首次第井然，已昭昭可见矣。

第三首先撇下不谈。再看第四、五两首。第四首言“日高人渴”，那应该是午前或接近正午时的光景；第五首下片更明写“日暖桑麻光似泼，风来蒿艾气如熏”，明是阳光充足、风和日暖的长昼景象。我认为，纵使苏轼即兴而书，写成以后也该略排次第。何以他竟把从下午到黄昏的景和事列之于前，而把从午前至日中的风光置之于后，岂不有意把时间弄颠倒了么？

这就要请读者细读第三首了。盖鄙意以为作者在谢雨之后，并未于当天返回府衙，而是在农村中寄宿了一宵，这第三首正是作者夜宿农家的见闻。所谓“捋青捣麨软饥肠”者，正写农民在久旱之后，勉强把家中一点粮食凑了凑做成饭食以飨太守（“青”者，未熟之麦，是临时从田里捋下来的；“麨”者，以积存之旧麦炒成粉状，如俗说之油炒面，实为农民平时备荒御饥之用）。而作为关心民瘼的苏轼，才对农民好言抚慰，“问言豆叶几时黄”，盖作者也希望豆子早点成熟，可以济一时之饥也。尽管农家清苦，宾主还是饮酒以助兴。主人（垂着白发、拄着藜杖的老人自当是一家之主）勉“抬醉眼”，而作者于次日动身时，宿酒尚未尽消，故有“酒困路长惟欲睡，日高人渴漫思茶”的一些描述。所以我认为，这五首词是从头一天下午日色将暮时谢雨后入村写起，写到次日正午以后归途所见所感为止。不惟五首词次第不容颠倒，而且从诸家选本每每任抽一二首出来以为佳作之代表的做法来看，似乎也并未把它们真正吃透。其实作者对它们的叙述过程，是有其定不可移的次第的。

二

现在要着重谈谈第三首中一个关键词语即“络丝娘”应当怎样理解的问题了。络丝娘今亦名纺织娘，宋人罗愿《尔雅翼》已著录，可见是当时习用名称（元明以来一直以“络丝娘”为曲牌名）。龙榆生先生《东坡乐府笺》卷一引罗氏之文云：“莎鸡以六月振羽作声，连夜札札不止，其声如纺丝之声，故一名梭鸡，一名络纬，今俗人谓之络丝娘。”至近人陈迩冬先生注《苏轼词选》，则一反旧说，他写道：“络丝娘，指蚕妇，她们这时正在缫丝。《笺》云梭鸡、络纬（小如按：当指龙《笺》），疑非！梭鸡、络纬都是秋虫，这时是初夏，上句刚刚说才在‘煮茧’；徐州是北地，怎么会煮茧时节就有蟋蟀和纺织娘叫？娇语实指妇女谈笑。《笺》似误以人语为虫声。”自此选注东坡词者，大抵从陈说，如胡云翼《宋词选》，中国社科院文研所编注《唐宋词选》皆然。小如谨按:《尔雅翼》明言“莎鸡以六月振羽作声”，则非秋虫可知。窃谓络丝娘者，实即北方习见之蝈蝈。蝈蝈一般在夏日鸣叫，但 1937 年我在天津八里台南开大学居住，当时尚较荒僻，屋外多林莽，农历五月即闻蝈蝈声，入夜尤甚。附近农家小儿不时捕捉置篾笼中，向人兜售。徐州地处苏鲁之间，虽在江北，然视天津地气则温暖得多，况值久旱新雨之后，夏夜虫鸣，似无悖乎常理。鄙意此第三首正写农村入夜风光。所谓“檾叶光”者，非指日光照射，乃指檾麻之叶在暗中发光。晚间“煮茧”，次晨乃“响缫车”，正属顺理成章。此词上片写景，下片言情。上片三句中首言视觉，次言嗅觉，第三句言听觉，皆指自然发出的色、香、音响，故所闻当是虫声如娇语，并非真的听妇女在谈笑。若照我个人体会，第二首作者已大量写到妇女形象，此处若再写女性“娇语”，则未免近于重复，而且苏轼也有点太爱写女人了，（至于“醉叟”与“垂白杖藜抬醉眼”之老人乃两种用意，说详下。）如借此句以表示由黄昏而夜晚，既写出乡间风物，又点明时光推移，似更为合理，笔墨亦显得经济。下片既写出田家父老厚意款待太守，也体现作者关心农民生活，显得自然亲切，而非士大夫故作姿态的官样文章。这也正是苏轼为人为官的本色可爱处。

三

披检近时各家选本，于此五词往往遗其第一首。究其原因，盖缘此词下片“麋鹿”“猿猱”两句有侮辱农民形象之嫌，故予弃置。我们说，苏轼本身诚为官僚地主，是个封建士大夫，对农民阶级的看法本不可能正确。但如果说这两句是有意歪曲农民形象，把他们比成动物便是有意侮辱劳动人民，则亦近于深文周纳。《孟子・尽心》说舜为野人，“与木石居，与鹿豕游”，后人便用此二语以指隐居山林者。苏轼本人在《赤壁赋》中也说过“侣鱼虾而友麋鹿”的话，可见作者心目中并无蔑弃麋鹿之意。这里的“麋鹿逢人虽未惯”，正是形容憨厚朴实的农村里的老年人在见到官老爷时紧张而拘谨的神态。这句盖紧承上片末句中的“白叟”而言。而下一句“猿猱闻鼓不须呼”，则紧承上文的“黄童”而言，孩子们不像他们的长辈那样对封建官僚存有戒惧之心，而是一片天真烂漫，一听说有大官来到，便跳跳蹦蹦挤来看热闹。这两句正是上片“黄童白叟聚睢盱”一句生动而有趣的注脚。而太守下乡的消息，又由他们回去“说与采桑姑”，等到作者进村时，便有第二首上片那样的描写了。

从这五首词的艺术手段来分析，作者对农民久旱喜雨、渴望丰收的欢快心情固然描写得相当亲切逼真，但更主要的还是作者并非以旁观者的身份在指手画脚地描写农村动态，而是把自己也摆了进去，以其朴实无华的亲身感受毫不矫揉造作地把所见所闻写了出来。不过感情虽素朴纯真，词句却并不缺乏文采。即如第一首上片，有照日深红而清澈见底的潭水，有连村浓荫而枝稠叶密的绿树，加上画面上点染的“黄”童“白”叟，显得色泽极为鲜明匀称。当然，“暖见鱼”是实写，“晚藏乌”则近于虚笔。因为这时天还未完全黑透，乌鸦尚未全部归巢，这从第二首“乌鸢翔集赛神村”句即可看出。由此可见，上片的前两句着重的是用色调把一幅背景给渲染出来。“聚睢盱”的场面因写得简单可能有点板滞，于是下片用“麋鹿”“猿猱”两喻以振起、补救之，使气氛顿时活跃生动起来。作者并没有用说教式的“爱民如子”之类的词句来自我吹嘘，相反，倒用了仿佛有点不怀敬意然而却充满亲切诙谐的比喻来描写农民见到官老爷下乡时并未躲躲藏藏、“坚壁清野”，而是发自内心地高高兴兴聚拢来看热闹（孔颖达《周易正义》：“睢盱者，喜悦之貌”），甚至回村去动员家中的大姑娘小媳妇也出来观看，这就把千年以前封建社会中极其罕见的官民之间并无十分隔阂的思想感情给刻画出来了。仅从这一点来说，作为这五首词的抒情主人公本身的苏轼，正如《醉翁亭记》里主人公的欧阳修一样，其形象本身便具有一定的进步意义。

四

第二首上片，作者一连气用了大量篇幅（一首词的二分之一）活灵活现地来描述农村妇女争看“使君”的场面，这种不假修饰的写实手法固然体现了作为父母官的苏轼本人有沾沾自喜的成分，但也充分反映了作者比较进步的妇女观。尽管这时程朱理学还未发展到乌烟瘴气的程度，但从北宋以来，儒家正统思想的无形势力已逐渐扩展膨胀，像苏轼这样在官民之间、男女之间不有意设置礼教大防的作风已属难能可贵的了。这三句紧承前一首末句而来，说“旋抹红妆”，“旋”读去声，即今“现趸现卖”之“现”，临时仓促之谓。盖妇女们听说太守要进村了，便忙不迭地进行急就式化妆，作者用了个“抹”字，十分形象。夫“淡妆浓抹”，“抹”固然是形容盛妆，但也含有胡乱涂抹的意味。第二句描写这些妇女的沿门争看“使君”纯粹出于自发，却带有“夹道欢迎”的意思，尽管在苏轼的时代还未出现这一说法。第三句，“排”者，连推带挤之谓，以致妇女们把漂亮的红裙子也踩破了。作者不正面写气氛知何热烈，而农民爱戴“使君”的淳朴感情却流露无遗。谁说苏轼的词只有“豪放”而无“婉约”？

下片前二句，旧说或谓写谢雨仪式，但地点不在潭边，故不可信，或谓村中赛神集会，然而季节不合。鄙意以为此处似写村中欢迎太守到来的一种非正规的仪式。“收麦社”者，指社祠前面的空旷场地，供打麦晒场之用者也。这时还未到麦收时节，便成了合村老少集中“开会”的场地。农村每值赛神，总备有一些供品，故导致乌鸢翔集。看来这次欢迎太守的仪式还很隆重，也可能太守为酬神谢雨而带来了供品，就地散发，于是乌鸢也来凑热闹了。这一首因上片写得太仔细，故下片这两句只能概括言之。这里值得研究的乃是最末一句：“道逢醉叟卧黄昏。”

过去有人这样讲，太守既来村中，当然以酒食慰劳村民，于是出现了还未等走回家便已醉倒路旁的农村老汉。又有人讲，既然喜雨，则丰收在望，加上太守下乡慰劳，农民便饮酒自贺，遂不觉醉卧道边。我以为这两种讲法都可通，却讲得都不够深刻。自第一、二首所写的内容观之，皆极言太守备受欢迎之场面，故老少咸集，男女毕臻。然而就在这人声鼎沸、村众欢腾的时刻，偏偏有一老叟不参加欢迎行列，而独醉黄昏，仿佛太守下乡这一热闹场面与他毫不相干。此盖作者暗用《击壤歌》之典而化之。歌云：“日出而作，日入而息，凿井而饮，耕田而食，帝力何有于我哉？”苏词所写醉叟形象，言外正谓久旱得雨也好，灾后丰年也好，皆吾民自己勤劳努力所致，你做太守的何用贪天之功？所以他才远避人群，陶然独醉。在一片歌功颂德声中唯独此叟给了身为“使君”的苏大老爷一副清凉剂。难得的是，苏轼竟把这一小小场景写入词中，虽不加评骘，却未以为忤，这就不是一般封建士大夫所能企及的了。我以为这最后一句只能这样理解，才能“镇”得住通篇，才并非闲笔。否则前五句都写得热闹无比，何以偏在篇末冷冷着此宛若毫无关涉的一句？这也正是苏轼之所以为苏轼，所以毕竟不同于一般庸俗封建官僚的地方。盖以“醉叟”之“冷”与村中男女老幼之“热”形成对比，亦正见出作者虽处于一片歌颂声中，其头脑固仍保持着清醒冷静也。

五

第三首如鄙说可以成立，即是写“使君”夜宿农村，上文已详，兹不复赘。第四首上片写次日上午自农村启程，下片写途中因日长路远而困倦。上片第一句虽写枣花动态，实为突出美的嗅觉。盖枣花香气极浓，落在衣巾上尤觉甘甜馥郁。次句既与第三首“煮茧”句呼应，又是诉诸听觉的描写。而且此时作者已经上路，故沿途自村南至村北皆听到缫丝之声也。第三句则写沿途所见，乃诉诸视觉者。这三句主要给人以农村生活平静宁谧的感觉，亦与前面第一、二首相对照映衬。不写出这一面，只觉农村一片沸沸扬扬，便见不出田家正常生活的场景。然后下片转到作者本身，因返城途中跋涉不止而不免“欲睡”而“思茶”，这时便又去敲门求饮了。前面写迎太守乃事先有所安排，而现在向“野人家”叩门以求歇脚，则是临时打算，出于偶然。总之，作者这样写，是表示“使君”对“野人”的不分彼此，并不因自己是太守便不肯光顾“野人家”。这就起到了“启下”的作用，盖末一首上下两片的第三句皆是此首“敲门试问”的补充和注脚也。

第五首前两句虽为景语，却有三层意思：一是雨后景象，说明此行为“谢雨”而出；二写归途轻松愉快，以景语来体现自己的心情舒畅；三以沿途草木欣欣向荣隐喻来日丰收在望。然后以“何时收拾耦耕身”一句转到自己。“耦耕”用《论语·微子》长沮桀溺典故，可见作者一直保持着功成身退的想法，这原是儒家所谓“穷则独善其身，达则兼济天下”的做人基本原则。这与此首最末一句互为呼应，这句是说想归田而不知何时才能实现，而末句则表示，即使归隐的打算无从实现，而自己对农民还是有所了解，彼此的心在一定程度上还是息息相通的。这同苏轼诗中所说“我是识字耕田夫”的意思正是一种思想的两种说法。而下片在中间所穿插的两句景语，实际是对末一句起到加重分量的作用，意思说农村的风物对自己是熟悉的，因此对桑麻也好，蒿艾也好，包括农村的暖日熏风，都是有感情的。这样再紧接着点出末句，便显得不是门面语而是真心话了。由此可见，凡是大手笔，从来写诗与词都是景无虚设，情有独钟的，极少作虚夸浮泛语来敷衍篇幅。从我个人的认识来说，这五首词恐怕反而比作者晚年在岭南时写的全部《和陶诗》更接近陶渊明的思想感情呢！

六

最后还想说几句多余的话。近三十多年来，人们对苏轼在文学艺术成就方面的评价总有那么一点欠公允的地方。首先是苏轼在政治立场上与王安石相对立，而王安石乃是人们所肯定的，于是苏轼自然就必须受到批判；其次，苏轼是封建官僚、地主阶级，其立场当然是与农民阶级相对立的，因此，每当人们在肯定其作品的同时，总要扯上几句近于蛇足的阶级局限和时代局限等。其实，分析封建统治集团内部矛盾虽有较进步与较落后的差别，却并非绝对或一成不变的，还应对具体问题作具体分析。至于谈到阶级和时代的局限，就连早期革命作家，恐怕也难免有其不足之处，何况封建士大夫？即如诸家评论这五首苏词，有人说：“可是，我们也必须注意：作者所欣赏的片断是‘旋抹红妆看使君’的姑娘，‘卧黄昏’的醉叟，‘气如熏’的蒿艾，以及簌簌地落在衣巾上的枣花等等。可见他是以官吏和诗人雅士的观点与兴会来选择题材的。作为‘此中人’，他和农民的生活意识仍然距离很远。”（《宋词选》）又有人说：“封建社会的士大夫，绝大多数是地主家庭出身，自以为来自农村，就混说自己也是农民。”（《苏轼词选》“使君元是此中人”句评语）这样说，我以为既起不到批判苏轼的作用，也谈不上为读者进行思想消毒。因为这些话的内容并不切合苏词的实际。我们不应要求生于九百年以前的苏轼有解放后的农民阶级意识，只消看到苏轼身上有着与其同时代的封建官僚身上所没有的东西，而这种东西在当时是属于比较有进步意义的精神产物，就该承认苏轼之为人的难能可贵，也该肯定他的文学艺术作品对后世有着启迪作用了。长期以来，我之所以不想讲析这五首苏词并形于楮墨，恐怕招来标新立异的批评，也是其中因素之一呢！

1987 年 3 月作

“羽扇纶巾”及其他

《念奴娇·赤壁怀古》是东坡词中流传最广的一首，其下片有云：

遥想公瑾当年，小乔初嫁了，雄姿英发。羽扇纶巾，谈笑间，樯橹灰飞烟灭。……

这里的“羽扇纶巾”究竟指周瑜还是指诸葛亮，是个争论不休的问题。我认为这里应指周瑜，词中根本没有提到诸葛亮。这可以从三方面来分析。

一、从《三国志》和《资治通鉴》记载的史实来看，在赤壁之战以前，诸葛亮和鲁肃在联合孙刘双方的外交工作上确起了不少作用。但到了战役进行时，真正调兵遣将击败曹操的还是周瑜。只有在《三国演义》里，诸葛亮才成为这一战役中的主要人物。我们不能依据从《三国演义》的艺术虚构所得到的印象来理解苏轼的作品。

二、《念奴娇》和《赤壁赋》是姊妹篇。苏轼在《赤壁赋》中从曹操那方面写起，说到他“困于周郎”，并且说曹操“固一世之雄也，而今安在哉”，却没有提到诸葛亮。《念奴娇》则从周瑜这方面写起，先提到眼前名胜古迹与周瑜有关，“人道是三国周郎赤壁”。然后从下片起追摹周瑜当年的神采以及他从容破敌的风度，接着写到曹操失败。也没有提到诸葛亮。用《赤壁赋》比照着《念奴娇》来看，可以看出作者“怀古”的对象只是周瑜和曹操而已。

再从这首词本身来看，下片从“遥想”以下至“灰飞烟灭”为止，都是“遥想”的宾语，而这一宾语又以“公瑾”为主语。小乔嫁的是周公瑾，戴纶巾持羽扇而谈笑风生指挥却敌的也该是周公瑾，不容在“雄姿英发”下面硬添入另一人物诸葛亮做“羽扇纶巾”以下各句的主语。果真是那样，则不论从文义或语法上都是讲不通的。

然而有人说，上片末句说“一时多少豪杰”，“豪杰”既非一人，当然可以兼指诸葛亮。其实这一句只是泛说，兼指周瑜和曹操双方。如果我们把每一句词都要解释为实有其人，那么“浪淘尽千古风流人物”一句的“千古风流人物”又是指谁呢?

三、更主要的是，“羽扇纶巾”成为诸葛亮的典型装束是从《三国演义》才开始的，近世戏曲舞台上诸葛亮的“扮相”更给人以不可磨灭的印象，其实在古代，这种打扮并不限于诸葛亮一人。汲古阁本《东坡词》有一首《永遇乐》(此词一说是叶梦得所作)，其中写道：

……纶巾羽扇，一樽饮罢，目送断鸿千里。揽清歌余音不断，缥缈尚萦流水。

另外，苏轼还说过：“醉中吹堕白纶巾。”(《好事近》)词中的抒情主人公都指作者本人。难道在这些词中，也应该把戴纶巾、拿羽扇的宋代作家苏轼或叶梦得解释为诸葛亮么?

以上短文写于二十年前，当时实有所为而发。近顷以来，此说复甚嚣尘上，仍有人根据《三国演义》和传统戏曲来讲这首苏词。日前诣古槐书屋谒俞平伯师，又谈及此事。平师说，如讲成诸葛亮谈笑间火烧战船，首先必须承认《演义》上的《借东风》实有其事。其次，赤壁之战东吴所以取胜。功在周瑜。苏东坡似无意勒令周输交出军事领导权。我觉得这些见解都值得考虑和肯定。

除此之外，此词还有不少问题，现在只拈出下片的两点在这里顺便谈谈。有一天，门人宋君来访，告以近人有把这首词的“小乔初嫁了雄姿英发”之句在“嫁”字下点断，使“了”字属下句者。他觉得很新鲜。我答云：此乃旧说也，并非新解。三十年前我讲此词即如此断句。这一读法始于何人，今已不复记忆，但至少朱彝尊的《词综》就是这样读的。我之所以后来不从此说，乃缘“了”字只能作副词用(如秦观之《好事近》“醉卧古藤阴下，了不知南北”，“了”乃“不知”的状语)，作形容词用者似不曾见过。故我仍以之属上句。此其一。

又，今人讲此词，多喜把“樯橹”二字改成一本所作的“狂虏”或“强虏”。我也不敢苟同。盖用“狂虏”或“强虏”，不仅与下文“灰飞烟灭”有主语谓语配合不当之嫌，更主要的是一用“虏”字，便见出倾向性来。而苏轼对曹操赤壁之败是深表同情的（有《赤壁赋》为证），并无拥孙贬曹之意。这样写法，不仅有可能失去东坡原意，而且文义浅露，剑拔弩张，从遣词造句上看，也不似大手笔。故我也一仍其旧。此其二。质之海内外通人，或有投我一票者乎？

说苏轼《卜算子》（“缺月挂疏桐”）

缺月挂疏桐，漏断人初静。谁见幽人独往来，缥缈孤鸿影。　惊起却回头，有恨无人省。拣尽寒枝不肯栖，寂寞沙洲冷（末句元刊本作“枫落吴江冷”）。

——据《东坡乐府笺》卷二

这首词原题为“黄州定慧寺寓居作”。“定慧寺”又作“定惠院”，实即一地。故址在今湖北黄冈市东南，苏轼曾在这里住过，还写过《游定惠院记》等小品文。据清王文诰《苏诗总案》，此词作于宋神宗元丰五年壬戌冬十二月，按阳历计算，已进入1083年了。当时作者因写了讥讽新法的诗，以谤讪朝廷的罪名系御史台狱，后遇赦被贬至黄州，虽说任团练副使，实际受官府监视管制，很不自由。这首词以孤鸿自喻，抒写自己内心寂寞，本在情理之中。清人黄蓼园评此词云：

此东坡自写在黄州之寂寞耳。初从人说起，言如孤鸿之冷落；下专就鸿说，语语双关。格奇而语隽。斯为超诣神品。

其说大体不差。但前人评论此词，颇多谬说。一种说法是承认这首词有政治内容，而解释却穿凿附会，如《类编草堂诗余》卷一引宋代鲖阳居士云：

> “缺月”，刺明微也；“漏断”，暗时也；“幽人”，不得志也；“独往来”，无助也。“惊鸿”，贤人不安也；“回头”，爱君不忘也；“无人省”，君不察也；“拣尽寒枝不肯栖”，不偷安于高位也；“寂寞沙洲冷”，非所安也。此词与《考槃》诗极相似。

同意此说者有张惠言（《词选》）、谭献（《谭评词辨》）；反对者有王士禛（《花草蒙拾》）、谢章铤（《赌棋山庄词话》续篇卷一）。近人沈祖棻先生在《清代词论家的比兴说》一文中指出：

> 这种方法，固然有时可以发明词意，但其弊病也很大。因为对古代作品求之过深，就不免穿凿附会，甚至捕风捉影，曲解前作，厚诬古人，结果自然不免引起异议。（《宋词赏析》页 228）

这话确有一定道理。

另一种则是用编造故事的方式来讲词，这比前一种办法更不足取。如吴曾《能改斋漫录》卷十六、王楙《野客丛书》卷十及《古今词话》等，就认为这首词是苏轼为了一个王姓少女（或说为了一个叫温超超的少女，并把写作地点从黄州迁到惠州）而作。今天看来，这样讲词不仅无稽，而且无聊。为了节省篇幅，恕不赘引。

尽管这两种讲法都为我们所不取，却涉及诗词创作的一个传统手法问题，即所谓比兴，或称之为在创作中有寄托。我个人认为，诗词中用比兴手法是习见的，而且是可取的；但“比兴”却不等于“比附”。古人不少谈“比兴”或提倡“比兴”的，其实是“比附”，也就是生拉硬扯，牵强附会。至于作品中有无“寄托”，是指作者的创作意图或指作品的主题思想而言，同“比兴”手法还不属于同一范畴。我以为，作品中有寄托是极自然的事，甚至一首诗或词的抒情主人公完全是第三者，也仍旧可以是有寄托的。而作品之有寄托则往往借助于比兴手法。如果一首作品本无寄托，或虽有寄托而一望可知，而后人却一味用牵强附会的手段去比附，硬说它有什么内容，那就大错特错。苏轼这首词，显然有寄托，以孤鸿自喻，当然属比兴手法。可是上述两种意见却都属于作者本无其意而为后人强加上去的，所以那只是“比附”，故为我们所不取。

这首词共出现三个“人”字。“人”指谁？值得研究。上片第二句说“漏断人初静”，显系泛指，即通常说的夜深人静。既然万籁俱寂，群动阒然，已是悄无人声了，却又紧接着说“幽人独往来”，可见这个“幽人”不同于一般尘俗扰攘之徒。“谁见”，一本作“时见”，又作“时有”，又作“唯有”。版本不同而理解亦因之而异。有人认为“幽人”喻“孤鸿”，人已静而犹见有个“幽人”独往独来，这并不是真正的人而是“缥缈孤鸿影”（或说这个“幽人”只有天空中的孤鸿才见到了他）。另一种说法则把“幽人”讲成作者自己。在夜静更深之际，人迹已杳，而作者仍踽踽独行，从而见到虚空缥缈之间有孤鸿飞翥。其实这两种讲法并不矛盾。“幽人”与“孤鸿”，正是一而二、二而一，不过下片以鸿喻人，并未说破；上片则人鸿并举，一任读者联想而已。由此可见，词中前后两“人”字与上片第三句的“幽人”，确不是指的同一类型的“人”，而且是彼此对立的。“人”未静时，“幽人”不为世俗之人所见；“幽人”有恨，亦不为世俗之人所知。可见这个“幽人”实即“孤鸿”自己。

鸿雁是喜群居而重配偶的，失群孤雁，不仅比喻作者政治上孤立，而且也隐指世上与己同调的知音稀少。下片写孤鸿之心迹与行踪，道出了两重心事。一是“惊起却回头，有恨无人省”；二是“拣尽寒枝不肯栖”。为什么“惊”？盖反用张九龄《感遇》诗：“孤鸿海上来，池潢不敢顾，……今我游冥冥，弋者何所慕？”而苏轼本人的遭遇，正如孤鸿之唯恐为“弋者”所射中。所“恨”者何？不但自己的政治抱负不能实现，反而落得一个险些送命的下场。“惊起”二句，又是反用五代欧阳炯《南乡子》：“孔雀自怜金翠尾，临水，认得行人惊不起。”欧词写孔雀临水照影，为自身金翠尾羽所炫，竟得意忘形，没有考虑行人走过。及至听到脚步声，便惊起欲飞，待仔细看时，觉得行人似曾相识，便又停下不飞，故词言虽“惊”而并未飞“起”。这里苏轼为了刻画其忧谗畏讥之心理与满腔抑郁之孤愤（即所谓“恨”），既写了懔然自惊而“回头”，又写了因一肚皮不合时宜而希望能有人理解领会。“惊起”句是怕“人”；“有恨”句是想把内心苦闷一吐之为快，又是希望能得到可倾诉之“人”。这种矛盾心情竟用比兴手法以揣摩孤鸿的心迹和行踪来曲曲描绘，真是高人妙手。这一重心事是对待周围客观事物的，下面一句则是反映自己主观思想的。鸿雁本不栖于树上，而作者偏说“拣尽寒枝不肯栖”，一似强调鸿雁的本能原是栖于木上的，现在只由于事不遂心，才有意“不肯栖”的，故被人非议为有“语病”（见胡仔《苕溪渔隐丛话》前集卷三十九）。其实前人早已指出，这是“取兴鸟择木之意”（见陈鹄《耆旧续闻》卷二）。这不但有“绕树三匝，何枝可依”的一层意思，而且还有不屑与世俗同流合污这更深一层的意思。用今天的话说，正是以拟人的手法写现实人生的矛盾。既然如此，这只失群亡侣的孤鸿宁可远离尘世，寂寞地独处于冷落的沙洲之上，不愿也不敢同这个可怕而又可憎的处境打交道了。这又是一重心事。可见作者写雁也正是写人，并通过这种艺术手法来刻画自己的内心世界。因此我们说这首词真有寄托，是一点也不牵强的。

剩下来还有头尾两句：“缺月挂疏桐”和“寂寞沙洲冷”（据《耆旧续闻》卷二，“洲”一作“汀”，两字义本相近）。头一句是写背景，也是写实，点明当时是天寒夜深的时节，并无足奇。但作者不用圆月而说“缺月”，虽不必即如鲖阳居士说的“刺明微也”，而“月如无恨月常圆”，这里面恐怕也多少有点表示遗憾的味道，与下片的“有恨”似相照应，却又在疑似有无之间。写“疏桐”而不说“林丛”或其他树木，盖梧桐本高洁之树，所谓“龙门之桐，高百尺而无枝”，而且只有鹓雏（凤凰一类的鸟）才肯栖息其上。只是因为寒意已深，梧叶凋残，虽高洁而正逢厄运，又与下片“拣尽寒枝”句有若即若离之妙。况且下弦残月挂于疏桐枝梢之上，又是一幅极其淡雅疏朗的水墨写意画。不仅“诗中有画”，而且与“幽人”“孤鸿”等所要刻画的抒情主人公有水乳交融、相得益彰之妙。景语原是为抒情服务的，于此可见一斑。

至于最末一句，“寂寞”是孤鸿心境，“沙洲”是其止宿之处，“冷”字则兼把它的内在精神世界和客观上的季节特征结合起来，本亦顺理成章，毋庸饶舌。但我经过反复思量，却决定作一点翻案文章。即我以为元刊本末句作“枫落吴江冷”是有道理的。这句五言诗本是唐人崔信明现成的残句（当然也是名句），却被作者毫不客气地搬到词中。乍看去似与上文毫不衔接，有点不知所云。其实这句写江南由秋入冬之后的景物，真是绝妙好辞。枫叶由丹而黄，由黄而陨，三吴江水，寒意逼人；枯叶随江水流逝，尤增衰飒之感。这不正是处于四面楚歌之境的苏轼周围的现实气氛的真切写照么！相传鸿雁南飞，最远不逾湖南衡山，但吴头楚尾，此时业已冷寂荒凉，非候鸟所宜栖息之地了。作者用这一成句把虚拟的比兴之笔一下子大力兜转，使读者也随着回到现实中来，更足以证成流落在大江之滨的“孤鸿”的处境是如何的寥落悲凉，这不比从表面上毫无假借地直说“寂寞沙洲冷”更显得惝恍含蓄么？只缘后人不得其解，才以“寂寞沙洲冷”之句代之，其实反而显得质实浅露，全无谏果回甘、余音绕梁之趣了。正唯此词末句骤然劈空而下，以唐人成句作结，才更见出作者“语意高妙”，才气纵横，“似非吃烟火食人语”（《苕溪渔隐丛话》前集卷三十九引黄庭坚评此词之语）的特色。如只说“寂寞沙洲冷”，虽似切题而且章法结构皆甚完整，可是“笔下”反倒显得有点“尘俗气”（亦黄庭坚语）了。质之读者，不知意下如何？

1981 年岁次辛酉清明节病后作

说周邦彦《解语花·上元》

风销绛蜡，露浥红莲，花市光相射[①]。桂华流瓦，耿耿素娥欲下。衣裳淡雅，看楚女纤腰一把。箫鼓喧，人影参差，满路飘香麝。　　因念都城放夜，望千门如昼，嬉笑游冶。钿车罗帕，相逢处，自有暗尘随马。年光是也，唯只见旧情衰谢。清漏移，飞盖归来，从舞休歌罢。

以正月十五上元节为题材的诗词，历来首推初唐苏味道的《上元》诗，其

① 按：郑文焯校覆宋刊本《清真集》及汲古阁本《片玉词》作“灯市”。夫“灯市”虽实有其境（见《武林旧事》），似不及“花市”含蓄。盖言“花”足以概“灯”，直说“灯市”，则不免索然寡味，而且把花光灯影相映成趣的景象也从而取消了。今全词虽皆从覆宋本，而第三句仍从另一本作“花市”，谨说明如上。

次则以北宋的苏轼《蝶恋花 · 密州上元》和周邦彦《解语花 · 上元》、南宋的李清照《永遇乐》和辛弃疾《青玉案》等词为代表作。柳永、欧阳修等虽亦有词，皆不及上述诸作脍炙人口。苏味道诗写承平时代长安元宵夜景，纯是颂诗。苏轼词则以追忆杭州上元的热闹来反衬自己到密州后的心境荒凉。辛词别有怀抱，意不在专咏元宵；李词则抚今追昔，直抒国亡家破之恨。从描写上元节的具体内容看，周邦彦的《解语花》诚不失为佳作。正如张炎在《词源》卷下所说："美成《解语花》赋元夕云云，……不独措辞精粹，又且见时序风物之盛，人家晏（宴）乐之同。"盖此词既写出了地方上过元宵节的情景，又回顾了汴京上元节的盛况，然后归结到抒发个人的身世之感，还是比较完整的。不过摆到宋徽宗在位期间这个时代背景下，自然给人以好景不常的联想，而且统治阶级的醉生梦死也使人不无反感，至少也难免感慨系之。特别是周邦彦本人，填词的工力虽深，而作品的思想内容却并不很高明，所以这首《解语花》，近年来已不大为人注意了。

关于此词写作的地点和年代，旧有异说。清人周济《宋四家词选》谓之"在荆南作"，"当与《齐天乐》同时"；近人陈思《清真居士年谱》则以此词为周知明州（今浙江宁波）时作，时在徽宗政和五年（1115）。窃谓两说均无确据。周济说似据词中"楚女"句立论，然"看楚女纤腰一把"云者，乃用杜牧诗"楚腰纤细掌中轻"句意，而小杜所指却为扬州歌姬，并非荆楚之女。所谓"楚女纤腰"，不过用"楚灵王好细腰"的旧典（见《韩非子 · 二柄》，《墨子》《国策》亦均记其事）而已。况且据近人罗忼烈考订，周邦彦曾两次居住荆南，其说甚确（见《周清真词时地考略》，载《大公报在港复刊三十周年纪念文集》，下同）。可见即使从周济说，写作年代亦难指实。故"作于荆南"一说只有阙疑。陈《谱》引周密《武林旧事》以证成其说，略云："《武林旧事》：'（元夕）至五夜，则京尹乘小提轿，诸舞出（小如按：原书无"出"字）队，次第簇拥，前后连亘十余里，锦绣填委，箫鼓振作，耳目不暇给。'词曰：'箫鼓喧，人影参差'；又曰：'清漏移，飞盖归来，从舞休歌罢'。足证《旧事》所记，五夜京尹乘小提轿，舞队簇拥，仍沿浙东西之旧俗也。"罗忼烈从之，并引申之云："按苏轼《蝶恋花 · 密州上元》词，怀杭州元宵之盛云：'灯火钱塘三五夜，明月如霜，照见人如画；帐底吹笙香吐麝，更无一点尘随马。'与清真此词景色相似，则《年谱》所谓南宋时仍沿浙东西旧俗是也。”今按：南宋时杭州为行都，故有“京尹”，至于地方上是否也同样如此，殊未可知。而苏轼词中所写，亦只是上元节日习见情景，不足以说明确为宋代浙东西旧俗。故作于明州之说也并没有确凿的证据。但从周词本身来看，有两点是无可置疑的。一、此词不论写于荆州或明州，要为作者在做地方官时怀念汴京节日景物而作；二、此词当是作者后期所写，故有“旧情衰谢”之语。依陈《谱》，则下限在政和五年（1115年），作者已六十岁了。

下面谈谈我对此词艺术表现手法的点滴体会。周的这首词确有一定特色，不独“措辞精粹”，而且设想新奇，构思巧妙。谭献评《词辨》，于周邦彦《齐天乐》起句“绿芜凋尽台城路”评为“以扫为生”，这首词的起句也是如此。“绛蜡”即“红烛”。元宵佳节，到处都是辉煌灯火，所谓“东风夜放花千树”，而作者却偏在第一句用了一个“销”字，意谓通明的蜡炬在风中逐渐被烧残而销蚀。但由于第三句“花市光相射”骤然振起，可见元宵的灯火是愈燃愈旺，随销随点，纵有风露，不害其灿烂闪烁的。特别是第二句以“露浥红莲”夹在两句之间，得虚实相映之妙，就更见出作者是“以扫为生”了。“红莲”指莲花灯，欧阳修《蓦山溪·元夕》：“纤手染香罗，剪红莲满城开遍。”可为佐证。“绛蜡”是真，“红莲”是假，“风销绛蜡”是写实，“露浥红莲”则近于虚拟，由于在灯烛的映射下莲花灯上宛如沾湿了清露。这就不仅写出节日的盛装，而且还摹绘出新春的生意。此正如孟浩然的《春晓》，尽管他说“夜来风雨声，花落知多少”，人们读了却并无“落红满径”的残春之感，相反，倒显得春色无边，仿佛预见到万紫千红即将呈现。那是由于诗人写到雨后初晴，晨曦满树，既然处处鸟啭莺啼，足见春光正艳。这与此词同样是“以扫为生”。当然，周词毕竟含有消极成分在内，第一句也同下片“旧情衰谢”“舞休歌罢”等句暗自呼应。因为元夜灯火纵然热闹通宵，也总有灯残人散之时的。

下面“桂华流瓦”一句，人们多受王国维《人间词话》的影响，认为“境界”虽“极妙”，终不免遗憾，“惜以‘桂华’二字代月耳”。特别是王氏对词中用代字的意见是十分苛刻的。他说：“词忌用替代字。……其所以然者，非意不足，则语不妙也。盖意足则不暇代，语妙则不必代。”这就使人觉得周邦彦此词此句真有美中不足之嫌了。我曾反复推敲，觉得《人间词话》的评语未必中肯，至少是对词用代字的意见未必适用于这首周词。诚如王氏所云，那只消把“桂”字改成“月”字，便一切妥当。然而果真改为“月华流瓦”，较之原句似反觉逊色。个中三昧，当细求之。我认为，这首词的好处，就在于没有落入灯月交辉的俗套。作者一上来写灯火通明，已极工巧之能事，此处转而写月，则除了写出月色的光辉皎洁外，还写出它的姿容绝代，色香兼备。“桂华”一语，当然包括月中有桂树和桂子飘香（如白居易《忆江南》:“山寺月中寻桂子。”）两个典故，但更主要的却是为下面“耿耿素娥欲下”一句作铺垫。既然嫦娥翩翩欲下，她当然带着女子特有的香气，而嫦娥身上所散发出来的香气正应如桂花一般，因此这“桂华”二字就不是陈词滥调了。这正如杜甫在《月夜》中所写的“香雾云鬟湿”，着一“香”字，则雾里的月光便如簇拥云鬟的嫦娥出现在眼前，而对月怀人之情也就不言而喻。昔曹植《洛神赋》以“凌波微步，罗袜生尘”的警句刻画出一位水上女神的绰约仙姿，杜甫和周邦彦则把朦胧或皎洁的月光比拟为呼之欲下的月中仙女，皆得异曲同工之妙。周词这写月的三句，“桂华”句宛如未见其容，先闻其香；“纤云散”则如女子褰开帷幕或揭去面纱，然后水到渠成，写出了“耿耿素娥欲下”。如依王说，不用“桂华”而径说“月明”，则肯定不会有现在这一栩栩如生的场面，读者也不会有飘飘欲仙的感受。我上面所说的美成此词设想新奇，构思巧妙，正是指的这种表现手法。

然而作者的笔触并未停留在这里，他又从天上回到人间，写“时序风物”和“人家宴乐”之盛美。但作者把这些全放到背景中去写，突出地写只有在良辰佳节才出来看灯赏月的女子，故紧接着绘出了“衣裳淡雅，看楚女纤腰一把”的窈窕形象。“淡雅”二字，恰与上文“素娥”相映衬。“箫鼓喧，人影参差”是写实，却用来烘托气氛，体现闹中有静，而以“满路飘香麝”作为上片小结。到底是因人间有衣裳淡雅而又馨香满路的“楚女”引起作者对团栾而明朗的皓月产生了“耿耿素娥欲下”的联想和幻觉呢，还是用月里嫦娥来衬托或拟喻人间的姝丽？仙乎，人乎，那尽可由读者自己去补充或设想，作者却不再饶舌了。此之谓耐人寻味。

上片是作者眼前目击之景，下片则由当前所见回忆和联想到自己当年在汴京元宵赏月的情景，用“因念”二字领起。结尾处的今昔之感，实自此油然而生。“都门放夜”是特定的时间地点，“千门如昼”写得极空灵概括，然而气派很足；“嬉笑游冶”转入写人事，即都中士女在上元节日总的活动情况，其中也包括作者在内。这些都是写上元应有之文，也是题中应有之义，可是着重点却在于“钿车罗帕，相逢处，自有暗尘随马”。这大有“晚逐香车入凤城”（张泌《浣溪沙》）的味道。柳永在一首《迎新春》的词里写汴京元宵的景况也说：“渐天如水，素月当午。香径里，绝缨掷果无数。更阑烛影花阴下，少年人往往奇遇。”与周词所写，意趣正复相同。不过柳词朴实坦率，直言无隐；周词委婉含蓄，比较收敛而已。柳词是客观描述，周词则由上片的眼前风物回顾当年，情绪上是由波动而克制，终于流露出年华老去，“旧情衰谢”的无可奈何之感。故两词情韵风调仍复不同。这里对“自有暗尘随马”一句想多说几句。历来注家于此句都引苏味道《上元》诗中五六二句：“暗尘随马去，明月逐人来。”苏轼《密州上元》词则反用其意，说是“更无一点尘随马”。而周词此处的用法似与苏味道诗略异其趣。意思说女子坐着钿车出游，等到与所期男子在约定地点相遇之后，车尾便有个骑马的男子跟踪了。“暗”不独形容被马蹄带起的“尘”，也含有偷期密约、蹑迹潜踪的意思。这是苏味道原诗中所没有的。

底下作者自然而然转入了自嗟身世。“年光”二句是说每年都有这样一次元宵佳节，可是自己饱历沧桑，无复昔日情怀，那种嬉笑游冶的轻狂生活，已一去不复返了。于是以“清漏移”三句作结。一到夜深，作者再也无心耽赏灯月交辉的景象，流连追欢逐爱的风情，于是就乘着车子赶快回到官邸（“飞盖归来”有避之唯恐不及的意味），心想，任凭人们去狂欢达旦吧。结尾之妙，在于“从舞休歌罢”一句有两重意思。一是说任凭人们纵情歌舞，尽欢而散，自己可没有这等闲情逸致了；二是说人们纵使高兴到极点，歌舞也有了时，与其灯阑人散，扫兴归来，还不如早点离开热闹场合，留不尽之余地。作者另一首名作《满庭芳・夏日溧水无想山作》的结尾也说：“歌筵畔，先安簟枕，容我醉时眠。”都是写自己无复昔时宴安于声色的情怀，却又都极尽蕴藉含蓄之能事，也可以说是异曲同工吧。到了李清照，由于感情过分悲凉伤感，便直截了当地写出“试灯无意思，踏雪没心情”（《临江仙》）这样万念俱灰的句子，看似衰飒，情感却反而显得奔放，不嫌其尽。有人认为李清照的《词论》中没有提到周邦彦，事实上却是承认周邦彦为词道正宗的。我看也未必尽然呢。

1981 年 5 月在北京作

说李清照《如梦令》二首

李清照的两首《如梦令》是脍炙人口之作。先看第一首：

常记溪亭日暮，沉醉不知归路。兴尽晚回舟，误入藕花深处。争渡，争渡，惊起一滩鸥鹭。

照一般理解，人在“沉醉”以后是不大会泛舟出游的，故应该讲成在外乘兴游赏，因喝多了酒而沉醉。那么“溪亭”的“亭”，当如“旗亭画壁”“长亭短亭”之“亭”，是指酒家。昼日出游，饮酒至暮，兴尽归舟，却因沉醉而迷路，误把船划进荷丛，出不来了。“争”作实词，有两种解释。一是动词，指与别人竞争；一是动词作形容词用，即“尽快”的意思，用在这里便有争分夺秒的味道了。然而天已傍晚，又在“藕花深处”，同别人赛船是不大可能的，故第一说可置而不论。如把“争渡”解为“快划”，虽与上下文可以相连贯，但实际上船入荷丛，障碍极多，想快划也快不了。于是我以为“争”应作另一种解释，即“怎”的同义字。这在宋词中是屡见不鲜的。“争渡”即“怎渡”，这一叠句乃形容泛舟人心情焦灼，千方百计想着怎样才能把船从荷花丛中划出来，正如我们平时遇到棘手的事情辄呼“怎么办”“怎么办”的口吻，不料左右盘旋，船却总是走不脱。这样一折腾，那些已经眠宿滩边的水鸟自然会受到惊扰，扑扇群起而飞了。检近人王延梯《漱玉集注》“争”正作“怎”解，可谓先得我心。

《如梦令》的第二首云：

昨夜雨疏风骤，浓睡不消残酒。试问卷帘人，却道海棠依旧。知否？知否？应是绿肥红瘦。

自南宋至近人，论词者对“绿肥红瘦”四字无不推崇备至。然就句型而论，这四个字与首句“雨疏风骤”本属同一机杼，何以这末一句独为人所称道？鄙意“疏”和“骤”，原是形容风雨的，用来并不足为奇。而“肥”和“瘦”却是形容人或动物躯体的，且字面极俗；现在与“红”“绿”字拼合一起，已有耳目一新之感，又用来形容极美的花和极茂密的树，这就不同凡响了。何况作者写的乃是花的精神面貌，并不仅是指花稀叶密而已，自然远非“雨疏风骤”这种人人可以想得出的遣词造句所能比拟了。然而作者竟在这样一首短短小令中不避句型之重复，首尾二句似犯而实不犯，抑且愈写愈工，互为映照，倘非大手笔，是不会如此举重若轻的。

不过这首词我从前并没有读懂，总觉得前两句有矛盾。既然酒醉酣眠，怎么会听得那么仔细，知道雨点稀疏而风势狂骤？如果风雨之声历历在耳，则显然入睡未沉，神志清醒，又岂能说“浓睡不消残酒”？直到两年前，承老友卞僧慧先生见示，说他的一位同事（他们都是天津社会科学院的研究员）认为此词的“卷帘人”非为侍婢而实是作者自己的丈夫（现在几乎所有的注本都把“卷帘人”释为侍婢）。这给我以极大启发。我这才恍然大悟，原来此词乃作者以清新淡雅之笔写秾丽艳冶之情，词中所写悉为闺房昵语，所谓有甚于画眉者是也，所以绝对不许第三人介入。头两句固是写实，却隐兼比兴。金圣叹批《水浒》，每提醒读者切不可被著书人瞒过，吾意读者读易安居士此词，亦切勿被她瞒过才好。及至第二天清晨，这位少妇还倦卧未起，便开口问正在卷帘的丈夫，外面的春光怎么样了？答语是海棠依旧盛开，并未被风雨摧损。这里表面上是在用韩偓《懒起》诗末四句：“昨夜三更雨，今朝（一本作‘临明’）一阵寒，海棠花在否，侧卧卷帘看”的语意，实则惜花之意正是怜人之心。丈夫对妻子说“海棠依旧”者，正隐喻妻子容颜依然娇好，是温存体贴之辞。但妻子却说，不见得吧，她该是“绿肥红瘦”，叶茂花残，只怕青春即将消逝了。这比起杜牧的“绿叶成阴子满枝”来，雅俗之间判若霄壤，故知易安居士为不可及也。“知否”叠句，正写少妇自家心事不为丈夫所知。可见后半虽亦写实，仍旧隐兼比兴。如果是一位阔小姐或少奶奶同丫环对话，那真未免大杀风景，索然寡味了。

1983 年 1 月重写讫

说李清照《念奴娇》（即《壶中天慢》）

萧条庭院，又斜风细雨，重门须闭。宠柳娇花寒食近，种种恼人天气。险韵诗成，扶头酒醒，别是闲滋味。征鸿过尽，万千心事难寄。　　楼上几日春寒，帘垂四面，玉阑干慵倚。被冷香销新梦觉，不许愁人不起。清露晨流，新桐初引，多少游春意。日高烟敛，更看今日晴未？

——据王学初《李清照集校注》本

这首词有两个先决问题需要说清楚。一是古今人赏析易安词，大抵把她的作品分为前后两个时期。或以南渡前后划分，或以赵明诚生前与死后划分，我看都可以。此词似应属于前期之作。近时有人讲析此词，虽未表明其写作年代，却把它同晚年的作品《声声慢》《永遇乐》等相提并论，我觉得未必恰当。盖李清照后期之作，因国土沦陷，家破人亡（如承认她曾再嫁，则还有遇人不淑的不利因素），词中已毫无兴致情趣可言，触景生悲，无一语不伤心到极点。而这首词虽说主人公有“万千心事”，但她还勉强写成险韵诗，并希望在天晴日出后走出“萧条庭院”去“游春”赏景。可见它还不应属于后期彻底消沉绝望之作。二是前人评价此词，有褒贬轩轾之不同。如许昂霄《词综偶评》就说：“此词造语，固为奇俊，然未免有句无章。”这就是说，虽有警句，却无章法，在结构上是有缺陷的。而黄了园的《蓼园词选》则云：

只写心绪落寞，遇寒食更难遣耳。陡然而起，便尔深邃。至前段云“重门深闭”，后段云“不许不起”，一开一合，情各戛戛生新。起处雨，结处晴，局法浑成。

既然开、合、起、结都有讲究，显然作者在谋篇方面原有周密考虑。我个人体会，许氏之意大约是指：上片既已说“险韵诗成，扶头酒醒”，自然是一天里的日常生活，而下片却又掉头去说“被冷香销新梦觉”，未免层次紊乱，故认为“有句无章”。而黄氏所论也只说到开合与起结，并未对全词进行分析。对此，我的看法是：上片与下片说的本非同一天内的事，而关键则在于过片“楼上几日春寒”的“几日”。可见上片所说是以“几日”之前或“几日”中间的某一天的生活作为典型事例，由于自己心事重重从而导致生活百无聊赖。而下片则写在一连几日阴雨天气之后终于有了放晴迹象的具体描述。这样讲，则词意之贯穿虽有跳跃性，而前后层次却并无矛盾可言。所以我认为《蓼园词选》的说法还是比较确切的。

至于此词佳处，则应以毛先舒（稚黄）的见解最为允洽。毛氏在《诗辨坻》卷四里有一段评语云：

> 尝论词贵开拓，不欲沾滞。忽悲忽喜，乍近乍远，所为妙耳。……李《春情》词本闺怨，结云“多少游春意”“更看今日晴未”，忽尔开拓，不但不为题束，并不为本意所苦。直如行云施展自如，人不觉耳。（《词苑丛谈》卷一、《词苑萃编》卷二皆引此则，引文均略有出入。）

从全篇结构看，我以为上下片各有两层，全词共分四个小段落，而在每个小段落中又有虚笔、实笔之分。第一小段落从开头到“种种恼人天气”，写客观的环境和自然景象。庭院是萧条寂寞的，又赶上“斜风细雨”的天气，只好紧闭“重门”。请注意词中“须”和“定”这两个副词。“须”似虚而意却实，如姜白石词“一春须有忆人时”，其意乃谓必定有忆人之时。所以这里说“须闭”，其实倒是非“闭”不可。（至于“定”则似实而意却虚，如周邦彦词“定有残英，待客携尊俎”，其意反而说是到那时未必有“残英”可“待客”也。此与本文无涉，姑附记于此。）以上三句是实写。下二句则为虚写。“宠柳娇花”实乃拟人化手法，“宠”和“娇”的用法一如说“宠妻”“娇女”，现在移来形容春柳春花，说明草木之妩媚妍丽。其所以为虚写，意思说寒食节近了，原应是春光明媚的时刻，如果没有风风雨雨，人们将看到“宠柳娇花”，那该有多美，多么使人赏心悦目啊！然而却碰上了“种种恼人天气”。这里面有好几层意思。盖春色本易恼人，花娇柳宠，已不免撩人情思，但遇到了细雨斜风，有花也无法去欣赏，岂不更加恼人？如果过了这段好时光，则柳既飘绵，花亦零落，无复“宠”与“娇”之可言，那就未免大杀风景，纵有多少离情愁思也无从寄托了。这里面有怨情，也有遗憾，总之是虚笔。

既然天气不好，人又无聊，只好关在屋子里找点消遣。作诗和饮酒，都是因无聊而用来消磨时光、解脱苦闷的。作诗押险韵是难成的，可偏偏终于写了出来；烈性酒容易上头，喝下去是易醉的（所以要经常“扶头”），然而酒也终于醒过来了。这就增加了无聊的程度。所谓“闲滋味”者，即无聊的滋味也。一个人找点不相干的事来做以寻求排遣，本已够无聊的了，然而连这点儿可排遣的事都已做完，再想不出什么可排遣的事好做，这可真无聊到极点了，这就叫作“闲滋味”。这当然是作者的真情实感。但强度仍嫌不够，于是补充了两句：“征鸿过尽，万千心事难寄。”说明无聊的情绪乃由无穷的心事所造成。但这两句似不应讲成由于征鸿已经过尽，纵有万千心事，也无从凭借它们寄给远人，而应理解为：我是有万恨千愁的，即使调动飞过此间的所有征鸿，请它们为我寄信，也不能把我全部心事带到远人身边。盖征鸿本不能代人传递心事，这里只是用了夸张的比兴手法而已。所以我说这两句是虚笔。

下片从“楼上几日春寒”到“不许愁人不起”是第三小段。前三句似与上片重复而口径又不完全一致，乃属于综括性的描写。由于几天来的斜风细雨，在寒食前后连凭栏眺远的条件和机会也被剥夺，只能“帘垂四面”，忧郁而恹倦地关在房间里。作者在上片已细写了某一天的无聊生活，所以这里只再简括地虚写一个大概。但在这一段春光寂寥的日日夜夜中，昨宵却做了一个“新梦”，这个梦可是值得玩味和留恋的，正如《草堂诗余隽》卷一引明人李攀龙说：“上是心事，难以言传；下是新梦，可以意会。”偏偏梦又因“被冷香销”而蓦然惊觉，这当然使“愁人”无法再睡，所以很早就起床了。出人意料的是：这天清晨却预示着有个好天气的到来，她居然发现了“清露晨流，新桐初引”。引者，抽也，萌发生长也。这说明春光毕竟还没有完全消逝，晶莹的露滴和新生的桐叶展示出无限生机，唤起了人们的“多少游春意”。这正是诗人切身的感受。前人每赞此二句，认为李清照善于浑用《世说新语·赏誉篇》里这两句现成的漂亮文字，其实这种手段并不新奇，苏轼、黄庭坚、陈师道、周邦彦以及辛弃疾都善于融古人成句于己作之中。但值得一提的是，这两句本属六朝人文章隽语，被易安移用于词，宛如天衣无缝，丝毫不生硬牵强，确是十分难得。接下去“日高烟敛，更看今日晴未”乃是预期之辞，故又属虚笔。意思说，等一会儿太阳升起，烟云敛迹，天终于要晴了，诗人因而又产生了新的希望。末句似不应讲成“说不准今日是否能晴”，而应讲成“倒要看看今天究竟是不是晴天”。因为从“清露”二句已明白告知读者天已放晴，所以“日高烟敛”已是十拿九稳的事，这种重又开朗的心情自然使“愁人”感到生趣盎然了。有人认为这是李清照因愁苦已极而故作反语，恐怕有点儿刻意求深，把一首结尾带有朝气的词给曲解了。

1986年12月急就完篇

说李清照《声声慢》

寻寻觅觅，冷冷清清，凄凄惨惨戚戚。乍暖还寒时候，最难将息。三杯两盏淡酒，怎敌他晓（通行本作“晚”）来风急。雁过也，正伤心，却是旧时相识。　　满地黄花堆积。憔悴损，如今有谁堪摘？守着窗儿独自，怎生得黑！梧桐更兼细雨，到黄昏点点滴滴。这次第，怎一个愁字了得！

在谈正文以前先要交代两点。第一，古人以词为诗余，这当然不完全对。即使承认词为“诗之余”，那也应该只限于小令。至于慢词，光论字数，也比律诗和绝句多出一倍到几倍，怎么能说是“诗之余”呢？我认为，词中的慢调实是赋之余。赋的特点是铺叙，慢词的特点亦正复相同。汉代的赋，“铺采摛文”有余，“体物写志”不足；进而为六朝小赋，逐渐向写志方面发展，却又转化为“律赋”，形成了新的条条框框，虽匀整而失之死板。唐宋古文家以散文为赋，而倚声家实以慢词为赋。夫慢调讲格律，能配以乐调，有律赋匀整之长，却更有着律赋所没有的蕴藉与流利的特色，且较律赋篇幅短，变化多，称之为“赋之余”，是一点也不为过的。因此，不熟读六朝小赋，填慢词必不易工。退一步说，至少亦须长于作骈文，始能工于为慢调。两宋词人以慢词擅胜场者，南渡后的史达祖、吴文英、张炎、周密、王沂孙辈专以咏物为工者固无论矣，即使是抒情写景之作，如北宋之柳永、苏轼、秦观、周邦彦，南宋的李清照、辛弃疾、姜夔诸家，其慢词亦多以能近似赋体者为工。即如李清照这首《声声慢》，脍炙人口数百年，就其内容实质而言，简直是一篇悲秋赋。亦唯有以赋体读之，乃得其旨。

第二，李清照的这首词在作法上是有创造性的。原来的《声声慢》的曲调，韵脚押平声字，调子相应地也比较徐缓。而这首词却改押入声韵，并屡用叠字和双声字，这就变舒缓为急促，变哀婉为凄厉。我不同意把李清照划归婉约派词人，至少，一定不能够把这首词列入婉约体。因为此词以豪放纵恣之笔写激动悲怆之怀，既不委婉，也不隐约。如果连这样直往直来、了无假借的作品也称之为“婉约”，那恐怕再也找不到非婉约体的词了。

前人评此词，对开端三句多以用一连串叠字为特色。当然，这与乐调音节是有关的，但只注意这一层，仍不免失之皮相。词中写主人公一整天的愁苦心情，却从“寻寻觅觅”开始，可见她从一起床便百无聊赖，恍如有失，于是东张西望，仿佛漂流在海洋中的人要抓到点儿什么才能得救似的，希望找到点儿什么来寄托自己的空虚寂寞。所以这一句应用分号（；）点断。下文“冷冷清清”，是“寻寻觅觅”的结果，不但无所获，反被一种孤寂清冷的气氛袭来，使自己感到凄惨忧戚。于是紧接着再写了一句“凄凄惨惨戚戚”。仅此三句，一种由愁惨而凄厉的氛围已笼罩全篇，使读者不禁为之屏息凝神。这乃是百感迸发于中，不得不吐之为快，所谓“欲罢不能”的结果。

“乍暖还寒时候”这一句，也是此词的难点之一。“乍……还……”的句式正如现代汉语中“刚……又……”的说法，“乍暖还寒”如译成口语，当作“刚觉得有点儿暖和却又冷了起来”，这是什么样的天气呢？此词作于秋天，自无疑问，但秋天的气候应该说“乍寒还暖”，只有早春天气才用得上“乍暖还寒”。我以为，这是写一日之晨，而非写一季之候。秋日清晨，朝阳初出，故言“乍暖”，但晓寒犹重，秋风砭骨，故言“还寒”。至于“时候”二字，有人以为在古汉语中应解为“节候”。但柳永《永遇乐》云：“薰风解愠，昼景清和，新霁时候。”由阴雨而新霁，自属较短暂的时间，可见“时候”一词在两宋时代已与现代汉语无殊了。“最难将息”句则与上文“寻寻觅觅”句相呼应，说明从一清早自己就不知如何是好。

下面的“三杯两盏淡酒，怎敌他晓来风急”，“晓”，通行本作“晚”。这又是一个可争论的焦点。俞平伯先生《唐宋词选释》注云：

> “晓来”，各本多作“晚来”，殆因下文“黄昏”云云。其实词写一整天，非一晚的事，若云“晚来风急”，则反而重复。上文“三杯两盏淡酒”是早酒，即……《念奴娇》词所谓“扶头酒醒”；下文“雁过也”，即彼词“征鸿过尽”。今从《草堂诗余》别集、《词综》、张氏《词选》等各本，作“晓来”。

这个说法是对的。说“晓来风急”，正与上文“乍暖还寒”相合。古人晨起于卯时饮酒，又称“扶头卯酒”。这里说用酒消愁是不抵事的。至于下文“雁过也”三句，却与作者前期所作的《念奴娇》里的“征鸿过尽”云云略有差别。盖《念奴娇》作于春日，是清明前夕，所以有“宠柳娇花寒食近”之句，那么彼词的“征鸿过尽”乃指南雁北飞。当时李的丈夫赵明诚在汴京，作者居南，所以说“万千心事难寄”。而《声声慢》是南渡后之作，秋日北雁南飞，作者所指，正是往昔在北方见到的“征鸿”，所以说“正伤心，却是旧时相识”了。俞《选》说：“雁未必相识，却云‘旧时相识’者，寄怀乡之意。赵嘏《寒塘》：‘乡心正无限，一雁度南楼。’词意近之。”其说是也。

上片从一个人寻觅无着，写到酒难浇愁；风送雁声，反增加了思乡的惆怅。于是下片由秋日高空转入自家庭院。园中开满了菊花，秋意正浓。这里我认为“满地黄花堆积”是指菊花盛开，而非残英满地。“憔悴损”是指自己因忧伤而憔悴瘦损，也不是指菊花枯萎凋谢。正由于自己无心看花，虽值菊堆满地，却不想去摘它赏它，这才是“如今有谁堪摘”的确解。然而人不摘花，花当自萎，及花已损，则欲摘已不堪摘了。这里既写出了自己无心摘花的郁闷，又透露了惜花将谢的情怀，笔意比唐人杜秋娘所唱的“花开堪折直须折，莫待无花空折枝”要深远多了。

从“守着窗儿”以下，写独坐无聊，内心苦闷之状。比“寻寻觅觅”三句又进一层。“守着”句依张惠言《词选》断句，以“独自”连上文。秦观（一作无名氏）《鹧鸪天》下片：“无一语，对芳樽，安排肠断到黄昏。甫能炙得灯儿了，雨打梨花深闭门。”与此词意境相近。但秦词从人对黄昏有思想准备方面着笔，李则从反面说，好像天有意不肯黑下来而使人尤为难过。“梧桐”两句不仅脱胎淮海，而且兼用温庭筠《更漏子》下片“梧桐树，三更雨，不道离情正苦；一叶叶，一声声，空阶滴到明”词意，把两种内容融而为一，笔更直而情更切。最后以“怎一个愁字了得”句作收，也是蹊径独辟。盖自庾信以来，或言愁千斛万斛，或言愁如江如海（分别见李煜、秦观词），总之是极言其多。这里却化多为少，只说自己思绪纷茫复杂，仅用一个“愁”字如何包括得尽。妙在又不说明于一个“愁”字之外更有什么心情，即戛然而止，仿佛不了了之。表面上有“欲说还休”之势，实际上已倾泻无遗，淋漓尽致矣。

这首词大气包举，别无枝蔓，逐件事一一说来，却始终紧扣悲秋之意，真得六朝抒情小赋之神髓。而以接近口语的朴素清新的词句谱入新声，又确体现了倚声家不假雕饰的本色。其难能可贵而终于至今传诵不衰，良有以也。

1985年5月再订稿

“春水”怎能在秋天

北京晚报有文章谈李清照《浪淘沙》，以为此词为李悼亡夫之作。而李的丈夫赵明诚死于秋季，因此文章认为词中的“一江春水醉醒中”是用李煜词“恰似一江春水向东流”的典故，以喻愁多。此说大可商榷。

第一，此词题李清照作，始于明人杨慎《词林万选》。但《万选》所题作者多不确，何况其下尚有注云：“一作六一居士。”古今不少选本都题此词为欧阳修作，而欧词集不载。可见此词既非欧作，亦未必是李作。故《全宋词》和王学初同志《李清照集校注》都根据杨金本《草堂诗余》前集卷下（这是收录此词最早的选本），以此词为无名氏作。然则李清照悼亡说未必可信。

第二，人们总以为，赵明诚死于建康（今南京市），故词中有“回首紫金峰”之句。其实今天南京城外的钟山，一名紫金山，乃是后世才有的名称。检宋代地志以及《景定建康志》等书，均尚无此名。可见紫金峰并不就是今天南京的钟山。

第三，根据善本，“一江春水”句原作“春浪”或“春恨”，作“春水”乃后人臆改。显然此词作者并未用典。

第四，就词论词，说“雨润烟浓”是江南春景似更接近事实，与“春浪”“春恨”亦无矛盾。再退一步说，就算此词是李清照悼亡之作，“留得罗襟前日泪”的“前日”犹言往日、昔日，而非前天、近几天，不能认定就是赵明诚刚死不久的证据。

我以为，此词无论是谁作的，都属佳品，不必硬往李清照身上拉。说它用李煜词作典故，就更缺乏根据。它的季节背景显然是春天而非秋日。

说岳飞《小重山》

一 今传岳飞词

唐圭璋先生辑《全宋词》，录岳飞词三首：《小重山》一首，《满江红》二首。最为世所传诵的是《满江红·写怀》（“怒发冲冠”）。此词不见于岳珂辑录的《金陀粹编》，但后人编辑的《岳忠武王集》（《艺海珠尘》本可用）已收入。至近人余嘉锡先生在其所著《四库提要辨证》中提出怀疑，于是这首词的著作权便出了问题。我以为这首词有一处确实可疑，即“驾长车，踏破贺兰山缺”一句显与抗金史实不相吻合。贺兰山在今宁夏境。如果说宋与西夏两个王朝有了民族纠纷，作者有志荡平西夏，还说得过去，如指反对金兵南侵，而思收复失地，那么岳飞只能说“直捣黄龙，与诸君痛饮”，而不会把话头扯到西北的贺兰山去。所以我对此词究系谁作的态度，是宁信其为后人拟作而不敢遽以为真的。当然，这首词的政治影响和艺术感染力是无可非议的，不得以其可能为后人拟作而轻之。

另一首《满江红》题为《登黄鹤楼有感》，《全宋词》是根据相传为岳飞的墨迹影印件收录的。这一首比较罕见，现转录在此供参考：

遥望中原，荒烟外，许多城郭。想当年，花遮柳护，凤楼龙阁。万岁山前珠翠绕，蓬壶殿里笙歌作。到而今，铁骑满郊畿，风尘恶。　　兵安在？膏锋锷；民安在？填沟壑。叹江山如故，千村寥落。何日请缨提锐旅，一鞭直渡清河洛。却归来，再续汉阳游，骑黄鹤。

这首词的可靠性如何，同样不易判定。从上片看，作者敢于对宋徽宗赵佶荒淫腐朽的宫禁生活公然指斥，颇不似南渡初期人的口吻。过片“兵安在”四句，提出战争的残酷和人民的涂炭，也近于旧民主主义革命时期的思潮。这帧墨迹影印件见于近人徐用仪所编《五千年来中华民族爱国魂》一书的卷端，对它的流传渊源尚有待于稽考，目前只能存疑。不过就词论词，这首词的思想和艺术都还是不错的。

剩下来只有一首《小重山》了。先把原词抄在下面：

昨夜寒蛩不住鸣。惊回千里梦，已三更。起来独自绕阶行。人悄悄，帘外月胧明。

白首为功名。旧山松竹老，阻归程。欲将心事付瑶琴（“琴”，一本作“筝”），知音少，弦断有谁听？

此词见于《金陀粹编》卷十九，人们都确认它是岳飞的作品。但此词的表现手法却与那两首《满江红》迥然异趣，篇幅虽短而委婉含蓄，得吞吐顿挫之妙。不像那两首《满江红》痛快淋漓，更能体现出像岳飞这样以忠勇著称的大将的口吻。其实这并不奇怪。宋朝人写词，往往与作诗文异趣。写诗作文章可以慷慨陈词，漫无拘束，而一到写词，就立即变得缠绵悱恻，曲折萦回。不但范仲淹、欧阳修如此，即柳永、周邦彦也不例外。柳永的《煮海歌》，周邦彦的《薛侯马》《天赐白》等，都是大气磅礴的七言古诗，极尽雄浑跌宕之妙。比起他们写的那些哀怨缠绵、如泣如诉的长短句来，根本不像出自同一个人的手笔。这就是李清照所总结的“词别是一家”的道理。然则岳飞以委婉顿挫的词笔来抒写他抑郁难伸的苦闷，也是很自然的了。反过来再看那两首《满江红》，奋笔直书，豪情满纸，使人读了固然有不胜悲凉慷慨之感，但它们究竟是否出自岳飞本人之手，倒真值得考虑了。

二 《小重山》的写作背景

在唐圭璋先生笺注的《宋词三百首》和龙榆生先生编选的《唐宋名家词选》中，都选了岳飞的《小重山》，并且也都引述了南宋陈郁《藏一话腴》里的一段话。现据龙本转录如下：

> 《历代诗余》卷一百十七引陈郁《藏一话腴》：
>
> 武穆《贺讲和赦表》云：“莫守金石之约，难充谿壑之求。”故作词云：“欲将心事付瑶筝，知音少，弦断有谁听？”盖指和议之非也。又作《满江红》，忠愤可见。其不欲“等闲白了少年头”，足以明其心事。（唐本引文与此有出入，文字亦略繁。）

考南宋赵构与金王朝议和，其事始于公元1138年（绍兴八年），而告成于1139年（绍兴九年）。陈郁所引的岳飞表文，正是绍兴九年所写。然则《小重山》词当作于和议告成以后。但上面所录龙本引文并非陈郁《话腴》原文。检《适园丛书》本《藏一话腴》，分为甲乙二集，每集又分上下卷。书前有岳珂序言，而岳珂正是《金陀粹编》的编纂人。在《话腴》甲集卷下里确实引述了岳飞的表文，题作《收复河南赦及罢兵表》，然而却没有“故作词云”以下的一段话。可见这段话是清初编纂《历代诗余》的人加上去的。否则陈郁既能见到岳飞的《满江红》词，为什么给《话腴》写序的岳珂却没有把它收到《金陀粹编》里去呢？

但《历代诗余》加上去的那一段关于《小重山》的话还是有些道理的。这一次宋、金两朝拟定和议，金王朝曾允许把河南、陕西诸州郡交还给南宋，其中包括北宋帝王陵寝所在地洛阳。1139 年 3 月，岳飞上书给宋高宗赵构，请求准许他酌带官兵亲到洛阳“恭谒、洒扫”。其真实目的，乃希望借此窥察敌方军情。最初赵构和秦桧是同意了的，后来知道岳飞此行另有目的，便收回成命，下诏阻止岳飞“更不须亲往”。联系这一史实，则知《小重山》词不仅在篇末对主张议和的投降派表示反对，并慨叹自己的一贯主张得不到“知音”的同情和支持，而“旧山松竹老，阻归程”的话也就有了确切依据。所以我们推断这首词可能是岳飞在 1139 年（绍兴九年）所写，是有一定根据的。

三 《小重山》讲析

这首词上片写作者外在行动及客观景色，下片专写内心活动，深得吞吐顿挫之妙。所谓“吐”，即直言倾诉，而作者却在倾诉过程中有所保留，没有一泻无遗，此即所谓“吞”。一吐一吞，于是形成了“顿挫”。这一方面当然由于词律的限制，不能像写散文那样畅所欲言；另一方面，作者用这样的艺术手法来抒写内心的一腔幽愤，也显得更沉痛有力。而所谓有所“保留”，即有些话并未直截了当地说破。譬如上面提到的“旧山松竹老，阻归程”两句，便说得十分含蓄。“旧山”既指故乡（岳飞是河南汤阴人），又指中原沦陷地区，当然也包括北宋的汴京、洛阳这些大都名城在内。“松竹老”，一则用来说明自己离乡历时已久；二则也寄托了故国乔木之思；三则松与竹都是经冬不凋的象征忠贞劲节的植物，作者突出地提到它们，正说明北方的故老遗民中不乏志士仁人，可是他们复国兴邦的心愿却无从实现。表面上说来含混，实则其所蕴涵的内容反更丰富。“阻归程”三字，看似明白，却没有主语。谁“阻”了我的“归程”？是敌人，还是朝廷内部的投降派？实际上两者都有，更主要的却是后者。这其中就包括了皇帝赵构和权臣秦桧。当然，这样的话不能不说，却又不能明说，于是便用无主语句写了出来，给读者留下自己去补充的余地。这种手法，在词的一开头便已使用了。

作者一开头就说：“昨夜寒蛩不住鸣。惊回千里梦，已三更。”蛩即蟋蟀。

从字面看，仿佛蛩鸣惊回了千里梦。其实，一个人的梦如果让寒蛩惊醒，那么做梦的人睡得也太不沉稳了。可见“惊回千里梦”的主语并非蛩鸣。相反，倒是人在梦醒之后才有可能听到不住的蛩声，这里作者是把梦醒后的新的感受提前写了出来。可见“惊回”句依然是无主语句。“千里梦”的内容也有多种可能。它可以是自己转战千里，也可以是指梦中返回故乡。从下片来看，这儿的“千里梦”似以指返回“旧山”为更贴切。作者不仅“归梦难成”，而且这梦是被一种什么意外的刺激或打击给“惊回”的，可见作者当时所处的政治环境十分复杂，斗争也十分尖锐，因此日有所思，夜有所梦，且促使自己的思想反复零乱，甚至一醒之后便不能再睡。这里用无主语句的手法是同下片“阻归程”的路数完全一致的。接下去作者用了“已三更”三字，表面上说一觉醒来，已是半夜，实则暗示给读者，下半夜作者是整个失眠了。“起来独自绕阶行”，写尽作者内心的焦灼和忧伤。可是这时夜色已深，万籁俱寂，一切人都已“悄悄”入睡，自己也只好再从户外进入室中（这从“帘外”两字可以悟出，如果作者继续留在户外，是不会用“帘外”二字的）。这句“人悄悄”是写实，但也兼有寓意，即为下片“弦断有谁听”句埋下了伏笔。盖“人悄悄”者，亦含有“众人皆醉我独醒”之意，所以下文作者情不自禁地慨叹“知音少”了。

这里需要略费笔墨讲一下“月胧明”三字。近来人们讲这三字，大都解释为“月色微明”。这是由于“胧”字极少独用，而常见的“朦胧”一词又正是模糊暗淡之意，于是便把这三字译作“月微明”了。但温庭筠《菩萨蛮》词已有“灯在月胧明，觉来闻晓莺”之句。既然室内有灯，外面的月色如果并不很明，那么室中人是不会一下子察觉的。我意这三字应解成“月色由暗而转明”。正由于自暗转明，其光线之强度才能超过室内的灯光，从而使室中人感到月光的射入。岳飞这首词的“月胧明”似也应这样讲。当作者在“独自绕阶行”时，月色是昏暗的；等到进屋之后，从帘外透入了由暗转明的月光，这才察觉天已很晚，到了下半夜了。这样讲似乎意境更深些，只是能否站得住脚，还有待进一步研究。（晋潘岳诗：“朗月何胧胧。”胧胧为朗月之形容词，则非独朦胧一义可知。）

上片似直说，却有四层顿挫。即蛩鸣、梦醒、绕阶行和从帘中看到月色是也。如前所说，第一、二层并非顺序写下；而三、四层之间的描写又被作者所省略，这就使人读起来有起伏回荡之感，而作者心情的不宁静，既睡不着又坐不住的神态也跃然纸上了。

下片转入内心活动的刻画，也分三层。“白首为功名”是一层；“旧山”二句是一层；“欲将心事”三句是一层。但第二、第三两层几乎每一句都构成一个停顿，实际是一句一折。“功名”一词，本是建功立名之谓，即做一番事业的意思，与今人所说“功名富贵”一语之含贬义者并不全同。这里作者说，我为了建功立业，不惜白了少年头，但至今乡园多事，归程有阻，分明壮志难酬。其所以难酬，则由于当轴权臣与己志多不合之故。“知音”二句，化用《吕氏春秋・本味》“钟子期死，伯牙破琴绝弦，终身不复鼓琴”的典故，意思说自己虽有雄才大略，而一筹莫展，即使把琴弦弹断了也无人赏识。一腔忧愤积郁于中而迸发于词，沉雄有力而感慨无穷。这就使读者感到上片所写不是无源之水，正由于内心有如此难平之事，才使他中宵无寐，绕阶独行。这宛如常山蛇，依然是首尾照应的。

说辛弃疾《菩萨蛮・书江西造口壁》

郁孤台下清江水，中间多少行人泪。西北望长安，可怜无数山。　　青山遮不住，毕竟东流去。江晚正愁余，山深闻鹧鸪。

历来说此词者，多引罗大经《鹤林玉露》的说法，即所谓“盖南渡之初，虏人追隆祐太后御舟至造口，不及而还。幼安自此起兴，‘闻鹧鸪’之句，谓恢复之事行不得也”云云。邓广铭先生《稼轩词编年笺注》始以罗说为非，引《三朝北盟会编》及《宋史》《金史》等书，证明孟后并无被金兵追至造口之事，且认为“西北望长安”句，“亦即李白诗中所谓‘长安不见使人愁’之意”，并引苏轼《虔州八景图》诗以为佐证。而俞平伯先生《唐宋词选释》（此书已由人民文学出版社印行，我所见到的是稿本）则云：“其实建炎三年金兵深入江南，宋亡迫在眉睫，赵氏东逃西窜，的确十分狼狈。孟后奔虔州，金兵前锋直追到造口，当时有这可能，且词人之笔正不必依照官书。就词的做法而论，句句写山写水，……固不仅个人身世之感，殆兼有家国兴亡之戚。”据词意，我比较倾向后说，但于罗大经“谓恢复之事行不得也”之说则不敢苟同。

先看第一句。清江指赣江，前人无异说。但其所以称“清”，则由于赣江确实是清澈。黄庭坚《次韵君庸寓慈云寺待韶惠钱不至》诗：“郁孤台下水如空。”“水如空”，正所谓“清江”也。我曾居赣江之滨近二年，极赏此水之清碧可爱。第二句的“行人”，当是在金兵追赶下的难民，而非泛指行役之人。秦观《江城子》结句云：“便做春江都是泪，流不尽，许多愁。”言江中有泪，已暗逗下片“愁”字。“西北”二句，近人多引杜诗“愁看直北是长安”，然而北宋刘攽《九日》诗：“可怜西北望，白日远长安。”才是辛此词真正的出处。这里还有两点要说明：一、此二句辛与李白“长安不见使人愁”诗意并不相同，因辛写此词时，长安（借喻汴京）已沦敌手，殆如苏轼所谓的“地隔中原劳北望”，而非如李白伤浮云之蔽日，怨君主之少恩；辛晚年有“何处望神州”之叹，与此二句之意正复相同。二、刘攽的“可怜”是感伤情调，辛则为遗憾之词。盖青山无数，尽在北方，凭吊山河，当然大可怜惜了。

换头二句，表面上说群山能遮望眼，却遮不住江水东流。其实山在江畔，再高大也拦不住江水奔流，辛此语岂不近于词费！鄙意这两句真正含意，似应解为青山虽无数，却遮不住敌人兵马，而宋室半壁山河，最终恐仍不免付诸东流。李白《梦游天姥吟留别》云：“古来万事东流水。”正辛词所本。唯作者故作吞吐，藏头露尾，欲令人似懂非懂耳。至于末二句，罗大经说实误。白居易《山鹧鸪》诗云：

> 山鹧鸪，尔本此乡鸟，生不辞巢不别群，何苦声声啼到晓！啼到晓，唯能愁北人，南人惯闻如不闻。

辛盖全用白诗。辛本北人，南来后偏偏遇上不争气的南宋小朝廷，一面被金人赶得狼狈不堪，一面却又由那些“惯闻如不闻”的衮衮诸公把持朝政。这正是使得作为北人的辛幼安忧愁不已的主因。我们只要一读白诗，不仅辛词末句之用意豁然可悟（“山深”之“山”，正切“山鹧鸪”之山），就连上一句“晚”

字、“愁”字也都感到一一有了着落。况且白诗作于九江，辛词题于造口，地望又复相符耶？罗大经揪住“行不得也”一语不放，真是近于痴人说梦也。

附记：

俞平伯先生《唐宋词选释》于此词“鹧鸪”条注文引《禽经》张华注及左思《吴部赋》注，皆切合词意。相传鹧鸪飞必南向，“其志怀南，不徂北也”（张华注语），“或言此鸟常南飞不北，豫章已南诸郡处处有之”（《文选·吴都赋》注语），不仅地望相合，且以见稼轩南来之心志。俞选所“兼有家兴国亡之戚”，良有以也。

1979 年 10 月校改于兰大

说辛弃疾《念奴娇·登建康赏心亭呈史留守致道》

我来吊古，上危楼赢得闲愁千斛。虎踞龙蟠何处是？只有兴亡满目。柳外斜阳，水边归鸟，陇上吹乔木。片帆西去，一声谁歕霜竹。却忆安石风流，东山岁晚，泪落哀筝曲。儿辈功名都付与，长日惟消棋局。宝镜难寻，碧云将暮，谁劝杯中绿？江头风怒，朝来波浪翻屋。

据邓广铭先生《稼轩词编年笺注》，此词当作于公元 1169 年前后，即宋孝宗乾道五年左右，时史致道正在建康（今南京市）做官。

小如按：辛词多用典，有时字面和内容还不完全是一回事。此词就有这种现象。为了方便读者，我先把词中典故简单解释一下，然后再分析词的内容。

一、“上危楼赢得闲愁千斛”。“危楼”语出《水经注》。但此处实暗用李商隐《北楼》诗：“此楼堪北望，轻命倚危栏。”到了辛词《摸鱼儿》中的结尾则说：“休去倚危栏，斜阳正在，烟柳断肠处。”比这里说得更清楚。此词下文也提到“柳外斜阳”，可见意思是非常接近的。“闲愁千斛”，化用庾信《愁赋》佚句：“谁知一寸心，乃有万斛愁。”见《海录碎事》卷九下“愁乐门”引。另外，北宋人徐俯的《念奴娇》有云："对影三人聊痛饮，一洗闲愁千斛。"疑即辛此词字面所本。

二、"虎踞龙蟠何处是？只有兴亡满目。""虎踞龙蟠"，出于《金陵图经》引诸葛亮谓孙权语："钟山龙蟠，石城虎踞，真帝王之都也。"这二句词意可参阅辛另一首名作《南乡子》的上片："何处望神州？满眼风光北固楼。千古兴亡多少事？悠悠，不尽长江滚滚流。"只是说法的角度不同耳。

三、"陇上吹乔木"。"乔木"，反用《孟子·梁惠王下》："所谓故国者，非谓有乔木之谓也"的语意，正以"乔木"喻故国。杜甫《向夕》："乔木易高风。"即树大招风之谓。欧阳修《阮郎归》："情似旧，赏休迟，看看陇上吹。"辛词捏合杜诗欧句，言乔木本为大树，且生于陇上高处，乃更容易被风所吹。这里又暗用魏李康《运命论》"故木秀（高出）于林，风必摧之"（见《文选》卷五十三）之意。

四、"歕霜竹"指吹笛。"歕""喷"古今字，读去声，见黄庭坚《念奴娇》词及序，详邓注卷一，兹不赘。"片帆西去，一声谁歕霜竹"二句当是写实，由此而联想到谢安的"泪落哀筝曲"。这正是填词从上片过渡到下片的传统写法。

五、"却忆安石风流"至"长日惟消棋局"五句。这是指谢安在晋孝武帝时受谤见疑，桓伊乃于帝座上先吹笛后弹筝，为谢安鸣不平。"安泣下沾襟，乃越席而就之"，使孝武帝"甚有愧色"。事见《晋书·桓伊传》。又《晋书·谢安传》言谢安始而高卧东山，后乃仕进。及兄子谢玄破苻坚于淝水，"有驿书至，安方对客围棋，看书既竟，便摄放床上，了无喜色，棋如故"。此词"儿辈"两句就是说把建功立名报国御侮的事都交给晚辈们去干，自己只用围棋遣日便可以了。但"长日惟消棋局"一句字面上却用的是唐李远诗"长日唯消一局棋"（见张固《幽闲鼓吹》），所以我说字面同用典内容并不完全是一回事。这五句是说风流人物如谢安，在当时也难免受人谗谤，而像谢玄那样的名将在今天却不易找到。故下文紧接"宝镜难寻"云云。

六、"宝镜难寻"。按李浚《松窗杂录》云："卫公（指李德裕）长庆中在浙右。会有渔人于秦淮垂机网，下深处，忽觉力举异于常（原文作'当'，疑误）时，及敛，就水次，卒不获一鳞。忽得古铜镜，可尺余，光浮于波际。渔人惊，取照之，历历尽见五脏六腑萦脉动，竦骇神魄。因腕战而堕。渔人偶话于舍旁，遂乃闻之于公。尽周岁，万计穷索水底，终不复得。”秦淮即今南京之秦淮河，辛正用当地佚闻为典故。“宝镜”当是借喻洞察时局有眼光的贤人。

七、“碧云将暮”。江淹《拟休上人〈怨别〉》诗：“日暮碧云合，佳人殊未来。”辛此词虽用江诗上句，言时不我与，实兼涵下句“佳人未来”之意。盖上句说宝物诚属难求，这句则隐指知己亦复难遇，至于字面，则用柳永《洞仙歌》：“伫立对碧云将暮。”

八、“谁劝杯中绿”。按，“绿”与“渌”“醁”通，这里指酒。杜甫《醉为马所坠诸公携酒相看》：“共指西日不相贷，喧呼且覆杯中渌。”辛此处即用杜诗，连上面“碧云”句，暗括杜诗“西日不相贷”之意，故接着说“谁劝杯中绿”了。

九、“江头风怒，朝来波浪翻屋。”邓注引陆游《南唐书·史虚自传》，记虚白向南唐中主李璟诵其《溪居》诗中的两句云：“风雨揭却屋，浑家醉不知。”李璟听了，不由得脸上变色。则知辛词此二句乃以比兴结尾。“朝来”本相当于现代汉语的“早上”，此处则为“有朝一日”之意。言外说，不定哪一天敌人又会打进来，就像江头怒涛汹涌掀翻房屋那样危险。

释诸典故讫，请析全词。

写词有各种不同的起笔，辛词各篇亦多变化。如《水龙吟》之“楚天千里清秋，水随天去秋无际”，即以景语闲闲引入。此词则直抒胸臆，开头劈空而下，直截了当，大有当头棒喝之势。第一句便说“我来吊古”，似乎本旨已明；接下去更明确表示，一登危楼，便引起闲愁无限。真是“竹筒倒豆子”，使人一览无余。其实“吊古”是虚，“伤今”是实，说吊古正是要写伤今，故似直说而仍非直说。“虎踞龙蟠”本是眼前实景，作者却偏作疑问语，使实者成虚；“兴亡满目”原是登临者的内心感慨，自属虚笔，而作者却把它覆加在实景之上，使虚者落实。意思与刘禹锡《西塞山怀古》的“金陵王气黯然收”有异曲同工之趣。“柳外斜阳”喻时局已成迟暮之景，“水边归鸟”喻自己从北方来到南方，照理讲应该“欣有托”了（陶渊明《读〈山海经〉》：“众鸟欣有托，吾亦爱吾庐”）；谁想眼前竟是一片凄惶况味，“陇上”的“乔木”已被风吹，故国的江山未必能长久了。句句是景语，却句句有寓意，就在这时，看到了西去的一叶扁舟，并且听到舟中有人吹笛，用一“歕”字，形容笛声悲凉慷慨，吹竹欲裂，然则吹笛者可能也是伤心人别有怀抱吧。作者借“片帆西去”以形容舟中人的孤独寂寥，而用“一声谁歕霜竹”，则隐含引吹笛人以为同调之意。这样以笛声联想到桓伊的吹笛弹筝，作为自然过渡，舒卷自如，丝毫不着斧凿痕迹。同时也基本上符合上片写景下片抒情的词的传统做法。

下片借谢安、谢玄叔侄抒发自己的爱国之忧，语似隐曲而意实醒豁。盖有谢玄这样的抗敌名将，谢安才能运筹帷幄，安坐下棋。如果谗人当权，贤者受谤，就连谢安也只能借桓伊哀筝，洒自己一掬忧国伤时之泪了。所以下片这五句，前三句是主，是从正面写报国无门的伤感之情；后二句是宾，却从侧面寄希望于眼前形势根本不允许实现的幻想。何况东晋虽亦小朝廷，同样偏安江左，可是朝内尚有谢安，阃外尚有谢玄，毕竟还不算完全绝望。而作者今日所处的境地，乃南宋统治下的建康，既无从寻找水中奇迹般的宝镜，又不能留住一去不返的韶光，甚至连劝饮一杯酒的知音同调也不易得到，这就难怪作者感到“只有兴亡满目”了，当年被认为“虎踞龙蟠”的帝都优势，眼下又有什么意义呢？然而还有更可虑的险情会在不久的将来发生，那就是“江头风怒，朝来波浪翻屋”。作者在这里又用了个南唐小朝廷的典故，说明南宋当时形势真已岌岌可危，一旦恶浪掀天，江头的房屋就会翻倒覆没。到了那时，连苟安的局面也保不住了。这样在开头写的“上危楼赢得闲愁千斛”就绝非无病呻吟的“闲”笔（其实他的愁也决非“闲愁”，作者故作反语耳），而是实实在在地有所指了。

此词在全部辛词中实具有典型意义，通体无懈可击。而首尾更迭用重笔，益体现出作者内心的慷慨郁勃之气。这正是它之所以百读不厌的缘故。

说辛弃疾《念奴娇·书东流村壁》

野棠花落，又匆匆过了清明时节。刬地东风欺客梦，一夜云屏寒怯。曲岸持觞，垂杨系马，此地曾轻别。楼空人去，旧游飞燕能说。　　闻道绮陌东头，行人曾见，帘底纤纤月。旧恨春江流不断，新恨云山千叠。料得明朝，樽前重见，镜里花难折。也应惊问，近来多少华发！

据邓广铭先生《稼轩词编年笺注》，系此词于公元 1178 年（宋孝宗淳熙五年），时辛弃疾三十九岁。东流，邓注谓即池州之东流县，当时乃江行驻泊之所，且富游观之胜。故南宋诗人每过此而有吟咏之作。

说到此词，记起 1981 年岁杪我在病中写的一则小文，题为《顾随（羡季）先生谈辛词》，后来发表在中华书局 1983 年出版的《学林漫录》七集上面，他谈的正是这首《念奴娇》。羡老释此词之义甚精，在写出我自己的意见以前，愿节引旧作使羡老之说能公诸同好：

> 事情是从我请教羡老引起的。我问：稼轩《念奴娇・书东流村壁》第一句"野棠花落"，一本作"塘"，到底用哪个字好？羡老答：关键不在"棠"而在"野"，这个"野"字用得既险且精，外野内文，为东坡以下诸人所不及。……
>
> 羡老说，此词盖是从小寄托入，大寄托出。"小寄托"者，自词意言之，显然稼轩在此地曾经情有所钟，恋慕过一个少女。及故地重游，则已"楼空人去"，即使明朝重见，也如水月镜花，"相见争如不见"了。"大寄托"者，则词中作者所怀念的女子实际上正象征着作者自己所向往的政治理想。志既不酬，时不再来，故旧恨新愁层出不穷，自己也垂垂老矣。而第一句乃是全词起兴之笔。如取兴于少女，则是野草闲花，"野芳发而幽香"，于无人处自成馨逸；以喻小家碧玉，不为人知，而春残花谢，终于遭到不幸结局。如取兴于作者本人，则已为在野之身，野鹤闲云，不为世重，纵有经纶盖世，而人却等闲视之，时值乱离，愁恨自然如春水云山，抽绎不尽，令人徒添白发了。羡老说，不论寄托小大，第一句却经纬全篇，尤其是开头的"野"字，更是寄兴无端，寓意无穷。这正如谭鑫培唱《战太平》（小如按：此指谭在百代公司所录之《战太平》唱片），固然整个唱段十分精彩，但第一句"叹英雄失志入罗网"却是全段的灵魂和精髓，倘若第一句没有唱出英雄失志的感情，后面唱得再好，也显示不出大将

内心的抑塞悲愤了。

引羡老说毕，下面谈谈我自己对此词的理解。

此词一开头即说清明已过，实为春意难留，春光一去不复返之意。从“刬地”二句看，作者此次故地重游，曾在这里住了一宿，而由于“东风欺客梦”，虽说春光已逝，而竟寒怯云屏，致使自己终宵无寐，从而引起了思绪万千，想到第一遭来此地的经历。“曲岸持觞”以下三句是忆旧。“曲岸”句用上巳修禊典故，犹言“流觞曲水”，切合清明节候；下句则点明第一次来此时还不免少年侠气，举止轻狂，故在这里曾有一番艳遇。这有王维《少年行》“系马高楼垂柳边”和苏轼《定风波》“薄倖只贪游冶去，何处？垂杨系马恣轻狂”等前人诗词可证。辛正用此典。“轻别”的“轻”字下得好。盖作者当时所邂逅的女子不过是逢场作戏，小聚即散，所以分手时只是漫不经心地一走了之。而这次重来，却已“楼空人去”，怅惘之情无以复加。“旧游飞燕能说”者，说往事也，即用苏轼《永遇乐》“燕子楼空，佳人何在，空锁楼中燕”三句语意。然飞燕本不能说，这不过是想象假设之辞，借以加重描述思念之情耳，故为虚笔。却用此领起下片首句的“闻道”云云。“闻道”者，听说也，指说近事。上言“楼空人去”，谓意中女子不复得见，此言“行人曾见”，则犹有人知其下落。然而今昔已殊，沧桑顿异，故接言“旧恨”既多而“新恨”愈益无穷。从“料得明朝”以下，说明自己对往事并未忘情，还想再见伊人一面。但这原是自我宽慰的念头，退一步说，即使见到她，也如镜花水月，再不能旧欢重拾了。行文至此，理应反省。原来自己也已人到中年，华发丛生，非复昔时倜傥风姿可比。但作者却不从主观方面说，倒设想倘或再遇到那个女子，她也会惊问：为什么“近来”增添了如许“华发”呢？足见作者一往情深，对往事有着无限依恋之意。其心情之矛盾，乃用“直”笔“曲”绘出来，真是“无可奈何花落去，似曾相识燕归来了”了。因忆 1945 年我养疴小住京华，曾到中国大学旁听顾羡老讲辛词。他曾用六个字概括了辛词好处，曰“以健笔写柔情”。是真知稼轩者也！即此词亦足以证明之。

当然，羡老所说的另一面，即作者的“大寄托”，也未可忽略。而且我以为这一面或许更加重要。试想，此词如仅为回忆旧时风流韵事而作，似乎用不着如此大开大合地、全力以赴地去写。这里面确也蕴蓄了作者壮志未酬、知音难觅的忧伤，和机缘一失再难挽回的惋惜，于是乃借怀人之酒杯，浇忧国之垒块，写成这样一首有声有色、千回百转而又一泻千里、毫无假借的佳作。我们倘以羡老之说为纲，而把每个人的不同体会作为想象补充，则辛词之三昧，自不难深入领悟了。

最后，还想谈谈这首词的修辞特点。一、不说自己一夜无眠，却说“东风欺客梦，一夜云屏寒怯”，正是婉约派手法而以直笔出之。二、以“垂杨系马”点出往日游冶轻狂，已见前文所引。三、以“镜里花”喻女子，辛亦有所本。杜牧《杜秋娘诗》自注引歌辞：“花开堪折直须折，莫待无花空折枝。”温庭筠《定西番》：“罗幕翠帘初卷，镜中花一枝。”欧阳修《渔家傲》：“其如镜里花颜改。”皆以喻女子。但辛词却侧重镜花水月，可望而不可得之意，较前人之实写以花拟人者不同。四、过片处先说“飞燕”，后点出“绮陌”，亦化用晏几道词。小晏《菩萨蛮》云：“个人轻似低飞燕，春来绮陌时相见。”辛词之意，则此次重来，只见飞燕不见其人，但行人却在绮陌东头窥知其人消息。若即若离，乍隐乍现。稼轩生花妙笔，真令人惊诧叹服。但我想着重谈的却是以下两点：

一是以“纤纤月”形容女子之足。宋代女子已染缠足陋习，而士大夫玩弄女性的病态审美观，亦从而暴露无遗。近人龙榆生先生《东坡乐府笺》于苏轼《江城子》“门外行人立马看弓弯”句下注云：“弓弯，谓美人足。稼轩词‘闻道绮陌东头，行人曾见，帘底纤纤月’，疑从坡词脱化。”邓注则引刘过《沁园春》咏美人足词：“知何似，似一钩新月，浅碧笼云。”唯苏词但言“弓弯”，不言“新月”；刘过虽言“新月”，然晚于辛词，不宜以后注前。晏几道《浣溪沙》云：“一钩罗袜素蟾弯。”正以新月为喻，或即辛词所本。然而苏、晏及刘过词，无论遣词或立意，都近于亵；相比之下，还是辛弃疾写得较为含蓄简洁，不那么刺眼露骨。二是“旧恨”两句，前人已屡有言之者。如卢纶《秋中野望寄舍弟》：“旧恨尚填膺，新悲复盈睫。”曹唐《织女怀牵牛》：“封题锦字凝新恨，抛掷金梭织旧愁。”徐铉《和方泰州见寄》：“逐客悽悽重入京，旧愁新恨两难胜。”柳永《卜算子慢》：“对晚景，伤怀念远，新愁旧恨相继。”此以“新”“旧”“愁”“恨”相对而言者也；李煜《虞美人》：“问君还有几多愁，恰似一江春水向东流。”欧阳修《踏莎行》：“离愁渐远渐无穷，迢迢不断如春水。”则以春江、春水喻愁恨之无穷不断者也。张先《南乡子》：“不管离心千叠浪，滔滔。”李之仪《好事近》：“相见两无言，愁恨又还千叠。”此以“千叠”状愁恨者也。苏轼《书王定国所藏烟江叠嶂图》：“江上愁心千叠山，浮空积翠如云烟。”向子諲《水龙吟》：“到而今江上，愁山万叠，鬓丝千缕。”此以云山千万叠与愁心相似者也。至稼轩乃囊括前人诸作，出以融会浑化，虽机杼大体相同，而毕竟有后来居上之势。这正说明辛词在继承中有发展，看似袭旧，实为创新。我们对于古典诗词的创作，必有比较才能鉴别其高下。辛词之胜，正在于此等处。故不惮絮琐而录以备览云。

说辛弃疾《清平乐》（“茅檐低小”）

茅檐低小，溪上青青草。醉里吴音相媚好，白发谁家翁媪？　大儿锄豆溪东，中儿正织鸡笼；最喜小儿亡（无）赖，溪头卧（一本作“看”）剥莲蓬。

——据《稼轩词编年笺注》卷二

这首小词近年来各种选本多已入选，有的选本还有简单说明。如胡云翼先生《宋词选》云：

这首词环境和人物的搭配是一幅极匀称自然的画图。老和小写得最生动。“卧剥莲蓬”正是“无赖”的形象化。

中华书局 1979 年出版的《辛弃疾词选》云：

这首词可以说是一幅农村素描。它写得清新活泼，寥寥几笔，就勾画出清溪茅舍一家老小的生动情景，使人仿佛身临其境。

俞平伯先生《唐宋词选释》云：

> 本篇客观地写农村景象，老人们有点醉了，大的小孩在工作，小的小孩在玩耍，笔意清新，似不费力。

上引诸家之说有一共同特点，即认为这首词对农村景象是在进行客观描述，我却以为词中也反映出作者的主观感情，并非只在纯客观地作素描，基于这个出发点，对词的文句就产生了不同的理解。比如上片第三、四两句，我就认为“醉里”是作者自己带有醉意而不是指农村中的“翁媪”。现将拙作《读词散札》第十二则转引如下：

> 辛弃疾《清平乐·村居》上片云：……胡《选》及俞平伯师《唐宋词选释》本皆以“醉”属诸翁媪，疑非是。此“醉里”乃作者自醉，犹之“醉里挑灯看剑”之“醉里”，皆作者自醉也。若谓翁媪俱醉，作者何由知之？且醉而作吴音，使不醉，即不作吴音乎？“相媚好”者，谓吴音使作者生媚好之感觉，非翁媪自相媚好也。盖作者醉中闻吴语而悦之，然后细视谛听，始知为农家翁媪对话也。此惟夏承焘先生《唐宋词选》初版本注文得其解。
>
> （《学林漫录》初集，页一八七）

我以为，从含醉意的作者眼中来看农村的一个生活侧面，比清醒的旁观者在听醉人说吴语要更富有诗意。退一步说，即使读者不同意夏先生和我的关于“醉里”的讲法，则此词下片“最喜”二字的主语也该指作者，总不会是指白发翁媪。可见这首词中作者的心情是开朗喜悦的。

除此之外，还想谈两点不同意见。一、此词在四卷本《稼轩词》及广信书院本中均无题，只有《花庵词选》题作“村居”，各本多从之。我以为这值得研究。如果讲成作者眼中所见到的村居农民，还勉强说得过去；如把它讲成作者本人的村居生活的一部分，则不敢苟同。我以为此当是作者在旅行途中所见到的一幅农村场景，或者说是农村的一个侧面。因为“茅檐低小”的房屋绝非作者自己所居，只能是望中所见。二、关于“亡赖”即“无赖”的解释。邓广铭先生《稼轩词编年笺注》引《汉书·高帝纪》注：“江淮之间，谓小儿多诈狡狯为亡赖。”俞先生《选释》说：“这里却只作小孩子顽皮讲。”中华书局选本解作“调皮”，皆无可非议。但《选释》于注释秦观词时屡引杜甫《绝句漫兴》“无赖春色到江亭”，释为“不可人意”或“不得人心”，则疑未确。窃谓“无赖”实应解为“无聊”，现代汉语中尚有“百无聊赖”的成语，足以证成鄙说（杜诗“无赖”屡见，似皆应解作“无聊”）。此词下片写这户人家较大一点的孩子都在户外参加劳动，唯有最小的一个却闲得无聊，只躺在溪边自己剥莲蓬吃着玩。当然这也包含有顽皮、调皮的意思，不过这毕竟算作引申义了。《选释》有一段很精辟的讲解，现照录如下：

> （下片）虽似用口语写实，但大儿、中儿、小儿云云，盖从汉乐府《相逢行》“大妇织绮罗，中妇织流黄，小妇无所为，挟瑟上高堂”化出，只易三女为三男耳。

这里的“小儿”也正如汉乐府里的“小妇”，是由于“无所为”才在“溪头卧剥莲蓬”的。“无所为”即“无赖”，也就是“闲得无聊”。不过俞先生对原词这一句选了一本的“看”字，意思说有些人正在参加剥莲蓬的劳动，这个“小儿”却在袖手旁观，正如黄庭坚《新喻道中寄元明》一诗中所描写的“看人获稻午风凉”。所以俞老下结论说：“末句于剥莲蓬着一‘看’字，得乐府‘无所为’的神理。”其实剥莲蓬本身已足以说明这个孩子的无所事事，而且还躺在那里边吃边玩，一副惬意而惫赖的神情跃然纸上。故我以为用“卧”字并不比“看”字逊色，倒是胡《选》的解释更贴切些。此正如“挟瑟上高堂”本身已足以说明“小妇”的“无所为”，并不一定非让她听人鼓瑟才算是无所事事也。

照我的理解，作者这首词是从农村的一个非劳动环境中看到一些非劳动成员的生活剪影，反映出农村有生机、有情趣的一面。上片第一、二两句是作者望中所见，镜头稍远。“茅檐低小”，邓《笺》引杜甫《绝句漫兴》：“熟知茅斋绝低小，江上燕子故来频。”此正写南宋当时农村生活条件并不很好。如果不走近这低小的茅檐下，是看不到这户人家的活动，也听不到人们讲话的声音的。

第二句点明茅屋距小溪不远，而溪上草已青青，说明农村生机无限，又是农忙季节了。作者略含醉意，迤逦行来，及至走近村舍茅檐，却听到一阵用吴音对话的声音，使自己感到亲切悦耳（即，所谓“相媚好”），这才发现这一家的成年人都已下田劳动，只有一对老夫妇留在家里，娓娓地叙家常。所以用了一个反问句：“这是谁家的老人呢？”然后转入对这一家的其他少年人的描绘。这样讲，主客观层次较为分明，比把“醉”的主语指翁媪似更合情理。

下片写大儿锄豆，中儿编织鸡笼，都是写非正式劳动成员在搞一些副业性质的劳动。这说明农村中绝大多数并非坐以待食、不劳而获的闲人，即使是未成丁的孩子也要干点力所能及的活儿，则成年人的辛苦勤奋可想而知。只有老人和尚无劳动力的年龄最小的孩子，才悠然自得其乐。这实际上是从《庄子·马蹄篇》“含哺而熙（嬉），鼓腹而游”的描写化出，却比《庄子》写得更为生动，更为含蓄，也更形象化。特别是作者用了侧笔反衬手法，反映农村生活中一个恬静闲适的侧面，却给读者留下了大幅度的想象补充余地。这与作者的一首《鹧鸪天》的结尾，所谓“城中桃李愁风雨，春在溪头荠菜花”正是同一机杼，从艺术效果看，也正有异曲同工之妙。

1981 年清明节病后作

说“明月别枝惊鹊”

这是辛弃疾的一首《西江月》（原题《夜行黄沙道中》）里的头一句。去年12月号《语文学习》上载有沙谿先生一篇短文，把此句的“别枝”讲成“那根枝条”或“那棵树”而不讲成“和树枝离别”，我以为是正确的。他并引杜甫、白居易的诗句说明大凡物事离开树枝，在诗中多用“辞”而不用“别”，我也很同意。但今年2月号《语文学习》又刊载了朱光潜先生一篇《谈白居易和辛弃疾的词四首》，也讲到这一句，说法就不同了。他说：

“明月别枝惊鹊”句的“别”字是动词，就是说月亮落了，离别

> 了树枝，叫枝上的乌鹊惊动起来。……乌鹊对光线的感觉是极灵敏的，日蚀时它们就惊动起来，乱飞乱啼，月落时也是这样。这句话实际上就是“月落乌啼”的意思，但是比“月落乌啼”说得更生动，关键全在“别”字，它暗示鹊和枝对明月有依依不舍的意味。

我不大同意这个讲法，现在把自己的意见写出来就教于朱先生和读者们。乌鹊对光线的感觉确实灵敏，但它们的惊动却在光线较强时而不在光线渐弱的时候。曹操诗：“月明星稀，乌鹊南飞。”其所以“飞”正是由于“月明”。周邦彦词：“月皎惊乌栖不定。”也正是写月光太亮，才把栖息在树上的乌鸦照得睡不安稳。假如树上原有乌鹊，被月光一照，它会老早惊动起来，岂有等明月离开树枝时它才惊动之理！何况乌鹊在月光下是“栖不定”的，躲尚躲不及，又如何能“依依不舍”呢！

朱先生举的两个例子也不能与此句相提并论。日蚀是白天的事，乌鹊根本没有栖息，它们在“光天化日”之下突然看到天地暗了下来，因而乱飞乱啼，那原是同“风雨如晦，鸡鸣不已”的情况近似；与鹊因月明而惊动似不能混为一谈。至于“月落乌啼”，下面还有“霜满天”三字，乃是写天已快亮的时候。此时“乌”之所以“啼”，正是由于光线渐强而不是由于光线渐失。恰恰相反，用这个例子只能说明辛弃疾这句词不能照朱先生的讲法讲。

根据“月皎惊乌栖不定”句中“惊”字的用法，（又，王维诗：“月出惊山鸟。”也是这个用法。）我认为此句的“惊”字应该是个及物动词，把此句中间的“别枝”抽掉，就是“明月惊了鹊”，“别枝”则是鹊所在之地。方干诗：“蝉曳残声过别枝。”译“别枝”为口语，就是“另一枝”，沙豁先生加以引申，解为“那根枝条”或“那棵树”以表示鹊所在的地方距诗人较远，是完全可以的。

我还曾主观地想过，把“别枝”讲成旁出的一枝是否可以呢？正因其枝旁出，很容易被月光射及，所以枝上的鹊才被惊动。但此解并无出典可据，只能算作臆说，尚希前辈专家有以教我。

说辛弃疾《西江月•夜行黄沙道中》

明月别枝惊鹊，清风半夜鸣蝉。稻花香里说丰年，听取蛙声一片。七八个星天外，两三点雨山前。旧时茅店社林边，路转溪头忽见！

此词意境本极醒豁，无待哓哓。写完《说“明月别枝惊鹊”》之后，又读到 1957 年 2 月号《语文教学》上面有声越先生一篇《白居易的忆江南和辛弃疾的西江月的几条注》，觉得对这篇作品的解释还有“争鸣”一下的必要。所以终不免哓哓了。

还是先说首句的“别枝”。这个词儿显然是从“蝉曳残声过别枝”来的。这里牵涉到全句的讲法。声越先生是把“惊”字当作“鹊”字的附加成分、又把“别枝”当作“惊鹊”的附加成分来讲的，于是这句话就成为“月光中的离了枝的受了惊的鹊”，并不是个完整的句子，从结构上看未免别扭。鄙意诗歌语言应以简练为主，既说“受了惊的鹊”，再说它因惊而离枝，就是重复。因为一个“惊”字已足可包括受惊以后的动作了。所以从本句看，还是把“别枝”当作“鹊”的所在之处讲，含义似更丰富。至于与方干的诗句有关，那要看下句才明白。

初中《文学》课本给“清风”句下的注释是“半夜里，清风送过来一阵一阵的蝉声。”我觉得还不够贴切。半夜的蝉不同昼日，它不能总在不停地、一阵接一阵地鸣而只是在有风时偶然鸣一下。“清风鸣蝉”正是“在清风中蝉偶然一鸣”之意[①]，而以“半夜”点明时间，正是诗人心细的地方。“明月”“清风”俱

① 这里我不大同意沙谿先生把“惊鹊”和“鸣蝉”都当作名词成分的意见（说见《语文学习》1956 年 12 月号）。因为这两句里的几个词语并非平列而显然是有先后次第的。沙谿先生用马致远的《天净沙》与此相比，亦嫌未恰。

属自然景象，原已是最工整的对仗；“别枝”是空间，“半夜”是时间；“惊”和“鸣”都是动词，“鹊”和“蝉”都是能飞善鸣的动物；上句诉诸视觉，下句诉诸听觉——因此应该承认，这两句的对仗是十分工稳的。声越先生引苏诗“天下”“白头”一联和林黛玉的话为例，似不足以说明问题也。

复次，“明月惊鹊”也是“半夜”的情景，而“清风鸣蝉”自然更不止发生在一株树或一根枝条上，所以“别枝”和“半夜”还有互文见义的用处，然则此处的“别枝”正与方干诗中的“别枝”是同一意义，俱作“另一枝”讲；引申为“那边树上”或“那边的枝上”，以示鹊是从距诗人视线较远的树枝上飞起来的，也完全讲得通。声越先生说：“没有‘本枝’，也就没有‘别枝’……现在‘明月别枝惊鹊’的原枝在哪里呢？”似略病焦灼。至于他所引的鲍照诗：“别叶乍辞风。”那个“别”字并非作动词用，而句中的动词恰好是“辞”字，可见沙谿先生的意见也并没有被推翻。

回过头来再看下面的“稻花”两句，境界较前二句热闹多了，正见出诗中主人公是在赶路。鹊之惊，蝉之鸣，皆偶一有之之事，故前二句深得夜静之趣，此时又走了一程，遇到了稻香蛙噪，诗境和心境，同样显得颇不寂寞了。

“七八个星”句是从“明月”句发展来的。这时天渐渐阴上来了，“月明”则“星稀”，现在月光既为阴云所蔽，所以天外之星历落可数。同时也写出此时尚未到彤云密布的境地。然而夏季的骤雨是令人担心的，“两三点雨”飘然而至，诗人自不免有些紧张。于是依稀记起往时行经此间，在社林附近是有一家茅店的，何以今番却不见了呢！有了落脚处，即使有雨也无妨，然而万一茅店已不存在，或是自己记忆有误，岂不要遇雨么？边走边想，不免有点焦急。不料才转过溪头，茅店果真忽地出现在眼前，这正是“果不出己所料”和“出自望外”两者兼而有之的喜悦！诗人的情绪是酣畅饱满的，而手法却曲折复杂，使人有“有余不尽”之感。陆游诗：“山重水复疑无路，柳暗花明又一村。”与此正有异曲同工之妙。

说辛弃疾《贺新郎》（“甚矣吾衰矣”）

我尝谓宋词之有苏、辛，犹唐诗之有李、杜。李与杜诗风迥不相侔，前人并无异议，但近人却把苏、辛同归为豪放一派，虽大体不差，实未尽贴切。就我个人体会，窃以为苏近于李而辛近于杜。然刘熙载《艺概》有云:“东坡词颇似老杜诗，以其无意不可入，无事不可言也。若其豪放之致，则时与太白为近。”其实细绎刘说，即就《艺概》中其他各条而论，亦足以证成鄙见。其一则云:“太白《忆秦娥》声情悲壮。晚唐五代唯趋婉丽，至东坡始能复古。”又一则云:“东坡词具神仙出世之姿”；再一则云:“东坡词雄姿逸气，高轶古人。”这些评语，实际上都更可说明苏词确近于太白的诗风。至于辛之似杜，我们也可援引一则《艺概》的话:“辛稼轩风节建竖，卓绝一时；惜每有成功，辄为议者所沮。观其《踏莎行·和赵兴国》有云:‘吾道悠悠，忧心悄悄。’其志与遇概可知矣。”其与老杜之志与遇亦何其相似乃尔！从辛词的思想内容看，确与杜诗之以忧国忧民为心相近。若就苏辛两家词风言之，则苏大笔濡染，“如天风海雨逼人”，而辛沉郁顿挫，千回百转，笔力如椽；苏词大而辛词深；苏豪迈而辛遒劲；苏骏快无拘束而辛沉着有丘壑；苏韶秀而辛老辣；苏纵横驰骋而辛盘根错节；特别是辛词用典，如数家珍，以文为词的特点格外突出，则真承少陵法乳，浑与太白殊途。当然，李、杜在前，苏、辛在后，不论为苏为辛，都不能不兼受李杜两人的影响。我不过就其侧重的情况而言，并非强画畛域，认为彼此间不得互越雷池一步也。

我曾说，词中小令盖诗之余，而慢词长调则赋之余。北宋词乃诗余，南宋词确是赋或骈文之余，而南宋小令又往往似散曲。风会使然，非人力所能强而致。故词中大量用典，显然受赋和骈文的影响为多，虽稼轩亦不例外。中国的文学作家在诗词歌赋和文章戏曲中用典，是有其深远的民族传统的。借典故可以表达十分繁复曲折的思想感情，可以概括自己多方面要说的话。凡前人已塑造成功的艺术形象或已表达透彻的逻辑思维，后人都可以信手拈来，加以灵活运用，或引申或发展，或袭其貌或传其神，然后成为自己作品的血肉组成部分。这样不论寓意达情，都可通过典故来委曲表现，既简约、含蓄、深刻，又使读者感到余味无穷。这当然是指用典的成功一面。如就其失败的一面而言，则时有饾饤堆砌、烦琐冗赘、晦涩迂曲之病。贤如稼轩，亦在所不免。盖事物总有它的两面性，这也是用典故必然发展的结果。至于从读者的角度说，则希望能确切掌握作者用典的动机和目的，不仅明察其出处，还要默会其含义，这才谈得到正确地理解作品本身。因此读者对笺注家不仅要求弄通字面的讲法，还希望把典故和作品主题的内在联系也注释出来。

我之所以不嫌絮聒地大谈诗词的用典，正缘稼轩词具有这方面的特点，而且十分突出。这首《贺新郎》就是一个极明显的例子。此词载邓广铭先生《稼轩词编年笺注》卷四“瓢泉之什”，系年于南宋宁宗庆元中。盖稼轩自闽中罢归，隐居瓢泉，修葺园亭，以山水自娱。更筑停云堂于山上，地势高爽，为稼轩所喜，故词中赋“停云”者独多。这首《贺新郎》前有小序云：

> 邑中园亭，仆皆为赋此词。一日，独坐停云，水声山色，竞来相娱，意溪山欲援例者，遂作数语，庶几仿佛渊明“思亲友”之意云。

因此，在分疏词中其他典故之先，必须弄清陶渊明的《停云》诗是怎么回事。兹录其全篇于下：

> 停云，思亲友也。樽湛新醪，园列初荣，愿言不从，叹息弥襟。
>
> 霭霭停云，濛濛时雨，八表同昏，平路伊阻。静寄东轩，春醪独抚；良朋悠邈，搔首延伫。
>
> 停云霭霭，时雨濛濛，八表同昏，平陆成江。有酒有酒，闲饮东窗；愿言怀人，舟车靡从。
>
> 东园之树，枝条载荣，竞用新好，以招余情。人亦有言，日月于征。安得促席，说彼平生！
>
> 翩翩飞鸟，息我庭柯，敛翮闲止，好声相和。岂无他人，念子实

多；愿言不获，抱恨如何！

古人对这一篇陶诗的理解也是其说不一的。一种认为义兼比兴，或谓悲愤为怀，或言寓意讥刺，甚至有人以为此诗“取比《离骚》”，“深远广大”。如刘履《选诗补注》、黄文焕《陶诗析义》以及王夫之、查初白诸人之说皆然；另一种则认为诗意只是“思亲友”而已，无须扯得太远。我则以为有三点值得注意：一、陶诗所谓“八表同昏，平陆成江”云云，确不似单纯描述客观景物或环境，而有隐喻世衰道微之意，否则措辞不会如此严重；准此，则末章“岂无他人，念子实多，愿言不获，抱恨如何”诸语，也就不光是泛泛地只想找个朋友来闲饮春醪，消遣消遣；作者的知音难遇、孤怀难倾和壮志难酬的心情还是一览而知的。二、辛弃疾以“停云”名其堂，特别是他写的这首《贺新郎》，并没有描写“水声山色”，而是一肚皮抑郁牢骚跃然纸上，显然他对《停云》原诗的理解也并非单纯地停留在“思亲友”这一层表面的意义上面。三、此词所谓“怅平生交游零落，只今余几”，以及“江左沉酣求名者，岂识浊醪妙理”云云，其慨叹知音难觅、孤怀难倾和壮志难酬的起伏心潮固已表露无遗，而结尾数句，盖谓当今之世既无知己，只有尚友古人，引前贤以为同调了。可见辛弃疾对《停云》一诗如此重视，甚至揣摩陶渊明作此诗时的感情和“风味”，正是由于他认为《停云》确有政治含义，而非一般的思念亲友。有了这个基本理解，则于稼轩此词之主旨何在，亦可以“思过半矣”。

下面就根据各家注本，略参己意，把这首词逐句地加以诠析。除指出作者所用各个典故外，也兼释其用典之旨和表现手法的特点。

甚矣吾衰矣。

此袭《论语•述而》孔子“甚矣吾衰矣，久矣吾不复梦见周公”之言而仅用其上句。何晏《集解》引孔安国说：“梦见周公，欲行其道。”胡云翼先生《宋词选》谓：“这里只引用上句，实含有‘吾道不行’的意思。”其说是也。

怅平生交游零落，只今余几？

此暗用孔融《论盛孝章书》“海内知识，零落殆尽”语意，言外指志同道合的朋友日渐稀少，亦即在政治上主张一致、可以同进退共患难的人越来越少。上一句从自己说，这两句从朋友说，一再感叹，可见作者所谓的“思亲友”确非单纯想叙叙家常，“悦亲戚之情话”而已。

白发空垂三千丈，一笑人间万事。

李白《秋浦歌》之十五：“白发三千丈，缘愁似个长？”作者意思是说，自己对人间万事本来是“愁”的，始而愁如何解决“人间万事”，其愁在于煞费苦心；后来则愁到“白发三千丈”也于事无补（故着一“空”字），只能归之一笑。夫“事”而言“万”，极言其多且繁：这里面包括了个人的功名事业，宋朝的前途安危，偏安的政局，执政集团的尔虞我诈，人与人之间的世态炎凉，……却以最简单的办法“一笑”置之。这“一笑”是由多愁转化而来，不仅有静观世变之意，而且有愤慨，有感叹，是无可奈何的苦笑，又是袖手旁观的冷笑。这说明他对人生似冷漠而实执着，对自己似解嘲而实郁闷。

问何物能令公喜?

《世说新语·宠礼篇》：“王珣、郗超并有奇才，为大司马（桓温）所眷，拔珣为主簿，超为记室参军。超为人多须，珣状短小，于时荆州为之语曰：‘髯参军，短主簿：能令公喜，能令公怒。’”“公”在此处是借用，为作者自称。这是一个过渡句，也可以说是关键句，与下片“回首叫云飞风起”句的性质相同。但这里有一问题值得研究，即这个句子是连上文还是启下句？文研所编选的《唐宋词选》，（1981 年人民文学出版社出版）在注释时是连上文，三句一并讲解的。这当然也可以。不过从语气上看，如连上文，则是说对人间万事只能都付诸一笑，再无一物可以使自己高兴的了。但作者本意实际是说万物虽不称心，“青山”却还使自己生妩媚之感，因而对山有喜悦之情。这从序文中“水声山色，竞来相娱”的话中可得到佐证。下文还说到青山是人的知音，看到作者的“情与貌”与它“略相似”，也感到了人的妩媚。另外，作者尚有一首《蝶恋花》，开头写道：“何物能令公怒喜？山要人来，人要山无意。”与此词意境相近。可见这里的“问何物能令公喜”也与下面的“青山”有联系，“何物”的“物”即指下文的“青山”。故鄙意以为此句应属下而不宜连上。至于作者袭《世说》成句，虽似借用字面，亦略有寓意。盖世之可喜的人与事实在太少了（相反，使人怒的事自然就多了），只有青山妩媚足以娱慰寸心，而自己的心志也只有毫无知觉的“青山”才能理解，感慨万端，尽在言外。

我见青山多妩媚，料青山见我应如是：情与貌，略相似。

《新唐书・魏征传》引唐太宗语：“人言征举动疏慢，我但见其妩媚耳。”邓《注》引《冷斋夜话》：“东坡曰：世间之物未有无对者。太宗曰‘我见魏征常妩媚’，则德宗乃曰‘人言卢杞是奸邪’。”胡《选》引稼轩《沁园春》云：“青山意气峥嵘，似为我归来妩媚生。”因知以“妩媚”状山，稼轩屡用之。自“我见”以下至上片结束，窃谓都应是上文“喜”的内容。即不仅青山妩媚令人可喜，连“青山见我”也感到妩媚，且认为我同青山从形貌到神情都有共同之点，也是使自己心里高兴的事。盖自己屡受谤讥，立朝遭忌，有谁能如唐太宗之识魏征、感到自己还是个有用之才呢！胡《选》谓“这里作者隐以魏征自比”，诚未始无见也。在这样的社会里，一个人只能向青山去寻找共鸣，其为孤愤，可以想见。

一尊搔首东窗里。想渊明《停云》诗就，此时风味。

此径用陶诗《停云》句意，“搔首”“东窗”皆见前。但我以为作者此处还兼用杜诗。《春日忆李白》云：“何时一尊酒，重与细论文。”又《梦李白》之二：“出门搔白首，若负平生志。”而《春望》则云：“白头搔更短，浑欲不胜簪。”正以李杜之深情挚谊扣紧“思亲友”之旨，而作者之抑郁不平，亦尽从“一尊”句中流露出来。所以推想“渊明《停云》诗就”，“风味”与己正同也。

江左沉酣求名者，岂识浊醪妙理。

苏轼《和陶饮酒》："江左风流人，醉中亦求名。"苏轼笔下的"江左"本指陶渊明时代的东晋偏安局面，到辛弃疾引用时则借古喻今之意已极明显，直把笔锋指向南宋小朝廷上一班追名逐利之徒。又，陶渊明《己酉岁九月九日》："何以称我情，浊酒且自陶。"杜甫《晦日寻崔戢李封》："浊醪有妙理，庶用慰沉浮。"这里是反用而直说，步步逼紧下文"狂"字。

回首叫云飞风起。

这句含义很多，是下片的关键句，其重要性尤甚于上片的"问何物能令公喜。"第一，这句中的"云飞风起"可以是写实，写溪山间的风云变幻，如《停云》一开首的"霭霭停云"四句，但也如"八表同昏"两句的义兼比兴，象征着南宋政局的变幻莫测。第二，全词无一景语，只用此一句振起下文，起到关键句的作用。第三，在"云飞风起"前面加上"回首叫"三字，既有作者人物性格在，又刻画了诗人的"狂"态。盖搔首东窗，手持尊酒，意似从容闲适，但客观景物一时骤变，作者内心的"情"再也无法掩饰，一下子爆发出来，锋芒毕露，把"金刚怒目"式的本色又不由自主地呈现于外，"狂"态复萌。第四，此句仍系用典，上三字用杜甫《同诸公登慈恩寺塔》："回首叫虞舜，苍梧云正愁。"下四字用刘邦《大风歌》："大风起兮云飞扬，威加海内兮归故乡，安得猛士兮守四方！"可见这里不仅借用字面，而实含有杜的忧时思治（杜此诗作于安史之乱前夕，已预见到唐室将危，诗中的"虞舜"隐指唐太宗李世民）和刘邦的于暂时承平中思猛士以卫疆土之意。然而这些都成为泡影，留下来的只是"白发空垂三千丈，一笑人间万事"，所以下文便不得不缅思古人了。

不恨古人吾不见，恨古人不见吾狂耳。

《南史·张融传》："融常叹云：'不恨我不见古人，所恨古人不见我。'"这里作者却更拈出一个"狂"字，而这个"狂"是要打引号的，是指自己被时人的曲解、误解，甚至根本不被人理解，或竟受到小人的谗毁和诬陷，而目之为“狂”。这种内心的郁闷痛苦，恐怕只有古人见到时才能予以理解和同情。而这也正是孔子、陶渊明和杜甫、李白诸人在他们各自的当时所具有的同样的苦闷。所以说“不恨古人吾不见”“所恨古人不见我”了。下文的“知我者”两句，便是自然而然得出的结论。

知我者，二三子！

俞平伯先生《唐宋词选释》：“合用《论语·宪问》‘知我者其天乎’、《述而》‘二三子以我为隐乎’两句，全篇借《论语》作起结。”“二三子”，《论语》屡见，大抵皆指孔门弟子。此处似引《八佾》所载仪封人语“二三子何患于丧乎？天下之无道也久矣，天将以夫子为木铎”为更合适。这里显然也是以孔子的遭遇比喻天下失道而知音者少的意思。

归纳全词及其所用典故，有几点值得注意：一、起结用《论语》，说明作者对孔子思用世之志是向往的，对孔子的不得行其道也是表示感慨和同情的。二、由于典故中涉及的人物，全词所展示出来的社会背景是春秋末期、东晋和唐代安史之乱前后，这就使读者对辛弃疾当时所处的南宋的偏安局面自然产生联想。这样的手法比直接点明作者所生活的社会和时代就更富有暗示性和启发性。三、作者在词中所涉及的历史人物形象，主要有孔子、陶渊明和杜甫，而对于杜甫，又强调他对李白的深挚友情。这就紧扣“思亲友”（实际是对知音难遇的感慨和愤激）这一中心内容。四、“思亲友”是《停云》和这首词的共同主题，但它不过是个“纲”；围绕这个内容，作者情不自禁地写出了他的感慨万千和心潮起伏，而这种无穷感慨和万千思绪又始终是围绕着自己忧时思治、自伤“吾道不行”、既不甘心与青山为邻又不得不与青山为友的矛盾心情来抒发的，揭示了稼轩的忠爱国家却又横遭冷遇的不平命运。五、基于以上的分析，我以为，词的结尾处所说的知己的“二三子”，乃是他所恨的“不见”其“狂”的“古人”，即孔子、陶渊明、李白和杜甫诸人，而非实指辛弃疾当时所交往的朋友。实际上也只有尚友古人，才能排遣作者的一腔悲愤和抑郁，才能获得心灵上的慰藉。

最后还想附带讨论一个问题。历来评论此词，多举岳珂《桯史》“稼轩论词”之说，以为有美中不足之处。今摘录其言如下：

> ……稼轩有词名，每燕（宴）必命侍姬歌其所作。特好歌《贺新郎》一词，自诵其警句曰：“我见青山多妩媚，料青山见我应如是。”又曰：“不恨古人吾不见，恨古人不见吾狂耳。”每至此，辄拊髀自笑，顾问坐客何如，皆叹誉如出一口。既而又作一《永遇乐》，序北府事，……特置酒召数客，使妓迭歌，益自击节。遍问客，必使摘其疵。……余率然对曰：……“前篇豪视一世，独首尾二腔警语差相似；新作（小如按：指《永遇乐》）微觉用事多耳。”（稼轩）于是大喜，酌酒而谓坐中曰：“夫君实中予痼。”乃味改其语，日数十易，累月犹未竟。其刻意如此。……

其实这首《贺新郎》也几乎句句用典，不过所用乃古语而非古事，故岳珂不觉耳。至于说“我见”二句和“不恨”二句，虽为警语而病重复，辛本人也同意了，但改来改去却终未改成。其所以难改，我曾反复揣摩，认为不好改，一也；然亦不必改，二也；甚且可以说不应改，三也。不必改者，一词前后本可互相照应，可以从相反方面照应，也可用相同手法照应，所谓“照花前后镜，花面交相映”，本不害其一而二,二而一。不应改者，句法近似不过表面现象，内容意义却并不雷同。盖青山，物也；古人，人也；山无情，人有情，但此词山似有情，而古人往矣，却已无情。这是主要的区别。所谓青山爱己之妩媚，无情而似有情矣，关键却在“情与貌，略相似”二句。人所以似青山，是从风度、气韵、精神面貌和道德品质上去比较。如己抱负之宏伟，胸襟之开阔，脚跟站得稳，抗金复国之心志坚定不移，浩气之亘古长存等等，皆稼轩所具有的与山相似之点。既有共性，故相喜爱慕悦。孔子说“仁者乐山”，陶渊明“悠然见南山”，虽说对山有情，实亦视山为有情之物。而“山要人来”，则体现自己有远离世俗隐居山林的打算。这实是不得已而为之，亦辛与陶在这一点上所以是共同的。至于古人之于今人，己之“狂”与不狂，则是从人的思想水平、理想见解上有无共通之处来进行比较。思古人，正是对今人的抗议和不满；由于胸怀大志而不为今人所知所容，故被以“狂”名。古人如见己之“狂”则将爱自己，所以“恨古人不见吾狂”；而今人则对己之“狂”只有谤讥和憎恨，最终作者只能与古人为邻，“知我者”惟古之“二三子”而已。上片写自己在百无聊赖中却被青山引为知音，故“喜”；下片则转喜为恨，慨叹人间知音寥落，故直抒胸中愤懑不平。句型虽相似，却给人以层层递进的感受，是含义的愈益深入。岳珂徒以形貌雷同而提出意见，犹未为得也。

说马致远《天净沙 • 秋思》

枯藤老树昏鸦，
小桥流水人家。
古道西风瘦马，
夕阳西下，
断肠人在天涯。

在元代的散曲小令里，马致远的《天净沙》是相当出名的。《天净沙》是音乐调子的名称，这首小令的真正的题目叫《秋思》(“思”在这里念 sì，是名词)，是一首短短的抒情小诗。它一共只有五句，写一个飘零异地的游子在秋天思念故乡。

这首小令的情调比较低沉，但是艺术上却有它独到的地方。近人王国维在他写的《人间词话》里曾经评价这首小令说：“寥寥数语，深得唐人绝句妙境。”所谓唐朝人的绝句妙境，就是指用经济的语言描绘出生动的事物形象，通过概括而巧妙的艺术构思，写出复杂而深厚的情感。这首小令在艺术上的主要成就，就在于诗人并没有很吃力地去刻画这个游子的思想感情，只是平淡无奇地勾出了一幅深秋景象的图画，可是这种景物描写却给人以强烈的感染，让读者自然揣摩到诗人的灵魂深处。

这首小令的五句曲子，从层次上看，头两句“枯藤老树昏鸦，小桥流水人家”，是描写客观景物；中间两句“古道西风瘦马，夕阳西下”，是借景生情；末一句“断肠人在天涯”，才是正面抒发诗人的主观情感。但是头两句并不能跟后三句截然分开，因为头两句对于后三句来说，特别是对于第三句，是起着陪衬作用的。而且前三句的句法结构相同，每句都是用两个字合成一个词儿，然后用三个词儿合成一句，形成整齐而重叠的排句。句法相同就意味着意义上有联系。所以我们应该把前三句作为一气来分析比较。

我们说，前三句虽然每句各有三个词儿，但是在每句之中又各有一个重点。比如，第一句，“枯藤”“老树”“昏鸦”这三个词儿，“昏鸦”是重点；第二句，“小桥”“流水”“人家”又是三个词儿，“人家”是重点；第三句，“古道”“西风”“瘦马”，这三个词儿里“瘦马”是重点。为什么这样说呢？因为枯藤是依附在老树上的，而老树又是昏鸦住宿的地方，“昏鸦”就是黄昏时候要回巢的乌鸦。乌鸦的颜色是黑的，这时候的天空也快黑下来了，从地面往上看，飞着的乌鸦已经模模糊糊快看不清了，所以叫“昏鸦”。诗人的意思是说，乌鸦到天黑的时候还能回到树上去休息，而流浪在天涯的人却不知道哪儿是自己的归宿。这样，头一句的“昏鸦”实际上是起一种跟人对比的作用。因此它是重点。第二句，写出了在小桥流水旁边有一户或者几户“人家”。这正意味着住在这个地方的人，是一家团聚在一起的，是过着宁静舒适的生活的。而一个漂泊异乡的人，看到这一幅景象，就会不自觉地思念起自己的家园。所以第二句里，“人家”是重点。第三句写到游子本身。在一条古老的大道上，这个流浪者骑着一匹瘦马，西风一阵阵扑到他身上脸上。作者虽然只写了“马”的“瘦”，可是旅途的疲乏辛苦和流浪生活的艰难困窘都已经不言而喻了，这跟回到树上休息的“昏鸦”和小桥流水旁边的“人家”，恰好成为鲜明的对照。因此，第三句里，“瘦马”是重点。而在这三句当中，头两句又是陪衬，第三句才是重点，这在前面已经交代过了。

再从修辞的角度来分析。第一句“枯藤老树昏鸦”，作者把“枯”“老”“昏”这三个形容词摆在一句里成为一组；第二句，把“小桥”“流水”“人家”三个词摆在一句里成为一组；第三句“古道西风瘦马”，又把“古”“西”“瘦”这三个词摆在一句里成为一组。这种安排，作者是很费了一番斟酌的。请看，“枯”“老”“昏”这三个词儿，在字义的性质上，在情调上，在色彩上，是谐调一致的，都给人以一种朦胧、渺茫、暗淡的感觉。同样情况，“古”“西”“瘦”这三个词儿，在字义的性质上，在情调上，在色彩上，也是谐调一致的，都给人以一种迟暮、凄凉、低沉的感觉。而第一句和第三句之间的意义、情调、色彩又交相配合，互相适应。可是第二句就不是这样，这一句只有一个“小”字是形容词。不过我们却能体会到，“流水”从这座“小桥”下边经过，在“小桥流水”旁边有一户或者几户“人家”，虽然没有明确地写“流水”和“人家”是不是“小”，可是那种玲珑、精致、小巧的形象却自然地浮现在读者眼前。这种玲珑小巧的感觉，就跟第一、第三两句的朦胧、迟暮的感觉不一样。这样写，一方面既体现了在重叠的、相同的句法里边修辞的变化，另一方面，第二句的景物形象和第一、第三两句并列在一起，更收到虽然相反而实际上却是相成的效果。第一句“枯藤老树昏鸦”和第三句“古道西风瘦马”，是由于彼此间情调、色彩的谐调起了互相配合的对比作用，而第二句“小桥流水人家”和第三句的“古道西风瘦马”却是从彼此间情调、色彩的不谐调、相矛盾的方面起了鲜明对照的作用。总而言之，第一、第二两句是从不同的角度，用不同的情调和色彩对第三句起着陪衬作用的。这不但使画面不平板，而且让读者的感觉也有所变化，这正是作者的手法高明之处。

前三句写的都是实在的景物，很具体。但是只有这三句，还不免有美中不足的感觉，因为第一，这些景物都是一个个分散的“点”，尽管很具体，却缺少一个背景。第二，如果把前三句当作一幅图画来看，色彩不免太暗淡，太单调，缺乏光泽，不够鲜明。于是在这三句以后又加上一句“夕阳西下”，这就使得前面三句所描写的景象有了一个背景，这个背景把画面上的若干个“点”都联系在一起了；再有，“西下”的“夕阳”是红色的，这就使得画面增添了一层光泽，因而，整首曲文的色彩也就比较鲜明了。同时，这一句更点明了时间，而且给前三句的秋景加强了情调，加浓了气氛。因此这一句也是相当起作用的。

最末一句“断肠人在天涯”，用“断肠”和“天涯”这两个词儿点明作者的本意，把这首曲子的主题很清楚地交代出来，仿佛画龙点睛一样。这样，前面的四句具体描写就都有了着落，完全可以让读者理解了。

最后，简单谈谈这首小令在声律方面的特点。按照［天净沙］最标准的格律来看，其中的六言的句子应该是这样的：

平平仄仄平平
平平仄仄平平
仄仄平平仄仄
平平仄仄平平

现在的第二、第四两句，在应当用“平平仄仄”的地方，换成了“仄平平仄”，“小桥流水”和“断肠人在”都是这样的，这种变例是可以允许的。而第三句的末尾两个字，可以是“仄仄”，也可以“仄平”。这里作者却用了“仄仄”，使这个句子在朗读的时候感到突出。像“瘦马”两个字都是仄声，跟前面两句的“昏鸦”“人家”都用两个平声字收尾的句子恰好成为对称，这就看出古人在写诗的时候是考虑到意义和声律的关系的。从声音的抑扬轻重里面，我们就能体会出哪一个词儿是重点词汇来了，这也是我们在读古典诗歌、词曲的时候应该注意到的。

关于乔吉的叠字曲

10月3日《夜大学》的《巧用重言词》一文，谈到李清照《声声慢》一词用叠字的问题，并引乔吉《天净沙》“莺莺燕燕春春”叠字小令，认为他的散曲胜过李清照。这看法值得商榷。对李词用叠字表示赞扬，始于南宋张端义《贵耳集》。他说：“本朝非无能词之士，未曾有一下十四叠字者。”因此他认为李清照写《声声慢》“乃公孙大娘舞剑手”。到了清代，陈廷焯在《白雨斋词话》中两次驳张氏之说，一则认为李清照下十四叠字“不过奇笔耳，并非高调，张氏赏之，所见亦浅”（卷二）；再则斥张“此论甚陋”，因为“十四叠字，不过造语奇隽耳，词境深浅，殊不在此，执是以论词，不免魔障”（卷七）。至于乔曲，陈廷焯也曾引述，认为“乔梦符效之，丑态百出矣”；并认为乔用“娇娇嫩嫩”“四字尤不堪”（亦见《白雨斋词话》卷七）。

平心而论，李清照《声声慢》连下十四叠字，确有创造性，即使陈氏也不得不承认是“奇笔”，是“造语奇隽”。但一首词的意境深浅，确不专靠用叠字取胜，而要看通首写得是否有思想感情。像乔吉这首散曲的写法，实近于文字游戏，而且格调不高，说它胜过李词，未免过誉。

另外，《巧用重言词》的作者对乔曲字句的理解也有未尽确切处。比如“停停当当”，即“停当”一词的叠用，并不当“走走停停”讲，而是“妥帖”“恰到好处”的意思。而“停停当当人人”的“人人”，在这里并不是指很多人，只是专指某一个女子。我以为，评价一首作品好坏，首先还是把原作读懂才好。

1983 年 10 月

第三辑　其　他

读朱自清先生《诗言志辨》

笔者按：这是我三十六年前为悼念朱佩弦先生逝世而写的一篇习作。根据篇末所记，我从先生逝世的次日（1948年8月13日）开始动笔，到10月4日才脱稿，前后共写了五十天。读者不难从文字中看出，我是带着悲愤抑塞的心情来写这篇读书札记的。在当时的政治气氛下，我不愿写一般的浮泛悼念文字，所以采取了这个方式，来纪念我由衷敬爱的师长。几十年一眨眼过去了，回顾一下当年所写的文章，发现自己今天在政治上和学术上并无显著进步，深感有愧于当年的师辈对我的期望和教诲。近年来，出版界陆续重印了陈寅恪、朱光潜、朱自清和俞平伯等先生的旧著，我以为这是大好事。因此我想，今天的读者除了从老一辈学者当年的学术成果中汲取营养之外，是否同时也披览一点彼时的读者在刚刚读完这些新著时写的学习心得，作为参考呢？于是搜检旧稿，仅于字句间略事增删，并把所引《诗言志辨》的原文据新版一一加以校订，拿来发表。这既作为对朱先生的纪念，也算是对自己的鞭策。文中错误在所难免，希望读者能用今天的新尺度给予批评，则受益尤多。谨此先致谢意。

1984年7月笔者记于北京

一

朱先生是治文学史的，他有他自己的看法——一种自出机杼却又与古人不谋而合的“史观”。这本书恰恰代表朱先生向这方面研究的一个开端。天假以年，他可能在若干年后，沿这条路线写下整部的中国文学批评史或中国文学史，一如先生的话，“造成了新传统”。而现在，我们只能就这本书来作尝鼎一脔的述说。可悲的是，这“一脔”已等于先生工作的全部。这唯一的果实也就是最后一颗果实了。

我承认我一个朋友极沉痛的说法：闻一多先生死得“烈”，而朱先生则死得“惨”。所谓“惨”，不仅指先生的夙志未偿、素心难展以及贫病交迫、妻孥无托、身后萧条等等而已，实是形容尽了我们这些如失怙恃般的青年们内心的苦痛。而我们荒凉芜杂的文坛更因此愈显得空虚寂寥，“惨”不忍睹。尽管纪念追悼他的文章已足汗牛充栋，甚至连一些可怜又复可笑的人都在牵强附会地同死者拉拢，开会演讲，借以抬高他们自己的身价，可是这一代宗匠终于弃我们撒手而去了。悲哀悼惜，一切徒然。固然先生的精神与人格将永久彪炳人间，而他遗留下的那一份工作却更需要后死者低首下心地来作检讨。现在笔者愿站在一个青年学生、一个普通读书人的立场，忘记自己的空疏谫陋，为这本《诗言志辨》作不大客观的评价。

书前有一篇作者的自序。从序文中我们已能鸟瞰全书。首先作者谈到我国自五四以来在文学史研究方面的进展，跟着又谈到建设文学批评的重要性，然后接着说道“诗文评”（即我国古代有关文学批评的散见的材料）的原料及渊源：

……专书以外，经史子集里还有许多，即使不更多，诗文评的材料，直接的或间接的。前者如“诗言志”“思无邪”“辞，达而已矣”“修辞立其诚”；后者如《庄子》里“神”的意念和《孟子》里“气”的意念。这些才是我们的诗文评的源头。从此江、淮、河、汉流贯我们整个批评史。至于选集、别集的序跋和评语，别集里的序

> 跋、书牍、传志，甚至评点书，还有《三国志》《世说新语》《文选》诸注里，以及小说、笔记里，也都五光十色，层出不穷。这种种是取不尽、用不竭的，人手越多越有意思。只要不掉以轻心，谨严的考证、辨析，总会有结果的。
>
> （《朱自清古典文学论文集》页 189）

从这里我们看出作者的用心。他确乎想追本溯源，作一番“流贯”整个文学批评史的功夫。作者是非常吃苦耐劳，认真做着“爬梳剔抉”的功夫的。同时，作者更表襮了自己的态度:“不掉以轻心”“谨严的考证辨析”，用一番踏实的劲儿。然而从这儿也流露了作者的寂寞:“人手越多越有意思。”为先生所爱与夫爱朱先生的青年们啊，我们是否能够帮助（现在应该说“继承”了！）他出一臂之力呢?

跟着作者谈到关于《诗言志辨》本身的话:

> 我们的文学批评似乎始于论诗，其次论“辞”，是在春秋及战国时代。论诗是论外交“赋诗”，“赋诗”是歌唱入乐的诗。论“辞”是论外交辞令或行政法令。两者的作用都在政教。从论“辞”到论“文”还有一段曲折的历史，这里姑且不谈，只谈诗论。“诗言志”是开山的纲领，接着是汉代提出的“诗教”。汉代将六艺的教化相提并论，称为“六学”；而流行最广的是“诗教”。这时候早已不歌唱诗，只诵读诗。“诗教”是就读诗而论，作用显然也在政教。这时候“诗言志”“诗教”两个纲领都在告诉人如何理解诗，如何受用诗。但诗是不容易理解的。孟子说过“论诗者不以文害辞，不以辞害志”，确也说过知人论世。毛公释“兴诗”，似乎根据前者，后来称为“比兴”；郑玄作《诗谱》，论“正变”，显然根据后者。这些是方法论，是那两个纲领的细目，归结自然都在政教。
>
> 这四条诗论，四个批评的意念，二千年来都曾经过多多少少的演变。现代有人用“言志”和“载道”标明中国文学的主流，说这两个主流的起伏造成了中国文学史。“言志”的本意原跟“载道”差不多，

两者并不冲突；现时却变得和“载道”对立起来。“诗教”原是“温柔敦厚”，宋人又以“无邪”为“诗教”，这却不相反而相成。“比兴”的解释向来纷无定论，可以注意的是这个意念渐渐由方法而变成了纲领。“正变”原只论“风雅正变”，后来却与“文变”说联合起来，论到诗文体的正变，这其实是我们固有的“文学史”的意念。

这本小书里收的四篇论文，便是研究那四条诗论的史的发展的。这四条诗论，四个词句，在各时代有许多不同的用例。书中便根据那些重要的用例试着解释这四个词句的本义跟变义，源头和流派。但《比兴》一篇却只能从《毛诗》下手，没有追溯到最早的源头；文中解释“赋”“比”“兴”的本义，也只以关切《毛诗》的为主。……

（《论文集》页 189 至 191）

全书的筋骨脉络，从这三段文字中已见出梗概。作者的主旨尤其明显，是“研究那四条诗论的史的发展的”。我们切不可误认作这本书只是谈到有关《诗三百篇》的几个问题的源头而已，作者还谈到它们的流变，从先秦直到如今，而这后面的部分对我们似更为重要。因之“这本小书”简直可以作为在某种“文学史观”下的文学批评史——或竟说是文学史——来读。至其所以能写得这么周详，谨严，谦抑，平易近人，则应归功于作者既是一位治文学史的学者，又是国内有数的诗人、散文家。

二

书的第一部分，即是从“献诗”“赋诗”种种历史上的证据，讨论到“诗言志”之与“政教”“修身立德”“穷通”有关，说明“志”即是“道”。跟着说明诗、乐最早是不分家而后来则分了家的历史。由于诗、乐的分开而产生了以“义”说“诗”，然后“教诗明志”而有了“诗教”，而有了孟子的“知人论世”。于是很容易却顶正确地推翻了《诗序》的矛盾：“将‘以诗合意’的结果就当作‘知人论世’，以为作诗的‘人’‘世’果然如此，作诗的‘志’果然如此；将理想当作事实，将主观当作客观”。结论是：“自然叫人难信”（页 213）。虽说推理水到渠成，却是作者深切著明地思考的结果，不由我们不心悦诚服。

由诗、乐分家然后谈到“陈诗”“采诗”诸学说的渊源。最后还是归结到“言志”即“载道”。另一方面，作者把“言志”和“缘情”却摆在对立的地位。作者的看法是：有关政教的诗，当然所“言”之“志”即是政教；无关政教的诗如男女私情之作，乃是由于“采民风”“观民俗”所保留下来的（页216）。作者更认为：“《诗经》里一半是‘缘情’之作，乐工保存它们却只为了它们的声调，为了它们可以供歌唱。那时代是还没有‘诗缘情’的自觉的。”（页202）于是《诗经》里所有“缘情”的诗，不关政教的诗，其流传下来的机会都算作例外，而有关政教的诗都被合法的保留，以紧缩了“志”的范围。“志”的范围只是合于“道”（与政教有关）的，于是“言志”乃与“载道”之义相差不多，而与“缘情”则不能混为一谈了。作者的结论是：

> 总之诗乐不分家的时代只着重听歌的人；只有诗，无诗人，也无“诗缘情”的意念。诗乐分家以后，教诗明志，诗以读为主，以义为用；论诗的才渐渐意识到作诗人的存在。他们虽还不承认“诗缘情”本身的价值，却已发现了诗的这种作用，并且以为“王者”可由这种“缘情”的诗“观风俗，知得失，自考正”。那么“缘情”作诗竟与“陈志”献诗殊途同归了。但《诗大序》既说了“在心为志，发言为诗”，又说“情动于中而形于言”，又说“吟咏情性”；后二语虽可以算是“言志”的同义语，意味究竟不同。《大序》的作者似乎看出“言志”一语总关政教，不适用于原是“缘情”的诗，所以转换一个说法来解释。到了《韩诗》及《汉书》时代，看得这情形更明白，便只说“歌食”“歌事”，只说“哀乐之心”，“各言其伤”，索性不提“言志”了。可见“言志”跟“缘情”到底两样，是不能混为一谈的。（页216至217）

笔者对于“言志”有关政教的说法，非常同意；而对作者把“缘情”和“言志”完全看成两回事，颇觉有所欲言。我想“志”这个词的含义总有“情”的成分在内，“言志”也未必就同“缘情”完全对立。况且“言志”固然同“载道”差不多，却毕竟不是载道。我的看法是：“言志”一词的含义，是统摄“载道”和“缘情”的。“言志”所以在先秦时偏于指政教，到两汉以后乃接近于“缘情”，稍后更别出“明道”或“载道”一名以代替“言志”的说法，这同各个时代受教育者的背景环境有关。而这一点却为作者所忽略。另一面，诗人也并非没有缘情的自觉，因而“言志”正不必同“缘情”一定要分家，或竟把两者相对立起来。这道理极浅显，下面就来解释——

我们知道，在孔子以前的教育是“不下庶人”的，受教育者都是贵族子弟、公子王孙，纵有所谓“士”，也还是候补的官僚政客，早晚能够当上“大夫”的。然则他们受教育的目的不问可知，除了政治、教化、外交、朝聘、燕享种种与家国宗社发生关系的事情以外，别无其他。即使在修身表德方面下功夫，在“礼”“乐”中陶冶情性，其最终目的仍脱不开“政”“教”。作者在本书中所依据的《左传》《国语》《尚书》以及其他子书中的例子，只能说明一件事，即这些“献诗”“赋诗”乃至“作诗”的人都是贵族，都是公卿大夫；而他们的“志”固然无非政教，即他们的“情”也还是离不开政教，或至少与政教有关。但不能因此就下断语，说“志”指的只是政教，没有别的。因为凡人皆有志，“政”“教”只是受教育的人所表现的“志”，不是所有的“诗”的作者的“志”。尽管说，那一半“缘情”之作的诗所以收入《诗经》是因为能唱——“诗乐不分家”；尽管作者承认朱东润先生的说法，说“国风不出于民间”；尽管说陈诗观风，一些民歌之被采辑乃是为了观民情正人心之得失；但我们仍不能说那些诗不是“缘情”之作。乐工虽然没有“缘情”的自觉，同时“只有诗而无诗人”，可是作“缘情”诗的人在作诗时必然是“志于情”的，而非“志于政教”的。因为我们不能说那一半缘情诗根本没有作者，更不能说那些诗的作者也都是以“政”“教”为“志”的人。再退一步说，即使那些诗人心中也有着不离“政”“教”的“志”，可是方其作诗时思及男女悦慕之情或其他情感时，这种情感也不能不算做他们的“志”，而这种“志”却显然与志在政教的“志”无关。然则“政”“教”只是“志”的一部分，只是某一部分人的“志”，甚且这某一部分人虽志在政教，但有时也会产生不完全志在政教的“志”。不过一方面是“志于道”，一方面是“志于情”罢了。

作者曾引到《论语》中“盍各言尔志”的话，以为其“言志”即指

“政”“教”的证明。殊不知孔子开创学派以后，受教育的虽不尽是贵族公卿子弟，而孔门中却十有九是“志于道”的人。他们虽非官宦出身，可心里确是想做官的，所以把“志”的范围推广而为“表德”，并把自己的抱负——也就是“志”——寄托在一旦做了官之后将如何推行自己的“道”的上面，因而产生了诉说命运的“穷通”。等到秦以后，贵族与庶人的距离日益缩短，界限也日益淡漠，这种观念于是也逐渐改变，除掉贾谊、晁错、董仲舒及一些经生们仍以“政”“教”为“志”，而《诗大序》及《韩诗》中的议论，已属于比较“大众化”一点的声音，带有一班不一定爬得上公卿大夫的地位的“士庶”口吻了。夫教育之特权既不为贵族所专有（虽然要成为贵族公卿，还得从受教育做起），所以尽管在汉武帝罢黜百家独尊儒术，并建立起无形的道统以后，“缘情”的乐府诗却不断产生，数量也逐渐多了起来。可见“诗”之性质全在作者受教育的背景与受教育的目的。不信的话，试看《古诗十九首》，其中既有“缘情”的诗，又有“载道”（或说“言志”）的诗，而乐府诗则十有九为“缘情”的。而东汉以下至建安、黄初迄于西晋，那些为士大夫所拟作的乐府诗，却又十有九不免“志”在“政教”或“穷通”了。这纯粹是环境背景和作诗者本人的身份使然，而非“言志”本身与“缘情”有什么两样或彼此对立。至于作者说，汉以后的人竟不谈“言志”，到陆机乃明言“缘情”，迄六朝时又有“明道”的说法，我想，这也并非“言志”本身变了质，只是后来人看得更清楚，觉得“言志”一词已包括不了更多的内容，才分化出许多新词来罢了。犹之今日文坛上各种口号和术语，十之七八非古人所有，间有借用古语来解释现实的，那古语的意思也不尽为原义，究其实却仍旧不妨归入“明道”或“缘情”这两者的项下去，而为“言志”一词所统摄。但我们今天毕竟很少有人再这样讲了，亦时代使然耳。

至于“现代”有“人”把“言志”与“载道”（实即“缘情”与“明道”）两词作为起伏的主潮以解释我国的文学史（小如按：这个“现代人”实即指周作人，他的主张主要见于他的一本《中国新文学的源流》的讲稿），本亦言之成理。因为“志”本是“怀抱”，是“在己为情，情动为志，情志一也”的东西，又是“心意所趣向”的（以上引文均见《朱自清古典文学论文集》页194，即《诗言志辨》的第一篇），比“缘情”一词的含义原较明显，而“载道”较之

"明道"也更为具体些。拿来用为衡量文学史上思潮起伏的标准，自然也不算说不通。不过唱这口号的人后来也曾自动地修正，说"志"即是"道"，"道"即是"志"了。笔者对"言志"和"载道"这两个词的性质，在未读朱先生此书以前已曾仔细想过，"志"究竟同"道"不一样。《论语》上说"志于道"，可见"道"是一个普遍的准则，"志"是发诸己的心意。不过"谁能出不由户，何莫由斯道也"，每个人的"志"都相去不远，或虽为一己之志，却不仅关于一己之事，于是"志"可以"同"，"道"自然"合"了。至于把文学分成"言志"（缘情）和"载道"（明道）两大派类，须看创作者的动机和目的如何。如果是"为己"的（《荀子 · 劝学》："古之学者为己，今之学者为人"），发诸己的，自动的，无关心的，虽其所陈之志是以天下国家为事的，他的作品还应该是"言志"的。相反，如果是"为人"的，有对象的，有关心的，受外在环境影响的，虽然只是说及自己的身边琐事，甚或有着"高风远韵"和"吟咏情性"的表现，也还是"载道"的作品。因此，"诗以言志"和"文以载道"这两句话就有了根据。作诗的动机大都是为己的，自发的，甚而有些诗人的作品根本不求人懂，故"诗以言志"。而文之所以为载道，盖文章写了总是为给人看的缘故。正因"现代"有"人"主张言志，便对散文中的尺牍、日记以及晚明小品的评价认为远在政论奏议以及唐宋八家之上，而他们却又没有说出一个道理来，所以使人茫然无所依据了。

三

从另一角度来谈上述的问题，也能有圆满的说明。即这里所要谈的"诗教"。诗教的说法到汉儒手中才成立，但对《诗》加以提倡而成为"教"的不能不说是孔子的功劳。在孔子以前，《诗》在当时上层社会无疑已十分流行，且把它认作最重要的学科。不过到孔子才更坚决地说明《诗》的伟大。直至《礼记 · 经解篇》始明白地说出"温柔敦厚诗教也"的话。作者在本书第三部分有一段话说《诗》之所以流传，非常透彻：

> ……周人所习之文，似乎只有《诗》《书》；礼乐是行，不是文。

《礼古经》等大概是战国时代的记载，所以孔子还只说“执礼”；乐本无经，更是不争之论。而《诗》在乐章，古籍中屡称“诗三百”，似乎都是人所常习；《书》不便讽诵，又无一定的篇数，散篇断简，未必都是人所常习。《诗》居六经之首，并不是偶然的。(《论文集》页278至288)

作者的话原是从《汉书·艺文志》引申来的:“《诗》凡三百〇五篇，遭秦而全者，以其讽诵，不独在竹帛故也。”作者更引清人劳孝舆的《春秋诗话》(页290):

(春秋时)自朝会聘享以至事物细微，皆引《诗》以证其得失焉。大而公卿大夫，以至舆台贱卒(？)，所有论说，皆引《诗》以畅厥旨焉。……可以诵读而称引者，当时止有《诗》《书》。然《传》之所引，《易》乃仅见，《书》则十之二三。若夫《诗》，则横口之所出，触目之所见，沛然决江河而出之者，皆其肺腑中物，梦寐间所呻吟也。岂非《诗》之为教所以浸淫人之心志而厌饫之者，至深远而无涯哉？(卷三论引诗)

作者跟着加以修正和补充:“这里所说的虽然不尽切合当日情形，但《诗》那样的讽诵在人口上，确是事实。——除了无亡佚和讽诵两层，诗语简约，可以触类引申，断章取义，便于引证，也帮助它的流传。”于是作者以专章讨论到“著述引诗”。开这方面的风气，当蔚然属之于结束先秦、开启两汉的大师荀卿。如《韩诗外传》《孝经》《春秋繁露》《列女传》等，都显而易见是荀卿的影响。荀卿在《诗》的方面负“教”的责任最大，除《齐诗》受阴阳家灾异说的影响外，《鲁诗》《韩诗》以及晚出的《毛诗》可以说皆为荀卿的后学所传授。作者曾引陈乔枞《韩诗遗说考·序》的话道:

今观《外传》之文，记夫子之绪论与春秋杂说，或引《诗》以证事，或引事以明《诗》，使“为法者章显，为戒者著明”(郑玄《诗谱序》语)。虽非专于解经之作,要其触类引申,断章取义,皆有合于圣门商、赐言《诗》之义也。况夫微言大义往往而有,上推天人性理,明皆有仁义礼智顺善之心,下究万物情状,多识于鸟兽草木之名,考风雅之正变,知王道之兴衰,固天命性道之蕴而古今得失之林耶?

然后作者加按语说:“这段话除一二处外可以当作四家《诗》的总论看,也可以当作著述引《诗》的总论看,也可以当作汉人《诗》教的总论看。”(页293)接着作者列举《韩诗外传》《列女传》《春秋繁露》《贾子新书》、前后《汉书》《礼记》等书中有关德教修养而兼引有《诗》句的文章,末了引孔子“小子何莫学夫诗”的一段话,并加以判断说:

这是《诗》教的意念的源头。孔子的时代正是《诗》以声为用到《诗》以义为用的过渡期,他只能提示《诗》教这意念的条件。到了汉代,这意念才形成,才充分的发展。不过无论怎样发展,这意念的核心只是德教、政治、学养几方面……也就是孔子所谓兴观群怨。“温柔敦厚”一语便从这里提炼出来。《论语》中孔子论《诗》、礼、乐甚详,而且说:“兴于《诗》,立于礼,成于乐。”(《泰伯》)好像看作三位一体似的。因此《经解》里所记孔子论《诗》教、乐教、礼教的话,便觉比较亲切而有所依据……汉代《诗》和礼乐虽然早已分了家,可是所谓“温柔敦厚”,还得将《诗》礼乐合看才能明白。(页301至302)

接下去作者更解释“温柔敦厚”的性质,及后来“思无邪”的说法(见《论文集》页303至316),是属于“史”的叙述,引证详确,断析精微,这里从略,不多介绍了。所要说的,乃是为什么在六艺之中“诗教”独盛,以致影响到几千年后的今天。这一层阐析明白,“言志”“缘情”“明道”等说法也能迎刃而解。我故曰从另一角度来谈上述问题,也能有圆满的说明也。

原来《诗》在先秦两汉,不只是被当作文学而已,而是把它看成集文化之大成的东西（礼乐与诗本是合而不分的，《尚书》和《春秋》是历史，《易》是人生哲学，这就是自古以来所以尊之为“六经”的道理），也就是“文明”的代表。故“诗”可以“兴观群怨”，可以广见闻，甚至可以事父事君。就今日说，诗也还是争取民众的最好工具。所以诗言志的“志”不限于“缘情”，不仅为“明道”。试看从春秋战国以迄两汉的经生，他们对“诗是文学”的意念很薄弱，所以《诗》总是关乎德行政教。西汉以后，有些人已将“诗代表文化”这意念渐渐为“诗是文学”的意念所代替，于是把“志”字慢慢往缘情方面解释去了。而乐府诗的出现更冲破政教德行的藩篱。及至魏晋，一面是儒家思想的腐化与没落，一面又肯定了“诗是文学”这个意念，于是“缘情”的新尺度才水到渠成地产生了。稍后，更分清了“明道”和“缘情”的畛域。但在五四以前，中国的“诗”却始终未离开“文化”的范畴，直到“文学革命”（小如按：这是作者对五四新文学运动的称谓）以后，治诗的人们才打破了传统的看法，把“诗”大力地从“文化”的大圈子里拉出来，把它归入“文学”的小圈子里去（尤其是对《诗经》的看法更为显著）。这样，“言志”一词才有了新的解释。明乎此，则“言志”究竟是“明道”抑“缘情”，究竟同什么特定词语相对立的问题似乎亦毋庸争辩。总之，中国的“经典”中没有“科学”而只有“美”和“善”。然而“真”“美”的极致亦无能逾于至善。所以中国的文化政教自古以来就偏重于“伦理”方面，连文学——诗——也是伦理的。是以汉儒标出诗教，“温柔敦厚”的教条不独成为文学上的标准，而且成为一切中国艺术上的极则。至宋人之强调“思无邪”本以羽翼“载道”之说，更为“修辞立其诚”找到哲学和心理上的根据。这传统固应归美于孔子，但恐怕也还是中国的民族性使然。因为中国民族文化传统到底不是同西洋文化一鼻孔出气的，削足适履终于是办不到的。这种情况使我们了解“诗”（不仅是《诗经》了）所以在中国有着崇高的地位，也说明“诗”的伟大。

四

关于“比兴”一方面，笔者不想多所论述。因为作者说得既已非常明白，而最后的结论却仍没有确定（“赋、比、兴”究竟是与乐有关的还是只与诗义有关，我们没有在《诗言志辨》中找到，作者因为重心不同，在文章里也没有详明地说及）。我只想说，作者谈“比兴”和“正变”，都是有“史观”的绎古。譬如谈到给“兴”所下的定义，作者便浅显而中肯地说：

> 兴是譬喻，“又是”发端，便与“只是”譬喻不同。前人没有注意兴的两重义，因此缠夹不已。他们多不敢直说兴是譬喻，想着那么一来便与比无别了。其实《毛传》明明说兴是譬喻……（《论文集》页 239）

又从在乐歌中名之为“赋”的赋体直说到汉赋、古文赋、律赋，以及由其古义“自作诗”所流传下来“赋得”“赋诗”等名词的解释，更用王逸、朱熹等人说《楚辞》的方法诠解“比兴”，简直是“如示诸掌”，明白如“画”。至后世论“比兴”之义与古已多异解，作者也面面顾到，写文学批评史而能有条不紊如此，恐怕前于作者的尚没有一位，后于作者的，就眼前说，也找不到第二个人。

五

本书第四部分作者谈到“正”“变”问题。第一章《风雅正变》是推溯“正变说”的源头。最初的正变说总该是汉儒为解诗而发明的，而郑玄可为代表（但作者认为郑玄也并未能自圆其说）。其原始的意义无非指时代的治乱，“正”是“正常”“正规”“正轨”；“变”是“变异”“变化”“变乱”“灾变”。又因“正”是与“邪”对举的，“邪”有乱意。“正”又有“雅”的意思，故“变”为淫。其灾变之说则是本之于汉儒谶纬家的“诗妖说”。作者曾引汪琬《唐诗正序》：

> 诗风雅之有正变也，盖自毛、郑之学始。成周之初，虽在途歌巷谣而皆得列于“正”。幽厉以还，举凡出于诸侯、夫人、公卿大夫闵世病俗之所为，而莫不以“变”名之。“正变”云云，以其时，非以其人也。……观乎诗之正变，而其时之废兴治乱、污隆得丧之数可

> 得而鉴也。史家传志五行，恒取其“变”之甚者以为“诗妖”诗孽，“言之不从”之证。故圣人必用“温柔敦厚”为教。岂偶然哉!

而后加按语说：

> 这里虽为风雅正变说出于“诗妖”说，但能将两者比较着看，已是巨眼。“以其时，非以其人”一句话说“正变”最透彻。……风雅正变说原只为解诗，不为评诗。不过在解诗方面，郑氏并未能够自圆其说，如前所论。至于作诗方面，本非他意旨所及，正变说自然更无启发人处。（页 330 至 331）

后面又引汪琬“读者以为正，作者不自知其正”“读者以为变，作者亦不自知其变”，而加以按语说：“可以补充郑氏的理论，提出‘作者’，他的正变说便不专为解诗，而是兼为评诗了。”（页 333）但作者在文末注释中更引叶燮的话以批判、修正汪氏，意谓“正变”之义应该固定而不可缠夹（页 225，注十九）。可是后来的人说“正变”总好把时代正变和作品正变混为一谈，恐怕正如作者所说，也还是个“自然而然”，不得不然的现象。

跟着作者在第二节谈到“诗体正变”。作者用“变则通”作为正变说哲学上的依据，而说明变有“奇变”“新变”两种。“新变”的主旨是“唯陈言之务去”“自造新语”；“奇变”则以“独造”和“语不惊人死不休”为积极的主张，并引朱熹的“高风远韵”为“变”了之后“复归于正”的准则。而变的趋向在中国也有两种，一种是“以复古为革新”；另一种则为“穷力追新”，虽说“以俗为雅，以故为新”，却是偏于创造，和“以述为作”的复古论不同。这二者也是互为消长的。作者更讨论到唐诗的分期以为例证，还征引了叶燮的比较进步的理论，最后以“正——变——正”为文变的程式。这些都非常贴切而清楚。至于作者说，“直到‘文学革命’而有新诗，真是‘变之极’了。新诗以抒情为主，多少合于‘高风远韵’，大概可以算得变而‘归于正’罢。”则不免有点牵强，好像还有待于精密的研讨。因为新诗的传统，我以为，恐怕不尽是从《诗三百篇》来的，用朱熹的“高风远韵”和“归于正”的意念来解释，似乎不够贴切。

如果从作品的正变来讲，我觉得“时代”和“作者”之间不无关系，尽管叶燮驳斥汪琬的话仿佛更合逻辑。我曾这样想，时代是“正”，则作品虽变亦正；时代变，则作品虽正亦变。苏东坡的词在北宋词家中，风格该是“变”的，但比辛稼轩还差得多，总还属于“正”的一面。辛词中固然也有“归于正”的，然而南宋时代比起北宋来已一变再变，遂使稼轩的作品“虽正亦变”矣。撇开辛弃疾不说，姜白石该是“正”的了，然而“自胡马窥江去后，废池乔木，犹厌言兵”这样的句子已绝非秦观、周邦彦所能写得出了。可见时代的正变与作品正变之间，是有连带的影响的。

再有，“以复古为革新”的话乍看去虽近于开倒车，实有确证。且唐人与明人的复古也大不相同。今天如果再来谈“以复古为革新”，其意义自然又不同于昔时。唐人如韩愈辈之复古，是以六朝之前为“正”，以六朝为“变”，其所以复古是想由“变”而“正”。但站在文学史的观点看，韩愈的努力仍是想从正常中求新变，而其思想却不免有拨“乱”而反诸“正”的意味。明人不独口号是纯粹的复古，连趋向也是唯古是从。韩愈思想虽然保守，在文章方面还想“唯陈言之务去”，而明朝的前后七子则“诗必盛唐，文必秦汉”，简直是“唯陈言之是务”了。所以明人唱复古而终不免于失败。至于今人以复古为革新，是检讨旧的，来推进新的，所谓“温故而知新”，不是回到茹毛饮血阶段而是“批判地接受”，当然这里面也还有点拨乱反正的味道。所谓“乱”是指堕落，是水之就下般地不长进，是自私自利自吹自擂，而不是指卫道者的一笔抹杀。反诸“正”正是扬弃与提高，用人为的功力来克服每下愈况的瘫痪，来补救自然而然的衰老。现代人还有一个误解，即把“传统”认作“正统”。“正统”在今日往往因其日趋衰老、虚伪而成为“腐化”的代名词，于是人们唱新变而蔑弃正统，却荒唐地连“传统”也否定了。在以“新”为是，以“古”为非，以为变就是好，正就是坏，变就是真美善，正就是要不得。有的人更变本加厉地认为愈奇怪特殊、愈光怪陆离、愈不近人情倒是“正”，于是就不免谬以千里了。

六

最后，还要谈一下朱先生的文章。先生是散文大师，但在新文学阵营里却毋宁说是一位朴实无华有源有委的作家，不能算作新变一派。由于近人受茅坤和桐城派的余波所及，都把唐宋八家看作古典散文的正统，我们也姑且仍之。想爬上更古的时代去的是明前后七子，力求新变甚至奇变的则有公安与竟陵。别支该是宋人的注疏体，几百年来多奉朱熹为正宗。这一支就演而为清代经学家的文章，特点是言之成理，有筋有骨，不蔓不枝。《诗言志辨》虽是论文，却有宋人注疏体的气息，朴实然而清新，同时也谨严有法度，兼具西洋人写科学论文的条分缕析、纲举目张，但作者又能在行云流水般的语言中见出层次井然、眉清目朗的疏宕处，既不枯燥又不啰唆。这确是一种似旧实新的文章作法，绝无晚近写论文者的故作诘曲、以洋味十足文其浅陋的讨厌习气。而先生气度冲淡雍容，更无板起面孔训人“虎”人的嫌疑。这种文风亟宜为大家效法，谨用推荐以求公诸识者。

关于《诗言志辨》要谈的大抵如上所述。我个人是非常喜欢这本书的，尤其佩服作者的态度和精神——一种不武断不牵强的谦抑态度，和那种一瓶一钵一点一滴、千里之程始于跬步的精神。先生近年待人接物，恳挚而严明，立身表现尤凛然见风骨。一般的看法，总以为先生是颇为激切的。而这种作人的风度恰与朴实无华的治学精神相表里。先生逝世后，有位自命为“国学家”的人认为朱自清先生做学问是外行，实嫌太武断而不近人情。同时也正可见出不知仍有多少人对先生并不了解。我之所以不惮旷日持久来介绍《诗言志辨》，初衷无非在悼念先生之余，也想一堵这班人物之口。并盼望我们青年人切勿忽略先生在这一方面的突出成就与贡献，而必须步其踵武。因为先生不仅是一位诗人、散文家或朗诵诗的同情者而已也。

读俞平伯先生《读词偶得》(重印本)

近人侈言欣赏。于是人们一说到此二字时，仿佛有几多快活在，真好像是欣而赏之。一些怕艰难避繁重的人，便往往以为走欣赏这条路是终南捷径。岂知这全不是欣而赏之的事。想达到欣赏之目的，窃恐须先要拼却十年磨一剑的工夫。读书读得多还不够，更须读得通而透；通而透了还不够，还得体会得真探索得深。尤须能用笔墨写记之，口舌道破之，把自己多年积累的心得，深入浅出地曲绘出来告诉别人，夫然后谓之欣赏。欣赏之道，支离破碎其病小，隔靴搔痒其病大。笼统言之其病小，矫揉造作其病大。支离破碎是古来考据家旧病，隔靴搔痒则是近来洋状元新病。笼统言之是古来时文圣手旧病，矫揉造作则是近来天才批评家新病。旧病是殷鉴，可以一望而改。新病却是传染证候，尽你防范得严，却当不得来势凶猛，往往“老鸦落在猪身上”，见得人家黑，见不得自己黑，便一误再误，不可收拾。欲救其弊而瘳其疾，必得读书破万卷，愈读得通乃愈见其方案之灵也。

近来朱自清先生对这方面颇尽登高一呼的力量。常风先生在《文学杂志》上也提到过这个问题，并抉出“文心”二字为人说法。然而要想落实地做去，还得经过十年寒窗苦，然后不惮烦琐，娓娓说出。那些“检讨”“批评”“整理”“重新估价”云云，毕竟是空话，不读书是了无用处的。

其实这种工作十几年前就有人动手，纯乎是由于读书心得，而载之于文字，且为最道地的“欣赏”，那就是平伯师的《读词偶得》。名为“偶得”，看去像是客气话，实亦有至理在。灵感本是偶得之，所谓“文章本天成，妙手偶得之”。尤其是欣赏，非以灵感偶得之不可，故这个书名并不完全是客气之意。但是“妙手”之所以成为妙手，却还是基于读书。即如区区近年立雪程门，染指诗词，也颇有一二偶得之处。然而卒不敢公开陈述，只缘读书不多，加之脑子和胸际，太欠清空，到不了玲珑剔透的境地耳。

说起我和《读词偶得》的渊源，良不为浅。远在八九年前，即于高庆琳兄架上得览此书，一见如故。庆琳说："曩于王守惠师案头见之，欲假来一读，守惠师说：这书概不出借，是我每天必用的东西呢。遂自买一册存之。"我便说："借给我看看吧"，庆琳道："这书只能自己买一本，借是不合理的。"但那时北方已无开明书店，而此书于旧书肆中又早绝迹，只有卞僧慧先生处藏得一本，乃为我假来朝夕摩挲，直到去年，才被他索了回去。

近年读书受到启示最多、且能具体获得学问知识的，当推这本《读词偶得》与废名师的《谈新诗》。那时曾把一点意思写入一首旧诗，姑不避自我宣传之嫌，抄在这里：

向往坐花阴，摊书成独吟，
言情平伯细，讲义废名深。
碧落空无际，昏鸦乱入林，
俄看月东上，香意涤烦襟。

后来把诗抄给平伯师看，平伯师说："以鄙名与废名作偶，甚可喜"。又说："你说废公那个深字很恰当"。及与庆琳谈及之。庆琳谓："唯俞先生可以当此细字。"于是我也很矜于说得近乎真理了。不过当时写诗，所着重的倒是那个"情"与"义"字，这一点是应特别声明的。

眼前这本《读词偶得》乃是新版，内容较前少却说周美成词的一部分，大约改收在将来要出版的说《清真词》单行本里。添进去的有说史邦卿的四首词，和前面一篇《诗余闲评》。余则虽仍旧，材料亦详略互异，如说后主词便与昔制几乎改观。如果有人藏得旧本，此新本亦不可不备，以为参佐之资。这并非不佞给书店做广告，实因从而可以看出一作家治学问演进的程序。至于那篇《诗余闲评》，原为平伯师的讲稿，由区区笔录而成者。讲演系 1946 年春间的事，稿子却于秋后才缴得卷，由平伯师交《大公报》星期文艺发表。稿后本有不佞一跋文，为文艺版执事先生删去，日前找到旧稿，却还有几句留着，这里姑亦抄存之：

右稿盖吾师平伯先生于 1946 年春在天津工商学院为文科诸生所讲者也。先生方讲演时，仅手败纸一叶，略识纲目而已，初无所谓底稿。予时忝末席，随听随记，乃得一草，其后请于先生，愿抄出奉呈，先生许之。返平后且示以函曰："燕中颇有人欲观此文，写好盼即寄来。"而予竟以琐屑纷纶，搁置久之。自春徂秋，此愿未酬，心用耿耿。九月既望，兹稿始成，而遗忘者十之四五，欲求先生当时口讲指画之真切，并十一亦无之矣。方予之请于先生，颇惧记录失真，先生乃戏之曰："曷效某公折改《易经》擅添本末耶？"盖某公方自诩以新法说《周易》，亦莅止工商，为诸生作学术讲演也。今乃卒不免于擅有损益，且旷日弥久，愈负于先生矣。缘书本末，以识予过，年月日。

当时听讲的同门本多，庆琳亦由北平赶来参加，即那篇讲稿还是在庆琳住的亭子间中一夜写完的。如今书已印行，即区区的跋文也已重见天日，而庆琳却远在辽天，坐困围城之内。据说执教某中学，仍旧匡坐弦歌不辍，可见他是个有修养的人。而我却不免儿女情长，时加悬想，这篇文字，倒有一半是纪念他的意义了。

放下这些不谈，就我个人读书态度说，一向是对考据头痛的。过去平伯师曾时加针砭，认为考据本身固须学力，而考据之所以存在，亦有它不可磨灭的道理。即平伯师自己，也颇致力于考据，虽然尽人皆知平伯师是位讲欣赏的专家。近来我于听平伯师讲课时乃悟到考据究竟是重要的。盖如考据得不到家，欣赏的路也就容易阻梗，考据得愈精，欣赏时始愈知古人遣词设意之工巧之难。《读词偶得》便是代表此一趋向的最大证明。于是我戏名之曰"考据的欣赏"，而以刘西渭先生的《咀华集》为"欣赏的考据"。盖必"欣赏的考据"才不至使人头痛，亦唯有"考据的欣赏"才能是真正刻画入微的欣赏如《读词偶得》所收的效果然。此则与上文所谈的非读得书多不足以言欣赏，殆是二而一的道理矣。

初意欲为平伯师这本书写一书评，结果在搦管铺纸之际，却感到千难万难。盖此书本是尽人皆知的旧书新印，本毋容加以介绍，而内容的臧否，又非浅学如我者所能企及，于是写了这篇截搭题式的文字，以邀平伯师垂察，则这分卷便算缴清了可也。

1947年11月杪津门写讫，1983年7月校订。

读俞平伯先生《清真词释》

平伯师的《清真词释》继《读词偶得》出版了，于是我又不揣冒昧地来写书评。其实这是多余的。因为平伯师的文章见地，早是“桃李不言，下自成蹊”，本毋庸我来喋喋。而弟子给老师的著作写批评，不是意存标榜，就未免有失恭敬。不过切磋之义，圣门不废；刍荛之言，大雅察焉；有话不说，反悖乎诚。况乎著书立说，原俟传流遐迩，以求赏音之士；一得之愚，虽未必有当，要为平伯师所不罪，则幸何如之。所以甘蒙揣籥之讥，不辞其喋喋云尔。

这本《清真词释》分上中下三卷。结撰经过详作者自序中，为免复述，照抄如下：

> 这些旧稿从《读词偶得》里撤出，也不曾修改，径编为本书上卷，我自己实在怕看那冗长醉梦的谰语也。在丁丑以前，曾和废名释“醉桃源”（即“阮郎归”）一词，也还是很长的，却已经过两次的修改，今列于中卷之首。以后被搁置了多年，直到近几年应友人之请，曾评释陈注《片玉词》本起首的两篇“瑞龙吟”与“琐窗寒”，从头讲起，本是我的原来计划。此外又偶写了一些简短的文字略附评注，名曰“清真词易读”，原为自己闲时阅诵，又为初学取譬，但既不成书，这些材料被拉杂收编，今中卷是也。
>
> 中卷非一时所成，亦非在一种心情下一种格式下写的，故最芜杂。但较上卷，又过了十多年，或不无寸进，望读者详之。下卷比较通畅完整平易，这另有一种来源。三十四年冬天，教育部在北平设“临时大学补习班”。……约我往教《清真词》，……我的亲戚胡静娟女士方服务于二分班文书，偶来旁听，颇致欣赏，但公余诵习究不方便。后来我说，暇时可到舍下闲谈，您如写以文字，我的《清真词》的解释庶可迅速完成也，遽承欣诺。迟日出其笔录，精详圆满，不蔓

不支，略加修正俾全其美，即本书下卷是也……

这里亟应注意的乃是作者自己对作品的批评。对上卷中诸篇解释，作者名之为“冗长醉梦的谰语”，于中卷则谓“较上卷又过了十多年，或不无寸进，望读者详之。”根据这话，可以看出在写《读词偶得》的时代，作者之修养较写《清真词释》时多少得有点距离。正如我在论《读词偶得》时所说，这可以窥作者治学问的阶梯途径。盖学问之道，本无止境，知识是累积而增的，自然与年寿共长，尚无若何关系，最难得的乃是“火候”。我们在课堂上听讲，多喜趋于老教授们的座下，而于年辈稍晚的助教们，则每每略存不敬之意。夫岂是他们不配教我们乎？总该是老教授们炉火纯青的劲头更格外能感召学子耳。著书立说写文章亦复如是。《读词偶得》非不善也，平伯师之谨慎抝谦的态度犹昔也，“不无寸进”之语，固是作者谦巽之辞，然亦正见出虽作者亦可以断定自己的火候若何，才说出这样既谦巽却实具自信力的话。而在旁观人看了，又奚止尺寸之进而已哉！详考其迹，约有三端：《读词偶得》只释小令，故本书上卷亦皆为小令，中下二卷则不拘此例而多释慢调，一也。上卷中评释文章篇幅多长，中下卷则言简意赅，适可而止，二也。文章一写得长时，便容易琐碎繁缛，且不免泥于章句之论议，短则次第分明，眉目清朗，而道其筋节之细腻处，初不减于畴昔之胜，三也。然而这尤为皮相语，其真正好处，非读过原书不能体味捉摸之，不是区区褚墨所能尽，只好付之阙如了。

说到这里，乃不免要戏台里喝彩一番，找补几句“仰止”的话。大抵平伯师释长短句有三个长处。一曰体贴原作心情。这当由于平伯师自己即是词家所致。唯其能体贴原作，故词中之严针密线直曲显晦处皆能了无孑遗地说出，然后听者或读者能够恍然省悟。二曰有自我境界在内。讲文学作品不是演算题，必须设身处地，现身说法。有我在内始克情文相生，一味客观将不免枯燥支离。讲文学作品和文学批评相似，其本身即应厕于文学之林，《清真词释》即是如此。故有许多篇文字都是平伯师自出机杼的文章——创作。读《清真词释》不独于周邦彦的作品有清楚的了解，顺便还领略到平伯师的文章风格。较之童蒙时读《左绣》一类书籍，看了那些毫无感情一味呆讲的起承转合，如诵汤头歌诀般的难受，真是大相径庭了。三曰最重章法结构。夫“文无定法”“文成法立”，平伯师亦自知之。又曰分析与创作走的正是相反的路。而卒娓娓孜孜，以间架结构层次照映度人者，是平伯师知个中甘苦处。盖侈言欣赏专主性灵，弃章法结构于不顾，本未尝不可，但对“法”毫无所知，也未必真能通盘接受前人作品之深趣。为浅学者说法，我宁取平伯师条分缕析的作风，不主空泛的直觉欣赏。某次平伯师和我谈到给学生讲书。我说：“先生讲书好像领导学生逛庙。自己是到过这儿的，闭着眼也可走遍了全庙。却不惮劳苦地站在庙门口，陪了学生一同进去。走一处指点一处，虽近于琐细，却昭晰详明。尽管来过这儿的人觉得这未免太啰唆，而没有来过的可大大的沾光了。当然庙的面积很大，被领进来的人不一定能浏览周遍，毫发不遗，但能看见几分便可受用几分。总比站在门口不让学生进去，只听自己说里面如何如何美丽的强得多。”平伯师当时虽未置可否，我想我这话恐怕是不无道理的。讲堂上如此，写文章亦然。周保绪说：“清真浑厚，正于勾勒处见，他人一勾勒便刻削，清真愈勾勒愈浑厚。”我说平伯师解词，(不独解《清真词》)也是愈勾勒愈浑厚。他人一挦章摭句，便索然寡味，而平伯师则愈分析得入微，愈醰醰有味，故不惮勤为勾勒也。最近有人谓我：“俞先生讲诗词不免归方评点史记习气。”我想，他大约对归方之流便有着成见的。且归方等人之谈文章作法，如我前面所云，是没有感情的，而平伯师则有自我在内，读其文便如晤其人，以归方和平伯师相比，虽不为无见，终非真知平伯师者也。

迤逦说来，已嫌拉杂。关于周邦彦的作品，有《清真词释》在，合亟不谈。不过周词中那种“桃花人面旧曲翻新”的题材太多，乍看去似是一病。但“词”这玩意儿本身就离不开卿卿我我，所以于清真先生亦可以无讥。再则，周氏翻新的本领也确乎不凡，正可为我们初学填词的人借镜。于是更可以存而勿论了。

最后，我愿意说句买椟还珠的话，即“《清真词释》虽好，而自序尤佳”是也。读《清真词》而不读平伯师的《清真词释》，犹可言也，读《清真词释》而竟不读《自序》，那真如入宝山而空回，未免为笨伯矣。原书具在，读者盍一验之，便知吾言之不谬也。

戊子重阳后二日宣南城西隅写讫

(原载 1948 年 10 月 31 日天津《大公报》“星期文艺”第 105 期)

读《唐诗三百首》

《唐诗三百首》是近二百年来流传最广的一部唐诗选集，很多人从小就把它当作启蒙读物。其影响之大远非其他唐诗选本所及。这个选本所以具有这种普及性，乃是由于它能比较准确而概括地反映了唐代诗歌发展的全貌。在今天，关于选辑者究竟根据什么尺度来选这些诗篇，我们可以置而不论，只从客观效果来看，它确可作为一本供初步研读唐诗用的标准入门书。

我国的诗歌传统从《诗经》《楚辞》已经开始了。经过汉魏六朝，诗到了唐代，就放出不可掩抑的异彩，造成空前的繁荣局面。简括地说，这个局面是由两方面的原因造成的。

主要的原因当然是社会上的经济力量和政治条件所给予文学艺术的影响。隋代统一了南北朝的对峙局面，是使南北文化交流、融合的主要关键，而隋末的农民起义更促进了社会的向前发展。从唐代统一（公元 618 年）到安史之乱（公元 756 年），所谓“初唐”“盛唐”时代，生产力是相当发达的。在这一时期里，不论农业、手工业、商业以及海外贸易，都在迅速地发展。有的历史学家认为这一时期是我国封建社会上升到高峰的阶段。这种经济上的发达自然带来了文化上的繁荣，所以唐代的文学艺术各个方面的成就都非常之高。同时在政治上，由于与这种经济情况相适应，也有它的特色。最显著的就是用科举制度代替了一直维护贵族地主阶级利益的“九品中正制”，使得出身“卑贱”的中下层知识分子有了参与政权的机会。而这种科举制度的科目之一，恰好是以诗取士的，这就造成一般人从事诗歌的学习和创作的风气。因此诗歌的兴盛和普及，就成为必然的现象了。

其次，诗歌本身的发展也决定了这种空前繁荣的局面的形成。南朝士大夫在诗歌的创作技巧方面是有发展的，细腻曲折的描写和音律词藻的讲求，给诗歌的艺术技巧带来了多样性，而北朝的诗篇却更多地歌唱出朴质真挚的人民的思想感情——这正是艺术的源泉与素材。这二者经过交流融合，到了唐代，就造成诗歌全面发展的新局面和新气象。由于唐代社会有了变化而影响了文学艺术，诗歌也不再是少数贵族手中的专利品，一些有名的作家都不属于贵族特权阶级而大半来自中下层社会。他们比较接近广大的人民，了解民间的疾苦，也能体察并表达人民的情感和意识，这就使得诗歌的内容日益丰富，诗歌的意义和境界也日益高远。在唐诗中，我们看到远比汉魏六朝以来的诗歌丰富若干倍的内容：田园、山水、战场、边塞、农民、商贾、各种不同出身不同阶层的妇女——从宫妃贵妾到尼姑娼妓——政治问题、历史故事、阶级矛盾、仙佛鬼怪以及朋友、男女间的喜怒爱憎和悲欢离合……这样广阔的内容自然就加强了诗的生命和提高了诗的价值。在形式方面，七言诗技巧的纯熟和律诗的正式形成，也是把诗歌的发展导向高峰的重要因素。而南方乐府的清新婉约、曲折缠绵同北方民歌的粗犷豪迈、刚劲雄浑相结合，又造成了唐诗在风格上的百花齐放、万壑争流。因此，唐诗就真正地给祖国的文学带来了万丈光芒和无比骄傲。

前人把唐代诗歌的发展过程历史地分成“初唐”“盛唐”“中唐”“晚唐”四个时期，是很有道理的。因为每一个阶段确乎有它的特色。大约从唐代统一到唐玄宗即位以前（公元 712 年）的九十几年，是初唐时期。在这一段时间里，南朝纤巧秾丽的诗风还在影响着诗坛，但已由华靡浮艳渐趋于凝练清新，而更突出的就是由于七言诗技巧的纯熟所带来的形式上的解放，篇幅较长的乐府歌行大量涌现出来了。另外，五七言八句的律诗也在这一阶段里正式完成。初唐四杰——王勃、杨炯、卢照邻、骆宾王——的五律，正体现了技巧的洗练纯熟和思想感情的形象化的协调统一。稍后一点，到了沈佺期、宋之问、杜审言等人手里，不但五律写得情文并茂，七律也极尽清丽工整之能事了。到了盛唐（约为公元 712 到 766 年，即从唐玄宗开元元年到唐代宗大历元年），社会的急剧发展也给诗歌带来了蓬勃的气象。在这一时期里，著名作家多得不胜枚举，诗歌的内容也极为广泛。五七言律诗的创作固然有更高的成就，但运用得最普遍的诗歌形式还要推七古和绝句。在这一时期的诗歌里所表现的基本倾向是这样：思想是乐观健康的，感情是奔放昂扬、无拘无碍的，情调是爽朗明快、新鲜活泼的，语言是清新流畅、深入浅出的；即使是暴露社会的黑暗面或倾吐人世间的不平，也显得那么波澜壮阔，敢怒敢言，并且带有豪迈的进取心和强烈的解放要求——这就是后人所称道的“盛唐气象”。伟大的诗人李白和杜甫都出现在盛唐。此外，还有酷爱山水田园的王维、孟浩然（这一派在中唐时有韦应物和柳宗元为代表），描写边塞风光的李颀、高适，岑参（这一派在中唐时有李益为代表），以绝句擅胜场的王昌龄、王之涣……真是应有尽有，美不胜收。中唐时候（约从大历元年开始到唐文宗太和九年即公元 835 年），社会动乱不已，民生也日趋凋敝，因而反映民间疾苦的诗人如张籍、元稹、白居易等一时并起。他们用浅显简括的语言写出了人民内心的怨抑不平，一直为后世广大人民所爱好。而稍前于张籍、元、白的刘长卿和大历十才子（卢纶、吉中孚、韩翃、钱起、司空曙、苗发、崔峒、耿沣、夏侯审、李端），在当时虽享有盛名，到今天看来，却不免显得平淡了。与元、白同时，还有在风格上力求新变而不免蹈于生硬艰涩境界的一派诗人——他们是孟郊、李贺、卢仝、贾岛等，而以韩愈为这一派的代表人物，从太和以后至唐亡（公元 836 — 905 年，即所谓“晚唐”），诗歌又重新走上绮靡藻绘的途径，像杜牧、李商隐、温庭筠等人的作品，正如一抹回光返照的斜阳，虽只有一刹那间的残辉，但紫雾红霞，却给人留下了不可磨灭的凄艳的印象。而唐代诗歌就在这种美丽而无力的风格下结束了它辉煌的生命。

根据清代康熙年间编纂的《全唐诗》，所录作家凡二千三百余人，诗凡四万八千余首。从这么多的作家和作品中只选出三百多首诗来，而且要比较准确而概括地反映唐诗的全貌，自然不是件容易事。但《唐诗三百首》的选辑者基本上是完成了这个使命的。初唐四杰和沈、宋等人的律诗，初、盛之间作为李、杜前驱的陈子昂、张九龄等人的古诗，这个选本中虽选得不多。却篇篇都有代表性。盛唐的重要作品也都已网罗在内，而且所选的诗也都是精品。中唐的刘长卿、韦应物以及十才子和元、白、韩、孟，晚唐的杜牧、李商隐、温庭筠等人的作品，在这个选集里也都占有一定的篇幅。这可以看出，选辑者的态度是非常公允的，而去取之间也相当审慎精确。这正是我们肯定《唐诗三百首》的主要原因。

另外，这个选本还有几个值得称赞的特点。我们知道，唐诗最突出、最优秀的部分是盛唐诗，没有盛唐诗，唐诗就不会有如此崇高的地位和评价。《三百首》的选辑者抓住了这个特色。照我的体会，他的选诗标准是以作品能代表“盛唐气象”与否为取舍的。就是他在选初、中、晚唐各个阶段的作品时，也大抵以符合“盛唐气象”的标准为依归。过于冷僻怪诞或虽有独特风格而缺乏普遍意义的诗篇，如李贺、卢仝、皮日休、陆龟蒙等人的作品，就都没有入选。但入选的诸家，也并不因过分强调“盛唐气象”而抹煞他们带有独特风格的佳作，比如李商隐的“无题诗”就选了好几首。这是第一个特点。另外，选辑者对于同一作家的某些在风格、手法上不尽相同的作品，也能统筹兼顾，各选若干，而不失于偏执狭隘。因此，我们在《三百首》中虽只读了这个作家几首诗，也能略窥其整体。这对于我们了解一个作家是大有帮助的，比如王维，除选他的自然山水诗之外，还选了《老将行》和《洛阳女儿行》，这样，我们就可看出王维的风格在恬静悠闲之外还有雄健、清丽的两个方面。又比如韩愈，除选他的《石鼓歌》以见其怪诞突兀的风格外，还选了《山石》，这样，我们就可看出韩愈的风格也有清新流畅的一面。再比如李商隐，除选他的“无题诗”外，也选他的《韩碑》，这样，我们就可看出李商隐的风格除浪漫绮艳的一面之外，还有雄浑苍劲的一面。这是第二个特点。第三个特点是选辑者不仅着眼于有名的作家，还注意到若干篇突出的有名的作品。比如五古选了元结的《贼退示官吏》，七古选了陈子昂的《登幽州台歌》，五律选了王湾的《次北固山下》，七律选了崔颢的《黄鹤楼》，五绝选了王之涣的《登鹳雀楼》，这些具有概括性、示范性的作品的入选，都足以说明选辑者的眼光、见解的正确和全面。第四个特点是选辑者有意照顾初学的人，使他们在开始接触唐诗时不致遇到太大的阻力。比如选李白的五、七言古诗不算少，而“古风五十九首”却一首也没有选。因为初学的人读这一组诗是比较吃力的，而且这些诗也不如《长相思》《月下独酌》等篇容易引起读者更大的兴趣和更多的联想。又如选杜诗，舍《北征》《奉先咏怀》而取《望岳》《赠卫八处士》和《兵车行》；选白诗，舍“新乐府”而取《长恨歌》《琵琶行》，也是同一道理。当然，选辑者对具有思想性的诗篇注意得不够，如选杜诗不选“三吏”“三别”，选白诗不选讽喻诗，以及对描写大臣上朝和“应制”的诗篇感到较多的兴趣：这些都是受时代的限制使然，我们也有必要指出这个选本在这方面的缺点。

说到阅读“唐诗三百首”，我有几点不成熟的意见。为了了解唐诗发展的全貌，我们有必要从头到尾把它读一遍，但如果为了对古典诗歌发生兴趣，最好先从五、七绝入手。因为这些短诗既好懂又好记，而意境之深远、形象之生动却并不下于长诗。至于读古诗和律诗的先后，那要看个人的兴趣而定。对于名家如李、杜的作品固然应该注意，而对于那些名气不太大的作家的作品，就更应该逐一细读。因为这些作家的这几首诗竟能与名家的作品并列，想必有其不朽的道理在。何况这些人的诗集比较难得，去翻《全唐诗》又未免过于浩繁，正应趁此机会把这些零散的作品读过，实在可爱的还不妨背诵下来。把全书读过一两遍，觉得某一家的作品更合自己的脾胃，然后再去专门读那一家的全集——这正是选集所具有的桥梁作用。这是我个人一点读书的经验，姑且供大家参考。

最后我想谈两件小事。一、为什么这个选本要选三百首呢？这是由于模仿《诗经》，也是表示继承《诗经》的传统。《诗经》是我国最古的诗歌总集，收诗共三百零五篇，后来就把“三百”这个数字当作成数。除了《唐诗三百首》以外，近人还选了一部《宋词三百首》，也是根据同一道理。二、选辑《唐诗三百首》的“蘅塘退士”是谁呢？是清代乾隆年间的一个姓孙名洙的文人。这部《唐诗三百首》大约选辑于公元1763年（即乾隆28年癸未），据说他的妻子徐兰英对选辑此书也参加了意见（据古香书屋刊本《唐诗三百首注疏》所附的《蘅塘退士小传》）。

原载1955年《读书月刊》5月号

读《唐宋词选释》

在近年来出版的一些诗词选本中，俞平伯先生的《唐宋词选释》是比较有特色的。他对于一首词，每能抉出匠心，点明作意，不仅使读者对这首作品的内在含义有较深的了解，而且还把它在艺术表现手法上的特色扼要指出，使青年读者在写诗和读诗时有所借鉴，堪称深入浅出，雅俗共赏。

据我所知，俞平伯先生这本书远在六十年代初就已着手选注。脱稿以后，文学研究所在内部曾印过一次，作为征求意见的试印本。二十年来，每有新解，作者就用毛笔工楷逐条写在试印本的书眉上和字里行间，条目堪以百数。这次由人民文学出版社公开发行，我发现这个新印本又有不少改动的地方。这可以说是俞先生晚年一部近二十万言而三易其稿的力作。

这本书原名《唐宋词选》，此次重印，书名下加了一个“释”字。我以为，这本书的特点就在于比其他同类的书多了许多“释”的部分。对读者来说，这些“释”的部分也最有裨益。

所谓“释”，就是在注解之外还对作品进行必要的分析和阐释。这大约有三种情况。一种是“详释”，详到把整首的词都做了欣赏性的艺术分析（当然在文字上还是力求简明扼要，不能像写作品分析文章那样首尾俱全），使读者有个全面的完整印象。如对晏几道的《临江仙》《鹧鸪天》，辛弃疾的《摸鱼儿》，刘克庄的《沁园春·梦孚若》，蒋捷的《燕归梁·风莲》等，都是这样。作者早年曾著有《读词偶得》一书，就是把若干名篇一首首进行具体分析的，而上述的这些篇目的分析阐释部分，完全可以作为《读词偶得》的续编来看。这无论对读诗或写诗的人都是一种艺术享受和入门启示。

另一种是对前人评语加以诠释。过去的词话、词评一类书籍，往往对古人的某一首词做出简单的评价，也谈一些评论者的个人体会，而为近世的各种选本所引用。但那些古人的话不是失之简括抽象，就是近于神秘晦涩，现在的读者看了往往莫名其妙。而在俞先生的选本中，就把前人所说的一些比较重要而中肯的评语做出合理而醒豁的解释，使读者从五里雾中走了出来。如温庭筠《更漏子》的下片，在注释中先引清人谭献在《词辨》中的最后评语“亦书家无垂不缩之法”，然后接下去说：“谭评末句不大明白。后半首写得很直，而一夜无眠却终未说破，依然含蓄；谭意或者如此罢。”这就使人茅塞顿开，不致似懂非懂了。

第三种情况在选本中触处皆是，即对看似浅显而实易囫囵读过的地方由选释者作点睛式的说明。这里姑举李煜《清平乐》为例。如在“路遥归梦难成”句下注云：“梦的成否原不在乎路的远近，却说路远以致归梦难成，语婉而意悲。”又于末句“更行更远还生”下注云：“上片‘拂了一身还满’，分为四、二，一句两折。这里二字一折，一句三折，古诗‘青青河边草，绵绵思远道’，白居易《赋得古原上草送别》‘野火烧不尽，春风吹又生’‘芳草侵古道，晴翠接荒城’等句，均与本句意近。”前面的解释是指出原词造句遣词的特点，让读者注意到李煜在平淡无奇的语言中却有一波三折的匠心；后面并非征引出处，而是提供与此词类似的诗句以为佐证，但又留给读者以自己揣摩的余地。这不只使人增长识见，而且还引导读者如何领略作品的意境，真是善于开启心扉的一把灵钥。

作为一个选本，必要的注解是绝不可少的。但本书的注解并不只限于一般地疏通字句，有不少地方还征引古书，说明词中典故的来历。这里面就有相当一部分是俞先生的创见。例如历来讲辛弃疾《菩萨蛮·书江西造口壁》的末二句"江晚正愁余，山深闻鹧鸪"，都引罗大经《鹤林玉露》"谓恢复之事行不得也"以说之，其实是谬解。而俞先生此书则引《禽经》《吴都赋》及其注文与白居易诗，读者只要看了注解，词义自明，而罗说也就不攻自破。我在一篇分析辛弃疾此词的小文中已专门就此意详加阐述（见《兰州大学学报》1980年第二期拙作《诗词臆札》第三则），这里就不多占篇幅了。

这个选本的《前言》和选目也有其较为突出的特点。在《前言》中，对于作为长短句的词，作者谈到了它的发展道路及其与古典诗歌的关系，并就词本身的特点谈到它应向什么途径发展而终于未能发挥其潜在的能量与作用，见解很新颖，也很精辟。这对于我们今天研究与探索诗歌的发展方向很有参考价值。在选目方面，有些虽非大家名家如宋代的蔡伸、吕胜己、卢炳、曾揆等人，只要词有新意，义有胜解，都入于这个选本网罗之列。而一些大家名家之作，如李煜的《浪淘沙》《虞美人》本来各有二首，近时选本大都只各选一首，实欠周备，此书则四首全录，这就使读者对李煜有了较全面的理解。而对某些在当时曾名噪词坛，或为近时某些选本所推重的作家，此书则对他们的作品只取其精而不求其备。如晏殊、周密、王沂孙只各选二首，陈亮、蒋捷只各选一首，刘过则根本未入选。这都是俞先生独具只眼之处。

当然，这个选本也有缺点。一是注解在疏通字句方面稍嫌简略；二是选目往往失之太严，如张先的《一丛花》《天仙子》等均未选入，不免使人感到不足。但这只是小疵，不掩大醇的。

1980年8月，北京西郊。

《词学论荟》题记

这是一本具有学术价值的资料书。北京大学赵为民、程郁缀两位青年同志用了几年时间，把从“五四”以来到1949年全国解放以前有关词学研究的论文汇集到一起，经过选择，印成上下两编。它为我们今后在词学研究方面提供了便利条件，也为撰写词学史进行了“长编”工作。就我所知，近年来已有人对历代词话做了整理分类工作，也有人把开国以后有关词学研究的论文搜集起来荟萃成帙。现在赵、程两位同志编选的这部《词学论荟》再付梓问世，正好配成比较有系统的一套资料。他们两位的辛勤劳动不仅嘉惠后学，也为我们前一代的专家学者在词学方面的研究成果做了一次总结。我相信，这部书是禁得起时间考验的，时间越久，它的功能效益将发挥得越大。

两位青年朋友怀着为建设四化的干劲和热情来找我，希望我为这部书写点什么。我因盛情难却，贸然承诺，及至下笔，却大事踌躇。因为谈词学方面的各种问题，此书所选内容具在，不必我再来辞费，如果让我评论前人功过得失，则又非浅学如我者所能胜任。于是乃把我若干年来蕴结于心的几个问题的看法简略粗浅地写出来，供本书读者参考并请求是正。实际上，这是赵、程两位同志恰好给我提供了一个发言的机会。倘借此引起争鸣，也算对繁荣学术、促进文化事业发展献出微薄力量。为此，我应该向他们两位和中国文联出版公司表示深切谢意。

一

从六十年代起，学术界曾流行过一句话，叫作“以论带史”。意思是指无论撰写中西通史、文学史或其他专史，都要以马克思列宁主义的科学理论作为指导思想，用理论来带动我们的修史工作。这个出发点本无可厚非。但我以为，这句话在提法上却有以辞害意之嫌，而且事实证明，它也确乎引导一些人走了弯路。试以中国文学史为例。《诗三百篇》成于周代，而说《诗》诸家至秦汉时代才蔚然兴起。《楚辞》成于战国，而对屈原的作品开始做出比较系统的评价的，却是西汉的刘安、司马迁。溯考我国文学的起源，实早在《诗》《骚》出现以前，时代久远，尽人皆知。然而直到建安时代，才出现了曹丕的《典论・论文》，稍后而又有陆机的《文赋》和沈约的《宋书・谢灵运传论》。等到《文心雕龙》《诗品》问世，我国才有了系统的文艺理论专著，然而即使上距《诗》《骚》时代，亦已经历若干世纪了，在历史方面，从《尚书》《国语》《左传》开始，我国的记言、记事的专著已很成熟，可是到了司马迁的《史记・自序》，史学理论始具端倪，而唐代刘知几的《史通》，才是真正有系统的历史理论专著。由此看来，通过作家作品长时期的递相演进而形成了文学的"史"，经历了千百年的王朝盛衰兴替而产生了记录人和事的"史"，又在"史"的长足发展之后，人们才有可能从大量积累的史料中抽出了"论"。到底是先有"史"还是先有"论"，这是稍具马克思列宁主义起码常识的人都能回答的。当然，辩证唯物主义者并不否认，这从实际的"史"中所抽出的"论"，对后来人写新的"史"是会起指导作用的。但如果把这一辩证过程只说成"以论带史"，那就只说到事态发展的后一半，而恰恰丢掉了在事物发展过程中属于主要环节的前一半，因此就不免有以偏概全之弊，从而产生了用某一固定模式硬往各个不同阶段、不同现实内容上面去套的毛病。这样的做法，看似以马克思列宁主义为思想指导，殊不知马列主义本身是活的，是发展的，是辩证地因时因地制宜的，而不是一成不变"本本儿"式的教条，更不是脱离实际不问时空条件的妙药灵丹。比如西方有荷马史诗，我们便也在《诗三百篇》中找"史诗"，可是你纵使费尽心思绞尽脑汁，在我国古典文学中也找不出像西方最古老的希腊戏剧来。以西方的历史分期为模式，硬往中国历史上套，就会引起我国封建社会究竟始于何时的长期争论，至今也尚未"定于一"。总之，把"以论带史"这句话引用在撰写中国文学史上，就会把几千年来累积出现的丰富多彩的文学现象套进千篇一律的带有循环状态的模式中去。这对于我国文学史上始于唐、兴于五代而盛于两宋，衰于元明而再度振起于清的"词"来说，同样也存在着类似的弊端。从实际情况看，词学（或称之曰"词论"）的发展上距词的形成与兴起，时间上要比诗学之于诗短得多。这是由于词毕竟是诗的一个支派的缘故。所以像《碧鸡漫志》

《词源》这一类的书，在南宋即已出现了。但词学之真正勃兴，窃以为恐怕还得从晚清算起。在这之前，虽然已有大量的词话和其他专著出现（如唐圭璋先生收辑在《词话丛编》中的著作），总还像是诗学的附庸者，而没有屹然独立，蔚为大观。而自张惠言、刘熙载、谭献、周济、陈廷焯、王鹏运、郑文焯、况周颐，以至王国维、梁启超、朱祖谋、夏敬观，由于这些人成为词坛主宰，才使得晚清当时成为地地道道的词学昌盛时期。我们从上述这些词学专门家的著述和这部《词学论荟》的各种论文中完全可以证实这一点。

二

既然先有词而后有词学，也就是说，词学是以词为研究对象的，那么，我以为，一位词学研究者的最重要的先决条件就是他必须深知创作词的甘苦，至少亦须对词的创作有一定的实践经验。换言之，词学家应该同时是词人，说得不客气一点，词人不见得都能成为词学家，但只有词人才有做词学家或词学研究者的资格。当然，第一流的词学家不一定都是第一流词人，但他必定会填词，则应是无疑问的。王国维本人就是最好的例证。他的《人间词》的成就实为其《人间词话》的盛誉和影响所掩。“五四”以后，出现过一种偏差，即治某种学问的人不一定对其所治的学科有真知灼见，所以一个时期曾出现过不少“假内行”。这种风气也给后来学术界带来了一定的不良影响。在我的师辈中，每谈起他们当年听黄节（晦闻）讲古诗和刘文典（叔雅）讲《文选》，总是表示十分服膺钦佩。其主要原因就是由于黄先生本身是诗人而刘先生的骈文写得十分漂亮。在我的师辈中，朱自清先生讲宋诗，俞平伯先生讲唐宋词，都是一时脍炙人口最“叫座儿”的课程，这就因为两位先生本身就能写诗填词，而且水平很高。开国以来的三十多年，凡是北大中文系毕业的同学，一提起吴组缃先生对小说作品的分析，林庚先生对诗歌的体会，无不啧啧称道，有口皆碑。这也是由于吴、林两位先生都有其各自创作小说和诗歌的经验，因之他们的研究成果自然要比缺少实践功夫的人有更深刻、更透辟的体会。倘用我这不算成熟的经验和不够确切的标准来读这部《论荟》中的文章，我们不难发现，创作和理论之间是不容勉强分割的。书中有的文章说服力强，有的则差一些，看来同论文作者对填词一道有无创作经验是密切关联着的。比如胡适，撇开他的政治立场观点不谈，在"五四"以后很长一段时间内，也算得上学术界的权威和前辈了，但他对词的看法就不无浅薄偏激之处，我看，这同他于填词之道缺乏实际创作的甘苦体验，恐怕还是分不开的。

三

说到词的起源和发展，前人论述已详，我不想饶舌。我只想打个比方。大抵词之初起，有如今日传唱于街头巷尾尤其是资本主义社会的酒吧间里的流行歌曲，格调确实是比较低的。尽管中国古代没有酒吧间，可是封建士大夫却动辄举行大小宴会。在歌姬侑酒时所唱的"词"（也叫"曲子词"，到宋代，则称这种唱曲子的形式为"嘌唱"），自然离不开男欢女爱，卿卿我我，离别相思之类，同今天的流行歌曲真是差不多。从唐代民间词（敦煌曲子词中保留了一部分）经《尊前》《花间》（这里面主要是文人为歌姬们写的"流行歌曲"的曲词）阶段而上升为供封建统治者（从帝王到士大夫）抒情用的文人词，进而把词给诗歌化甚至散文化了，终于成为诗的另一体，这可以说就是词的发展历程最简单的勾画。由于词的起点低，即使当它上升到思想艺术都比较高明、比较成熟的阶段，仍不免带有歌衫舞袖的女性色彩。这无疑多多少少继承了齐梁宫体诗的传统。所以辛弃疾写《水龙吟》，即使是"英雄泪"，也要倩人唤取"翠袖红巾"来揾拭。而词原是为了歌唱的，凡词人皆须据谱以填词，所以同乐府民歌更是一脉相承，息息相通。但我想着重指出的，是词由小令逐渐发展为慢调，由用白描手法来直抒胸臆渐渐过渡到用铺排手法来摹景状物，而且在慢调中经常出现四字对偶句，辞采日趋华赡而用典用事的堆砌手段也日益增多，这实际上是受到六朝辞赋和骈文小品的影响。古人说词是"诗之馀"，这个提法有人同意有人保留，但我说慢词乃"赋之馀"，却有一定根据。像辛弃疾的《贺新郎・别茂嘉十二弟》，古人已以之与李白的《拟恨赋》相提并论，就连李清照的《声声慢》，不也是一篇浓缩了的《秋思赋》么？所以我认为，要想写好小令，必先有唐人绝句的意境存于胸中；要想填好长调，不熟读《文选》和徐、庾骈文，下及四杰、元白、温李诸人的七古长诗，即使按谱填词，凑泊成篇，也是

"望之不似"的。历来词学家谈词受传统文学的影响，似皆未涉及这一点，姑且拈出，求教于方家，供有志治词学者参考。

四

词是能按谱歌唱的，每一词牌即意味着存在一种乐谱。既有乐谱，自然相对稳定，词人倚声着句，故名填词。这已是基本常识，无烦觌缕。但词的乐谱绝大部分久已失传，纵有幸而流传至今者，不过存千百之十一，真是绝无仅有，少得可怜。（据音乐史专家们的意见，除姜夔自度腔已用今日音符谱成，仍存宋人遗韵外，有些保留下来的词的乐谱已非宋元时原唱。这一点姑置勿论。）这里就有两个问题值得研究。一是这么大量的词调为什么一下子都不能唱了，失传的原因究竟何在？二是幸存下来的微量词谱，是否就是当时经常歌唱的腔调？我对此并无专门研究，只有一些不成熟的想法，姑且谈出来以就正于方家和读者。

关于词调之所以失传，我以为有三方面的原因。一是词到文人手中之后，逐渐使它诗化乃至散文化，虽曰填词，实与写抒情诗无异。这样就同过去的四言诗、骚体诗、五七言诗一样，由本来能够入乐而逐渐转为与音乐脱离，从而成为徒诗性质的长短句，或者说是用长短句形式写成的徒诗。二是词本属流行歌曲，既曰"流行"，即意味着它传唱的时间比较短暂，"流行"了一阵子便被新的流行曲调所代替。所以宋亡以后，唱词的风气便为唱曲的新潮所取代，以致词调湮没失传。而元曲的命运亦复如是（当然元曲还有由于民族矛盾所造成的影响，元亡后人们便不再唱北方的乐调了）。此外还有第三个原因，即与封建统治阶级对这种所谓"流行"的乐调重视不够，不把它们看作民族瑰宝，而听其自生自灭有关。而这又不仅宋词元曲而已。元杂剧、明传奇以及明清以来的大量地方戏之所以失传，都是由于封建统治者的不予重视所造成的。这一点，在人民当家做主的今天的社会主义中国，似也应引为鉴戒。

关于词调究应怎样唱的问题，我在五十年代中期曾为此拜访过杨荫浏先生，专诚向他请教。他的答案是，同一词牌的乐调只能说基本相同，但实质上却从来没有绝对相同、分毫不差的。正如今天流传的昆腔曲牌，同一《醉花阴》,《金山寺》里白娘子所唱和《安天会》里孙悟空所唱，就不能完全一样；又如京剧中的各种板式唱腔，同样的二黄慢三眼,《文昭关》里伍子胥所唱和《清官册》里寇准所唱也绝不雷同。但它们的基本旋律却差不多，只是某些具体的工尺（音符）有所不同。盖一剧有一剧的情节，一个角色有一个角色的性格，势必因人因事因剧目之不同而使同一曲牌或同一板式的唱腔亦自然各有歧异。杨荫老认为：词在当时的唱法也应该是这样的。比如《念奴娇》，苏轼的“大江东去”和辛弃疾的“野棠花落”，内容既不一样，情调又各不相同，唱起来自然不能刻板雷同，毫无区别。范仲淹的《渔家傲》和李清照的《渔家傲》也势必不能唱成一种风格，一种情调，因此具体的声腔也必然由于各具特色而有所差异。杨荫老的意见给我很大启发。这里只谈两点。第一，前人每据李清照之说，认为苏东坡写词不重音律，只是在写“句读不葺之诗”。其实词在当时，虽然在一定程度上受乐谱制约，但乐谱是可以随着词的内容而有所调整的，只要其基本旋律能被人一听便知为《念奴娇》就可以了，而且不同作家的词由不同歌手来唱，也绝对不会唱成完全雷同的风格和韵味，乐谱腔调尚且允许有出入，何况句读？当然，像苏轼这样的作家在写词时已有逐渐摆脱受音乐制约的趋势，这乃是整个词风逐渐趋于诗化的必然现象，不足为奇的。第二，清人万树（红友）编纂《词律》，虽以词牌为准，但他又按照一首词的字数多寡（多一字或少一字）和句读的不同分成若干所谓的“又一体”，看似很科学，其实前人已指出这种分法不免支离破碎。若据杨荫老的说法来看，则所谓“又一体”实即在一种乐调的基本旋律相同的情况下有所变通的结果，这在当时也是自然现象。后来由于乐谱失传，只能从形式上分出若干个“又一体”了。而后人对元曲便不再这样死板要求、硬性规定，足见万树的做法虽然谨严，却不免胶柱鼓瑟也。

五

这部《词学论荟》的下编所选的论文主要是作家、作品论，有些文章则干脆是对某一首词或某一组词进行赏析。近年来对古典文学作品赏析之风甚为流行，我为各大专院校同学也屡作《怎样欣赏古典诗词》的学术报告。我认为，要弄懂一首文学作品，特别是诗词，应该做到以下几点：一、通训诂；二、明典故；三、察作品的背景；四、考作者的身世；五、揆情度理去分析作品内容。关于这几个方面的细节我不想多说，只想就揆情度理这一层中的一个问题略谈几句。我以为读古典诗词，尤其是读词，弄清词中的抒情主人公是什么人的问题很重要。这个问题从《诗三百篇》即已有之。《卷耳》中的“嗟我怀人”和“我马玄黄”的“我”是指一个人还是指两个人，是指征人游子即行役者，还是指闺人思妇即居室者，至今犹有争议。《氓》的作者是女性，即与诗中抒情主人公是同一个人呢，还是由男性作者代诗中的抒情女主人公鸣不平而作的？尽管这些已属陈年老账，但我们却不能因这个问题未免纠缠便不去进行研究。从汉魏乐府古诗直到唐宋诗词，这个问题始终存在。而对一首诗，尤其是对一首词，不弄清它的抒情主人公是谁，往往就不易正确理解，对作品做出合理判断，因之也就谈不上什么欣赏。温庭筠的词大都代抒情女主人公立言，但也有个别的词是以游子的口吻来说话的，虽然这个游子也不一定就是温庭筠自己。韦庄的词，虽有不少属于“夫子自道”，但也还有一部分词例外，甚至明显看出是代女性立言的。相传为李白所做的《菩萨蛮》，抒情主人公究竟是男是女，已成为讲这首词的关键。下及冯延已、欧阳修、二晏、柳永、张先、秦观等人之作，对抒情主人公是男是女，就更值得慎思明辨。比如晏几道的《鹧鸪天》“彩袖殷勤捧玉钟”一首，我自己就曾有过两种不同的看法。除了第一人称的主人公之外，还有第三者的问题。比如李清照的《如梦令》，词中的“卷帘人”，我以为应该是指作者的丈夫而不是什么侍婢丫鬟（已有拙文专门论及，此不赘）。当然，“揆情度理”的含义远不限于主人公是谁这一个方面。人有人情，物有物理，诗也有诗情诗理，正如戏也有戏情戏理一样。我们说“人之常情”“物之常理”，又说“人同此心，心同此理”，是指人类共性的一面。但人既隶属于各个不同阶级阶层，又生活在不同社会条件和历史条件之下，时有古今，地有中外，即使同是中国人，也还有民族之不同，生活地区之不同，风俗习尚之不同，以及年龄、职业、教养、身世、身份、地位之不同，所以更多、更重要的是从人的共性中析别出每个作品中被描述的对象的个性来。当然，也还要辩证地从各种差异中找出其共同的东西。否则，文学作品就起不到它应有的感染和共鸣的作用，因之也就谈不上达到宣传群众、教育群众的目的了。可见词在某些人（包括古人和今人）眼中虽属小道，而自今日言之，从事词学研究实仍大有可为。我想，编选此书的这两位青年朋友的初衷，大约也是出于这样的目的，才不惜旷日持久，把这部论文集奉献给读者的吧。是为“题记”。

1985 年 9 月写于北京

“比兴”“寄托”和“比附”

赋、比、兴的说法最早见于秦汉间写定的《诗·大序》，是指三种传统的诗歌创作手法。朱熹《诗集传》里说：“赋者，敷陈其事而直言之者也。”“比者，以彼物比此物也。”“兴者，先言他物以引起所咏之辞也。”用今天的话说，“赋”就是直说，“比”就是打比方，“兴”就是通过联想的关系由彼物及于此物。既然“比”和“兴”在描写上都有个“彼”与“此”的关系，因此后世往往把“比兴”连称。

有人以为，“比兴”是指在创作中有寄托。如《离骚》以美人比君，香草比贤人，以寄托屈原的爱国思想。其实“比兴”是艺术手段，而“寄托”则指的是作者的创作意图或作品的思想内容，与“比兴”并不属于同一范畴。作者可以借助于比兴手法在作品中有所寄托，也可以用了比兴手法而作品中并无什么寄托。如《木兰诗》的结尾用双兔并行、雌雄莫辨来借喻无人识破木兰的女扮男妆，虽属比兴手法，却无所谓寄托。又如唐人贺知章的《咏柳》：“碧玉妆成一树高，万条垂下绿丝绦。不知细叶谁裁出，二月春风似剪刀。”一首诗连用三个比喻，可是诗中并无寄托。而宋代曾巩的一首咏柳七绝就不同了：“乱条犹未变初黄，倚得东风势便狂。解把飞花蒙日月，不知天地有清霜。”显然是借新绿的柳枝和漫天的飞絮来讥讽小人乍得权势，自以为从此可以遮天蔽日，却不曾想到清霜一旦降临，立即枝枯叶萎。此之谓有寄托。至于晏殊《踏莎行》里“春风不解禁杨花，蒙蒙乱扑行人面”之句，我看只是写景而已，并非比兴，当然也无所谓寄托了。

如果原作并无寓意，而读者偏要生拉硬扯无中生有地说作者用比兴手法来借题发挥，并把一篇作品说成有什么寄托在内，这其实是“比附”，绝非比兴。

如汉儒硬把《诗经》中的一些情歌讲成“后妃之德”，就属于牵强附会的“比附”。王安石的《元日》诗只是写新年景象，但有人却将“总把新桃换旧符”讲成写事物的新陈代谢，说什么“对社会变革充满信心”；甚至连王的名句“春风自（不是‘又’）绿江南岸，明月何时照我还”也被解释成作者罢相后仍想回朝做官，推行新法。这种横加穿凿的“比附”不仅无助于读文学作品，而且还容易造成含沙射影、望文生义的歪风邪气，实为学术研究之大忌。

“以意逆志”的辩证法

古人读诗主张“以意逆志”，即用读者的“意”，根据作品中所反映出来的东西，去探索追溯作者写作时所要表达的“志”。但这要讲一点辩证法，即读者要辩证地对作品的表现手法进行思考和分析。

柳水的名作《八声甘州》换头处云：“不忍登高临远，望故乡渺邈，归思难收。”俞平伯先生在《唐宋词选释》中解释道：“已登高临远了，却偏说‘不忍’。”这话很有意思。因为古人写诗填词时有些遣词造句是正话反说的。范仲淹《苏幕遮》：“明月楼高休独倚。”我想，如果作者在生活中没有因月明之夜独倚高楼而感到悲伤惆怅的切身经验，他怎么会劝解自己“休独倚”呢？周邦彦《琐窗寒》结尾说：“想东园，桃李自春，小唇秀靥今在否？到归时，定有残英，待客携尊俎。”三十余年前听俞先生讲此词，大意说：“定”字的口气仿佛很坚决，其实作者本意是说，等到归时，已未必还有残花在等待自己去欣赏了。唯其担心未必有，才故作肯定语，希望它一定会有。这正如姜夔写的一首年终思家的《浣溪沙》的结句说：“一年灯火要人归。”仿佛自己并没有想到回家，而是受“灯火”的影响才引起归思。其实作者一直在想家，及至岁阑，依旧“有家归未得”，只好故意这样说了。

杜甫《秦州杂诗》中有一句“抱叶寒蝉静”。始而我想，既说“静”，何以作者知道树上还有“蝉”？后来逐渐体会，作者确曾听到深秋树间蝉声嘶竭，从而想象到它是在抱叶作垂死哀鸣，最后乃归于寂静，杳无声息。这个“静”

字正是从蝉声未静时体察出来的。

这就是我所说的“以意逆志”的辩证法。

诗词中的“登楼”“上楼”

六十年代初，我曾写一短文谈这个问题。原稿久佚，且谈得不深不透。现就记忆所及，再事爬梳而申论之。

《诗三百》篇中只有“登高”而无“登楼”，登高所以望远，在游子则因“有家归不得”，为思乡、思亲、思妻子而望；在闺人则因丈夫久出不归，为怀远人而望。如《国风》中《卷耳》《陟岵》等篇皆可作为代表。内容都是写实，本无所谓“典故”。到了屈原，则驰骋想象，以“虚”带“实”，如《离骚》的结尾处说：

> 陟升皇之赫戏兮，忽临睨乎旧乡：仆夫悲余马怀兮，蜷局顾而不行。

实本自《卷耳》之“陟彼砠矣，我马瘏矣；我仆痡矣，云何吁矣！”便带有用典用事的性质了。宋玉的《九辩》又用另一种方式来表达：

> 憭慄兮若在远行，登山临水兮送将归！

看似旁敲侧击，实诗人自写其心。朱熹《楚辞集注》释之曰：

> 在远行羁旅之中，而登高望远，临流叹逝，以送将归之人。因离别之怀，动家乡之念，可悲之甚也！

话是说到了点子上的。然究其本，仍是游子思乡耳。故登高怀远而起家国之忧思，实自屈原始。

到了汉代，“楼”开始出现了。《古诗十九首》之二写“盈盈楼上女”而“皎皎当窗牖”，正说她凭楼窗而远眺（后来《西洲曲》的“望郎上青楼”，温庭筠《梦江南》的“梳洗罢，独倚望江楼”，皆与此同一机杼）。及建安时期，王粲的《登楼赋》和曹植的《七哀诗》（“明月照高楼”）就更有代表性。《登楼赋》虽写游子思乡而明言作者忧国伤乱之情；《七哀诗》则借闺怨题材而隐喻贤人感时不遇之怨。于是“登楼”的含义更为丰富了，读者因之也不能仅局限于游子思妇的内容去理解一篇看上去平淡无奇的作品。正由于登楼者可女可男，可以是闺人也可以是游子，才导致后人解释李白《菩萨蛮》中“有人楼上愁”的“人”究竟是谁而众说纷纭、莫衷一是。这就需要从作品的其他描写去论证，不能只就“楼”而论“人”了。

真正把“登楼”这一细节赋以新的思想内容，似乎是从盛唐诗人开始的。王之涣的“欲穷千里目，更上一层楼”，就不再是离人思妇的感情，而给人以人定胜天和高瞻远瞩的启示。1956 年我曾写小文论王之涣《登鹳雀楼》，结尾处引两首宋词做反证。现转抄如下：

> 北宋柳永《八声甘州》云：“渐霜风凄紧，关河冷落，残照当楼。”于是这个天涯游子带着“不忍登高临远”的矛盾心情凝眸而望，想象着久别的“佳人”大约也正在盼他早日归来，其寂寥迟暮之情可想而知。柳永的胸中和他眼中的境界比王之涣显然小多了。而南宋末年张炎的《八声甘州》却说：“有斜阳处，却怕登楼！”连楼都不敢登了，还谈什么壮志雄心，高瞻远瞩！此所谓“亡国之音哀以思”，亦正王之涣之所以不可及也。

在同一时期，崔颢的《黄鹤楼》亦属名作。有人认为李白的《登金陵凤凰台》之于崔诗，不免有蹈袭掠美之嫌。其实崔诗不过以气势磅礴取胜，其主题并未跳出游子思乡窠臼；李诗虽不免亦步亦趋，后四句却包容了吊古伤今、忧谗畏讥诸般内容，“浮云蔽日”的形象更道出盛唐即将一落千丈的症结所在。故同为“登高”之作，含义之广狭是不可同日而语的。特别是杜甫的“花近高楼伤客心，万方多难此登临”和“万里悲秋常作客，百年多病独登台”，直从屈原的爱国传统继承而来，不得一看到字面衰飒便认定诗人只有消极的一面。总之，不论“登高”或“登楼”，皆渊源有自而含义日丰。若王安石之《登飞来峰》七绝，显然兼用王之涣、李白二诗之意而加以发展，我已另有文说之，兹不赘。

只有明乎此，乃可以读辛弃疾词。《稼轩词》中涉及“登高”或“上楼”者约十首，而《丑奴儿》《鹧鸪天》及晚年所作《南乡子》可为代表。先看《丑奴儿》：

> 少年不识愁滋味，爱上层楼；爱上层楼，为赋新词强说愁。而今识尽愁滋味，欲说还休；欲说还休，却道“天凉好个秋”！

再看《鹧鸪天》的结尾：

> 欲知筋力衰多少，但觉新来懒上楼。

“少年”时之所以“爱上层楼”者，以有高瞻远瞩之雄心壮志也。及南归以后，饱历宦情，而家国兴亡之恨，全无着落，于是才“欲说还休”，而且“但觉新来懒上楼”矣。“懒上楼”者，正是反用《登鹳雀楼》诗意。然而稼轩晚年，再度被朝廷起用，一腔热血，复从胸中沸起，因此他又写下了《南乡子》。其起句云：

> 何处望神州？满眼风光北固楼。

表面看去，虽沿《登楼赋》与《登鹳雀楼》两者之主题，然思乡之情与忧国之恨，雄心未死而壮志难酬，俱于一句之中写尽。其内涵之丰富复杂，实兼有屈、宋、王、曹、李、杜诸家之作之情思。倘不细经品味，着力爬梳，只囫囵读过，诚未能知其词境之深远无穷也。词到稼轩，已臻“前不见古人”地步，即以其用“登楼”“上楼”一典而言，亦大非前贤所及。至于辛词中其他有关登高、登楼之作，悉可以此意求之，会心自当不远也。

向屏幕上的老师请教

1987年3月27晚，中央电视台播放“九州方圆”节目，一开始就以咏唐诗的方式介绍西安古城，由西安某大学的一位老师（屏幕上明白标出学校的名称和这位老师的姓名，这里姑隐其名）介绍了李白的《清平调》第三首和杜牧的《华清宫》第一首。李白的诗是：

名花倾国两相欢，常得君王带笑看。
解释春风无限恨，沉香亭北倚阑干。

杜牧的诗是：

长安回望绣成堆，山顶千门次第开。
一骑红尘妃子笑，无人知是荔枝来。

首先，这位老师读错了好几个字。“倾”应读第一声（阴平），他读成第三声（上声）；“看”在这首诗中是韵脚，应读第一声，与“欢”“干”相协，依唐韵应在“寒”韵中，而这位老师却读成第四声（去声），这样全诗就不押韵了；杜牧诗的第三句“一骑红尘”的“骑”字是名词，应读第四声，与“寄托”的“寄”同音，而不应读成“奇怪”的“奇”字的音，可是这位老师却读成第二声（阳平），这样就是动词骑马的“骑”的意思了。一位介绍古典文学作品的老师，仅在两首绝句中就读错了三个字音，这已经是不允许的了，但问题还远不止于此。下面就进一步谈第二点。

从“看”字的读去声就可以证明，这位老师根本不懂古典诗词押韵的规律；从“骑”字的读阳平更可以证明，这位老师对近体诗（指古典诗歌中的律诗和绝句）根本不理解它的做法和格律。从杜牧这首诗的整体看，它是一首所谓以平声起句的绝句，其格律应该是这样的：

平平仄仄仄平平，仄仄平平仄仄平。
仄仄平平平仄仄，平平仄仄仄平平。

但古人写近体诗可以允许在平仄字音上有所通融，即我们常说的“一三五不论，二四六分明”，也就是说，一句诗的第一、第三、第五个宁可以允许平仄两声的字互用（这只是基本上如此，更严格的限制这里不细谈了），而第二、第四、第六个字却必须严格遵守格律，不允许任意调换。如果用错了，古人称之为“失粘”。因此，杜牧诗第三句“一骑红尘妃子笑”必须是“仄仄平平平仄仄”才合律。现在这位老师把读去声的“骑”读成平声，正是把一句合律的诗给读得“失粘”了，所以我说他根本不理解近体诗的做法和格律。请一位不懂古典诗歌做法和格律的老师来介绍唐诗，真使人感到遗憾。

中央电视台的节目是面向全国的，甚至通过卫星，其他国家也可能收得到。它是我们社会主义祖国宣传并提倡精神文明的重要窗口。电视台播放的节目，据说“把关”是很严的，可是唯独在播放有关民族传统文化的节目方面（包括屏幕上出现的错别字，播讲人口中的讹音误读）却注意得很不够。希望中央广播影视部的有关领导要把这方面的缺陷当作一桩大事来抓才好。

1987 年 3 月 28 日

后　记

《诗词札丛》本是拙著《读书丛札》中的一部分，由于篇幅较多，性质也同《丛札》中所收的文章不一样，便分了出来单行付梓。承北京出版社愿意把它出版，在此谨致谢忱。

这本《札丛》共分三辑，即把诗歌和词曲部分各自分开，还有一些零散文章不好归类，便列为第三辑。书中所收的文章最早的一篇为1947年所写，下限则到1987年为止，前后共四十年。当然，我写的有关诗词方面的大大小小的文章还不止于此书所收者，有的底稿已失，有的意义不大，还有的虽不无一得之见，却因发表后没有找到旧日的刊物，这些都不在网罗之列了。已收的各篇有长有短，有的是正正经经写成的，有的则近于信笔涂鸦，但它们多多少少有一个共同之处，即每一篇文字都略具个人管窥之见，不作人云亦云之谈，即使所见不无偏颇，也还可以聊备一说。在“洛阳纸贵”的今天，把它们印出来同读者见面，或者不致贻人以“灾梨祸枣”之讥乎！

我一生只做过一种工作，那就是在学校里当教书匠。我一向是主张培养通才的，因此我自己的科研领域也比较驳杂，无论诗、文、小说、戏曲、经、史、小学，都曾略事染指；只是方面一广，便难深入，终于成为一个“万金油”干部。不过如果有人问我：“你究竟对哪一门学问最有兴趣？”我想我还是最喜欢古典诗词。当然，我没有很好地学过古典文艺理论，也不大懂中西美学，只是由于爱读古典诗词，进而学着习作旧体诗词，从实践中略谙古人写诗甘苦而已。至于说到个人读诗写文章的经验，大抵见于拙作《代序》中所谈的几条，卑之无甚高论，既谈不上什么“鉴赏学”，也上升不到“理论研究”阶段，只不过就作品论作品，聊抒己见而已。我始终认为，完全脱离作品思想内容的纯艺术是不存在的，所谓艺术性，就是指一篇作品如何更好地表达作者的思想观点，使读者乐于接受而已。由于古今每一位作家的禀赋、修养、身世、经历、生活道路、思想方法、精神面貌、性格特征都各不相同，这就使得他们的作品的艺术风格、创作途径也各具自己的独特风貌。当然，人是社会动物，也必然受到时代、民族、阶级、阶层、地理环境和家庭诸方面的制约，于是又出现了不同时代、不同民族、不同阶级的文学艺术。贤者识其大者，不贤者识其小者，我只能就自己读书的点滴体会来发表区区的一得之愚、一孔之见。这就是为什么给自己的文章取名为“札”（即读书札记）的原因。

1987 年 3 月作者记于京西寓楼

莎斋诗剩

无　题[①]（一九三九年）

一

薄雾迷茫晓日初，霜如宿粉月如梳。
西风吹起九秋思，百尺楼台寒到无。

二

词人旧陟西山巅，感慨今时想昔年。
黄叶黯然红叶好，岭头同是一秋天。

无　题（一九四四年）

一

云注新蟾没，风拖细雨来。
影寒襟袖瘦，吟际一徘徊。

二

落花微雨梦中身，燕迹空悲梁上尘。
吟到当时明月在，平生不负负心人。

① 编者注:《莎斋诗剩》中标题为“无题”的篇目，由于作者原稿无标题，所以编者均标为“无题”。

嘲新诗[1]（甲申）

时贤攘臂说新诗，无韵无裁最入时。
莫笑儿童才学语，象征造化其吾师。

自　嘲（甲申）

恨无震翼效鹏抟，粟六欣尝笋馅酸。
漫道乱离应偪仄，明时谁济陋儒餐。

乙酉春赠庆琳，正客居宣南，共读定庵诗时也

少年牢落意何为。却鄙空名俗口垂。
我自疏狂君自懒。纵情齐唱定庵诗。

无　题

向晚坐花阴，摊书成独吟。

① 作者注：老友高庆琳亦有句云："识时从古多豪俊，快把洋文入旧诗。"

言情平伯细，讲义废名深。
碧落空无际，昏鸦乱入林。
俄看月东上，香意涤烦襟。

述怀步冯子普光均即用呈政（乙酉）

生涯不分等飘蓬，何忍佯狂薄世风。
三户亡秦悲项羽，一身投阁笑扬雄。
少年意气由寥落，白首篇章远事功。
交态即今怜古谊，答君放语寸心同。

为庆琛作

君填一解断肠词，愁茧宁堪缫恨丝。
还向天涯觅红豆，好从方寸种相思。

燕园寄内

书来屑琐情何限，婉转叮咛岂未知。
未必秋山无恋处，怕题红叶惹相思。

浣溪沙（乙酉）

柳系孤篷蝶恋花，陌头三两认田家，断桥冥嘿数归鸦。
往事都随春梦去，凝眸小立夕阳斜，相思何必在天涯。

登国际俱乐部楼有作（乙酉）

结伴好寻世外春，狂风吹倦看花人。
登楼莫惜天涯远，芳草前头依旧尘。

送高庆琳返乡

十载丁沽上，论交君最亲。
夜凉闲坐月，风老远寻春。
闻道吾其后，多才子绝伦。
故园好归去，无忽寄书频。

庆琳书来，赋此答之（丙戌）

仲春犹雨雪，春水若为情。
老屋不藏暖，高飚作鬼声。
辽天愁黯淡，蜀土号升平。
我辈皆蛙黾，谁怜芳草生。

登长城（一九四六年）

闻道居庸胜，危岩此独攀。
戍屯新斥堠，烽满旧关山。
败堞西风劲，荒墟落照闲。
单于今已没，赍恨在民艰。

蝶恋花·寄内（丙戌）

花外残钟和梦数，露柳霜枫，又到凭栏处。
人面不知何处去，楼高一角西山暮。

长记剪灯春夜雨，零落芳菲，都被流光误。
我忆故人卿莫妒，须知枕畔虫吟苦。

得庆琳书（一九四七年）

绰约燕山媚，愁多空自知。
诗肠春拙涩，交态日差池。
相忆情何限，开缄喜不支。
别来沧海事，又到杏花时。

送王维贤游成都（一九四七年春）

燕山几砚最关情，薄粥朝朝佐豉羹。
明道不辞兼夜话，忧时常数众鸡鸣。
陵夷我亦思乔木，瓠落谁甘老帝京。
若见君平烦买卜，苍生几世见河清。

鹧鸪天（丁亥燕南园作）

风定花慵澹夕阳。春山偏爱暮云妆。
一庭芳树愁难歇，半幅红笺写未长。

人寂寂，夜茫茫，几回携手度横塘。
无端却被春禽恼，细剪相思入画梁。

无　题（一九四七年）①

春归借问归何处，冻雨凄风草不芳。
白屋难容新社燕，青山未改旧斜阳。
凤池弦管人空瘦，鸡塞云霾夜正长。
惟向江南寄珍重，梦回休忆少年场。

明　史（丁亥）

城头坎坎鸣戍鼓，寇深一昨陷宁武。
京师岌岌势已危，汹汹众人讲旁午。
金陵王气郁佳哉，揖让纷纷朝礼谐。
君不见四夷眈眈视如虎，吁嗟兮，民到于今虽死不敢怒。

赠峄莘大兄

三年踪迹最相亲，挹我虚声济我贫。
乱世交情惟寂莫，劳生趣味足风尘。
宫墙薜荔欺花艳，郛郭兵戈积殣新。

---

① 编者注：诗末原附跋，云："丁亥春小如录六十年前旧作。""丁亥"为 2007 年，上推六十年，诗当作于 1947 年。

星躔于今悲厉揭，关河何处问知津。

戏掇民国日报新闻诗题用旧句足之（丁亥）

落叶深秋初雪后，鼓鼙声里话长春。
白山黑水关情梦，十六年来第几人。

题秣陵双松图二首

一

一片残阳对夕烽，劫余忍吊秣陵松。
虬柯老干浑无赖，看尽兴亡懒化龙。

二

漫诩双松劲后凋，江山无复旧渔樵。
君看卅六年间事，风雨纵横想六朝。

赠扶郁生（一九四七年）

摇落天风乱拂云，缄来愁句不堪闻。
莫辞别后相思苦，犹胜从前未识君。

敬和顾羡季先生长句四首[①]

一

寒移晚雪泛晴枝，到眼春光总后期。
阆苑风华余几许，松江浩淼别经时。
芜城但坐边声近，倦旅休嗟客梦迟。
道丧争传杨共墨，羊亡丝涅两堪悲。

二

时晦杂鸣巷陌骚，鼎成攀恋堕乌号。[②]
漫夸醉客延醒客，依旧官曹似马曹。
腥雨蛮风身去住，清流浊世论卑高。
文章不与封侯事，独向人间惜羽毛。

三

钧天乐奏焕龙章，列号真人[③]众所望。
始信枢衡专少府，争料道统属庚桑[④]。
仙山失路秦棺朽，冶女伤谗郑袖强。
太息红尘缠欲界，露华虽重奈骄阳。

四

十载王师复二京，废池乔木忍言兵。
新安道裹风尘没，建业城坚带砺盟。
郊垒不胜埋骨怨，国门徒羡挂冠情。

---

① 作者注：四首中一、二两首戊子早春作；三、四两首戊子立夏日作。

② 作者注：乌号，弓名，见《史记·封禅书》。

③ 作者注：《事物纪原》载：天宝元年三月十九日，李林甫奏文子号通元（玄）真人，列子号冲灵真人，庚桑子号洞灵真人，其书各从其号，为真经。

④ 作者注：老聃之后有庚桑楚，偏得老聃之道。见《庄子》。

大江有恨流终古，赢得鳏生白发生。

无　题

剩水残山两系思，落花心事几人知。
江湖迹远鱼余沫，关塞途艰路又歧。
病骥欲销千里志，新蝉好向最高枝。
世间风月皆尘土，忍效登临宋玉悲。

寄舒璐昆明

别来诗债最难忘，此日情怀不可量。
蓟树滇花劳梦想，南辕北辙费平章。
书生夙分名心死，野客何干善政长。
萱草北堂春未老，羡君终已卸归装。

无　题（一九四八年）

学到穷源虑自清，人间哀乐任亏盈。
罡风撼厦鸦争木，老月藏辉犬吠声。
狂简不妨儿女态，瞢腾谁会古今情。
经年呓语成诗谶，倘许浮生见太平。

寄庆琳（作于承泽园，一九五二年）

韩孟交期孰与京，江湖余乐见深情。
文章胜有愁滋味，风骨还怜旧友生。
鼎鼎岁华齐物论，劳劳颜色愧心兵。
俄看雨霁流云迴，悟彻人间小晦明。

寄舒璐（一九五二年）

慵风眠月蓄轻阴，澹宕春波浅欲深。
舒卷云山浮世绘，灭明人海绣花针。
汉园陈迹余臧否，燕市流尘例古今。
翘首天南思怊忽，时清好寄岁寒音。

浣溪沙（一九五二年承泽园作）

溻雨吞山荐夜凉，飘风飐乱小荷塘，明踪晦迹恁匆忙。
柳意绸缪花影瘦，新知渺邈旧情荒，剧怜辛苦易疏狂。

赠周南（一九五四年）

记访溪山兴未赊，圆明荆棘玉泉茶。
未名湖畔当时月，几许沧桑浸素华。

题钱默存宋诗选注（作于此书初印之年，一九五六年）

诗精注雅属钱公，犹恨篇章境意同。
道有亢潜言近远，四时那得尽南风。

鹧鸪天（一九五六年）

心曲依依欲寄难，吟红弄碧怯余寒。
销魂古道风中柳，着意春郊雨后山。

收近绪，忆前欢，年年花月等闲看。
无情剩有多情梦，却恨情多梦已阑。

浣溪沙 · 寄舒璐（一九六一年）

镂月裁云句已多，芒风快雨几销磨，先春生意又婆娑。
往事拈花归一笑，百年欹枕寐初吪，倘将情采壮山河。

无　题

南风吹梦自成秋，是处纷华莽去留。
冰雪聪明归老悖，有斜阳际一登楼。

寄燕祥（一九六一年）

初识心惊俱少年，新诗遥忮捷能先。
归帆误泊狂涛里，小跌何妨跻大贤。

居中关园偶题

欲罢轻阴问柳丝，远山冥默送青迟。
关情南陌将雏燕，遣兴中庭曳尾龟。

旅食一身牛马走，著书千卷死生期。
蓬门昼永思佳客，珍重春风啜茗时。

学　书（一九六四年）

学书缘气类，羲献牖天衷。
圣教妍春柳，兰亭穆远风。
乖时成毁半，不懈晦明通。
岁晚从吾好，聊程秉烛功。

学　戏

浊世听歌易，清时顾曲难。
名家纷绝响，旧梦碎无端。
识小情何益，钩沉迹已残。
寂寥千载后，一例鼎彝看。

寄高庆琳

兴到笔生春，诗肠几度新。
山明天际雪，月掩壁间尘。
胎息同今古，襟怀偶欠伸。
夜阑斟旧句，灯火倍情亲。

无　题（一九六四年）

信美吾庐句，凄凉宝剑篇。
密云期快雪，短景入长天。
骀宕三春夜，娉婷未嫁年。
相逢一杯酒，绝似洞冥仙。

无　题（一九六五年）

元龙豪气非非想，一勺陈醯值许钱。
剥复春秋人代序，早收灯火饯余妍。

鹧鸪天·赠厉以宁

聚散萍踪事可思，当年魇梦画楼西。
百年驹影惊回首，一纸家书慰展眉。
新旧雨，短长堤，平生幽素几心知。
相看两鬓随缘老，莫待吟成已是诗。

赠燕翔[1]

卅年风雨旧盟寒，没骨相思写际难。
天幸两间留邵子，新诗犹有一人看。

示　儿（一九七七年）

髫龄长忆松江水，汝寄龙荒亦十年。
能读父书垂几世，好从新变说薪传。

戊午白露有怀燕翔，书以赠之，惟不足以示人耳

三十年中笑语温，良宵孤诣倍思君。
沧桑幻变天能老，意气销磨我失群。
出处平生如梦令，炎凉几度送穷文。
别来容易捐秋扇，悄倚楼窗瞩暮云。

---

① 作者注：此予三年前赠燕翔之作，戊午小暑写贻之。

燕翔以改正事见告，感赋二绝[①]

一

旧恨随缘尽又生，新愁冰释涣难平。
频年我亦风兼雨，已皱春波敢羡卿。

二

漏尽钟稀晚色开，却将残梦共徘徊。
平生心史都陈迹，身后虚名费剪裁。

金璐先生谊笃春风，今岁欣逢周甲。近市二笔，一写新诗惠赠，另一为予持来，仍用庚韵和之以答隆情，别以俚句一绝相酬。不惟投琼报李，亦且借花献佛也，敬希雅正

一

自古人间重晚晴，相逢意气对君倾。
神凝韵溢双眸炯，舞健身拟一叶轻。
往事漫嗟春寂寞，余年重睹世升平。
扇头喜见凌云笔，愧我常谈似老生。

二[②]

艺兼文武已无伦，纵笔诗成更绝尘。
此日识君真恨晚，关河何处觅知津。

---

① 作者注：已未春分前七日莎呈稿。

② 作者注：绝句一首，时值庚申小暑。

予自一九三四年即为戏校座上客，极赏金璐同志文武兼擅，后四十年始相识，赋此留念（庚申夏）

谬讬知音四十年，款倾衷曲各皤然。
英姿不减当时健，杨派宗风仰子传。

耐圃师母手写平伯师长短句敬题一绝

秉烛新誊劫后词，簪花腕底忆前时。
门人卅载欣沾溉，眉寿无疆颂小诗。

庚申感旧七绝一章，集《古槐书屋词》句

吴仙头白羿妻孀，留得兰熏衣袂香。
红烛摴蒲争赌胜，闲眠滋味一思量。

题重刊本《古槐书屋词》

三十六年梦未消，重逢如见画无憀。[①]
多情自古成多事，任踏杨华过谢桥。

采桑子·题重刊本《古槐书屋词》[②]

卅年世事关情梦，露浥轻尘，钟送黄昏，何必他生证夙因。
古槐书屋知犹在，珠玉阳春，淮海清真，一代新词迹未陈。

燕郊怀旧赠周南（一九八二年）

如磐风雨未央天，破帽单车两少年。
过眼海桑终一世，欲分残酒酌余妍。

① 作者注：此平伯师昔年执教清华大学时《词课示例》中名句也。

② 作者注：晏殊有《珠玉词》，冯正中有《阳春词》，秦观有《淮海词》，周邦彦有《清真词》——皆平伯师词法之所祖也。

赠周南[①]（一九八三年）

尖风棱月梦常温，语辟心扉手自尊。
辽鹤东归春正茂，款舒健翮驻灵暾。

癸亥岁暮书怀二首

一

襟上缁尘杂梦痕，忍教风雨蚀黄昏。
明知暮景无光热，愿乞余霞作晓暾。

二

明灯苦茗几春秋，咄咄休休咄未休。
江海余生欣有寄，一瓶一钵也风流。

忆津门

梦断津桥四十年，余生已分逐轻烟。
飞鸿忽报春消息，愿祝羲和缓着鞭。

---

① 作者注：周南兄辽宁法库人，客联合国者十年，故有“辽鹤东归”之句。

忆津门故人（癸亥）

津尘梦影惜微茫，犹眷槐花满路香。
一往情深余寂寞，几回肠热妄周章。
行藏久许吾从众，厉揭欣逢友济卬。
自是灵犀通尔汝，心期何必叩苍苍。

赠谢冕（甲子）

君谓我诗似两当，初闻愧恧谢不遑。
归来三复君意美，服君知我抉能详。
两当才高气儒逸，师拜李杜遵晚唐。
绮句直摩义山垒，苦语虽多志慨慷。
我昔学诗稚且狂，自许取径爱三黄。
学养未至功力浅，体弱不足起文章。
得子一言益自砺，黾勉愿假秉烛光。
晚近论诗每偏叵，不以理胜徒张皇。
诗道陵夷君何伤，沧桑几度瞥炎凉。
无恤人言帜自张，子姑待之终克昌。

无　题[①]（一九八五年）

业精于勤荒于嬉，行成于思毁于随。
覃思仿佛有神助，勤能补拙不我欺。
天圆地方说亦古，颉老书以勖黄葵。
后来居上子可畏，前哲往矣怆奚为！

绛帐依依四十年——庆贺俞平伯老师从事学术活动六十五周年（一九八六年）[②]

绛帐依依四十年，几番风雨复尧天。
蛾眉自古轻谣诼，屈宋文章奕世传。

赠周万明先生以诗代柬（丁卯）

子昔就黉宇，风采何翩翩。
问业从先君，许君资质妍。
亦尝聆清歌，秋声佐哀弦。
我方读中学，顾曲嗜独专。

---

① 作者注：己丑岁杪，知顾颉老尝贻以八字，因足成一诗，即希两正。吴小如。题编者所拟。

② 原诗无题，现标题为编者所拟。

倾心梅杨余，兼及高马言。
时而废食寝，戏好不厌看。
世事纷代谢，一别五十年。
人间厄阳九，性命幸苟全。
重逢杂悲喜，白发同盈颠。
痛子竟丧明，口耳为心官。
耳以辨朱紫，口授笔以宣。
放言且快意，尺素频往还。
开春发来书，意若含辛酸。
我亦丁暮景，抚笺久怆然。
平生几知己，语默各有缘。
涸辙沫相濡，松柏共岁寒。
愿子聊自适，心广思乃宽。
诗以慰子怀，庶忘忧患干。

无　题（一九八七年）①

绘事难如不系舟，千尊古佛赖绸缪。
华年艺海倾全力，定是人间最上游。

① 编者注：为范瑞华画展所题。

酬燕祥岁暮见赠丁卯腊月廿七作

明知来日渐无多，犹自强颜发浩歌。
棋罢何尝人换世，春归依旧雀投罗。
少年意气风兼雨，晚岁牢骚叟共婆。
永夜静思惭一笑，蛇神牛鬼竞诗魔。

满子先生七十自寿诗奉和

满子先生登古稀，一编呈臆想精微。
白头兴扫双簧戏，拙作心甘百衲衣。
年寿有涯惊昨是，文章无价笑今非。
人间知己知余几，枨触春风孰与归。

庚午初度后二十日作

寿世文章岂必传，云停水逝总无端。
老来触景留春梦，欲谢知音邂逅难。

岁次庚午，金璐吾兄七十华诞，作此祝嘏即希粲正

七十古稀今无奇，腰脚何让少年时。
忆君十六我十四，瞻君颜色在氍毹。
忽焉已老君犹健，识君幸仰晓铃师。
一见抵掌如旧雨，人生难得心相知。
祝君寿登期颐上，信口为颂不成诗。

无　题（庚午）

七十狂吟客，恒河一粒沙。
寸心欺夙诺，孤愤瘗浮夸。
平世争酬世，无涯倦有涯。
穷经谁皓首，白手自成家。

赠李生佩红（辛未）

习艺等习字，首重书卷气。
先正而后奇，标新勿立异。
琴牢述圣语，艺成在不试。
庖丁无全牛，神行非假器。
一旦豁然通，万物皆我备。

莫嗟老生谈，久之能自味。

赠韩嘉祥（一九九一年）

嘉祥从先君，绩学求八法。
孜孜历年所，悟在摹碑帖。
时亦作文字，意思见博洽。
宜存扛鼎志，无使笔力乏。
庭训忆常新，先德后术业。
与君共勉旃，观成近眉睫。

祝周一良先生八十大寿①

长忆拜识初，忽焉四十年。
时时承谬奖，谊在师友间。
服膺先生久，文史博且专。
自愧徒杂学，幸未德逾闲。
先生寿八十，征文及拙篇。
掬诚赋小诗，仰止颂公贤。
愿公登期颐，庶以附骥传。

① 作者注：太初先生八秩大庆，吴小如拜祝。

无　题

文心抉尽竟雕虫，忍效轻狂怨替隆。
惨绿年华终皓首，宜春馨逸顿秋风。
人才域外流无际，生计囊中济有穷。
就老燕郊聊半隐，名山事业付书空。

无　题①

黉宇名大园，厥功属园丁。
辛勤树桃李，人杰地自灵。
鼎鼎百年后，育才如繁星。
我为大园寿，卓绩映汗青。

甲午海战百年祭（甲戌）

百年驹影忆蜩螗，畴昔兵戎今巨商。
帑库盈虚谁管得，销金窟外利名场。

① 作者注：1994 年为高青大园中学建校题。

梅兰芳百年祭（甲戌）

繁华菊苑等轻尘，一代名家賸几人。
我忆开天都幻梦，红氍毹上孰回春。

无　题[①]

当年魇梦原非梦，堪羡风和日丽时。
老去深惭情味减，潮升潮落总难期。

无　题（一九九六年）

老任书签冷旧芸，孤怀谁共挹清芬。
忘情久坠青云志，嫉俗难亲凡鸟群。
出处平生如梦令，炎凉一例送穷文。
秋来且近杯中物，沉醉佯称酒半醺。

① 本诗据吴小如《笑待来年绿满枝——记厉以宁教授和我的文字因缘》一文辑录。题为编者所拟。

鹧鸪天·和周敏庵汝昌二阕

一

千古才情一脉亲，风行水上自多纹。
红楼佳丽原非梦，春草池塘孰与芸？
人换世，笔销魂，仙家警幻事疑真。
漫嗟尘海知音少，满纸荒唐脂共芹。

二

才拟四时不谢花，更歆尽洗旧铅华。
补天椽笔宁关梦，隔雨红楼即是家。
槐下蚁，草中蛇，好将方寸傲烟霞。
几番风雨沧桑意，独倚危栏数倦鸦。

卅余年前旧作，忘其后半，因足成之（一九九七年）

南风无愠写潜忧，独迈征车拟壮游。
新月乍添玄嶂尾，片云徐尽碧天头。
忍缘衣食悲生事，漫与朝昏即自由。
蒿目时艰今老矣，安贫知命复奚求。

题尽心《杂草集》（丁丑人日）

清词丽句女儿诗，纵有豪情情更痴。
莫作神童方仲永，昙花一现少年时。

读尽心文有感[①]

乍茁新苗谤已随，忘年诗友亦招疑。
衣冠心地同禽兽，冷暖人情有梦知。

赠尽心（一九九九年元旦后二日）

嫣红姹紫少年游，欲绾童心愧白头。
羡子清才真的砾，启人妙悟即风流。
铅华艳夺天姿美，经史源开笔力遒。
落落孤芳宜自爱，骞腾好向最高楼。

① 作者注：此诗亦不必呈张中老，不过自发牢骚耳。一九九八年二月廿三日小如寄尽心诗侣。

无　题[①]

雒诵诗三百，潜心到考亭。
世风争蔑古，经义独垂青。
昼晦非关雨，山巍岂必灵。
平生疾虚妄，愿子德长馨。

八十初度友人见贺七律二首，乃以打油体答之，次章步韵（辛巳）

一

中关闹市不成村，劫后时惊魇后魂。
认命争如遵命秀，孱头幸有白头存。
余生惟剩书生气，旧梦空留春梦痕。
又是秋风吹病骨，夕阳何惧近黄昏。

二

青春有志传薪火，白首终成塑料花。
饾饤文章谁豹尾，铿锵刀剪尽王麻。
弥天大谎堪酬世，扫地斯文是作家。
沧海桑田都一梦，凝眸静伫夕阳斜。[②]

---

① 编者注：本诗据赠檀作文条幅辑录。

② 作者注：六十年前有小词云："往事都随春梦去，凝眸小立夕阳斜。"

八十初度岁暮自嘲（辛巳）

偪仄羊肠彳亍行，难期无债一身轻。
昙花乍现具疑幻，贝叶频传理昧情。
道丧珠玑同粪土，丹成鸡犬亦豪英。
多歧世路羞回首，爝火微茫近尾声。

壬午岁暮恭读《北山楼诗》俚句敬题[①]

髫年心醉上元灯，萧选南华久服膺。
诗笔凌云兼庾杜，吟坛雄踞最高层。

无　题[②]

人如秋水涵空照，学拟春风育晚花。
头白重逢真一快，知音原不在天涯。

---

① 作者注：二十余年前因本师古槐翁之介，得与得与蛰老一通款曲。今先生寿登期颐，惜缘悭一面，未获瞻觐。谨陈小诗，伏乞郢正，聊申仰止之忱云尔。末学吴小如拜稿，时客沪郊。

② 编者注：本诗据王水照《“福寿绵长”》一文辑录。

无　题[①]

太上有立德，次以功业传。
我辈好读书，所希在立言。
绍良道问学，博涉能精专。
但求开风气，不为天下先。
平生真积力，孜孜望九年。
小诗为公寿，敢拟九如篇。

无　题[②]

一

晚岁逢君大有缘，醇如涧底酌清泉。
时贤谁会溪山美，莫羡人间造孽钱。

二

燕尘重踏知何日，朝野风光异昔时。
子拥书城堪遣兴，春暄无忽岁寒姿。

---

① 作者注：岁次癸未三月初三日敬祝绍良先生八秩晋六华诞。小如。

② 作者注：小诗二首写奉张鸣贤弟，即希哂正。小如。时客申江。

燕祥兄七秩大庆，小诗二章奉贺（二零零三年）

一

记否鸡鸣昼晦天，论诗把酒共陶然。
书中自有忘忧草，阅历还宜享大年。

二

百帙芸编底蕴深，燃犀铸鼎出公心。
祥和岁月须珍重，且傍江山好处吟。

饮茶一首赠范洛森（甲申）

烹茶不宜沸，饮茶不宜浓。
善饮宜浅啜，晴窗自从容。
佐饮读陶诗，开卷知所宗。
在昔玉川子，六碗仙灵通。
豪饮类酒徒，无乃失中庸。
新茗手一杯，神驰逐冥鸿。
写此付洛森，多谢馈毛峰。

为周启瑨题溥儒黄山图[①]（甲申）

往昔汗漫游，荏苒逾廿载。
黄山曾一到，薄暮观云海。
澒洞不可掇，憬然悟真宰。
翌晨下前山，迎客松竟瘣。
翘首天都峰，未接心已殆。
来去何匆匆，既老深追悔。
展读王孙图，云山顿溢彩。
层峦叠嶂间，宛有畸人在。
风雨数十年，尺幅成模楷。
子孙永葆之，勿为财所浼。

付外孙女家伊（甲申）

家伊有天资，信手能作画。
绘事须读书，学问真无价。
日月双轮飞，转眼即老大。
无效汝外公，白发徒招骂。

① 作者注：周启瑨为亡友周绍良先生之子，经商致富，亦爱收藏，唯目的在于投资，故诗末云云。莎附记。

贺何满子先生钻石婚（甲申）

闻道文章伯，欣逢钻石婚。
平生多撼轲，晚岁足温馨。
世路夷中险，秋阳昼欲昏。
坡翁真达者，春梦竟无痕。

题　画（甲申）

久居廛市中，不作山林想。
尺幅堪卧游，无非梦一晌。

梦中访亡友高庆琳兄故居（甲申）

梦觉寻踪事已非，旧时庭院草依稀。
故人身影知何处，独立苍茫想落晖。

无　题（乙酉）

伪劣从来最乱真，旧时褦襶又翻新。
有钱能买神推磨，一事无成是圣人。

步前无题韵

逝者干卿缘底事，乃知万象未更新。
民胞物与徒虚妄，不畏群生惮死人。

乙酉春为人题画牡丹

魏紫姚黄彰谱籍，洛阳菏泽竞纷华。
寻常百姓供游赏，不是人间富贵花。

全球反法西斯及抗日战争胜利六十周年感赋（乙酉）

少小经忧患，暮年逢太平。
万方同敌忾，众志必成城。

得道宜多助，杀人终自倾。
与时俱进步，放眼俟河清。

咏兰六首[①]（乙酉）

一

屈子佩秋兰，陶公惜衰柳。
兰比素心人，严霜柳易朽。
荣悴各有时，何必卜休咎。
惟期方寸间，固持在操守。

二

九畹滋芳兰，百年期树人。
一旦赍菉葹[②]，盈庭成上宾。
智者甘避世，忠吝殉其身。
谁见不谢花，烨烨映千春。

三

世称君子兰，善莳发奇花。
一株千百金，争置贵富家。
群生兴浩叹，枵腹徒怨嗟。
愿与兰共勉，惧勿自炫夸。

四

皓皓窗前月，幽幽兰芷香。
时还读我书，闭门赏孤芳。

---

① 作者注：诗六首为范洛森嘱题绘兰之作。诗成为世人所见，以为得唐人张九龄《感遇》诗遗韵，真不虞之誉也。莎翁附识。

② 作者注："赍""菉""葹"皆为恶草。

长嗟利名徒，锱铢奔突忙。
纵不闻天籁，路歧羊自亡。

五

绘兰贵有韵，莳兰贵培根。
施肥宜适度，浇水勿盈盆。
早晚见花发，自幸窥其门。
淡香溢襟袖，知有天机存。

六

昔闻郑所南，画兰不置土。
岂不谙物性，国亡郁悲苦。
我慕忠贞士，慨今不如古。
争爱康乃馨，数典浑忘祖。

暖　冬

未必他生胜此生，百年世事百堪惊。
暖冬渐失霜严警，死寂浑忘鼎沸声。
病入膏肓难顿悟，人非草木独无情。
花坛点缀开还谢，绝似弦歌颂政清。

赠孔凡礼

凡礼先生老益壮，年年惠我寿者相。
我祝先生诗兴豪，放歌直到期颐上。

题韩嘉祥书行草手卷[①]（乙酉）

嘉祥行草与日进，渐得师门法与韵。
先君笔落如有神，万卷诗书基早蕴。
韵秀其姿气内遒，五岳在胸体自润。
嘉祥作字俊有余，点画萧疏劲略逊。
倘从篆隶觅根源，益以诗书力乃振。
脱俗远避利名场，世路维艰宜谨慎。
学书有悟堪自娱，人间毁誉何足训。
我生资质拙且愚，但求勤劬补鲁钝。
题句与君共勉旃，后来居上惭霜鬓。

贺郑立水君新居（乙酉）

师道陵夷甚，郑生独我亲。
时时问寒暖，往往济清贫。
欲觅忘忧草，惭为盛世民。
喜君卜新宅，善避软红尘。

① 作者注：嘉祥是先君弟子。先君辞世，嘉祥亦师事莎，然终是先君及门，不敢遽以门人视之，惭愧惭愧！莎翁。

题李平安君诗集（乙酉）

晚近群贤竞写诗，缘情言志见真知。
莫嫌人海喧嚣甚，大浪淘沙会有时。

蛇足绝句（乙酉）

画蛇添足寻常事，露尾居然鼠作貂。
妄语欺人今胜昔，同声一哭最无聊。

赠周敏庵①（汝昌乙酉）

毕生心血浸红楼，地下芹翁亦点头。
我笑时贤争索隐，一编新证足千秋。

① 作者注：周敏庵与仆相识于一九五一年，《红楼梦新证》为其力作。岁次乙酉为纪念敏庵，主其事者嘱为写诗，而敏庵初不知也。莎附记。

丙戌新春自嘲

平生心疚滥吹竽，岁晚尤惭懒读书。
一事无成人老悖，浮名转眼幻成虚。

丙戌上元戏成五律一首

世事日跷蹊，太牢[①]狴犴栖。
舟沉遭破斧，鹤立愧群鸡[②]。
人我同家父[③]，存亡共品题。
洛滨思白傅，芳草正凄凄[④]。

丙戌清明题画

不到松江七十年，儿时风物旧情牵。

---

① 作者注：某教授释“享以太牢”谓居牢狱是一种享受。

② 作者注：某大学中文系教师释“破釜沉舟”谓以破斧凿舟使之沉没。某干部训话自谦云：“本人鹤立鸡群，深感惭愧。”

③ 作者注：近数十年来称他人父为“家父”者日众。某作家健在，誉之者谓其身后留有作品若干，又云近日将有新作问世。

④ 作者注：洛阳白居易墓园有题字云“芳草凄凄”，是以“凄凄”为“萋萋”也。

今朝喜见鳌花[①]美，画上春光一粲然。

挽林左田焘，小诗当哭

五十余年莫逆交，品歌谈艺梦迢遥。
门前挥手成长诀，从此幽明共寂寥。

赠古风君画虎（丙戌）

虎为百兽尊，威猛固其德。
一旦苑囿居，温驯失本色。
不如画中游，天然去雕饰。

赠古风（丙戌）

古风学画虎，孜孜寝馈功。
不惟貌其形，神亦蕴于中。
我勖少年人，刻苦艺乃工。
读书与行路，造化力无穷。
持之数十年，落笔气如虹。

① 作者注：东北呼鳜鱼为鳌花鱼。

为山东东平县罗贯中故籍作（丙戌）

罗本字贯中，扬声赖说部。
通俗三国志，一编足千古。
著作署名权，争议在水浒。
东平有水泊，矧又罗乡土。
因知宋江事，素材就地取。
从来道问学，数典忌忘祖。
小诗陈鄙见，信疑非逆睹。

一九四八年旧作，忘其颈联，今补缀成之（丙戌）

落日照天涯，黄昏鼠雀悲。
先生惭苜蓿，故老怨旌旗。
梦觉惊初定，年衰悟已迟。[①]
冻蝇争入阁，知赴岁寒期。

赠陈传席（丙戌）

旧识陈传席，暌违廿二年。

① 作者注：此两句与上下文不相属，姑妄存之。小如附识。

读书心得间，谈艺思如泉。
上下交征利，文章不值钱。
逢君欣快语，羡子著先鞭。

五十余年前旧作，忘其第七句，今卒成之（丙戌）

晚照留人揽翠轩，当时浑未识桃源。
劳生苦乏齐民术，作计惭无下泽辕。
鲁叟求仁从所好，陶公欲辨已忘言。
而今进止宜遵命，难得随缘寐莫喧。①

题韩嘉祥自书手卷（丙戌）

信笔涂鸦六十年，痴儿难与父争先。
北碑尚质失高古，南帖求精少自然。
学浅何来书卷气，时移翻羡野狐禅。
共君磋切伤迟暮，正富春秋快著鞭。

题兰石（丙戌）

一曲猗兰操，贤士不胜哀。

① 作者注：末句借用朱佩弦先生句。此诗殊不合时宜，不足为外人道。

幽傍三生石，自有知己来。

题近人画牡丹十首（丙戌）

一

云蒸霞蔚泼新鲜，魏紫姚黄亦等闲。
莫向华堂歆富贵，丹青不让米家山。

二

姹紫嫣红真国色，晴窗晓日自生香。
但求尺幅怡心目，冷对孳孳名利场。

三

纸上胭脂色乱真，人间烟火等轻尘。
平生不作非非想，淡饭粗茶自有春。

四

丹青壁上见精神，何必寻芳到洛滨。
我笑时贤奔竞苦，一朝失足羡清贫。

五

画上牡丹看不足，世间富贵等云烟。
人人识得此中味，无俟飞升已是仙。

六

梦中彩笔有传人，花叶翩翻处处春。
国色天香超俗艳，赏心悦目在长新。

七

矫俗争传希隐逸，群言松竹耐霜寒。
斯人别有闲情趣，独坐春风赏牡丹。

八

花谢花开岁月驰，年年争盼牡丹期。

劝君不必多惆怅，一幅临窗四季宜。

九

牡丹自有娱心处，未必甘称富贵花。
故作多情具驵侩，何妨移向野人家。

十

赏花亦自有前缘，彩绘今人逾万千。
惟有牡丹堪命世，不回俗眼废真传。

寿谢蔚明[①] 九十（丙戌）

目炯神腴寿者相，文章朴茂出天然。
平生无愧真君子，与子同期百廿年。

丙戌自嘲绝句

老去涂鸦糊口计，伤心皓首未穷经。
一生空向屠门嚼，尤悔中年失过庭。

偶　感（丙戌）

百年显学属红楼，说梦痴人蜂蚁俦。

① 作者注：越二年岁戊子，蔚明溘然逝矣。

索隐已成今八股，妄言谁肯死前休。

赠史缉美兄[①]（丙戌）

风雨津沽六十年，君家昆季最称贤。
旧时俦侣知余几，一抹残阳幸瓦全。

示某画家（丙戌）

异曲同工书与画，半由人力半天生。
不从经典求通悟，多少庸才浪得名。

丁亥中秋前七日偶成

世路谁厘浊与清，暂安衣食便承平。
山妻病久徒增虑，文债缘悭懒速成。
雨后新凉惊逝水，枕边残梦倦余情。
忘怀得失心长健，何必生前身后名。

---

① 作者注：吏君是仆六十午前同学。

浣溪沙二阙·丁亥黄金周书所见

一

游客纷呶莽送迎，喧阗车毂任纵横，西山早失旧时青。
大卖场兼零售点，嬉皮士挟女摩登，良辰佳节不堪行。

二

未必扶轮力不胜，风驰电掣赌身轻，东摇西摆似游螣。
高速长途追尾急，猛穿横道蔑红灯，醉乡到死梦中行。

钱默存见讥漫成二首（丁亥重阳）

一

胸无点墨目无珠，七孔玲珑一窍无。
自古圣贤皆寂寞，仲尼鲁迅谤无殊。

二

鲁迅讥人已见讥，钱公利口古来稀。
平生不解藏人善，老去深惭恨落晖。

草书一首赠曦钟（丁亥大雪）

草书如骏奔，其实尚规矩。
二王日杲杲，怀素倾盆雨。

使转谬纵横，取貌失子羽。
愿君勤挥毫，会作龙蛇舞。

题范洛森藏吾皖画家黄叶村[①]遗作（丁亥）

一

新安嫡派几传人，惟有先生意态真。
自古文章憎命达，英才十九困风尘。

二

书画理本同，奠基在絜矩。
后世重师承，师古非泥古。
读画如读人，笔端流肺腑。
细味丘壑闲，作者匠心苦。

三

新安画值近升温，最得薪传黄叶村。
可惜毕生甘寂寞，而今遗墨几人存。

四

画家身后转扬名，举世真难辨浊清。
困顿一生谁管得，却将赝品炫京城。

五

世运推移百艺衰，天公无复惜人才。
穷愁潦倒寻常事，尺幅江山待剪裁。

六

卞和刖两足，痛哭求知音。

---

① 作者注：黄叶村先生寝馈新安画派，终身以之而困于衣食，一生潦倒亦命关夫。小如附识。

画家耽笔墨，抵死不媚今。
今人多逐利，买画犹蓄金。
惜哉黄叶村，虽死孰同心。

七

人求真赏难，世博虚名易。
我慕黄叶村，途穷甘殉艺。
宁为路饿殍，不坠平生志。
遗绘留人间，浩然存正气。

八

洛森爱书画，不惜缩衣食。
尤赏黄叶村，新安验胎息。
我更钦其人，一生无惭德。
人卒以画传，千秋足矜式。

无　题①

识君虽未久，惠我已良多。
涉世争趋走，立身费揣摩。
余年甘寂寞，壮岁悔蹉跎。
老死寻常事，人生一刹那。

① 编者注：本诗是为刘凤桥先生所写。

读张青云近作漫题（丁亥）

模山范水便成诗，岁积篇章足自怡。
老杜功夫在诗外，质文三变[①]最堪师。

寄孟刚（戊子芒种）

申城邂逅识孟刚，屡荷厚贶不敢当[②]。
称我善写毛笔字，锡我桂冠盍惭惶。[③]
我生窃吹寄黉宇，学书稚同学步郎。
一事无成今老悖，临池聊假秉烛光。[④]
离群宛如居空谷，感君跫然足音长。[⑤]
小诗奉君增愧赧，宝莎名斋[⑥]谢不遑。

---

① 作者注："质文三变"，见孙过庭《书谱》。

② 作者注："不敢当"出韩愈文，非俗语。

③ 作者注：平生从不以书家自居，故云。

④ 作者注：《说苑》师旷语。

⑤ 作者注：语见《庄子》所谓"逃空虚者，闻人足音，跫然而喜也"。

⑥ 作者注：孟刚自号宝莎斋，盖喜藏拙书而名也。

题所临魏碑（戊子初伏前五日）

重写六朝碑，幡然顿憬悟。
菁华蕴于中，法门启无数。
先君重元略，世罕知其故。
二王作础石，魏隋随心驭。
一旦牖天衷，宛若神相助。
师古不乖时，变化悉有据。
纵横任驰骋，点化皆合度。
时贤妄逞臆，自许开新路。
下笔令人惭，翻讥我顽固。
书道陵夷久，途穷兼日暮。

论书二首

一

作字必循法，法弃失仪型。
荒诞非创新，妄想岂性灵。
书法贵有道，首重识见明。
识从读书来，立身宜德馨。
字无书卷气，墨猪兼蚓行。
胸中气浩然，点画自峥嵘。
习字虽薄艺，犹期持以恒。
一涉利名场，唯务盗虚声。

不独欺古人，罪在欺后生。
愿具平常心，寡过一身轻。
掷笔归浩叹，老去恨无成。

二

人老字未工，患在不读书。
鲁戈日难回，衰病复何如。
倚枕思往哲，矢志甘守愚。
闻道争朝夕，就死犹前趋。
不讳质鲁钝，不期敦薄夫。
习字贵精勤，手眼宁负吾。
努力惜余年，慰情聊胜无。

戊子岁暮重校先君遗稿，敬题七古一首

先君作大字，笔势磅礴气淋漓。
先君作小字，点画秀劲正兼奇。
渊源自羲献，出入六朝碑。
囊括唐宋元，比肩衡山与觉斯。
上溯篆隶及章草，染指完白㧑叔何绍基。
寝馈书道七十载，前无古人来者稀。
潜心治小学，辞章尊昌黎。
晚岁逃名隐朝市，抒怀寄兴入诗词。
我生但知谋衣食，欲承衣钵难追随。
清夜扪心时自问，蹉跎栗六兢何为。
日月转毂倏望九，一事无成徒伤悲。
寄语后来诸君子，茫茫坠绪端赖众擎补阙而拾遗。
残年倘得献余热，鞠躬尽瘁不敢辞。

己丑元旦打油抒感①

鲁公赤壁负书名，南宋精英范大成。
山谷欣逢杨万里，随园诗话属亡明。

无　题②

五十余年前，仆因知堂老人获神交于新加坡郑子瑜先生。先生不知仆为古槐翁弟子，以为既与知堂老人相过从，年事当与先生仿佛，或竟过之。一九九一年把晤于香江，始知仆初届古稀，乃相与大笑拊掌。

先生待人极厚，有所求必鼎力相助。一九五九年，仆辑《人境庐集外诗》，先生代为搜访，几同竭泽而渔。“十年浩劫”初定，又以拙著觅地付梓奉恳先生，后承竭诚推毂，由香港中华书局及商务印书馆各出版一种，盛情至今不忘。近年，先生屡见邀于北京大学，并荣膺名誉教授。每设华筵，仆皆叨陪末座。先生学问体大思精，尤以治修辞学知名海内外。

① 作者注：小如附注：颜鲁公书苏东坡《赤壁赋》手迹，见晚清某小说。时贤某君，谓南宋有名人范大成，盖误以范成大为范大成也。北宋黄庭坚手书南宋杨万里诗，见《阅微草堂笔记》。某博士毕业论文谓袁枚是明代人。由是观之，关公战秦琼已不足为笑料，此古今“同一概”耳。戊子除夕，爆竹声震耳欲聋，不能成寐；己丑元旦黎明，作小诗贺岁。犹电视贺岁剧，博观众一笑。

② 编者注：此两首为吴小如为郑子瑜先生所作的挽诗。在序言中有详尽说明，诗后有“己丑春分吴小如敬挽”语。

今先生不幸辞世，虽享高龄，终泯绝学。小诗二首，恸悼先生：

一

初获神交文字缘，拾遗补缺仰公贤。
劫余拙著承推毂，一瓣心香寄远天。

二

觌面香江笑语温，几回陪宴聚都门。
平生硕果修辞学，一展遗编一断魂。

肖跃华君藏周退密先生手书诗稿属题

九五吟翁自作书，时清人瑞语非虚。
已将迟暮供多病，似此精勤我不如。

无　题

千人诺诺同儿戏，谔谔心期死未忘。
老去向隅堪自笑，帮闲犹得片时忙。

无　题①

太息书生举步难，文章问世亦辛酸。
枯鱼入肆江湖寂，落木惊秋风雨寒。
愧我无心云出岫，羡君矢志笔回澜。
从来天意怜幽草，愿假余霞子细看。

满子先生北游，燕祥召饮，席上敬赋即呈方家哂正

一

申江一别六年强，重聚都门逸兴长。
块处燕郊甘寂寞，聊陈俚句瓣心香。

二

健笔燃犀矍铄翁，举杯依旧气如虹。
凭君莫听闲风雨，世事乘除一笑中。

① 作者注：本诗据《读燕祥〈读吴小如〉感怀》一文辑录。

论词绝句三首①

一

时贤尚质罪花间，我道温韦未易攀。
曲写闺情无亵笔，建章宫阙米家山。

二

建安播谷盛唐收，词到南唐风力遒。
二李三曹宜并驾，书中羲献亦同俦。

三

小山乐府泼新鲜，绝似芹溪警幻编。
未必文章憎老寿，人生华实萃中年。

无　题②

老耽洁癖同痴梦，执著精诚亦大难。
纵有新知能话旧，唐碑晋字几人看。

① 作者注：予旧有论词绝句七首，稿佚久矣，仅忆其三，录以奉熙中兄两政。莎。
② 作者注：庚辰夏病后久不执笔，写旧作。小如。

和周敏庵汝昌《近读莎斋文，拈时贤佳例，因口占戏呈》

张冠李戴寻常见，颠倒衣裳例更多。
白日飞升尽鸡犬，撞钟依旧老头陀。

元旦写怀

无恙春风一叶舟，三山谁到梦难求。
人间烟火声兼色，惭愧浮生早白头。

存　句

不贤识小吾衰矣，借子新醅述旧闻。
古今同一辙，谤议何足伤。
天地有正气，浩然盈四方。
为君赋小诗，篇终接混茫。

岁次壬申为则昭女史从艺六十年而作

英秀家风始叫天，余王言马一时贤。[①]
则昭有幸承衣钵，感喟今朝想昔年。[②]

与啸伯先生一别十年，俚句奉怀（一九七五年）

访旧宣南迹未陈，酒情歌思梦难春。
明星[③]夜半群英会，犹幸先生白发新。

---

① 作者注：谓叔岩、又宸、菊朋与连良。

② 作者注：师事谭五先生，与富英、琴生皆同门。

③ 作者注："明星"盖指一九三六年析津李氏堂会也，屈指垂四十寒暑矣。